Historische Sozialkunde 20 /
Internationale Entwicklung

Michael Fanizadeh / Gerald Hödl /
Wolfram Manzenreiter (Hrsg.)

W0048176

Global Players durchleuchtet jene Bereiche des Fußballs, über die auf den Sportseiten der Tageszeitungen nicht oder nur wenig berichtet wird. Der Band vermittelt ein tieferes Verständnis für die kulturellen, ökonomischen und sozialen Tiefenstrukturen dieses Sports. Mit der globalen, auf die Peripherie fokussierten Perspektive und der interdisziplinären Ausrichtung des Buchs wird zumindest innerhalb der deutschsprachigen Fußballforschung Neuland betreten. Dabei geht es nie um Fußball als isoliertes Phänomen, sondern immer zugleich um die gesellschaftlichen Verhältnisse, in die er eingebettet ist. Und so werden an seinem Beispiel die soziokulturellen Grundlagen des modernen Sports ebenso analysiert wie weltwirtschaftliche Strukturen oder rassistische Mechanismen.

In der Reihe *Historische Sozialkunde / Internationale Entwicklung* liegen die folgenden Bände vor.

Industrialisierung. Entwicklungsprozesse in Afrika, Asien und Lateinamerika (HSK 6)

Staat und zivile Gesellschaft. Beiträge zur Entwicklungspolitik in Afrika, Asien und Lateinamerika (HSK 8)

Familie im 20. Jahrhundert. Traditionen, Probleme und Tendenzen im Kulturvergleich (HSK 9)

Das pazifische Jahrhundert? Wirtschaftliche, ökologische und politische Entwicklung in Ost- und Südostasien (HSK 10), 2. Aufl.

Ungeregelt und unterbezahlt. Der informelle Sektor in der Weltwirtschaft (HSK 11)

Mega-Cities. Die Metropolen des Südens zwischen Globalisierung und Fragmentierung (HSK 12)

Wie aus Bauern Arbeiter wurden. Wiederkehrende Prozesse des gesellschaftlichen Wandels im Norden und im Süden einer Welt (HSK 13)

Globalisierung und Peripherie. Umstrukturierung in Lateinamerika, Afrika und Asien (HSK 14)

Von der Weltwirtschaftskrise zur Globalisierungskrise (1929-1999). Wohin treibt die Peripherie? (HSK 15)

Die vielen Amerikas. Die Neue Welt zwischen 1800 und 1930 (HSK 16)

Internationale Migration. Die globale Herausforderung des 21. Jahrhunderts (HSK 17)

Mais. Geschichte und Nutzung einer Kulturpflanze (HSK 18)

Sozialpolitik in der Peripherie. Entwicklungsmuster und Wandel in Lateinamerika, Afrika, Asien und Osteuropa (HSK 19)

Reihe Historische Sozialkunde / Internationale Entwicklung
Die halbjährlich erscheinende Publikation hat sich zum Ziel gesetzt, das interessierte Fachpublikum themenbezogen mit neuen Tendenzen einer sozialwissenschaftlich orientierten Geschichtsschreibung vertraut zu machen. Die Themen werden knapp und anschaulich präsentiert und bieten die Möglichkeit, sich rasch und gründlich über zentrale und aktuelle Fragen zu informieren.

Michael Fanizadeh / Gerald Hödl /
Wolfram Manzenreiter (Hrsg.)

Global Players –

Kultur, Ökonomie und Politik des Fußballs

Historische Sozialkunde /
Internationale Entwicklung 20

Mit Beiträgen von
Rosa Diketmüller, Michael Fanizadeh,
Richard Giulianotti, Miklós Hadas, Gerald Hödl,
Roman Horak, Wolfram Manzenreiter,
Matthias Marschik, Markus Pinter, Gertrud Pfister,
Georg Spitaler, Kurt Wachter, Lukas Wieselberg,
Jörg Zimmermann

Brandes & Apsel / Südwind

Österreichische
Entwicklungszusammenarbeit

Gedruckt mit Förderung der Österreichischen Entwicklungszusammenarbeit
und des Bundesministeriums für Bildung, Wissenschaft und Kultur in Wien

Beiträge zur Historischen Sozialkunde / Internationalen Entwicklung 20/2002
Journal für Entwicklungspolitik, Ergänzungsband 11

Geschäftsführende HerausgeberInnen:
Karin Fischer (ISR, Wien), Gerald Hödl (Internationale Entwicklung, Wien), Karen Imhof (Internationale Entwicklung, Wien), Andrea Komlosy (Wirtschafts- und Sozialgeschichte, Wien), Wolfram Manzenreiter (Ostasienwissenschaften, Wien), Christof Parnreiter (ISR, Wien), Irene Stacher (Afrikanistik, Wien)

HerausgeberInnen:
Axel Borsdorf (Geographie, Innsbruck), Peter Feldbauer (Wirtschafts- und Sozialgeschichte, Wien), Margit Franz (Zeitgeschichte, Graz), Ingeborg Grau (Afrikanistik, Wien), Karl Husa (Geographie, Wien), Franz Kolland (Soziologie, Wien), Helmut Kramer (Politikwissenschaft, Wien), Sepp Linhart (Ostasienwissenschaften, Wien), Andreas Novy (Stadt- und Regionalentwicklung, Wien), Erich Pilz (Ostasienwissenschaften, Wien), Walter Schicho (Afrikanistik, Wien), Anselm Skuhra (Politikwissenschaft, Salzburg)
für den Verein für Geschichte und Sozialkunde – Institut für Wirtschafts- und Sozialgeschichte, Universität Wien und den Mattersburger Kreis für Entwicklungspolitik an den österreichischen Universitäten

Redaktion/Satz: Andrea Schnöller / Marianne Oppel

Die Deutsche Bibliothek - CIP-Einheitsaufnahme

Ein Titeldatensatz für diese Publikation ist bei
Der Deutschen Bibliothek erhältlich.

1. Auflage 2002
© Brandes & Apsel Verlag GmbH, Scheidswaldstr. 33, D–60385 Frankfurt a. M.
Alle Rechte vorbehalten, insbesondere das Recht der Vervielfältigung und Verbreitung sowie der Übersetzung. Kein Teil des Werkes darf in irgendeiner Form (durch Fotokopie, Mikrofilm, CD oder ein anderes Verfahren) ohne schriftliche Genehmigung des Verlages reproduziert oder unter Verwendung elektronischer Systeme verarbeitet, vervielfältigt oder verbreitet werden
Umschlagfoto: Kurt Wachter, Wien
Druck und Verarbeitung: Tiskarna Ljubljana d.o.o., Ljubljana, Printed in Slovenia
Gedruckt auf säurefreiem, alterungsbeständigem und chlorfrei gebleichtem Papier.

ISBN 3-86099-236-8

Gedruckt mit Förderung des Bundesministeriums für Bildung, Wissenschaft und Kultur in Wien, des Wiener Instituts für Entwicklungsfragen, der Österreichischen Entwicklungszusammenarbeit und des Kulturamtes der Stadt Wien, Abteilung Wissenschaft und Forschungsförderung sowie des Österreichischen Städtebundes.

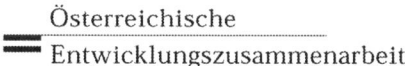 

Gefördertes Sonderprojekt der Österreichischen HochschülerInnenschaft Bundesvertreter

Inhalt

Vorwort

„Für einige Menschen heißt der Gott Ronaldo", wusste der spanische Schriftsteller und
Fußballfreund Manuel Vázquez Montalbán in der Le Monde diplomatique vom 15.8.1997
zu berichten. Der brasilianische Superstar schickte sich gerade an, das Erbe des genia-
len argentinischen Mittelfeldspielers Diego Armando Maradona als weltbester Fußballer anzutreten, und Montalbán trieb seine Huldigung noch weiter: „Ronaldo wird immer
mehr als nur ein Fußballer sein. Er ist dazu verdammt, den postmodernen Sport zu
verkörpern: den janusköpfigen Sport, der zum einen eine säkulare Massenreligion geworden ist, zum anderen ein multinationales Geschäft, das immer mehr seiner Einnahmen jenseits der sportlichen Sphäre erzielt." Ronaldo wurde dann allerdings nur zum
tragischen Helden der Fußball-Weltmeisterschaft 1998 in Frankreich, als er trotz einer
akuten Erkrankung im Finale gegen Frankreich auflaufen musste. Bis heute liegen die
Ereignisse rund um dieses Finalspiel im Dunkeln: Wer „befahl" den Einsatz Ronaldos,
Brasiliens Verbandspräsident Ricardo Teixeira oder gar Teamsponsor Nike selbst?

Derartige Personen, derartige Begebenheiten sind der Stoff, aus dem die Fußball-
mythen sind. Zugleich sind sie aber auch jene Schnittpunkte, an denen sich ökonomi-
sches Kalkül und sportliches Geschehen kreuzen. Kaum ein anderer Sport als Fußball
vermag derart große Zuschauer-Kollektive in seinen Bann zu ziehen und setzt derart
große Mengen von Bildern, Waren und Menschen in Bewegung. Fußball ist ein fester
Bestandteil populärer Kultur (einer der wenigen, der sein Zentrum nicht in den USA
hat) und als solcher zugleich Wirtschaftsfaktor und Prestigeobjekt.

Gründe genug für eine interdisziplinär zusammengesetzte Gruppe von Wissenschaft-
lerInnen rund um das Projekt „Institut für Internationale Entwicklung" der Universität
Wien, sich anlässlich der Fußball-Weltmeisterschaft 2002 den kulturellen Formen, dem
institutionellen Rahmen und den ökonomischen Mechanismen dieses in den meisten
Ländern der Welt hegemonialen Sports zu widmen. Als mindestens ebenso bedeutsam
wie der globale Stellenwert des Fußballsports erscheint uns der Umstand, dass sich an
seinem Beispiel viele jener Strukturen und Entwicklungen zeigen, die den Lauf der
Welt bestimmen: Zentrum-Peripherie-Beziehungen, Geschlechterverhältnisse, Rassismus, Globalisierung und vieles andere mehr. Nicht um Fußball als isoliertes Phänomen
geht es im vorliegenden Band, sondern immer auch um die gesellschaftlichen Verhältnisse, in die er eingebettet ist. Und das auf globaler Ebene.

Anders als die meisten wissenschaftlichen Veröffentlichungen zum Thema Fußball
(die im deutschsprachigen Raum ohnehin eine rare Spezies bilden) beschränkt sich der
vorliegende Band nicht auf einzelne Länder. Im Mittelpunkt der geographisch definierten
Kapitel stehen Profile und Interdependenzen unterschiedlichster Großregionen, von den

westeuropäischen Zentren des Fußballs bis hin zur ostasiatischen Peripherie. Der Schwerpunkt liegt dabei – nicht zuletzt, um dem allgegenwärtigen (West-)Eurozentrismus der Fußballberichterstattung entgegenzutreten – auf ost- und außereuropäischen Regionen.

Bekanntlich war Fußball schon immer mehr als nur ein Spiel, und in der Perspektive dieses Buchs wird deutlich, dass Fußball eben auch ein Spektakel, ein inszeniertes Medienereignis, eine Wachstumsmaschine, eine Folie für Selbstdarstellungen und Projektionen nationaler Errungenschaften ist, ja sogar, dass er seine eigenen Wirklichkeiten erschafft. Wenn in einer strikt westeuropäischen Perspektive das Phänomen Fußball heute hauptsächlich in seinen ökonomischen Dimensionen gedacht wird, entspricht das der Logik einer spätkapitalistischen Werteordnung. Angesichts der exorbitanten Kapitalbewegungen, die von den phänomenalen Ablösesummen und Gehältern der Spieler und Trainer, den Einnahmen aus dem Verkauf der Fernsehrechte und den Börsenotierungen der Klubs hervorgerufen werden, brauchen keine weiteren Legitimationsfragen mehr gestellt werden.

Wem gehört der Fußball? fragt demgemäß Gertrud Pfister. Diese Frage stellt sich nicht alleine wegen seiner Kommerzialisierung, die den professionell betriebenen Fußball von seinen traditionellen Anhängerschichten zu entfernen droht, sondern auch vor dem Hintergrund kultureller Ansprüche und nationaler Traditionen. Für die „football supporters" von der Insel ist die Sache hinlänglich geklärt: „Football is coming home" hieß der Slogan der Europameisterschaft 1996 in England, und die Welt hat zu danken. Pfister beschreibt in ihrem Beitrag jedoch vor allem, wie dieses englische Spiel die Welt eroberte und seinen Siegeszug rund um die Welt antreten konnte. Spezifische Einblicke in diesen Erfolgslauf gewähren uns dabei Miklós Hadas mit seinem Beitrag *Fußball im sozialen Kontext: Ungarn 1890 – 1990* und Matthias Marschik, der seinen Blick auf *Mitropa* richtet und dabei die *Konstruktionen ‚Mitteleuropas' im Sport* untersucht. Auch Roman Horak geht der Frage nach, wie sich der metropolitane Fußball in Wien als fester Bestandteil einer urbanen Kultur entwickelte. Verständlich wird die eigentümliche, gleichzeitige Aneignung des Fußballs von Vertretern der Vorstadt- und der Kaffeehauskultur nur dann, wenn die komplexe Beziehung zwischen Hoch- und Popularkultur und ästhetischem Modernismus im Wien der Zwischenkriegszeit berücksichtigt wird. In diesen Beiträgen wird deutlich, wie sich die kulturellen Praxen des Sports unterscheiden und in ihren Strukturen doch ähnliche Muster hervorgerufen haben. In all den hier geschilderten Fällen hat sich der Fußball als Matrix für sehr unterschiedliche, zumeist in lokalen Traditionen verwurzelte Bedeutungen, Ideologien und Funktionen angeboten.

Dass dabei nicht immer nur die Männer am Zug sein müssen, wird oftmals verschwiegen. Über *Frauenfußball in Zeiten der Globalisierung* berichtet daher Rosa Diketmüller in ihrem Text, der die Probleme, aber auch das Potenzial des Frauenfußballs benennt. Frauenfußball und Frauen als Zuschauerinnen sind schließlich nicht ohne Grund ein „Zukunftsmarkt" für die Profitmaximierer in der Fußball-Ökonomie, deren Schattenseiten nicht nur von traditionellen Fans, die um ihre Privilegien wie Stehplätze und Vollrausch fürchten, beklagt werden. In welche Richtung die ökonomischen Tendenzen zielen und wer die Akteure am Markt sind, zeigt Gerald Hödl in seiner Bestandsaufnahme *Zur politischen Ökonomie des Fußballsports*. Dass die Medieninszenierung dabei totale Formen angenommen hat, zeigen Georg Spitaler und Lukas Wieselberg am prägnanten Beispiel der Fußball-Weltmeisterschaften und ihren Sponsoren: *Think global, act local, kiss football*.

Doch die Ökonomisierung und Transnationalisierung des Fußballs fordern auch ihre Opfer. Als ein Beispiel untersucht Jörg Zimmermann in seinem Beitrag über *Fußbälle aus Pakistan* die Sportartikelproduktion insgesamt und den Alltag der ProduzentInnen im Speziellen. Allerdings sind nicht nur die Ausbeutung von ProduzentInnen im Süden eine Begleiterscheinung des von Europa dominierten Fußballs. Spätestens seit den 60er-Jahren ist auch die Beschimpfung und Diskriminierung von ausländischen Spielern ein ständiger Begleiter, wie Michael Fanizadeh und Markus Pinter in ihrem Aufsatz über *Rassismus und Antirassismus im goldenen Zeitalter des Fußballs* zeigen. Sie setzen sich in ihrem Beitrag mit der Frage auseinander, warum gerade im Fußball des späten 20. Jahrhunderts Anti-Rassismus-Kampagnen Hochkonjunktur haben und inwiefern sich diese Strategien zur Bekämpfung von Xenophobien in der Populärkultur anbieten. Ihre Bestandsaufnahme verdeutlicht, dass der Fußball als Teil der globalen Unterhaltungskultur und der neuen Dienstleistungsökonomie einerseits zur Verstärkung von Rassismus und Xenophobie beigetragen hat, anderseits zu ihrer Überwindung.

Neben Europa existierte in den Köpfen der Fußballbegeisterten jahrzehntelang nur Südamerika. Dass man auch in Afrika oder Asien Fußball spielte, wurde lange Zeit nicht zur Kenntnis genommen. Kurt Wachter zeigt hingegen, wie alt und allgegenwärtig die europäisch-afrikanischen Fußball-Beziehungen sind. Sein Beitrag über *Fußball in Afrika* beschreibt die Entwicklung vom Kolonialismus zum Postkolonialismus und die Chancen und Probleme des afrikanischen Fußballalltags heute. Und dass die Fußball-WM 2002 nicht allein aus paternalistischen Beweggründen nach Japan und Südkorea vergeben wurde, belegt Wolfram Manzenreiter in seinem Text über *Japan und der Fußball im Zeitalter der technischen Reproduzierbarkeit*. Seine Fallstudie verweist nicht nur auf einen regionalen Fußballboom, sondern auch auf ein delikates Arrangement von wirtschaftlichen und politischen Interessen im Lande, die sich einerseits des Fußballs für ihre außersportlichen Zielsetzungen bemächtigen, anderseits aber auch von der Maschinerie des Fußballs in ihren Handlungen und Entscheidungen beeinflusst werden. Während Japan im vergangenen Jahrzehnt näher an das Zentrum des Weltfußballs heranrücken konnte, besteht die Gefahr, dass eine Region, die neben Europa immer im Zentrum der Fußballgeschichte stand, unter Europas Räder gerät. Diese Entwicklung wird von Richard Giulianotti in seinem Beitrag über *Fußball in Südamerika: Globalisierung, Neoliberalismus und die Politik der Korruption* minutiös nachgezeichnet. Aber auch der Blick auf die Länder Afrikas, Asiens und Südamerikas zeigt wiederum die starke Bedeutung der kulturellen Komponente, denen der Weltsport Fußball seine lokalen und damit lokalisierbaren Eigenheiten verdankt.

Um dieses Wechselspiel lokaler und globaler Faktoren, sportlicher und sportexterner Einflussfaktoren geht es diesem Band in erster Linie. Die Auseinandersetzung mit dem Fußball soll den Blick nicht von den Ereignissen ablenken, die sich hinter dem sportlichen Spektakel abspielen. Vielmehr soll in dieser Dokumentation von wissenschaftlichen Annäherungen an den internationalen Fußball die Wahrnehmung seiner Abhängigkeit von den gesellschaftlichen, politischen und ökonomischen Prozessen und Strukturen, in die er gebettet ist, geschärft werden.

Für die Autoren dieses Bandes ist weder Ronaldo ein Gott noch ist Gott rund oder der Fußball sakrosankt. Das Wissen um seine Konstruktionsbedingungen, zu dem dieser Band in international vergleichender Perspektive unterschiedliche Aspekte hinzufügen will, ist ein wichtiger Beitrag zur Bildung einer kritisch-mündigen Fangemeinde des Weltsports Fußball.

Frühjahr 2002   *Michael Fanizadeh, Gerald Hödl, Wolfram Manzenreiter*

Literatur

Manuel Vázquez Montalbán: Der Profifußball zwischen Mythos und Markt. Eine weltliche Religion auf der Suche nach Gott. In: Le Monde Diplomatique, Nr. 5305, 15.8.1997

Gerald Hödl

Zur politischen Ökonomie des Fußballsports

Das Ruhrgebiet, Kernland der deutschen Industriegeschichte – mehr als hundert Jahre lang bildeten seine Kohle und sein Stahl jene Fundamente, auf denen die nationale Ökonomie ruhte. Doch so wie in den Zentren der Schwerindustrie im belgischen Wallonien oder im Norden Englands setzte in den 1960er-Jahren der kontinuierliche Abstieg ein. Bergwerke wurden stillgelegt, die Industriefriedhöfe begannen sich auszudehnen.

So auch in Gelsenkirchen, das immer noch zu den größeren Städten des Ruhrgebiets zählt, obwohl seine Einwohnerzahl in den letzten Jahrzehnten auf deutlich unter 300.000 fiel. Im April 2000 wurde der Kohlenbergbau nach mehr als 130 Jahren eingestellt, die letzte Zeche geschlossen. 3000 Arbeitsplätze gingen verloren, die Arbeitslosigkeit stieg auf über 15 Prozent. Etwas mehr als ein Jahr später, im August 2001, wurde in Gelsenkirchen das modernste Fußballstadion Deutschlands eröffnet, die „Arena AufSchalke", in der – neben der Heimmannschaft Schalke 04 und der jeweiligen Gastmannschaft – bis zu 60.000 Zuschauer Platz finden. Die technischen Gimmicks umfassen ein komplett schließbares Stadiondach ebenso wie einen Rasen, der sich ins Freie rollen lässt (um dort das nötige Sonnenlicht zu bekommen), und den „größte[n] Video-Würfel Europas, der obendrein der erste in einem Fußballstadion weltweit ist" (www. arena-auf-schalke.de). Die Errichtungskosten von etwa 180 Millionen Euro schlagen sich in Eintrittspreisen nieder, die für ein Bundesligaspiel in der Saison 2001/2 von (durchaus moderaten) acht Euro für einen Stehplatz bis zu 77 Euro für einen Sitzplatz in guter Lage reichen. Legt man Wert auf einen gepolsterten Sessel („Business Seat") und den Zugang zum „stilvollen Business-Club ‚La Ola'", so kostet dieses Vergnügen je nach Lage zwischen 3100 und 4600 Euro pro Saison. Selbst die Bergbautradition findet Platz in diesem Ambiente: „mit Schalke-typischem Augenzwinkern" (www.schalke04.de/ knappenkarte.htm) dienen die (Berg-)Knappen – nachdem man die letzten realen kurz zuvor entlassen hatte – als Namensgeber einer eigenen Stadionwährung. Wertkarten zu zehn, 25 und 50 Knappen (wobei ein Knappe einem Euro entspricht) sollen den Verkauf von Bier und Bratwürsten beschleunigen und solcherart das Klubbudget in Höhe von etwa 60 Millionen Euro aufbessern. Parallel zur Infrastruktur modernisierte man die Organisationsstruktur und etablierte neben dem eingetragenen Verein Schalke 04 eine FC Schalke 04 AG sowie etliche Tochtergesellschaften (u.a. eine Stadion-Betriebsgesellschaft und eine Catering-Gesellschaft). Mehrheitseigentümer der Aktiengesellschaft, die vor allem die einträglichen Bereiche Marketing, Merchandising und Rechteverwertung abdecken soll, ist der Verein. Der Gang an die Börse scheint zwar nicht unmittelbar bevorzustehen, die Voraussetzungen dafür sind aber geschaffen.

Diese kurze Skizze vermittelt einen Eindruck davon, wie weit sich der europäische Spitzenfußball von jenen Zeiten entfernt hat, als die Stadien hauptsächlich von wetterfesten, vierschrötigen Stehplatzbesuchern bevölkert waren und sich die Vereine primär über deren Eintrittsgelder finanzierten. Die Veränderungen an der Oberfläche des Sports – die neuen Stadien, die massenmediale Inszenierung, die Allgegenwart von Firmenemblemen, die demonstrative Respektabilität der Akteure – verweisen auf eine strukturelle Transformation, die den Fußballsport zu einem der Kristallisationspunkte der Unterhaltungs- und Freizeitindustrie werden ließ. Die bis heute anhaltende Expansion dieses Wirtschaftssegments steht in unmittelbarem Zusammenhang mit der über weite Strecken stagnativen Entwicklung der industriellen Produktion seit der Weltwirtschaftskrise der 1970er-Jahre (speziell in den alten Leitsektoren wie der Schwerindustrie). In diesem ökonomischen Kernbereich wurden ab 1973/74 die Möglichkeiten der Kapitalverwertung auf Grundlage der vorherrschenden „fordistischen" Produktionsorganisation zunehmend prekär, die Profitrate sank. Folglich suchte das Kapital nach neuen, (potenziell) rentablen Anlagemöglichkeiten (Conert 2002:262f) – und fand sie vornehmlich im so genannten tertiären Sektor, von Tourismus- über Software- bis hin zu Medienunternehmen. Die enormen Geldsummen, die seit den späten 1980er-Jahren in den Fußballsport flossen (sei es über die exorbitante Steigerung der TV-Gelder oder den Börsengang von Fußballklubs), können wohl nur vor diesem Hintergrund begriffen werden. Bei der Fußball-WM in Frankreich 1998 verzeichnete allein das französische Organisationskomitee einen Umsatz von knapp zweieinhalb Milliarden Franc, nach heutiger Währung etwas weniger als 400 Millionen Euro; die TV-Rechte trugen dem Fußball-Weltverband FIFA umgerechnet knapp 90 Millionen Euro ein (vgl. Schulze-Marmeling 2000:187). Für die Fernsehrechte an den Weltmeisterschaften 2002 und 2006 legte die (mittlerweile finanziell schwer angeschlagene) KirchMedia-Gruppe ein Vielfaches dieser Summe auf den Tisch, insgesamt 2,8 Milliarden Schweizer Franken (umgerechnet ca. 1,9 Milliarden Euro; vgl. Soccer Investor Daily Bulletin, 4.2.2002). Auf Klubebene bewegt man sich – zumindest in Süd- und Westeuropa – in vergleichbaren finanziellen Dimensionen: Der Jahresumsatz von Manchester United lag laut Berechnungen der Consulting-Firma Deloitte & Touche in der Saison 1999/2000 bei 185 Millionen Euro, diesem Wert am nächsten kamen Real Madrid mit 163 Millionen Euro und Bayern München mit 145 Millionen Euro (http://european-football-statistics.co.uk/special/0201turnover.htm).

1. Fußball als Katalysator

Es wäre aber im Rahmen einer ökonomischen Gesamtanalyse deutlich zu kurz gegriffen, beschränkte man sich auf die Einnahmen und Ausgaben der Verbände und Vereine. Der Fußballsport liegt im Mittelpunkt eines Geflechts wirtschaftlicher Aktivitäten, deren bezifferbares Gesamtvolumen um ein Vielfaches höher liegt als die im Rahmen des Spielbetriebs erzielten Einnahmen.

Eine mehr oder weniger symbiotische Beziehung zum Fußball haben erhebliche Teile der Sportartikel- und Sportbekleidungsindustrie. Allein in Großbritannien wurden

Ende der 1990er-Jahre Replica-Trikots im Wert von mehr als 200 Millionen Pfund (320 Millionen Euro) pro Jahr abgesetzt (Office of Fair Trading 1999; Näheres zu dieser Branche siehe Zimmermann in diesem Band). Ein ähnliches Naheverhältnis besteht zur Medienindustrie: Fernsehsender und Printmedien (insbesondere Sportkanäle und -zeitschriften) verdanken ihre Konsumtion zu einem wesentlichen Teil der Attraktivität des Fußballs; Fußballbücher, -videos und -Computerspiele finden ebenfalls regen Absatz. Nur ein Teil der solcherart erwirtschafteten Einnahmen fließt an die Klubs und Verbände: Im Jahr 1997 etwa zahlte der britische Pay-TV-Sender BskyB 83 Millionen Pfund an die Vereine der englischen Premier League (Dobson/Goddard 2001:83). Im selben Jahr erreichte BskyB einen Umsatz von 1,2 Milliarden Pfund und einen Gewinn von 374 Millionen Pfund – und der überwiegende Teil dieses Geschäftserfolgs war auf die exklusive Übertragung von Live-Spielen der Premier League (Szymanski/Kuypers 1999:61) zurückzuführen. Beträchtliche Summen wurden vor allem seit den 1990er-Jahren durch eine stattliche Zahl von Stadionum- und -neubauten in Bewegung gesetzt. Ursache dafür waren zunächst – als Reaktion auf die Stadion-Katastrophen von Brüssel 1985 und Sheffield 1989 – Initiativen des europäischen Fußballverbands UEFA und nationaler Verbände (vor allem der englischen Football Association), um in großem Stil Stehplatz- in Sitzplatztribünen umzuwandeln. In jüngster Vergangenheit standen dann vor allem Kapazitätserweiterungen bestehender Stadien sowie Neubauten im Vorfeld von internationalen Großereignissen im Mittelpunkt. Zwischen 1992 und 1999 investierten die Klubs der englischen Premier League insgesamt 844 Millionen Pfund (nach heutigem Wert knapp 1,4 Milliarden Euro) in ihre Stadien (Dobson/Goddard 2001:69), und wie das geplante neue Stadion von Arsenal London beweist, ist das Bauprogramm keineswegs abgeschlossen. Jede Kontinental- oder Weltmeisterschaft (gleichgültig ob in Frankreich, Mali, Japan oder Deutschland) bedeutet Großaufträge für die Bauwirtschaft, und bereits die Bewerbung als Austragungsort für ein derartiges Turnier vermag erhebliche Geldmengen zu mobilisieren, wie aktuelle Beispiele in der Schweiz und Österreich zeigen.

Die Katalysatorwirkung des Fußballs reicht in den Tourismus ebenso hinein (insbesondere anlässlich der großen internationalen Turniere) wie in die New Economy. Im Jahr 2000 erreichte das an der Wiener Börse notierte Online-Wettbüro BetandWin einen Wettumsatz von insgesamt 17,3 Millionen Euro – 56 Prozent davon stammten aus Fußballwetten (Der Standard, 15.3.2001). In Großbritannien erreichen allein die konventionellen Fußballwetten einen jährlichen Umsatz von mehreren hundert Millionen Pfund, und während in Österreich die Toto-Umsätze aufgrund der Konkurrenz durch andere Glücksspiele auf knapp 20 Millionen Euro im Jahr 2000 abgesunken sind (Jahresbericht der Österreichischen Lotterien 2000), konnte sich in Italien Totocalcio zumindest bis Ende der 1990er-Jahre als umsatzstärkstes Glücksspiel behaupten (Giulianotti 1999:102). Gerade im Bereich der Fußballwetten haben die wirtschaftlichen Verflechtungen globale Dimensionen, denn ein beträchtlicher Teil der Umsätze wird in Ost- und Südostasien erzielt. Die Summen, um die es dabei geht, sind so groß, dass sie Rückwirkungen auf das sportliche Geschehen selbst haben: Hohe Wellen schlug in England ein – bis heute nicht vollständig geklärter – Bestechungsskandal, bei dem der Torhüter Bruce Grobbelaar beschuldigt wurde, im Jahr 1994 Matchergebnisse im Auftrag ostasiatischer Wettsyndikate aktiv beeinflusst zu haben (vgl. u.a. The Independent, 19.1.2001).

2. Klubfußball als Analyseobjekt

Jede einzelne dieser fußballinduzierten ökonomischen Aktivitäten lohnte eine detaillierte Analyse, aber wir müssen es hier mit diesem kurzen Überblick bewenden lassen – und gleich eine weitere inhaltliche Reduktion vornehmen: Unser Hauptaugenmerk wird in diesem Aufsatz dem professionellen Klubfußball in Westeuropa gelten (ohne dabei die globalen Aspekte seiner Entwicklung aus den Augen zu verlieren). Zwar haben die internationalen Großereignisse wie Copa America, African Nations Cup, Europa- und Weltmeisterschaften, was die Massenwirksamkeit des Fußballs und damit die punktuelle Bedeutung für Sponsoren und Fernsehanstalten betrifft, Dimensionen, die internationale Spitzenspiele zwischen Klubmannschaften deutlich in den Schatten stellen. Dennoch handelt es sich dabei lediglich um die alle paar Jahre stattfindenden Fachmessen des Fußballsports, der Betriebsalltag sind die nationalen Meisterschaften und (für die Top-Vereine) die internationalen Klubwettbewerbe. Aufgrund der Permanenz dieses Betriebs übertreffen schließlich auch seine ökonomischen Effekte jene der von Nationalteams bestrittenen Turniere.

Zumindest in sozialpsychologischer Hinsicht zweifelhaft erscheint hingegen die These (Miller u.a. 2001), dass analog zur Verschiebung des Kräfteverhältnisses zwischen transnationalen Konzernen und Nationalstaaten auch die Bedeutung der Klubgegenüber den Nationalmannschaften zugenommen habe. Nicht nur, dass – bei vergleichbarem Stellenwert des Matchs – Spiele eines Nationalteams im Regelfall nach wie vor von einem signifikant größeren Teil der jeweiligen Bevölkerung verfolgt werden, auch die affektive Wirkung dürfte größer sein: Einerseits aufgrund nach wie vor emotionalisierender nationalistischer Rituale, andererseits scheinen sich in den letzten Jahren angesichts der immer manifester werdenden Warenförmigkeit des Profi-Klubfußballs die Vereine ihren Anhängern zunehmend entfremdet zu haben (vgl. Conn 1997:207ff) – eine Entwicklung, von der die Nationalmannschaften deutlich weniger betroffen sind.

Gerade die zunehmende Warenförmigkeit des Profi-Klubfußballs ist es aber, die ihn als Analyseobjekt so interessant erscheinen lässt (abgesehen davon, dass sich beispielsweise die Strukturen des Arbeitsmarkts nur auf dieser Ebene untersuchen lassen, da Spieler Angestellte eines Klubs und nicht nationaler Verbände sind). Während Kontinental- und Weltmeisterschaften in den letzten drei Jahrzehnten primär eine quantitative Expansion der umgesetzten Geldsummen und eine stärkere Funktionalisierung zum Werbeträger erlebten, kam es im Bereich des Profi-Klubfußballs zu massiven quantitativen und qualitativen Transformationen, und dies auf mehreren Ebenen: veränderte Organisations- und Eigentumsstrukturen, Transnationalisierung und Diversifizierung der Aktivitäten, Deregulierung und ökonomische Konzentrationstendenzen sowie weitere Phänomene, die deutliche Parallelen zur allgemeinen sozioökonomischen Entwicklung der letzten Jahrzehnte aufwiesen.

3. Deregulierung und Polarisierung

3.1. Kräfteverhältnisse

Im Zentrum dieser Dynamik stehen der west- bzw. südeuropäische Klub-Fußball, und hier wiederum die fünf weltweit bedeutendsten Ligen (sowohl die Reputation als auch den Umsatz betreffend): die englische Premier League (die Budgets aller Premier-League-Klubs zusammengerechnet beliefen sich in der Saison 1999/2000 auf eine Gesamthöhe von 855 Millionen Euro), die italienische Serie A (aggregierte Klubbudgets 1999/2000: 694 Millionen Euro), die spanische Primera División (613 Millionen Euro), die deutsche Bundesliga (580 Millionen Euro) sowie – mit einigem Abstand – die französische Première Division (370 Millionen Euro; alle Zahlen laut Dobson/Goddard 2001:30). Demgegenüber beliefen sich beispielsweise die aggregierten Klubbudgets der österreichischen Bundesliga (mit allerdings lediglich zehn Klubs, gegenüber 18–20 in den großen Ligen) in der Saison 2001/2 auf lediglich 67 Millionen Euro (Der Standard, 10. Juli 2001). Die Schweizer Nationalliga A bewegt sich in ähnlichen Dimensionen.

Ein Blick auf die bereits erwähnte, von Deloitte & Touche erstellte Liste der weltweit 40 umsatzstärksten Vereine der Spielsaison 1999/2000 (http://european-football-statistics.co.uk/special/0201turnover.htm) bestätigt die wirtschaftliche Dominanz der genannten Ligen und zeichnet ein klares Bild der ökonomischen Kräfteverhältnisse: Unter diesen 40 Vereinen befinden sich zwölf englische, sieben italienische (davon fünf unter den ersten zehn), sechs deutsche, fünf französische und zwei spanische (beide – Real Madrid und FC Barcelona – unter den ersten zehn). Der erste Klub aus einer kleineren europäischen Liga sind die Glasgow Rangers auf Rang 15 (mit einem Umsatz von 81,7 Millionen Euro), als einziger Verein aus der europäischen Peripherie findet sich Galatasaray Istanbul auf Rang 30, gefolgt vom ersten außereuropäischen Verein, den Boca Juniors aus Argentinien (52,4 Millionen Euro). Im letzten Viertel der Liste befinden sich drei weitere außereuropäische Vereine: Zwei aus Brasilien (Corinthians und Flamengo) und einer aus Argentinien (River Plate) – allerdings stammen die Zahlen aus der Zeit vor dem argentinischen Wirtschaftskollaps, daher wären nach heutigem Stand in finanzieller Hinsicht wohl die zwei brasilianischen die einzigen außereuropäischen Klubs, deren Budgets sich mit jenen der europäischen Top-Teams einigermaßen messen könnten.

Eine Topographie des europäischen Klubfußballs müsste von den fünf großen Ligen als Zentrum ausgehen, um das herum sich eine Gruppe kleinerer Ligen mit einigen wenigen sehr finanzstarken Klubs in den großen Städten gruppiert (Portugal, Niederlande, Schottland, Belgien, Griechenland und Türkei). In weiterer Folge zeigt sich ein kontinuierliches Gefälle Richtung Osten bzw. Norden, beginnend bei Ländern wie Dänemark, Österreich und der Schweiz, die aufgrund ihrer Wirtschaftskraft trotz eines stark limitierten Fußballmarktes (Stadionbesuch und TV-Zuschauer) relativ hohe Sponsor-, TV- und Eintrittsgelder generieren können, und endend mit Ländern wie Georgien und Weißrussland, in denen nur wenige Vereine in der Lage sind, einen regulären Profi-Betrieb aufrechtzuerhalten. Ausnahmen innerhalb dieses West-Ost-Gefälles sind Vereine aus den Großstädten Kiew und Moskau, deren beträchtliche Budgets sich (so wie beim norwegischen Sonderfall Rosenborg Trondheim) in hohem Maße aus der regelmäßigen Teilnahme an UEFA-Konkurrenzen und aus Transfers von Spielern nach Westeuropa speisen.

Entgegen der weit verbreiteten Überzeugung, dass im Fußball alles möglich sei, gehen finanzielle Potenz und sportlicher Erfolg Hand in Hand und verstärken einander wechselseitig: Finanzstarke Vereine verfügen über einen Spielerkader, der sportliche Erfolge zwar nicht garantiert, aber wahrscheinlich macht; sportliche Erfolge wiederum

verbessern über wachsende Zuschauerzahlen, TV- und Merchandising-Einnahmen, An-
trittsprämien etc. die finanzielle Situation. Untersucht man, welche Vereine die großen
europäischen Klubwettbewerbe (Meister-Cup bzw. Champions League, Cup der Cupsieger sowie Messestädte-Cup bzw. UEFA-Cup) dominierten, so stellt man fest, dass
die Vertreter der finanzkräftigsten Ligen die mit Abstand erfolgreichsten waren (vgl.
Tabelle 1) – die sportliche Hierarchie stimmt mit der materiellen weitestgehend überein. Lediglich mit den Niederlanden kam ein Vertreter der Fußball-Semiperipherie den
Vereinen der vier größten Ligen (England, Italien, Spanien, BRD) relativ nahe, wobei
diese Anomalie hauptsächlich den Erfolgen eines einzigen Vereins, Ajax Amsterdam,
geschuldet ist.

*Tabelle 1: Herkunftsland der Sieger der europäischen Cup-Wettbewerbe (bis Saison
2000/01)*

Herkunftsland des Klubs	Zahl der Siege in Meister-Cup bzw. Champions League	Zahl der Siege im Cup der Cupsieger	Zahl der Siege im Messestädte- bzw. UEFA-Cup	gesamt
England	9	8	10	27
Italien	9	7	10	26
Spanien	9	7	8	24
BRD	6	4	6	16
Niederlande	6	1	3	10
Portugal	3	1	–	4
Belgien	–	3	1	4
Schottland	1	2	–	3
UdSSR	–	3	–	3
Frankreich	1	1	–	2
Schweden	–	–	2	2
Jugoslawien	1	–	1	2
Ungarn	–	–	1	1
Türkei	–	–	1	1
Rumänien	1	–	–	1
Tschechoslowakei	–	1	–	1
DDR	–	1	–	1

3.2. Konkurrenz und Konzentration

Eklatante Disparitäten bestehen jedoch nicht nur auf gesamteuropäischer (und natürlich
globaler) Ebene, sondern auch innerhalb der einzelnen Länder. Über Jahrzehnte hinweg
war versucht worden, durch verschiedene Mechanismen eine gewisse Chancengleichheit zwischen den Klubs einer Liga sicherzustellen bzw. die Dominanz eines oder einiger weniger Klubs zu vermeiden. An dieser Stelle ist auf eine spezifische Eigenschaft
des Profi-Sports hinzuweisen, die ihn vom kapitalistischen Normalverhalten unterscheidet: Während ein Konzern bestrebt ist, die Konkurrenz auszuschalten (sei es durch oli-
gopolistische Vereinbarungen, durch Fusion oder durch den Bankrott konkurrierender
Firmen), benötigt eine Liga eine möglichst ausgewogene kompetitive Struktur, um sich

das Interesse des zahlenden Publikums zu erhalten. Aus diesem Grund haben beispielsweise die US-amerikanischen Profi-Ligen Vorkehrungen getroffen, um die ökonomische und sportliche Übermacht eines Vereins zu verhindern: Im Eishockey, American Football (National Football League – NFL) und Baseball dürfen die schlechtestplatzierten Klubs der abgelaufenen Saison im Rahmen des „rookie draft" als erste aus dem Pool der talentiertesten Nachwuchsspieler auswählen; im Basketball und in der NFL gibt es eine einheitliche Obergrenze für die Gehaltsausgaben eines Vereins; und in der NFL werden überdies die Zuschauereinnahmen im Verhältnis von 60:40 zwischen Heim- und Gastmannschaft aufgeteilt, um Vereine mit geringerer Anhängerschaft nicht übermäßig zu benachteiligen (vgl. Szymanski/Kuypers 1999:268). Diesem kollektiven aufgeklärten Eigeninteresse steht allerdings das individuelle Eigeninteresse der Vereine gegenüber, möglichst hohe Profite zu lukrieren. Im (west)europäischen Fußball gewann Letzteres seit den 1980er-Jahren allmählich die Oberhand, parallel zum hegemonial werdenden Neoliberalismus, der an Stelle einer begrenzten, politisch regulierten Umverteilung von Ressourcen deren Allokation durch den Markt forcierte. Und so wie in der Politik mit dem Thatcherismus erwies sich auch im Fußball England als hervorragender Seismograph dieser neoliberalen Wende.

Bereits 1961 (also lange vor Thatcher) wurde in den englischen Profi-Ligen – als erster markanter Schritt der Deregulierung – die bis dahin geltende, sehr niedrige Gehaltsobergrenze für Spieler abgeschafft (sie hatte zur Abwanderung von Spitzenspielern ins Ausland, vor allem nach Italien, geführt und war überdies durch inoffizielle Handgeldzahlungen unterlaufen worden). In der Folge ließ die Konkurrenzfähigkeit kleinerer Klubs deutlich nach (vgl. Dobson/Goddard 2001:91; Murphy 1999:38), da sie sich die rasch steigenden Spielergehälter nicht mehr leisten konnten. Gleichzeitig kam es erstmals zu einem merklichen Ansteigen der Eintrittsgelder. Diese wurden allerdings noch bis zu Beginn der 1980er-Jahre im Verhältnis von 4:1 zwischen Heim- und Gastmannschaft aufgeteilt (Downward/Dawson 2000:47) – eine Bestimmung, die auf Druck der Klubs mit großen Zuschauerzahlen beseitigt wurde, um so den seit den 1950er-Jahren anhaltenden Publikumsrückgang auf Kosten der schwächeren Klubs zu kompensieren. Ebenso aufgehoben wurde die Regelung, bei jedem Spiel in allen vier Divisionen der Football League vier Prozent der Zuschauereinnahmen in einen gemeinsamen Topf einzuzahlen, aus dem am Ende der Saison jeder Verein den gleichen Anteil erhielt. Die seit 1983 erlaubte Trikotwerbung kam ebenfalls den größeren Vereinen zugute, da sie deutlich höhere Sponsoreinnahmen akquirieren konnten als die kleineren, weniger populären.

Den stärksten Einfluss hatten allerdings die Veränderungen im Bereich des Fernsehens: Technologische Innovationen (als Pay-TV organisiertes Satellitenfernsehen) in Verbindung mit der Präsenz neuer TV-Anstalten (insbesondere BSkyB des Medienmagnaten Rupert Murdoch) ließen die zu erwartenden Einnahmen aus dem Verkauf der Fernsehrechte in neue Dimensionen ansteigen. Nachdem die Klubs der obersten Spielklasse, der First Division, bereits in den 1980er-Jahren den Verteilungsschlüssel bei den TV-Geldern zunehmend zu ihren Gunsten verändert hatten, beschlossen sie zu Beginn der 1990er-Jahre die Gründung der Premier League, die fortan die Fernsehrechte auf eigene Rechnung, und ohne die Einnahmen mit den unteren Ligen teilen zu müssen, verkaufen sollte. Ökonomisch beschritt man also eigene Wege, sportlich blieb die Premier League mit dem Rest des englischen Profi-Fußballs (dessen zweithöchste Spiel-

klasse nunmehr den Namen First Division übernahm) durch den Auf- und Abstieg von
Vereinen sowie durch die gemeinsame Teilnahme an den nationalen Cup-Wettbewerben
verbunden.

Der finanzielle Gewinn der Premier-League-Klubs war respektabel: Hatten sie –
damals noch als First Division – zwischen 1988 und 1993 zusammen etwa 8,25 Millionen Pfund pro Jahr erhalten, so stieg diese Summe mit der Saison 1993/94, als BSkyB
die TV-Rechte erwarb, auf 43 Millionen Pfund jährlich (Downward/Dawson 2000:161).
Der laufende, vier Saisonen (bis 2003/4) gültige Vertrag mit der Premier League kostete
BSkyB bereits insgesamt 1,1 Milliarden Pfund (knapp 1,8 Milliarden Euro). Die Fernsehrechte für die Spiele der restlichen drei Ligen wurden für den gleichen Zeitraum um
315 Millionen Pfund (etwa 500 Millionen Euro) verkauft (Dobson/Goddard 2001:437).
Auch innerhalb der Premier League wurde nur etwa die Hälfte der TV-Gelder gleichmä-
ßig unter den Vereinen aufgeteilt, der andere Teil hing von der Zahl der Übertragungen
und der Platzierung am Ende der Saison ab (zwei Kriterien, die den populären und
erfolgreichen Klubs entgegenkommen) – auf diese Weise lukrierte in der Saison 1997/
98 Arsenal über drei Millionen Pfund, der Absteiger Crystal Palace lediglich eine Million Pfund aus jenem Betrag, den BSkyB an die Premier League zahlte (Downward/
Dawson 2000:161).

Da sich diese eklatanten Disparitäten innerhalb der Premier League sowie zwischen
der Premier League als ganzer und den restlichen englischen Profi-Klubs nicht auf die
TV-Einnahmen beschränkten, sondern sich in anderen Bereichen fortsetzten (vom
Merchandising bis zu den Sponsorengeldern), bildete sich eine klare Hierarchie: Mit
fünf bis sechs (meistens auch im Europacup tätigen) Klubs an der Spitze, die die Meisterschaft Jahr für Jahr untereinander ausmachen (wobei am Ende meist der mit Abstand reichste Klub, Manchester United, die Oberhand behält), und einer sich immer
weiter vertiefenden Kluft, die die Premier League von der First Division trennt. Mittlerweile (Spielsaison 2001/02) liegen die durchschnittlichen Einnahmen eines Vereins der
Premier League bei 65 Millionen Pfund (knapp über 100 Millionen Euro), jene eines
Vereins der First Division bei 12,3 Millionen Pfund (knapp 20 Millionen Euro) (The
Guardian, 22.9.2001). Umso einschneidendere ökonomische Auswirkungen hat daher
der Abstieg aus der lukrativen Premier League in die First Division – Vereine, denen
nicht sofort der Wiederaufstieg gelingt und die überdies meist im vergeblichen Kampf
gegen die Relegation hohe Schulden angehäuft haben, stehen dann oft am Rande des
finanziellen Ruins. Umgekehrt ist es für Aufsteiger überaus schwierig, mit ihrem limitierten Spielerkader in der Premier League zu bestehen. Seit Etablierung der Premier
League nahm daher das sogenannte Jo-Jo-Phänomen markant zu (Murphy 1999:40):
Vereine, die zwar den Aufstieg schaffen, aber in der folgenden Saison wieder absteigen
(um dem baldigen Wiederaufstieg eine erneute Relegation folgen zu lassen usw.).

Ähnliche Hierarchien wie in England bestehen in den meisten europäischen Ligen,
in manchen noch stärker ausgeprägt (etwa in Schottland oder den Niederlanden), in
anderen weniger stark (beispielsweise in Frankreich, der Schweiz oder Österreich).
Massive sportliche und ökonomische Ungleichgewichte sind kein neues Phänomen im
Fußball, doch scheint im Zuge der neoliberalen Umgestaltung die Machtpyramide fester gefügt als je zuvor, ein Vordringen kleiner Vereine in die Elite auf nationaler Ebene
nur schwer möglich und auf internationaler Ebene so gut wie ausgeschlossen zu sein

(die Erfolge des italienischen, von einem Panettone-Produzenten gesponserten Klubs Chievo dürften ein ebenso sympathisches wie ephemeres Phänomen darstellen).

Die Sezession einer ganzen Liga wie in England blieb bislang die Ausnahme, in manchen Ländern sind die zentrifugalen Tendenzen jedoch auf andere Weise und weiter vorangeschritten. In den Niederlanden beispielsweise schlossen Ajax Amsterdam, PSV Eindhoven, Feyenoord Rotterdam und Vitesse Arnhem separate Verträge mit dem Fernsehsender Canal Plus ab, gegen den Widerstand der restlichen Liga (aber mit Unterstützung der EU-Kommission), die vergeblich eine kollektive Vermarktung der Spiele und damit eine gleichmäßigere Aufteilung der TV-Gelder durchzusetzen versuchte (Giulianotti 1999:95). Auch in Italien und Spanien sind die Spitzenklubs individuelle Verträge mit TV-Anstalten eingegangen, die ihnen wesentlich höhere Einnahmen als den übrigen Vereinen garantieren (Dobson/Goddard 2001:30). Durch die neue Technologie des digitalen Fernsehens, das die parallele Übertragung beliebig vieler Spiele und damit die Wahlmöglichkeit des TV-Konsumenten sicherstellt, wird sich der Trend in Richtung der populären Spitzenklubs weiter verstärken. Nicht nur, dass die großen Vereine von vornherein mehr Anhänger und damit mehr via *pay per view* zahlende TV-Zuseher haben, auch ein neutraler Fußballinteressent wird eher bereit sein, für ein Spiel zwischen Schalke und Bayern München zu bezahlen als für eines zwischen Cottbus und Stuttgart. Da die Remuneration der Vereine von der Zahl der TV-Konsumenten abhängt, die sie zu mobilisieren vermögen, bessert *pay per view* vor allem die Finanzen der Großklubs auf (in Italien betrafen Ende der 1990er-Jahre 60 Prozent aller *pay per view*-Subskriptionen die drei Vereine Juventus, Inter und AC Milan; vgl. Szymanski/Kuypers 1999:275). Die für die Zukunft zu erwartende (bzw. im Fall von Manchester United bereits erfolgte) Gründung eigener Fernsehkanäle wird schließlich die individuelle Profitmaximierung der Vereine an ihren folgerichtigen Endpunkt führen.

3.3. Arbeitsmarkt

Alle Fußballklubs innerhalb der Europäischen Union waren von jenen Deregulierungsschritten betroffen, die verschiedene EU-Institutionen seit Beginn der 1990er mit dem Ziel setzten, den Arbeitsmarkt für Profi-Fußballer zu liberalisieren und in Einklang mit geltendem EU-Recht zu bringen. Dieser Prozess (vgl. Lanfranchi/Taylor 2001:220f), der mit dem sogenannten Bosman-Urteil im Jahr 1995 seinen vorläufigen Höhepunkt fand, resultierte in zwei wesentlichen Veränderungen: Spieler aus anderen EU-Staaten dürfen seither nicht länger mit Hilfe unterschiedlicher „Ausländerbeschränkungen" zugunsten einheimischer Spieler diskriminiert werden; außerdem können nunmehr alle Profi-Fußballer innerhalb der EU nach dem Auslaufen ihrer Verträge den Verein wechseln, ohne dass ihr bisheriger Verein Anspruch auf eine Transferzahlung hat. Augenfälligstes Resultat dieser beiden Regelungen ist die zunehmende grenzüberschreitende Mobilität der Spieler, die sich in der multinationalen Zusammensetzung der meisten Mannschaften ausdrückt. Die neue Freizügigkeit bietet Spielern die Möglichkeit, unter einer größeren Zahl von Arbeitgebern zu wählen. Gleichzeitig hat sich ihre Position gegenüber den Vereinen in einem weiteren Punkt erheblich verbessert: Wechseln sie nach Ablauf ihres Vertrags den Verein, können sie damit rechnen, dass ein beträchtlicher Teil jenes Betrags, den sich der neue Klub an Transferzahlungen erspart, in die Gehaltssumme einfließt.

Auf diese Weise avancierte Steve McManaman, der 1999 im Rahmen eines „Bosman-Transfers" ablösefrei von Liverpool zu Real Madrid wechselte, mit einem Monatsein-kommen von etwa 420.000 Euro zu einem der bestbezahlten Fußballer Europas (The Observer, 9.1.2000). Ein Verein, der einen seiner Spieler über das ursprüngliche Vertrags-ende hinaus an sich binden will, muss ebenfalls finanzielle Konditionen bieten, die den konkurrierenden Angeboten entsprechen. Die Folge war und ist ein rasches Ansteigen der Spielergehälter (eine Entwicklung, die auch im US-Profisport nach der Lockerung der Transferbestimmungen zu beobachten war; vgl. Markovits/Hellerman 2001:135). So stieg die Gesamtsumme der in den vier englischen Profi-Ligen gezahlten Gehälter von 620 Millionen Pfund (etwa eine Milliarde Euro) in der Saison 1998/99 auf 747 Millionen Pfund (etwa 1,2 Milliarden Euro) in der Saison 1999/2000 (The Guardian, 15.8.2001).

Allerdings nahm, analog dem gesamtgesellschaftlichen Trend, die Kluft zwischen den einzelnen Segmenten des Fußball-Arbeitsmarkts drastisch zu. Von den neuen Hand-lungsspielräumen profitierten in erster Linie die in nur sehr begrenzter Zahl verfügba-ren hoch qualifizierten Arbeitskräfte wie Rivaldo, Beckham und Batistuta (deren ge-schätztes Jahreseinkommen jeweils knapp an die Zehn-Millionen-Euro-Marke heran-reicht; vgl. http://www.footballtransfers.net/features/wages/topwages02.shtml). Für Fuß-baller, die das auf dem internationalen Markt nachgefragte spielerische Niveau nicht erreichten, stellten die Liberalisierungen eine gewisse Bedrohung dar, wurde es doch für Vereine leichter, sie durch importierte billigere (und manchmal gleichzeitig bessere) Arbeitskräfte zu ersetzen. Diese sich öffnende Schere zwischen Spitzenspielern und biederen Fußwerkern lässt sich mit folgenden Zahlen (wiederum aus England) illustrie-ren: 1956, also vor Abschaffung der Gehaltsobergrenze, des *maximum wage*, gaben Vereine der höchsten Profi-Liga für Spielergehälter doppelt so viel aus wie Vereine der niedrigsten – vierten – Profi-Liga; 1978 lag diese Gehaltssumme um das Vierfache, 1995 bereits um das Zehnfache höher (Szymanski/Kuypers 1999:96f) – ein Abstand, der sich in den letzten Jahren weiter vergrößert hat.

Die Deregulierung des Spielermarkts verschärfte nicht nur die Polarisierung im Bereich der Gehälter, sondern war auch ein weiteres Element, das die Kluft zwischen großen und kleinen Klubs vertiefte. Da nur noch in jenen Fällen, in denen ein Spieler einen laufenden Vertrag hat, eine Transfersumme zu entrichten ist, reduziert sich für die kleineren Vereine (allerdings nur innerhalb der EU) die neben den Eintrittsgeldern wich-tigste Einnahmequelle (vgl. Federmair 1998:12). Umgekehrt erhalten die großen Klubs leichteren Zugriff auf das international verfügbare Spielerpersonal (Giulianotti 1999:122).

4. Das Wettrüsten der Vereine

Dass trotz der besseren Verfügbarkeit von Spielern (und ihrer auf wenige Jahre beschränk-ten vertraglichen Bindung an den neuen Verein) immer höhere Transfersummen gezahlt werden, liegt einerseits an den generell größeren Geldmengen, die im und um den Fußballsport zirkulieren, andererseits an den finanziellen Renditen, die sich unmittelbar aus der weltweiten Vermarktbarkeit eines Superstars oder mittelbar aus den mit seiner Hilfe errungenen sportlichen Erfolgen erzielen lassen. Ob Transfersummen ab einer gewissen Höhe noch aus einer kapitalistischen Logik heraus erklärbar sind, kann allerdings mit Fug und Recht bezweifelt werden (vgl. Conert 2002:160), manche dieser Transaktionen fallen zumindest teilweise wohl eher in die Kategorie Repräsentationsausgaben (und werden indirekt durchaus als solche deklariert, man denke an den Transfer Figos zu Real Madrid – ein Wahlversprechen des Bauunternehmers Florentino Perez, das ihm schließlich das Präsidentenamt dieses Klubs eintrug).

Die Hauptursache dafür, dass die Beträge – sowohl was die Gehälter als auch was die Transfersummen betrifft – zum Teil aberwitzige Dimensionen erreichen, liegt letztlich in der Konkurrenzsituation, die den europäischen Fußball-Ligen inhärent ist. Während die US-Profi-Ligen weder Auf- noch Abstieg kennen, sondern im Rahmen eines Franchise-Systems einer gewissen Zahl von Teams die Teilnahme unter relativ gut kalkulierbaren Bedingungen ermöglichen, befinden sich europäische Profi-Fußballklubs stets in einer prekären Situation. Die weiter oben kurz skizzierten Auswege aus den Unbilden der kapitalistischen Konkurrenz – Firmenzusammenschlüsse, Marktbereinigung via Konkurs, Kartellbildung – stehen den Fußballklubs überhaupt nicht oder nur äußerst eingeschränkt zur Verfügung: An die Stelle eines Bankrott gegangenen oder durch Fusion verschwundenen Vereins tritt in der folgenden Saison ein anderer; die Eigentümerschaft an mehreren Vereinen gleichzeitig verstößt gegen die Regulative sämtlicher Ligen (auch auf europäischer Ebene – so musste der französische TV-Sender Canal Plus, Mehrheitseigentümer von Paris Saint Germain und Servette Genf, seine Mehrheitsanteile am Genfer Klub abgeben, um beiden Vereinen die Teilnahme am UEFA-Cup 2001/2 zu ermöglichen); und Fußball-Ligen werden zwar in der einschlägigen sportökonomischen Literatur häufig als Kartelle interpretiert (u.a. in Downward/Dawson 2000), doch die kartellartige Organisation betrifft lediglich einige ihrer Außenbeziehungen (etwa in den Verhandlungen mit Fernsehanstalten) und vermag die Konkurrenz nicht so weit aufzuheben, dass eine bestimmte Profitrate garantiert oder der Abstieg einiger Vereine verhindert würde.

Die zunehmende Transnationalisierung des europäischen Spielbetriebs im Rahmen der UEFA-Champions League hat zwar die Einnahmen der Vereine gesteigert, aber gleichzeitig die Konkurrenz auf europäischer Ebene intensiviert – Vereine, die sich im nationalen Kontext eine dominierende Position erkämpft haben, laufen nun im internationalen Kontext Gefahr, nicht hinreichend konkurrenzfähig zu sein. Jeder Klub ist permanent und oft auf unterschiedlichen Ebenen davon bedroht, hinter die anderen zurückzufallen, mit dem Resultat des Abstiegs, des Nicht-Aufstiegs, des frühen Ausscheidens aus oder der Nichtteilnahme an einem europäischen Wettbewerb – mit jeweils gravierenden, ja ruinösen finanziellen Auswirkungen. Daher der enorme Geldaufwand, um den Spielerkader quantitativ und qualitativ zu verstärken und so den Herausforderungen begegnen zu können. Dobson und Goddard vergleichen den Wettlauf der Vereine um die besten Spieler in seiner subjektiven Rationalität und objektiven Irrationalität mit dem Rüstungswettlauf während des Kalten Kriegs, bei dem um eines strategischen Vorteils willen gewaltige Geldsummen aufgewendet wurden, nur um kurz darauf festzustellen, dass die Gegenseite durch zumindest ebenso große materielle Anstrengungen das Gleichgewicht wieder hergestellt hatte (Dobson/Goddard 2001:430). Der entscheidende Vorsprung wird nicht erreicht, unter dem Strich steht lediglich die Verausgabung beträchtlicher finanzieller Ressourcen.

Da Spielergehälter und Transfersummen den mit Abstand größten Ausgabeposten im Profi-Fußball darstellen – in der englischen Premier League wurden in der Saison 1998/ 99 392 Millionen Pfund für Gehälter, 127 Millionen Pfund für Ablösezahlungen und 194 Millionen Pfund für sonstige Zwecke ausgegeben (Dobson/Goddard 2001:71) –, dürfte die von nahezu allen Kommentatoren vertretene Auffassung nicht ganz unzutreffend sein, dass die inflationäre Entwicklung der Personalkosten die Hauptursache für die aktuelle finanzielle Situation der meisten Profi-Klubs sei. Und diese Situation – auf allen Spielstufen und in wohl allen Ländern – ist trotz der in den 1990er-Jahren rapide gestiegenen Einnahmen äußerst angespannt. Nur wenige Klubs wie Manchester United und Bayern München machen regelmäßige Gewinne, die überwiegende Zahl schreibt Verluste, und die Verschuldung erreicht zuweilen existenzbedrohende Dimensionen. Im Jahr 2001 wies der Londoner Klub Chelsea einen Schuldenstand von 37,7 Millionen Pfund (60 Millionen Euro) auf (The Guardian, 15.8.2001), Lazio Rom war mit über 100 Millionen Euro verschuldet (The Guardian, 14.11.2001). In Frankreich betrugen die aggregierten Schulden aller Vereine der ersten und zweiten Division in der Saison 2000/ 01 290 Millionen Euro – besonders auffällig ist hier die Dynamik der Verschuldung, lag diese doch in der Saison davor erst bei 170 Millionen Euro (Soccer Investor Daily Bulletin, 7.2.2002). Noch prekärer ist die Lage in – ökonomisch – peripheren Fußballnationen wie Argentinien, wo die Klubs der obersten Spielklasse geschätzte Schulden von insgesamt ca. 450 Millionen Euro aufweisen (Soccer Investor Daily Bulletin, 11.2.2002).

Mittlerweile gibt es angesichts der existenzbedrohenden Finanzlage bei mehreren europäischen Spitzenvereinen innerhalb des europäischen Fußballverbands UEFA Bestrebungen, durch ein strenges Lizenzierungsverfahren die Vereine zu größerer Budgetdisziplin zu zwingen. In Italien wurde von Seiten der Liga sogar die Einführung von Gehaltsobergrenzen empfohlen. Diese Entwicklung entspricht einer im Februar 2002 getätigten Voraussage von Uli Hoeneß, Manager von Bayern München, dass die Spielergehälter in den kommenden ein bis zwei Jahren um bis zu 30 Prozent sinken würden, denn: „Es wird keine großen, neuen Einnahmequellen mehr geben. Der nächste TV-Vertrag wird sicher nicht besser, die Sponsoren für die kleinen Klubs werden weniger, die Eintrittspreise können wir nicht erhöhen." (http://www.kicker.de/content/news/artikel.asp?folder=42030&object=260362)

5. Strukturen der Expansion

Damit zeichnet sich ein Ende jener Boomphase der 1990er-Jahre ab, in der sich die oben skizzierten Konzentrationstendenzen markant verstärkten und die größeren Profi-Klubs ihre ökonomische Basis sektoral und geographisch ausweiteten, um neue Einnahmequellen zu erschließen. Mit Erfolg: Stiegen die Einnahmen der englischen Vereine zwischen 1946 und 1988 lediglich um drei Prozent pro Jahr, so betrug die Wachstumsrate seit 1988 im Durchschnitt 18 Prozent (Downward/Dawson 2000:37), in den anderen westeuropäischen Ligen verhielt es sich ähnlich. Zwar setzten sich manche Neuerungen auch bei kleinen Vereinen durch, doch die ganze Palette der kostensenkenden sowie effizienz- und einnahmesteigernden Maßnahmen konnte – als Voraussetzung wie Folge der Konzentration – nur von den international präsenten Großklubs eingesetzt werden. Unter ihrer Führung bildeten sich jene Phänomene und Konfigurationen heraus, die das ökonomische Erscheinungsbild des heutigen europäischen Klubfußballs prägen (und im Folgenden skizziert werden).

5.1. Diversifizierung

Bis in die 1980er-Jahre stellten die Erlöse aus Spielertransfers und Eintrittsgeldern die mit Abstand wichtigste Einnahmequelle der Vereine dar. Erst zu Beginn der 1990er-Jahre fiel bei den meisten Großklubs der Anteil der Eintrittsgelder an den Gesamteinnahmen auf unter 50 Prozent (vgl. Williams 1997:255) – und das, obwohl die Eintrittspreise seit Ende der 1980er-Jahre in vielen Ländern massiv gestiegen waren, bei meist steigenden Zuschauerzahlen. Seit Ende der 1980er-Jahre „most professional clubs in the UK [und keineswegs nur dort] were aiming to earn more money from their off-field activities than from gate money" (Giulianotti 1999:88). Ende der 1990er-Jahre stammten in Deutschland und England nur noch etwa ein Drittel der Umsatzerlöse aus dem Verkauf von Eintrittskarten, in Italien und Spanien knapp 40 Prozent, in Frankreich knapp 50 Prozent (WGZ-Bank 2001:63).

Zu einer zentralen Einnahmequelle und hauptverantwortlich für das rasante Wachstum der Geldmengen, die im Fußball zirkulierten, wurde das Fernsehen, insbesondere das Pay-TV (inklusive seiner *pay per view*-Variante). Beispielsweise sieht der zwischen der KirchMedia-Gruppe und dem Deutschen Fußball-Bund bis zur Saison 2003/4 abgeschlossene Vertrag pro Saison eine Zahlung von ca. 300 Millionen Euro an die Klubs der höchsten Spielklasse vor (WGZ-Bank 2001:67). Für Bundesliga-Vereine wie 1860 München, Freiburg und Rostock belief sich in der Saison 2001/2 der Anteil der Fernsehgelder an ihrem Gesamtumsatz auf mehr als 50 Prozent, lediglich bei Borussia Dortmund und dem Hamburger Sportverein lag dieser Wert unter 30 Prozent (http://www.kicker.de/content/news/artikel.asp?folder=42030&object=260361). Die Krise der KirchMedia-Gruppe stellt allerdings nicht nur die weitere Auszahlung der vereinbarten Summen in Frage, sondern markiert auch das Ende des seit den 1990er-Jahren ungebremsten Wachstums der TV-Erlöse für den Fußball. Ähnliche Hinweise auf eine Trendumkehr in diesem Bereich gibt es auch aus anderen Ligen, nicht zuletzt aus England, Spanien und Italien (vgl. The Guardian, 5.3.2002 sowie Financial Times, 1.3.2002).

Zwar werden seit kurzem auch andere Medien verstärkt unter kommerziellen Gesichtspunkten genutzt, doch die so lukrierten Summen fallen im Verhältnis zu den TV-Geldern bislang nicht ins Gewicht. In Frankreich sollen die Radio-Übertragungsrechte für Liga- und Cup-Spiele in Zukunft kostenpflichtig werden, nachdem die Radio-Rechte für die Fußball-WM 2002 für immerhin 565.000 Euro verkauft werden konnten (Soccer Investor Daily Bulletin, 7.2.2002). Als weitere Einkommensquelle wurde in den letzten Jahren, ganz dem allgemeinen Trend folgend, das Internet entdeckt. Erste Versuche, Spiele live im World Wide Web zu übertragen (das Europacup-Spiel Celtic Glasgow gegen Jeunesse Esch aus Luxemburg bildete mit 33.000 Usern die – allerdings gebührenfreie – Premiere), waren mit einer unzureichenden Übertragungsqualität konfrontiert (The Observer, 21.1.2001). Erst weitere technologische Fortschritte werden im Bereich der Live-Übertragungen profitable Nutzungsmöglichkeiten erschließen. Einstweilen begnügt sich daher ein Verein wie Liverpool mit dem Verkauf sogenannter *e-Season Tickets* um 39,99 Pfund (65 Euro) pro Jahr. Zu diesem Preis erhält man Live-

Radioreportagen der Spiele, eine jeweils zehnminütige Video-Zusammenfassung sowie Pressekonferenzen und Exklusivinterviews auf den Computer-Bildschirm geliefert. Eine solche Vermarktung dürfte allerdings nur für Klubs mit einer weltweiten Anhänger-schaft finanziell von Interesse sein; beim FC Liverpool beliefen sich die Einnahmen bis Ende 2001 auf knapp 250.000 Euro (Financial Times, 6.2.2002).

In der englischen Premier League steuerten in der Saison 1998/99 die Eintrittsgel-der 247 Millionen Pfund zu den Klubeinnahmen bei, die TV-Gelder 196 Millionen, aus anderen Quellen flossen 226 Millionen Pfund (Dobson/Goddard 2001:71). Unter die-sen anderen Quellen spielt das Sponsoring eine besonders bedeutende Rolle. Firmen-werbung mit Hilfe des Mediums Fußball hat eine lange Tradition und reicht zum Teil bis in die Frühgeschichte dieses Sports zurück, als Werksmannschaften für seine Popu-larisierung innerhalb der Arbeiterschaft sorgten. Diese Tradition der Werksteams setzte sich bei Vereinen wie Wolfsburg (VW), Leverkusen (Bayer), Sochaux (Peugeot) und Parma (Parmalat) bis in die Gegenwart fort, in der Regel bleibt es jedoch bei befristeten Sponsorverträgen zwischen einem Klub und einem (oder mehreren) Unternehmen. Auf-fallend sind auch hier die enormen quantitativen Steigerungen der Beträge, von denen in erster Linie die großen Klubs mit internationalem Werbewert profitieren. Bei Man-chester United zahlt der Trikotsponsor Vodafone im Rahmen eines vierjährigen Sponsor-vertrages umgerechnet etwa 40 Millionen Euro pro Jahr, der 2002 an die Stelle der Firma Umbro getretene Ausrüster Nike steuert jährlich 30 Millionen Euro zum Klub-budget bei (Financial Times Deutschland, 27.7.2001); etwas kleinere Klubs wie Newcastle United und Borussia Dortmund verfügten in der Saison 2000/2001 über Sponsoren-gelder in Höhe von ungefähr 12 bis 13 Millionen Euro (http://www.nufc.co.uk/newindex. html bzw. Borussia Dortmund 2001:15). Im Vergleich dazu nimmt sich die jährliche Summe von – leistungsabhängigen – 1,1 bis 1,8 Millionen Euro, die der österreichische Meister FC Tirol von seinem Hauptsponsor erhält, eher bescheiden aus (http://www.tiwag. at/content.php?de,presseinfo19,info,presseservice,presseinfo19). Doch das Sponsoring ist nicht nur durch wachsende Summen und Disparitäten gekennzeichnet, sondern auch durch sein immer weiteres Vordringen in bislang unerschlossene Räume. So werden Stadien mittlerweile ebenso nach Sponsoren benannt (AOL-Arena in Hamburg, Reebok Stadium in Bolton) wie Ligen (von Barclays in England bis Gambrinus in Tschechien) und Cup-Wettbewerbe (Memphis-Cup in Österreich) oder Vereine (im Fall des österrei-chischen Zweitligisten SC InterWetten.com tritt der Firmenname sogar vollständig an die Stelle des ursprünglichen Vereinsnamens und der Ortsbezeichnung). Die Interessen der Sponsoren an einer möglichst breiten Rezeption des Sports stehen im Gegensatz zur Tendenz, Fußball zunehmend aus dem sogenannten Free-TV in den exklusiveren Be-reich des Pay-TV zu verlagern. Hier liegt einer jener Schnittpunkte, an dem sich die weitere Entwicklung des Fußballs als öffentliches Spektakel entscheidet.

Beträchtliche Summen lukrieren viele Vereine aus dem sogenannten Merchandising, das heißt dem Verkauf von Produkten, die sich durch die Verwendung der Klubfarben und/oder des Klubnamens von anderen Produkten mit identischem Gebrauchswert un-terscheiden. Den stärksten Absatz – von dem jedoch die Ausrüsterfirmen deutlich stär-ker profitieren als die Vereine – finden die Replica-Trikots, deren Verkauf durch den jährlichen Wechsel des Designs angekurbelt und die Gewinnmargen zuweilen sogar, etwa im Fall Englands, durch Preisabsprachen gesichert werden (vgl. Office of Fair

Trading, Press Release PN 30/99, 6.8.1999). Ein Blick auf die Internet-Seiten der Vereine zeigt eine breite Palette an Waren und innerhalb dieser Palette die Wiederkehr des Gleichen in unterschiedlichster Kostümierung: Von der Bettwäsche des FC Bayern und dem Lampenschirm des FC Liverpool über den Ohr-Stecker (in Silber oder Gold) des FC St.Gallen bis hin zum Orientteppich des SK Sturm.

Zunehmend entfalten die Großklubs in den und rund um die Stadien (insbesondere wenn sie sich in ihrem Besitz befinden) eine ganze Reihe wirtschaftlicher Aktivitäten: Restaurants, Geschäfte, Museen, Konferenzräume, Kinos, ja sogar Hotels (etwa im Reebok Stadium in Bolton) sorgen für eine Nutzung der kostspieligen Baulichkeiten auch jenseits des Spielbetriebs und für deutlich erhöhte Renditen an den Spieltagen selbst. Die neuen Konsummöglichkeiten zielen vor allem auf jenes finanzkräftige Mittelschichtpublikum, das in früheren Jahren in den Fußballstadien unterrepräsentiert war (vgl. Football Industry Group 2001). Daneben finden aber auch Firmen – speziell in England und Deutschland – zunehmend Gefallen daran, Geschäftspartnern und ausgewählten Mitarbeitern Fußball in exklusivem Ambiente zu bieten, und sind bereit, dafür beträchtliche Preise zu zahlen.

Ein typisches Beispiel für die Diversifizierungsbestrebungen der Großklubs stellt Borussia Dortmund dar, das seine ökonomische Basis durch eine 75-prozentige Beteiligung an der Westfalenstadion GmbH sowie die Gründung mehrerer Tochtergesellschaften zu verbreitern versuchte: einer Sportartikelfirma, eines Internetunternehmens, eines Reisebüros und eines Rehabilitationszentrums.

Ein Vergleich zwischen dem umsatzstärksten Verein der Welt, Manchester United, und dem finanzstärksten Verein der Schweiz, Grasshopper-Club Zürich, zeigt, wie sehr ein weltweit agierender Verein wie Manchester in der Lage ist, seine Einnahmequellen (insbesondere via Merchandising) zu diversifizieren, während das Budget eines Vereins der fußballerischen Semiperipherie nach wie vor auf den zwei traditionellen Hauptsäulen Eintrittsgelder und Sponsoring ruht (vgl. Tabelle 2).

Tabelle 2: Prozentuelle Verteilung der Einnahmequellen von Fußballvereinen (Saison

	Manchester United	*Grasshoppers Zürich*
Eintrittsgelder	34 %	50 %
Fernsehrechte	19 %	5 %
Merchandising	27 %	6 %
Sponsoren/Werbung	13 %	39 %
Catering	7 %	–

(Quelle: Jaeger 2000:75)

1998/99)
5.2. Neue Eigentums- und Organisationsstrukturen
Diese forcierte Diversifizierung steht in engem Zusammenhang mit einer weiteren markanten Tendenz der letzten Jahre, nämlich der zunehmenden Umwandlung von Fußballvereinen in Kapitalgesellschaften und in weiterer Folge in börsennotierte Fußball-Unternehmen. Die durch den Verkauf von Anteilen (gleichgültig ob über die Börse oder nicht) aufgebrachten Summen werden dazu benützt, die sportliche Konkurrenzfähigkeit zu

steigern (Verpflichtung neuer Spieler, Verbesserung der Trainingsmöglichkeiten etc.)
sowie die ökonomische Basis zu verbreitern (Ausbau der Stadien, Aufbau von Vertriebs-
netzen, Gründung von Tochtergesellschaften) – Investitionen in „Steine und Beine" nennt
sich diese Doppelstrategie. Gleichzeitig gibt speziell die wirtschaftliche Diversifizierung
den Anlegern eine gewisse – wenngleich oft nur scheinbare – Sicherheit, nämlich als
„Minimierung der Auswirkungen der sportlichen Entwicklung auf die Aktienkurs-
entwicklung durch die Erschließung fußballnaher Geschäftsfelder", wie es in einer Studie eines einschlägig tätigen Bankunternehmens formuliert wird (WGZ-Bank 2001:26).
    Die Entwicklung wurde durch regulatorische Maßnahmen gefördert. In England
(wo die Klubs traditionellerweise als – in der Praxis jedoch meist nicht profitorientierte –
Kapitalgesellschaften organisiert waren) wurde 1983 die Obergrenze für Dividenden
von 10 auf 15 Prozent erhöht (Szymanski/Kuypers 1999:16). Just in diesem Jahr ging
mit Tottenham Hotspur der erste englische Klub an die Börse. Doch erst der Börsengang von Manchester United 1991 und die massiven Kursgewinne der Manchester- und
Tottenham-Aktien (zwischen 1994 und 1996 stieg deren Aktienkurs um fast 400 Prozent, vgl. WGZ-Bank 2001:11) ließ eine ganze Reihe anderer Klubs folgen: Insgesamt
sind in England derzeit 20 Fußballklubs an der Börse notiert (vgl. Soccer Investor Weekly,
Nr. 80, 29.1.2002:15), dazu Vereine in Italien (Juventus Turin, Lazio und AS Roma),
Portugal, Dänemark und einigen anderen Ländern. Die bislang jüngsten Börsengänge
erfolgten in der Türkei, wo seit Februar 2002 die Aktien der beiden Istanbuler Spitzenklubs Beşiktaş und Galatasaray gehandelt werden (Euro am Sonntag, Nr. 8, 24.2.2002:5).
Beşiktaş nahm durch den Börsengang 14 Millionen Dollar ein, Galatasaray 20 Millionen Dollar. Auch in Deutschland hat „the transformation of football clubs from effective
public utilities into profit-making companies" (King 1998:124) eingesetzt, nachdem der
Deutsche Fußball-Bund 1998 die Gründung von Kapitalgesellschaften zur Abwicklung
des Profi-Spielbetriebs gestattet hatte. Dies jedoch nur unter der Bedingung, dass es
sich um Tochtergesellschaften im Mehrheitseigentum der eingetragenen (Fußball-)Ver-
eine handelte, die bis dahin als einzige Organisationsform zugelassen waren. Von der
solcherart im Jahr 2002 gegründeten FC Bayern AG wurde ein Anteil von zehn Prozent
an den Sportartikelkonzern Adidas um etwa 75 Millionen Euro verkauft. Als einziger
deutscher Fußballklub wählte Borussia Dortmund zwecks Kapitalbeschaffung den
Börsengang, der im Oktober 2000 stattfand und einen Emissionserlös von etwa 125
Millionen Euro erbrachte (Borussia Dortmund 2001:12).
    Nicht nur der deutsche Verband versucht Eigentumsstrukturen zu unterbinden, die
eine Verzerrung des Wettbewerbs befürchten lassen. In der englischen Premier League
beispielsweise darf ein Anleger, der bereits mindestens zehn Prozent der Anteile eines
Fußballklubs hält, kein Eigentum an einem weiteren Klub erwerben. Aus diesem Grund
ist BSkyB an Chelsea, Manchester City, Manchester United und Leeds United im Ausmaß von 9,08 bis 9,99 Prozent beteiligt. Der Kabelfernsehbetreiber NTL besitzt 9,99
Prozent der Anteile von Aston Villa und Leicester City, 9,9 Prozent von Glasgow Rangers und Newcastle United sowie 5,6 Prozent von Middlesbrough FC (vgl. WGZ-Bank
2001:108). An solchen Aufstellungen zeigt sich nicht nur ein weiteres Mal die symbiotische Verbindung zwischen Fernsehen und Fußball, sondern auch die breite Auffäche-
rung der Beteiligungen, die Medienkonzerne an Fußballklubs besitzen. Die Investment-
firma ENIC (English National Investment Company) beweist, dass sich derartige

Beteiligungsnetze über ganz Europa erstrecken können. Im Frühjahr 2002 war sie Mehrheitseigentümerin von Slavia Prag und dem italienischen Zweitligisten Vicenza sowie Minderheitseigentümerin von AEK Athen, Tottenham Hotspur, Glasgow Rangers und FC Basel. 1998/99 führte ENIC – damals noch Mehrheitseigentümer der drei UEFA-Cup-Starter Prag, Athen und Basel – ein langwieriges Gerichtsverfahren gegen die UEFA, um deren Bestimmung außer Kraft zu setzen, wonach mehrere Klubs ein und desselben (Mehrheits-)Eigentümers nicht am selben europäischen Vereinswettbewerb teilnehmen dürfen. ENIC verlor und reduzierte daraufhin sein Engagement bei Basel und Athen.

Mit der europaweiten Umwandlung zahlreicher Vereine in profitorientierte Kapitalgesellschaften wurde dem nach Investitionsmöglichkeiten suchenden Kapital eine neue und im Zuge der New Economy-Euphorie lukrativ erscheinende Anlagesphäre eröffnet. Ihren vorläufigen Höhepunkt erreichte diese Entwicklung 1996/97 in England, als mehr als ein Dutzend Klubs an die Börse gingen. Kurze Zeit darauf, 1998, platzte allerdings die Spekulationsblase. Sämtliche Aktien englischer Fußballklubs lagen Mitte 1998 deutlich unter jenem Wert, den sie 18 Monate zuvor hatten, manche um mehr als 50 Prozent (Dobson/Goddard 2001:380). Die Talfahrt hält bis heute – selbst bei erfolgreichen und profitablen Fußballklubs wie Manchester United – unvermindert an, wobei der größte Wertverlust parallel zum Börsen-Crash vieler New Economy-Unternehmen im Jahr 2000 eintrat. Der Wert der seit 1996 an der Londoner Börse notierten Chelsea-Aktie beispielsweise sank 1998 – nach einer starken Steigerung im ersten Jahr – wieder ungefähr auf das Niveau zum Zeitpunkt der Emission, fiel seither sukzessive weiter (besonders stark im Jahr 2000) und lag im März 2002 bei etwa einem Drittel des Ausgabewerts. Noch schlimmer erging es Aktien von sportlich erfolglosen Klubs wie Queens Park Rangers oder Nottingham Forest, die nach dramatischen Wertverlusten aus dem Handel genommen wurden. Ähnliche Entwicklungen zeigen sich auch bei allen anderen börsennotierten Fußballklubs in Europa (die Aktie von Borussia Dortmund lag etwa im März 2002 trotz guter sportlicher Perspektiven nur bei ungefähr 60 Prozent ihres Emissionspreises) und veranlassen sogar eine dieser Anlageform sehr positiv gegenüberstehende Studie zu der Feststellung, es gebe bei Fußball-Aktien „insgesamt mehr Flops als Tops" (WGZ-Bank 2001:22). Die österreichischen Erfahrungen mit der Rapid-Aktie zu Beginn der 1990er-Jahre bestätigen diese These.

Zwei wesentliche strukturelle Probleme trüben die Perspektiven der Anleger: Zum einen, wie bereits oben geschildert, die den Fußballsport charakterisierende permanente Konkurrenzsituation zwischen den Vereinen und die dadurch oft defizitäre Finanzlage, zum anderen die Unwägbarkeiten des sportlichen Erfolgs. Zwar bestehen, wie bereits gezeigt, enge Zusammenhänge zwischen ökonomischer Stärke und sportlichen Resultaten, doch nicht immer lässt sich der geplante Erfolg realisieren, zumal eine ganze Reihe von Klubs identische Ziele haben (und bei ausbleibendem sportlichen Erfolg werden auch viele der im Zuge der Diversifizierungsmaßnahmen erschlossenen Geschäftsfelder – insbesondere das Merchandising – in Mitleidenschaft gezogen). Diese prekäre Situation treibt eigenartige Blüten, versichern sich doch mittlerweile einige Fußballklubs (vor allem in Spanien) sowohl gegen die Zahlung von zu hohen Siegesprämien als auch gegen das finanzielle Risiko eines Abstiegs: Der Hamburger Sportverein beispielsweise bezahlt eine jährliche Versicherungsprämie von 1,5 Millionen Euro und würde dafür von einem Versicherungskonsortium im Fall der Relegation 10 Millionen Euro pro Jahr erhalten (WGZ-Bank 2001:34). Während der HSV diese Versicherungsleistung bislang nicht in Anspruch nehmen musste, kassierte Atlético Madrid anlässlich seines Abstiegs in die Segunda División umgerechnet 18 Millionen Euro (Horizont Sport Business 8, 2001:55).

Die zunehmende Zahl von Fußball-Unternehmen und die Rendite-Erwartungen ihrer Aktionäre bzw. Anteilseigner dürften dazu führen, dass individuelle Klubinteressen auf Kosten schwächerer Klubs rücksichtsloser durchgesetzt werden, als dies zu jener Zeit der Fall war, als – beispielsweise in Deutschland – der Fußballsport ausschließlich von nicht gewinnorientierten Vereinen getragen wurde. Die beschriebenen Konzentrationstendenzen hängen mit dieser Entwicklung zusammen und werden sich daher auch in Zukunft weiter fortsetzen. Eine weitere Konsequenz der zunehmenden Durchkapitalisierung des Fußballsports könnte in wachsenden Konflikten zwischen den Interessen der Fans und den Profitinteressen der Aktionäre liegen und zwar sowohl die sportlichen (Verpflichtung neuer, teurer Spieler; vgl. Giulianotti 1999:105) als auch andere Aspekte der Klubführung betreffend.

Die neuen Organisationsformen führten nicht nur zu einer Zurückdrängung tendenziell demokratischer Vereinsstrukturen, sondern waren im Sinne einer Effizienzsteigerung auch mit einer Professionalisierung und personellen Erweiterung der Klubadministration verbunden. Sowohl im Managementsektor als auch im Bereich der sportlichen Leitung kam es zu einer funktionalen Ausdifferenzierung, von der Einrichtung neuer Abteilungen (zum Beispiel Marketing) bis hin zur Verwissenschaftlichung von Training und sportmedizinischer Betreuung. Diese Tendenzen setzten sich, sofern es die finanziellen Ressourcen zuließen, auch in jenen Klubs durch, die nicht als Kapitalgesellschaften organisiert waren.

5.3. Transnationale Netze

Der westeuropäische Klubfußball ist mittlerweile fest in globale Netzwerke eingebettet, deren Struktur die weltwirtschaftlichen Machtverhältnisse widerspiegelt. Aus der lateinamerikanischen, afrikanischen und asiatischen Peripherie werden billige Waren bezogen (sowohl die Ware Arbeitskraft als auch Sportartikel und andere Merchandising-Produkte), deren Mehrwert zum größten Teil in Europa lukriert wird. Die zweite Transnationalisierungs-Achse dient dem Verkauf der Ware Fußball auf den kaufkräftigen Absatzmärkten in Ostasien und Nordamerika.

Die weltweite Rekrutierung von Spielern stellt keineswegs ein neues Phänomen dar, doch hat sie quantitativ seit den 1990er-Jahren massiv zugenommen. Einerseits wurden die Beschränkungen für den Einsatz ausländischer Fußballer in praktisch allen europäischen Ligen deutlich gelockert, andererseits fielen die Hürden in allen wichtigen Spieler-Exportländern: Bis 1989 gestattete der jugoslawische Verband seinen Spielern erst ab einem Alter von 28 Jahren den Wechsel ins Ausland, noch striktere Regelungen galten in Polen und der Sowjetunion; in der DDR, Albanien und von 1979 bis 1982 sogar in Argentinien war der Spielerexport generell verboten. Mit der ökonomischen Krise in Osteuropa, aber auch in Südamerika, fielen diese Restriktionen, und die in ihrer wirtschaftlichen Existenz bedrohten Vereine waren zum Ausverkauf gezwungen (Roter Stern Belgrad verkaufte zwischen 1993 und 1996 insgesamt 50 Spieler; vgl. Lanfranchi/

Taylor 2001:139). Die (west)europäischen Klubs haben seither weitgehend uneingeschränkten Zugriff auf das global verfügbare Arbeitskräftepotenzial, das sie in zweierlei
Hinsicht auszuschöpfen versuchen: einerseits auf der Suche nach Ausnahmekönnern,
andererseits im Bestreben, durch den Import billigerer Fußballer die Lohnkosten zu
senken.

Mittlerweile hat sich vor allem in afrikanischen und lateinamerikanischen Staaten
eine umfangreiche Infrastruktur herausgebildet, die Fußballer für den Bedarf der europäischen Fußball-Ökonomien (aber auch jener des Nahen Ostens und Ostasiens) produziert. Während in Lateinamerika diese Exportproduktion von den Vereinen dominiert
wird, übernehmen in vielen afrikanischen Ländern angesichts der desolaten Situation
des Klubfußballs zu einem wesentlichen Teil sogenannte Fußball-Akademien diese Funktion (allein in einem Land wie Mali gibt es etwa 20 von ihnen). Die Kalkulation der
Betreiber geht davon aus, dass die niedrigen Investitionskosten (eine sechsjährige Ausbildung kostet etwa 5000 Dollar pro Spieler, vgl. African Soccer Magazine 66, Mai
2001) eine hohe Rendite abwerfen, sobald ein bis zwei Absolventen pro Jahrgang auf
dem Weltmarkt verkauft werden können. Die renommiertesten dieser Fußballschulen
sind in Kooperation mit europäischen Klubs entstanden und werden in der Regel von
diesen finanziert: Auxerre arbeitet mit dem „Salif Keita Football Centre" in Bamako
zusammen, in Ghana betreibt Feyenoord Rotterdam die „Feyenoord Fetteh Football
Academy", AS Monaco hat enge Verbindungen zu Fußballschulen in Côte d'Ivoire,
Burkina Faso und Senegal. Die Vereine haben auf diese Weise direkten Zugriff auf junge afrikanische Talente. Eine andere Variante besteht darin, sich an afrikanischen Klubs
zu beteiligen: So ist Ajax Amsterdam Mehrheitseigentümer von Ajax Cape Town in
Südafrika und Obuasi Goldfields in Ghana, Manchester United hat den südafrikanischen Zweitligisten Fortune FC übernommen. Ähnliche Beziehungen bestehen auch
zum lateinamerikanischen Fußball (vgl. Giulianotti in diesem Band), wenngleich allem
Anschein nach in geringerer Zahl.

Aus Afrika werden meist sehr junge Spieler (oft 15 bis 17 Jahre alt) importiert, von
denen nur eine Minderheit den Weg in den gut bezahlten Profi-Fußball findet. Der große
Rest wird bzw. bleibt Teil der deklassierten und oft auch illegalisierten Arbeitsmigranten
in den ökonomischen Zentren Europas und Asiens. Die individuellen Erfolgsgeschichten
jener nicht allzu zahlreichen lateinamerikanischen, afrikanischen und osteuropäischen
Fußballer, die zu Spitzenverdienern aufsteigen, verdecken den Umstand, dass die Haupt-
profiteure des globalen Spielerhandels in Mittel- und Westeuropa sitzen. Zunächst sind
dies die Vereine und ihre Funktionäre: Sie können auf ein großes Reservoir guter bis
exzellenter Spieler zurückgreifen, die zumindest in den ersten Jahren ihrer Profikarriere
deutlich weniger kosten als gleichwertige einheimische Spieler; und die Inhaber der
Transferrechte können im Falle eines Weiterverkaufs eines Spielers oft ein Vielfaches
jener Summe erlösen, die sie selbst an dessen Stammverein (bzw. seine Ausbildungs-
stätte) bezahlten. Die knapp vierMillionen Euro, die Sturm Graz an ein St. Gallener
Finanzierungskonsortium für den Transfer Charles Amoahs zahlte, lagen bei weitem
über jenem Betrag, den der Schweizer Drittligist Frauenfeld ein paar Jahre zuvor an
Amoahs ghanaischen Heimatklub Okwawu United zu entrichten hatte – der Differenz-
betrag verblieb in der Schweiz. Die zweite große und in den letzten Jahren stark wachsende Gruppe, die von der interkontinentalen Fußballer-Migration profitiert, sind die

Spieleragenten. Bis zu 50 Prozent des Gehalts ihres Klienten sowie einen Teil der Transfersummen beanspruchen sie als Honorar für sich (vgl. Broere/van der Drift 1997:82).
Zum überwiegenden Teil stammen die knapp 900 von der FIFA offiziell lizensierten
Spieleragenten aus Europa, aus Afrika lediglich sechs (Stand: März 2002; vgl. http://
www.fifa.com). Die Muster der globalen Spielermigration erinnern an die (neo)koloniale
Arbeitsteilung: Der billige Rohstoff aus dem Süden wird mit Hilfe europäischer Zwischenhändler in die Metropolen gebracht und dort mit Profit weiterverarbeitet.

Neben die globalisierten Arbeitsmärkte treten globalisierte Märkte für den Verkauf
von Merchandising-Produkten und Fernsehrechten, die sich der westeuropäische Klubfußball zunehmend erschließt – als eines der wenigen Produkte der europäischen Frei-
zeit- und Unterhaltungsindustrie mit weltweiten Absatzchancen. Auf dem nordamerika-
nischen Markt, insbesondere bei den Hispanics, versucht der FC Barcelona zu reüssie-
ren und ging zu diesem Zweck 2001 eine strategische Partnerschaft mit der National
Football League (NFL) ein. Manchester United schloss 2001 sowohl mit dem Baseball-
Klub New York Yankees als auch mit der World Wrestling Federation Kooperationsver-
träge ab, um vor allem die Merchandising-Aktivitäten zu intensivieren. In Südostasien
ist der Verein ebenfalls präsent: Im Sommer 2001 unternahm man eine Tournee nach
Singapur und Thailand – ein Land, in dem Manchester United bereits Ende der 1990er-
Jahre 40.000 Stück seines Klubmagazins verkaufte (Szymanski/Kuypers 1999:68). Nach
Ostasien expandieren auch etwas kleinere Klubs wie Newcastle FC, der sich 2002 durch
ein Abkommen mit der chinesischen Spitzenmannschaft Dalian Shide Zugang zum chinesischen Merchandising-Markt verschaffte (und gleichzeitig privilegierten Zugriff auf
die Spieler von Dalian erhielt; vgl. The Observer, 27.1.2002).

Vermutlich eher dem Bereich Kuriositäten zuzuordnen sind Aktivitäten wie die geplante Autorennserie „Premier1 Grand Prix", in der ab 2003 24 Autos um die Wette
fahren sollen. Jedes von ihnen repräsentiert einen renommierten Fußballverein. Den
involvierten Klubs wie Benfica Lissabon, Anderlecht und Leeds United werden Ge-
winnbeteiligungen sowie internationale Medienpräsenz in Aussicht gestellt (http://
www.premier1grandprix.com/news_2003.html).

5.4. Ausweitung und Intensivierung des Spielbetriebs

Die hohen Kosten, die mit der Finanzierung einer Mannschaft und – sofern vorhanden
und im Eigentum des Klubs – eines modernen Stadions verbunden sind, amortisieren
sich umso eher, je öfter und intensiver Infrastruktur und Arbeitskraft genutzt werden.

In der schlichtesten Variante erreicht man dieses Ziel dadurch, dass die absolute
Zahl der Spiele erhöht wird – für kleinere Vereine beispielsweise durch die Ausweitung
des Hallenfußballs in der Winterpause, auf höchster Ebene durch die Erfindung neuer
Wettbewerbe wie der Klub-Weltmeisterschaft, die im Jahr 2000 erstmals ausgetragen
wurde. Angesichts der begrenzten physischen Belastbarkeit der Spieler kann es aber
nicht um bloße Quantitäten gehen, sondern darum, eine möglichst große, verkraftbare
Zahl von Spielen gegen möglichst attraktive Gegner vor einem möglichst großen (Fern-
seh-)Publikum auszutragen. Diese Absicht lag den Bestrebungen der G14, der Gruppe
der 14 größten europäischen Klubs, zugrunde, eine europäische Superliga ins Leben zu
rufen. Der UEFA gelang es zwar, einen Alleingang der Spitzenklubs zu verhindern, die
1992/93 erstmals veranstaltete Champions League kam aber deren Interessen stark entge-

gen. Das bis dahin in europäischen Klubkonkurrenzen übliche K.-o.-System wurde zum Teil durch Gruppenspiele ersetzt, was die Zahl der Spiele (und damit die Einnahmen) steigen und die Wahrscheinlichkeit von Außenseitersiegen sinken ließ. Von der breiten, über Europa hinausreichenden Rezeption der Champions League profitieren die teilnehmenden Klubs nicht nur direkt (über die TV-Gelder), sondern auch indirekt (größere Absatzchancen ihrer Merchandising-Produkte, wachsender Werbewert für Sponsoren etc.). Durch die solcherart erzielten Einnahmen wurden Konzentrationsprozesse und Internationalisierung weiter verstärkt: Die lukrative internationale Präsenz von Klubs förderte deren ökonomische und sportliche Übermacht auf nationaler Ebene, einseitige und damit unattraktive nationale Konkurrenzen wiederum erhöhten für die Spitzenvereine die Attraktivität der internationalen Wettbewerbe. Dabei sind auch regionale Lösungen in Diskussion: Im Rahmen einer vage projektierten „Atlantik-Liga" wollen die portugiesischen, schottischen, niederländischen, belgischen und norwegischen Spitzenklubs dem Dilemma unausgeglichener nationaler Wettbewerbe und kleiner Fußball-Märkte entkommen und ökonomische Chancengleichheit gegenüber den großen Ligen herstellen.

6. Andere Akteure

Das Handeln der Klubs ist nicht nur ökonomischen Mechanismen und den spezifischen Strukturen sportlicher Wettbewerbe unterworfen. Eine Reihe von anderen Akteuren war an den geschilderten Transformationsprozessen beteiligt, ihre Rolle kann jedoch aus Platzgründen im Folgenden nur knapp skizziert werden.

Die Verbände, insbesondere FIFA und UEFA, standen seit jeher vor der Aufgabe, die unterschiedlichen Interessen von Profi- und Amateur-, von Männer- und Frauenfußball sowie von großen und kleinen Fußballnationen miteinander in Einklang zu bringen. Bislang insofern erfolgreich, als sich die FIFA und ihre kontinentalen Untergliederungen als unumstrittene Regulationsinstanzen mit Disziplinargewalt gegenüber Spielern, Vereinen und Nationalteams behaupten konnten. Neben der Regulation stand seit jeher die weltweite Verbreitung des Fußballs ganz oben auf der FIFA-Agenda. Die Vergabe der Fußball-Weltmeisterschaften 1994 an die USA und 2002 an Japan und Korea dienten der Erschließung neuer Fußball-Märkte und bereiteten damit auch den Boden für die globalen Aktivitäten der westeuropäischen Großklubs. Während sich in diesem Bereich die Interessen von Verband und profitorientierten Fußball-Unternehmen deckten, klafften sie bei der Neustrukturierung der gesamteuropäischen Klubwettbewerbe auseinander. Hier war die UEFA bemüht, kleineren Klubs den Zugang offen zu halten, letztendlich akzeptierte sie aber einen Teilnahmemodus, der die Vereine der großen Ligen eindeutig begünstigte – für die UEFA kann also wohl auch gelten, was Giulianotti und Robertson der FIFA attestierten: „Sie reguliert die rechtlichen und distributiven Bedingungen, in welchen das neoliberale Geschäft im Fußball gedeihen kann" (Giulianotti/Robertson 2002:242).

In vielen europäischen Ländern spielen der Staat bzw. die Kommunen traditionell eine gewichtige Rolle, sind sie es doch, die große Teile der materiellen Infrastruktur, insbesondere Stadien und Ausbildungszentren, zur Verfügung stellen. Speziell in den großen westeuropäischen Fußballnationen zog sich allerdings der Staat in den letzten

Jahren immer mehr aus der Rolle des Investors auf jene des Regulators zurück. In England, wo die Profitorientierung des Fußballs am weitesten fortgeschritten war, setzte die neugewählte Labour-Regierung 1997 eine Football Task Force ein, um unter Einbeziehung der Fußballfans die Auswüchse der Kommerzialisierung – insbesondere in den Bereichen Eintrittspreise und Merchandising – zu untersuchen und gegebenenfalls Verbesserungsvorschläge zu unterbreiten (vgl. Football Task Force 1999). Als Ergebnis dieser Untersuchungen wurde im März 2002 die Independent Football Commission eingerichtet – „a toothless body with good intentions", wie die Labour-Abgeordnete Kate Hoey schrieb (The Guardian, 11.3.2002). Als Wettbewerbshüter in Sachen Fußball trat das Office of Fair Trading in Erscheinung, einmal aus Anlass von kartellartigen Absprachen beim Verkauf von Replica-Trikots, ein weiteres Mal und viel beachtet, als es die Übernahme von Manchester United durch BSkyB untersagte.

In die Auseinandersetzung darüber, welche Richtung der Fußball einschlagen soll, versuchten sich auch Fußballfans einzumengen. Speziell für die Einkommensschwachen unter ihnen wurde aufgrund der steigenden Eintrittspreise und der zunehmenden Verlagerung von Fußballübertragungen ins Pay-TV der Zugang zum Fußball immer schwieriger. Der organisierte Widerstand der Fans gegen die völlige Unterwerfung des Fußballsports unter ökonomische Interessen, namentlich des Pay-TV, fand im Protest der Manchester-United-Anhänger gegen die Übernahme ihres Vereins durch Rupert Murdochs BSkyB ebenso seinen Ausdruck wie in der deutschen Initiative „Pro 15:30", mit der gegen die über das gesamte Wochenende verstreuten, TV-kompatiblen Beginnzeiten der Spiele protestiert wurde.

7. Perspektiven

Extrapoliert man die beschriebenen Trends und die herrschende Kräftekonstellation in die nahe Zukunft, so deutet nichts darauf hin, dass die Kommodifizierungs-, Konzentrations- und Expansionstendenzen sowie die damit verbundene Exklusion der ökonomisch Schwachen (egal ob Vereine oder Anhänger) abnehmen werden. Im Gegenteil, in Europa drängen die G14-Klubs auf eine noch stärkere Repräsentanz der großen Fußballnationen in der Champions League auf Kosten kleinerer Vereine, mit einer größeren Zahl von Spielen bei gleichzeitiger Reduktion der nationalen Ligen auf maximal 16 Mannschaften (The Observer, 3.2.2002). Auch die Gründung einer europäischen Superliga mit einer – nach US-Vorbild – festen Gruppe von etwa 50–60 teilnehmenden Teams steht zur Debatte (vgl. Szymanski/Kuypers 1999:306f). In diesem organisatorischen Rahmen könnten durch die fehlende Abstiegsdrohung und leichter exekutierbare Gehaltsobergrenzen Lohnkosten gesenkt und damit die Klubs zu nachhaltig profitablen Unternehmen gemacht werden. All jenen Vereinen (und ihren Anhängern), denen es nicht gelingt, in die wie auch immer konstruierte europäische Eliteliga zu gelangen, droht das Schicksal völliger sportlicher und ökonomischer Peripherisierung: Ein prekäres finanzielles Überleben in entwerteten nationalen (Rumpf-)Ligen mit der Möglichkeit weitgehender Re-Amateurisierung sowie eine Funktion als Arbeitskräftelieferanten für die monopolistisch organisierten Großklubs – ein Szenario, das in den meisten ost- und außereuropäischen Staaten nichts anderes beschreibt als die Gegenwart des Klubfußballs.

Literatur

Borussia Dortmund (2001): Geschäftsbericht Juli 2000-Juni 2001

Broere, Marc/van der Drift, Roy (1997): Football Africa! Oxford: WorldView Publishing

Conert, Hansgeorg (2002, 2. Aufl.): Vom Handelskapital zur Globalisierung. Entwicklung und Kritik der kapitalistischen Ökonomie. Münster: Westfälisches Dampfboot

Conn, David (1997): The Football Business. Edinburgh/London: Mainstream Publishing

Dobson, Stephen/Goddard, John (2001): The Economics of Football. Cambridge: Cambridge University Press

Downward, Paul/Dawson, Alistair (2000): The Economics of Professional Team Sports. London/New York: Routledge

Federmair, Klaus Michael (1998): Jean-Marc Bosman gegen die europäischen Fußballinstitutionen. Ein Anwendungsfall der Ökonomischen Analyse des Rechts. Wien, Sozial- und wirtschaftswiss. Diplomarbeit

Football Industry Group (2001): FIG Fact-sheet three: The transformation of football in the 1990s. Liverpool: University of Liverpool (http://www.liv.ac.uk/footballindustry/nineties.html)

Football Task Force (1999): Football: Commercial Issues. A submission by the Football Task Force to the Minister for Sport, 22 December 1999 (http://www.culture.gov.uk/PDF/ftreport.pdf)

Giulianotti, Richard (1999): Football. A Sociology of the Global Game. Cambridge: Polity Press

Giulianotti, Richard/Robertson, Roland (2002): Die Globalisierung des Fußballs: ‚Glokalisierung‘, transnationale Konzerne und demokratische Regulierung. In: Fußballwelten. Zum Verhältnis von Sport, Politik, Ökonomie und Gesellschaft, Jahrbuch für Europa- und Nordamerika-Studien 5, Hg. Peter Lösche/Undine Ruge/Klaus Stolz. Opladen: Leske & Budrich: 219–251

Jaeger, Franz (2000): Aktuelle Entwicklungen im europäischen Fußball aus ökonomischer Sicht. In: Sport und Kommerz. Neuere ökonomische Entwicklungen im Sport, insbesondere im Fußball, Hg. Franz Jaeger/Winfried Stier. Chur/Zürich: Rüegger: 63–81

King, Anthony (1998): The End of the Terraces. The Transformation of English Football in the 1990s. London/New York: Leicester University Press

Lanfranchi, Pierre/Taylor, Matthew (2001): Moving with the Ball. The Migration of Professional Footballers. Oxford/New York: Berg

Markovits, Andrei S./Hellerman, Steven L. (2001): Offside. Soccer and American exceptionalism. Princeton/Oxford: Princeton University Press

Miller, Toby/Lawrence, Geoffrey/McKay, Jim/Rowe, David (2001): Globalization and Sport. Playing the World. London/Thousand Oaks/New Delhi: Sage

Murphy, Patrick (1999): Banking on Success: Examining the Links between Performance and the Increasing Concentration of Wealth in English Elite Football. In: Singer & Friedlander's Review. 1998-99 Season: 37–44

Office of Fair Trading (1999): Press Release PN 30/99, 6 August 1999: Football kit price fixing ended (http://www.oft.gov.uk/html/rsearch/press-no/pn30-99.htm)

Schulze-Marmeling, Dietrich (2000): Fußball. Zur Geschichte eines globalen Sports. Göttingen: Verlag Die Werkstatt

Szymanski, Stefan/Kuypers, Tim (1999): Winners & Losers. London: Viking Press

WGZ-Bank, Hg. (2001, 2. überarbeitete und erweiterte Auflage): FC €uro AG. Börsengänge europäischer Fußballunternehmen – Chancen für den deutschen Bundesligafußball. Düsseldorf: Eigenverlag (im Internet: http://www.wgz-bank.de/produktion/wgz-bank/WebSite/pdf/Research/Mikro/fussball2001.pdf)

Williams, John (1997): The „New Football" in England and Sir John Hall's new „Geordie Nation". In: Football and Regional Identity in Europe, Hg. Siegfried Gehrmann. Münster: Lit Verlag: 243–277

Gertrud Pfister

Wem gehört der Fußball?
Wie ein englisches Spiel die Welt eroberte

Einleitung – Fußballspiele

„Die Welt ist zwar kein Fußball, aber im Fußball, das ist kein Geheimnis, findet sich eine ganze Menge Welt. Es ist zuweilen eine bizarre Welt, in der unablässig Gefühlsschübe aufeinanderprallen; Emotionen, die jederzeit in ihr Gegenteil umschlagen können: Entzücken in Entsetzen, Begeisterung in Wut, Verzweiflung wieder in Entzücken" (Wolf 1996:295). Warum ist Fußball eine Welt und wie hat der Fußball die Welt erobert, das sind Fragen, die im folgenden Beitrag aufgegriffen werden. Die Welt des Fußballs ist zwar die Welt der Moderne, seine Wurzeln reichen aber weit in die Vergangenheit zurück. Ein entfernter Verwandter des modernen Fußballspiels ist das in Japan und China verbreitete Kemari, bei dem sich zeremoniell gekleidete Männer, manchmal auch Frauen, den Ball mit gemessenen Bewegungen mit dem Fuß zuspielten (Möller 1996). In Italien wurde seit dem 15. Jahrhundert das Giuco del Calcio gespielt; dabei versuchten zwei Mannschaften einen Ball mit dem Fuß oder mit der Faust ins gegnerische Tor zu treiben.

Unmittelbare Vorläufer des Fußballsports waren die wilden Volksspiele, die seit dem Mittelalter in mehreren europäischen Ländern gespielt wurden. In England überlebte das als roh und unschicklich geltende Spiel bis ins 19. Jahrhundert. Ziel der manchmal sehr großen gegeneinander kämpfenden Gruppen war es, den Ball an einen vorher definierten Ort oder in ein aus Marksteinen gefertigtes Tor zu bringen. Wie auch bei anderen traditionellen Spielen veränderten sich die Regeln von Ort zu Ort, manchmal auch von Spiel zu Spiel. Typisch war ein hohes Maß an Gewalt. Mit dem modernen Fußballsport hatten diese Spiele wenig gemeinsam (vgl. u.a. Mason 1997).

Vom Volksspiel zum Sport –
zur Entstehung des Fußballspiels in England

Sport in England

England wurde und wird immer wieder als „the mother" oder „the cradle of sport" bezeichnet. Benutzt man den Terminus Sport nicht wie heute in Deutschland als umfassenden Begriff für Leibesübungen, sondern als Terminus technicus im Sinne des 19.

Jahrhunderts, dann ist Sport gekennzeichnet durch formale Chancengleichheit, Leistungs-
und Wettkampforientierung, Überbietung und Rekord. Typisch für den modernen Sport
ist die zentrale Bedeutung des Rekords, d.h. die Orientierung an einer abstrakten Best-
marke, die immer wieder von neuem überboten werden muss. Die dabei erbrachten
Leistungen sind „abstrakt", weder die körperlichen Voraussetzungen der Athleten noch
die konkreten Wettkampfbedingungen werden berücksichtigt. Um einen Rekord aufzu-
stellen, bedarf es nicht einmal eines Wettkampfs oder eines Gegners. Das Streben nach
Leistungsvergleichen und Rekorden führt dann sekundär zu einer Quantifizierung von
Leistungen, zur Standardisierung und Normierung von Geräten und Anlagen, zu Büro-
kratisierung, Spezialisierung, Rationalisierung und Professionalisierung (u.a. Guttmann
1978). Im Bereich der Sportspiele wird durch ein ausgefeiltes und hierarchisches System von Ligen die Ermittlung des besten Teams gesichert. Es sind also nicht die Sportarten oder die Bewegungsformen, die den Sport ausmachen, sondern die mit ihnen verbundenen Prinzipien und Intentionen.

    In der sporthistorischen *scientific community* ist es Konsens, dass sich der moderne
Sport im 17. und 18. Jahrhundert in England entwickelt hat. Die nach wie vor unbeant-
wortete Frage, warum er gerade in England entstanden ist, soll hier nur kurz gestreift
werden. Einer der vorliegenden Erklärungsversuche verweist auf die gesellschaftlichen
Strukturen in England, die eine scharfe Abgrenzung des Adels vom Bürgertum nicht
kannten. Die damit verbundene geringe Bedeutung des Duells und des Fechtens führten
zu einem Aufschwung des Boxens als Mittel der „sportlichen" Auseinandersetzung.
Neben dem Boxen verbreitete sich aber auch der Kampf um Meter und Sekunden –
beim Rudern, Laufen und Pferderennen. Während die englische Oberschicht zunächst
die angestellten Ruderer oder Läufer gegeneinander antreten ließ, beteiligten sich später
auch die Gentlemen selbst an diesen Leistungsvergleichen, bei denen das Wetten einen
großen Teil der Faszination ausmachte. Das Wetten machte dann wiederum eine gewisse Reglementierung und Standardisierung notwendig. Neben der sozialen Struktur und
der frühen Industrialisierung unterschied sich England auch durch seine Insellage und
durch die Errichtung des weltweiten „Empire" von anderen europäischen Ländern. Sicher haben die im Zuge der Aufklärung zunehmende Rationalisierung der Denkweisen
und Verhaltensmuster, die Logik der Zweckrationalität und die Entwicklung von linea-
ren und abstrakten Zeitstrukturen sowie die damit verbundenen Industrialisierungs- und
Urbanisierungsprozesse ebenfalls zum Aufschwung des Sports beigetragen, zu dem man
im 18. Jahrhundert noch zahlreiche Vergnügungen der Oberschichten, vor allem auch
Reiten und Jagen, rechnete. Nicht umsonst konnte Norbert Elias die Fuchsjagd als Beispiel für die Rolle des Sports bei der Reduzierung von Spannungen und zur Kanalisie-
rung von Aggressionen heranziehen.

Die „Zähmung" des Fußballspiels
Eine neue Bedeutung erhielten Sport und Sportspiele im 19. Jahrhundert an den englischen Public Schools (vgl. u.a. Williams/Wagg 1991; Walvin 1994). Dort wurden die
wilden und ungezügelten Volksspiele, die angesichts der Modernisierungsprozesse seit
dem Ende des 18. Jahrhunderts generell an Bedeutung verloren, weiter betrieben und
nicht selten zur Unterdrückung jüngerer und schwächerer Mitschüler und/oder zur Rebellion gegen die Lehrkräfte eingesetzt. Dunning (1979) beschrieb ausführlich, wie In-

dustrialisierung und Verbürgerlichung zu einer Veränderung der gesellschaftlichen Machtbalance beitrugen, die wiederum Reformen an den Schulen und damit auch Veränderungen der Spiele mit sich brachten (vgl. auch Mangan 1981). Einer der wichtigsten Reformer war Thomas Arnold, Schulleiter von Rugby, der sich dem Geist der Zeit entsprechend der Idee der „Muscular Christianity" verschrieben hatte. Durch die Zähmung des Fußballspiels gelang es ihm in den dreißiger Jahren des 19. Jahrhunderts, auch die Spieler zu „zähmen", wobei die Disziplinierung den Schülern in großem Maße selbst überlassen werden konnte. Die Kodifizierung der Fußballregeln in Rugby 1846 führte dann dazu, dass auch an anderen untereinander rivalisierenden Schulen Regeln entwickelt wurden. In Eton wurde u.a. ein striktes Verbot des Handspiels als weiteres Disziplinierungselement eingeführt. Damit war das Auseinanderdriften der Soccer- und der Rugby-Variante des Fußballspiels eingeleitet. Der Begriff Soccer leitet sich vom Begriff Association ab und bezeichnet die Spielvariante, die von der 1863 gegründeten Football Association übernommen und verbreitet wurde.

Die Bedeutung der Erziehungseinrichtungen, der Public Schools, Colleges und Universitäten, lag dabei auch in ihrem Bestreben, die Regeln zu vereinheitlichen, weil nur so die Austragung von Wettkämpfen möglich war. „Without the unifying influence of the universities, which acted as ‚relay station', organized games could not have emerged in the schools with the same speed and to the same degree that they did …" (Guttmann 1994:42)

Fußball war, ohne dass dies auch nur erwähnt werden musste, ein Männerspiel, und zwar ein Spiel, bei dem ein bestimmtes Männlichkeitsideal produziert und demonstriert wurde. Mit der Veränderung der Public-School-Erziehung und auch der Einführung des Fußballspiels wurde die Glorifizierung von Gesetzesverstößen und von ungezügelter Gewalt durch die Idealisierung von Fair Play abgelöst. Mangan wies dabei darauf hin, dass Fair Play dabei zunächst kein moralisches Ideal, sondern eine praktische Notwendigkeit war, die den sozialen Zusammenhalt an den Schulen garantieren sollte. Weitere Tugenden des *sportsman* waren: Eigeninitiative, Verantwortungsbewusstsein, Wettbewerbsorientierung, Siegeswillen – kurz: Männlichkeit. Die Devise „echter" Männer war: hart, aber fair. Dabei haben sich Männlichkeitsideale in England ebenso wie die Schüler der Public Schools von „middle class British hooligans into imperial heroes" gewandelt. An den englischen Public Schools sollte „a handy and dashing breed of young officers" ausgebildet werden (Mangan 1996:33).

Fußball und noch mehr Rugby sind bis heute ein „male preserve" geblieben, ein Bereich, wo Männer noch richtige Männer sein können (Dunning 1986; Bonde 1991; Mosse 1997).

Vom Gentleman zum Profi

Sport war also zunächst eine Angelegenheit der englischen Oberschichten, dann der aristokratischen und bürgerlichen Jugendlichen gewesen. Seine Entwicklung war zunächst eng mit dem Erziehungssystem, später auch mit der Industrialisierung und den damit verbundenen Klassenkämpfen verknüpft. So spielten nicht nur die Reformen des Erziehungswesens, sondern auch die Rivalitäten zwischen den verschiedenen Schulen und Universitäten für den Aufschwung des Sports eine wichtige Rolle. Nachdem sich am Ende des 19. Jahrhunderts die Arbeitszeit verringert und die soziale Situation der

Arbeiter verbessert hatte, begann der Fußball die Arbeiterquartiere zu erobern. Fußball verkörperte die Werte und Ideale der Arbeiter, er schenkte den Zuschauern Ablenkung und Erholung vom harten Alltag und ermöglichte den Spielern überdies sozialen Aufstieg. Während die „Gentlemen" schon um der sozialen Distinktion willen für den Amateurismus votierten und ihn in den meisten Sportarten auch durchsetzten, war die Verbreitung des Fußballspiels unter den Arbeitern von Anfang an mit einer „Professionalisierung" oder besser einer Verberuflichung verbunden. 1885 musste die Football Association offiziell der Bezahlung der Spieler zustimmen, wollte sie nicht eine Spaltung des Verbands riskieren. Mit dem „sozialen Abstieg" veränderte sich auch die Fußballtechnik. Während die Spieler der Public-School-Teams um des Spielens willen spielten und vor allem auch ihr Können durch langes „Dribbeln" demonstrieren wollten, setzten die proletarischen Spieler auf den Sieg, und der war eher durch Solidarität, Abgeben des Balles und taktische Spielzüge erreichbar (Heineken 1898). Weitere Voraussetzungen für die schnell wachsende Popularität des Fußballs waren der Ausbau der Massenverkehrsmittel und das zunehmende Interesse der Massenmedien. Der Fußballfanatismus der Arbeiterschaft wurde von den bürgerlichen Kreisen durchaus begrüßt, da er von sozialen Gegensätzen und Problemen ablenken konnte. Nicht umsonst gründeten oder unterstützten zahlreiche Fabrikbesitzer Werkvereine oder Werkteams (Guttmann 1994; skeptisch Mason 1997:34).

Sport und vor allem Fußball erwiesen sich als „Exportschlager", wobei die Art und Weise, wie sich der Sport verbreitete, von den Beziehungen zwischen Großbritannien und den „Importländern" abhängig waren.

Der Siegeszug des Fußballspiels

Ein englisches Spiel wird zum deutschen Sport

In Deutschland hat das Fußballspiel mehrere Wurzeln, die sich aber alle ins „Mutterland" des Sports zurückverfolgen lassen. Fußball wurde 1874 in Braunschweig als Schulspiel von den anglophilen Lehrkräften Konrad Koch und August Hermann nach englischem Vorbild eingeführt. Das Spiel musste allerdings den deutschen Verhältnissen angepasst, auf deutsche Wurzeln zurückgeführt und ausdrücklich als deutsches Spiel bezeichnet werden (Hopf 1979).

In anderen Städten hat sich das Spiel eher wildwüchsig verbreitet, zunächst in den Hafenstädten Hamburg und Bremen, später auch in anderen Großstädten. Exemplarisch wird hier auf die Verbreitung des Fußballspiels in Berlin eingegangen.

Die Anfänge des Fußballsports in Berlin

Die Wiege des Berliner Fußballsports stand auf dem Tempelhofer Feld, einem großen Exerzierplatz im Süden Berlins (vgl. Koppehel 1957; zum folgenden Pfister 1982). An schönen Sommersonntagen zogen die Berliner mit Kind und Kegel auf das Tempelhofer Feld, um spazieren zu gehen, zu picknicken oder auch Drachen steigen zu lassen. Seit etwa 1880 wurde der Friede der Erholung Suchenden durch das seltsame Treiben einiger Männer, die in kurzen Hosen einem Ball nachrannten, ernstlich gestört. Verschiedene Gruppen nutzten das Tempelhofer Feld als Spielplatz, u.a. die Schüler des Fried-

rich-Wilhelm-Gymnasiums, die zunächst Schlagball, später Cricket und Fußball spielten. Treibende Kraft dieser Spielgruppe war der Engländer Tom Dutton, später Inhaber eines bekannten Sportgeschäfts in Berlin. Er gründete 1883 den Berliner Cricket
Club, dessen Mitglieder aber auch Fußball spielten. Der zweite „Vater" des Berliner
Fußballsports war ein Deutscher, der Maler und Bildhauer Georg Leux. Er hatte das
Fußballspielen in seiner Heimatstadt Frankfurt von dort ansässigen Engländern gelernt. Nachdem Leux und seine Freunde etwa ein Jahr lang an der Ostseite des Tempelhofer Feldes gespielt hatten, gründeten sie 1885 einen Verein, der zur Erinnerung
an Leux' Heimatstadt den etwas irreführenden Namen „Berliner Fußballclub Frankfurt" erhielt.

In den folgenden Jahren, den „Gründerjahren" des Fußballsports, entstanden weitere Fußballvereine, die meisten im Süden Berlins. Sie rekrutierten ihre Mitglieder überwiegend aus dem Bürgertum. In den dicht bebauten Arbeiterbezirken des Nordens wurden die ersten Fußballvereine Anfang der 1890er-Jahre gegründet, nachdem der Exerzierplatz „an der einsamen Pappel" für die Fußballspieler freigegeben worden war. Allmählich begann der Fußballsport die ganze Stadt zu erobern. Mitte der 90er-Jahre war
die Zahl der Fußballklubs bereits auf 57 angewachsen.

Vereinsleben
Die ersten Sportler schienen von der sprichwörtlichen Liebe der Deutschen zum Verein
erfasst gewesen zu sein, denn kaum hatten einige junge Männer beschlossen, gemeinsam sportlich aktiv zu werden, so schritten sie schon zur Gründung eines Klubs. Das für
Deutschland typische System der Sportvereine bot manche Vorteile: Die durch gemeinsame Kleidung und gemeinsame Rituale geförderte Identifikation mit dem Verein verbesserte das Gefühl der Zusammengehörigkeit und erleichterte die im Sport notwendige
Balance von Kooperation und Konkurrenz. Die Zugehörigkeit zu einem Verein ermöglichte auch denjenigen Mitgliedern Erfolgserlebnisse, die nicht an Wettkämpfen teil-
nahmen. Schließlich boten Vereine auch viele materielle Vorteile gegenüber informellen Sportgruppen; z.B. wurden Spielkonzessionen für Exerzierplätze nur an Vereine
ausgegeben, wobei häufig die Väter der jugendlichen Spieler für die Ernsthaftigkeit des
Unternehmens bürgen mussten. Allerdings war vielen der in der ersten Euphorie gegründeten Vereine oft nur ein kurzes Leben beschieden, nicht zuletzt, weil die jugendlichen Vereinsmitglieder nicht genug Erfahrung und nicht genug Ausdauer mitbrachten.
„In jener Zeit war der Sport eine Revolution der Zwanzigjährigen und der noch jüngeren. Ein großer Teil kämpfte ebenso auf der Laufbahn und mit der Rechtschreibung."
(Diem o.J.:33)

Vereinsmitglieder hatten aber nicht nur Rechte, sondern auch Pflichten, und die
Regeln waren streng: Beim BFC Germania war z.B. das Erscheinen zu den am Sonntag
stattfindenden Spielen „mit nachfolgender Versammlung" Pflicht. Wer fehlte, musste
25, wer zu spät kam, zehn Pfennig Strafe bezahlen. Obligatorisch war auch das Tragen
der Vereinskleidung, die aus einem rotweiß gestreiften Trikot, blauer kurzer Hose und
weißer Mütze mit rotem Stern bestand. Bei schlimmen Verstößen gegen die Vereins-
regeln drohte der Ausschluss. So wurde beispielsweise 1889 ein Mitglied des BFC Viktoria aus der Mitgliederliste gestrichen, weil er sich „von seiner Braut zu sehr ablenken"
ließ (NN 1959:7).

Vor der Jahrhundertwende war der Übungsbetrieb spontan und improvisiert. Ob überhaupt gespielt werden konnte, hing vom Vorhandensein eines brauchbaren Balles und manchmal auch von der Gnade der Parkwächter ab. Beim Fußballklub Marbert kam es z.B. immer wieder zu langen Spielpausen, weil dem Ball die Luft ausgegangen war. Nicht nur den Ball, sondern auch die Torpfosten und die Begrenzungsfähnchen mussten die Spieler selbst mitbringen. Im Winter waren sie zudem mit einer Kanne heißen Wassers ausgerüstet, um den Boden vor dem Einrammen des Tores auftauen zu können.

Das Gedeihen eines Vereins hing nicht zuletzt wesentlich vom Vereinslokal ab. Es diente als Treffpunkt, als Umkleide-, Geräte- und Versammlungsraum; hier löschten die Sportler ihren Durst, hier feierten sie ihre Feste. Feuchtfröhliche Vereinsabende waren schon durch den Kommers, das Singen von Liedern mit bestimmten Trinkzeremonien, gesichert.

Zwar waren „des Tabaks qualmende Wolken" und Ströme von Alkohol nicht gerade geeignet, die Kondition der „Sportsleute" zu verbessern, diese Trinkorgien waren aber wichtig für die guten Beziehungen zu den Gastwirten, die ihr Wohlwollen vor allem vom Umsatz abhängig machten.

Die ersten Wettspiele

Vor der Institutionalisierung der Sportbewegung mussten die Wettspiele vorab arrangiert werden. Meist trafen sich Delegierte zweier Vereine in einem „neutralen" Lokal, um die Bedingungen wie Platzgröße, Spielerzahl, Schiedsrichter und die Art der Siegerehrung festzulegen. Konnte man sich nicht einigen, ob mit oder ohne Aufnehmen des Balles gespielt werden sollte, so fand sich ein Kompromiss: eine Halbzeit wurde Rugby, die andere „Association" nach den Regeln der Football Association gespielt. Wenn vorher nicht alle Eventualitäten bedacht worden waren, mussten die „Capitaine" während des Spiels mit dem Schiedsrichter Vereinbarungen treffen (vgl. Pfister 1982).

Wie andere Sportler strebten auch die Fußballspieler dem Prinzip des modernen Sports entsprechend nach Internationalität. Lehrmeister, Vorbild, aber auch bevorzugte Konkurrenten waren die Engländer. Viktoria soll 1892 die erste deutsche Mannschaft gewesen sein, die ein Team von Engländern, den Berliner English Football-Club, mit 2:0 besiegte. Außerdem wurden die ersten Städtevergleiche, u.a. mit Braunschweig, Hamburg und Leipzig durchgeführt. Seit dem Ende der 1890er-Jahre fanden Spiele von Berliner Vereins- oder Repräsentativmannschaften sogar im Ausland statt; 1897 reiste Viktoria nach Prag; 1899 absolvierte der BFC Frankfurt in neun Tagen Spiele in Prag, Wien und Budapest. Allerdings war der „internationale Sportverkehr" damals stark vom Engagement Einzelner abhängig. So wurde beispielsweise 1898 die Reise einer Berliner Auswahlmannschaft nach Paris von Walter Bensemann, der damals als Englischlehrer in Paris arbeitete, organisiert und zum Teil auch finanziert.

Der Ablauf eines Spiels und auch das spielerische Leistungsniveau wurden am Ende des 19. Jahrhunderts entscheidend von den zur Verfügung stehenden Plätzen geprägt. Während zunächst Wiesen und Parks als Spielplätze „zweckentfremdet" wurden, dienten in den 90er-Jahren häufig die Radrennbahnen als provisorische Sportplätze, die eine Trennung von Sportlern und Zuschauern ermöglichten. Allerdings erfüllte sich die Hoffnung mancher Vereine, durch die Eintrittsgelder die Vereinskasse zu füllen, nur selten, weil der Sport in den Anfangsjahren auf geringes öffentliches Interesse stieß. Nur bei besonders attraktiven Wettspielen, wie z.B. dem Lokalderby der beiden ältesten Berliner Fußballvereine, Germania 88 gegen Frankfurt 85, fand sich eine große Anzahl von Schaulustigen auf dem Tempelhofer Feld ein.

In dieser Zeit waren weder die Vereine noch die Spieler reich, Fußball war damals kein Geschäft, im Gegenteil, die Spieler mussten in ihren Sport investieren. So mussten sogar die Pokale von den Mannschaften selbst bezahlt werden, zu einem Drittel vom Sieger, zu zwei Dritteln vom Verlierer.

Die Gegner des Fußballsports

Die bunt gekleideten Sportler und ihr seltsames Treiben riefen bei der Bevölkerung und den Behörden zunächst alles andere als Begeisterung, sondern eher Kopfschütteln, Amüsement oder sogar Ablehnung hervor (zuletzt Heinrich 2000). Die Kirchen, die den Sonntag für das Beten beanspruchten, und die Behörden, verkörpert durch die Polizei, die für Ruhe und Ordnung zu sorgen hatten, standen dem Treiben der Sportler skeptisch gegenüber. So stellten die Ordnungshüter beispielsweise Waldläufer zur Rede oder sie versuchten, die Fußballspieler von den öffentlichen Grünflächen zu vertreiben. Besonders lästig waren die Wächter und Militärpatrouillen auf den Exerzierplätzen, die manchem spannenden Spiel ein vorzeitiges Ende bereiteten. Die Vorwürfe an die Adresse der Rasensportler waren „ruhestörender Lärm" oder „Erregung öffentlichen Ärgernisses", denn die nackten Knie und die bloßen Arme galten nicht nur als unästhetisch, sondern auch als unschicklich.

Die Gymnasiallehrer registrierten die sportlichen Aktivitäten ihrer Schüler ebenfalls mit Skepsis. So schloss sich 1894 eine kleine Schar von Schülern des Friedrich-Willhelm-Gymnasiums zum FC Friedrich Wilhelm zusammen. Als der Direktor von diesem „Staatsverbrechen" Kenntnis erhalten hatte und die Vereinsmitglieder bestrafen wollte, lösten diese ihren Verein schnell auf. Auf Befragen der Lehrer konnten die Schüler dann reinen Gewissens angeben, nicht mehr dem FC Friedrich Wilhelm anzugehören. Sie hatten inzwischen einen neuen Fußballverein, den B.FC Preußen gegründet (NN 1919:3).

Als die unversöhnlichsten Gegner des Sports erwiesen sich die Turner, vor allem, weil der Sport ihren Idealen und Werten widersprach und sich darüber hinaus zu einem ernsthaften Konkurrenten um die Gunst der Jugend entwickelte. Sie warfen den Sportlern „Ausländerei", Spezialisierung, übertriebenes Training und den Verstoß gegen die Ästhetik von Haltung und Bewegung vor. In einer vom Turnlehrer Karl Planck (1898) verfassten Streitschrift mit dem Titel „Fußlümmelei" heißt es z.B.: „Unser tintenklecksendes Säkulum hat auch auf dem Gebiet der Leibesübungen Dinge gezeitigt, die zum lächerlichsten und abgeschmacktesten gehören, was schreibselige Gedankenlosigkeit je hervorgebracht hat. Hätte vor etlichen Jahrzehnten noch ein solch biederer Turnmeister in allem Ernst die Forderung gestellt, auch der Hundstritt müsse kunstgerecht geübt und der Sieger darin mit hohen Preisen ausgezeichnet werden, man hätte den Guten ohne viel Umstände wohl einfach ins Irrenhaus gesteckt … Unsereins erlaubt sich … das Fußballspiel nicht nur gemein, sondern auch hässlich und widernatürlich zu finden…"

Die schlagkräftigsten Argumente gegen den Sport, besonders gegen das Fußballspiel, waren die medizinischen Bedenken. Befürchtet wurden zum einen Verletzungen aufgrund der kampforientierten Spielweise, zum anderen aber auch Schädigungen des Herzens und der Atmungsorgane wegen des großen Laufpensums. 1897 druckte die Deutsche Turnzeitung einen Bericht eines chinesischen Fußballbeobachters ab, der die Gefahren des Fußballs in grellsten Farben schilderte: „Die hübschen Jünglinge stürzen aufeinander, schlagen um sich, trampeln mit den Füßen aufeinander, zerschinden sich die Gesichter, renken sich Arme und Beine aus, zerbrechen sich die Nasen und schlagen sich gegenseitig tot" (Heinrich 2000:20). Die Fußballfreunde versuchten zunächst, die vorgebrachten Bedenken zu zerstreuen und die drohenden Gefahren durch Vorsichtsmaßnahmen zu vermeiden. Deshalb wurden beispielsweise für das Fußballspielen zahlreiche Gesundheitsvorschriften erlassen: Kein Spieler sollte gegen den Ostwind anlaufen, bei hohem Sonnenstand sollte nicht, bei unsicherem Wetter nur von Freiwilligen gespielt werden; beim Auftreten von Verdauungsstörungen, Atembeschwerden, Blutandrang und Schlaflosigkeit nach dem Spiel wurde dringend empfohlen, einen Arzt aufzusuchen. Die Anhänger des Sports gingen bald zum Gegenangriff über, sie warfen dem Turnen fehlende Effektivität, Deutschtümelei, Spießbürgerlichkeit und Kneipenseligkeit vor. Der „Abwehrkampf" der Turner gegen den Sport, der sich noch bis in die 1920er-Jahre hinzog, war vergeblich, das deutsche Turnen passte sich immer mehr den Prinzipien des Sports an.

Vom Verein zum Verband

Trotz der Widerstände und Anfeindungen wuchs die junge Fußballbewegung in Berlin und in ganz Deutschland kontinuierlich. 1911 waren in der Reichshauptstadt laut Berliner Turn- und Sport-Adressbuch schon 170.000 Sporttreibende in 190 Rasensportvereinen, die häufig auch Fußball anboten, organisiert. Der Trend ging zum Großverein mit vielen Abteilungen, denn nur größere Vereine konnten sich eigene Sportanlagen leisten. Ohne eigenen Sportplatz waren keine Spitzenleistungen und deshalb auch keine Zuschauereinnahmen zu erzielen, die wiederum zur Finanzierung der Sportstätten notwendig waren.

Als einer der ersten Fußballvereine spielte der B.FC Preußen auf einem umzäunten Platz mit festen Toren und einer Tribüne. Schon ab Ende 1899 stand dem Verein der Athletic Sportplatz am Kurfürstendamm, ab 1903 dann ein von Vereinsmitgliedern finanzierter und hergerichteter Platz in Tempelhof zur Verfügung. Bei diesen guten Trainings- und Wettkampfbedingungen blieben die Erfolge der schwarz-weiß-violett gekleideten Preußen, auch „Veilchen" genannt, nicht aus: Bis 1912 war der B.FC Preußen fünfmal Berliner Fußballmeister. 1913/14 gehörten diesem Verein, wie in der Jubiläumsschrift von 1919 stolz berichtet wird, 14 Fußballmannschaften, eine Cricket-, vier Hokkey-, zwei Eishockeymannschaften und eine Damenhockeymannschaft an (NN 1919).

Das Wachstum der Fußball- und insgesamt der Sportbewegung wurde von strukturellen und organisatorischen Veränderungen begleitet. Das dem Sport immanente Prinzip der Überbietung und des Rekords verlangte nach der Vereinheitlichung der Bedingungen, der Standardisierung der Sportgeräte, nach der schriftlichen Fixierung von Regeln, der Registrierung der Ergebnisse und nach einer zentralen Organisation der Wettkämpfe. Im Fußball gaben z.B. die Größe und Lage des Fußballfeldes, die unterschiedlichen Spielregeln oder auch die Tatsache, dass Spieler gleichzeitig für mehrere Vereine spielten, immer wieder zu Streitigkeiten Anlass. Da die einzelnen Vereine die genannten Koordinationsaufgaben nicht übernehmen konnten, versuchten sie, sich zu Dachorganisationen zusammenzuschließen, was aber aufgrund der unterschiedlichen Sportauffassungen und der konkurrierenden Interessen nicht ganz einfach war.

Der erste Fußballverband war der 1890 von Leux gegründete „Bund Deutscher Fußballspieler", der im Gegensatz zu der aus England stammenden Spielidee nicht nur die erzielten Tore, sondern auch Einwürfe und Eckstöße mit Punkten bewertete. Die antienglischen Ressentiments der „deutschen Fußballspieler" führten schon bald zur Spaltung und zur Gründung des anglophilen „Deutschen Fußball- und Cricket-Bundes", dessen Vorstand sich allwöchentlich treffen musste, um der Protestflut Herr zu werden. In den folgenden Jahren erlebte der Fußball in Berlin zahlreiche Verbandsgründungen und -auflösungen, bis endlich 1897 im Vereinslokal des B.FC Preußen, dem „Düstern Keller", bei Rollmops und Bier der Verband Deutscher Ballspielvereine (VDB; ab 1902 Verband Berliner Ballspielvereine, VBB) gegründet wurde. Die Verbandspolitik, nur große und leistungsstarke Vereine aufzunehmen, provozierte die Gründung eines weiteren Verbandes, der sich zum einflussreichen Konkurrenten des VDB entwickelte. Die 1901 gegründete Freie Fußball-Vereinigung (1902 in Märkischer Fußballbund, MFB, umbenannt) akzeptierte auch die kleinen Vereine und suchte zudem, die Fußballbewegung auch außerhalb der Großstadt Berlin zu fördern. Eine zunächst belächelte, aber durchaus effektive Maßnahme war es dabei, Teams, die nicht am Heimatort spielten, bei einem Sieg oder Unentschieden mit der doppelten Punktezahl zu belohnen.

Die sich immer weiter zuspitzende Konkurrenz der beiden Verbände führte im Berliner Fußball zu chaotischen Verhältnissen, da jeder Verein, der sich irgendwie benachteiligt fühlte, austreten und sein Glück bei der Konkurrenzorganisation suchen konnte. Selbst die Spieler konnten während der Saison straflos die Vereine wechseln, da die schwarze Liste des einen Verbandes vom anderen nicht anerkannt wurde. Deshalb variierte die Spielstärke der Vereine von Spiel zu Spiel. Obwohl ein Abkommen zwischen MFB und VBB getroffen und ein Schiedsgericht eingesetzt worden war, ließen sich die Schwierigkeiten nicht ausräumen. Zwei Verbände und zwei Berliner Meisterschaften widersprachen zudem dem Prinzip des Sports, den besten Athleten bzw. die beste Mannschaft zu ermitteln. Deshalb war nach langem Hin und Her 1911 der Zusammenschluss beider Verbände zum Verband Brandenburgischer Ballspielvereine (VBB) unumgänglich. Dies geschah nicht zuletzt auch auf Druck des Deutschen Fußballbundes, der sich seit 1900 auf nationaler Ebene als Dachverband etabliert hatte.

Rasensport wurde in Berlin nicht nur in den genannten „bürgerlichen" Organisationen, sondern auch in den Arbeitersportvereinen und -verbänden betrieben. Es gab nur wenige Berührungspunkte zwischen beiden Lagern, die beide an einer konkreten Zusammenarbeit oder an gemeinsamen Wettkämpfen nicht interessiert waren. Die Interessen divergierten nicht nur auf politischer, sondern auch auf sportlicher Ebene: Während die Arbeitersportler versuchten, die Klassengenossen aus den bürgerlichen Vereinen „herauszueisen", waren diese ihrerseits daran interessiert, Erfolg versprechende „rote" Athleten für den eigenen Club anzuwerben. Während die Arbeiterturn- und Sportbewegung in den 20er-Jahren eine wichtige Rolle im deutschen Sport spielte, hatte der Arbeiterfußball im Vergleich zum „bürgerlichen" Fußball nur marginale Bedeutung.

Vor dem Ersten Weltkrieg hatte sich der Fußball fest in Deutschland etabliert. Verwaltet wurde er vom 1900 gegründeten Deutschen Fußballbund, der 1914 ca. 2200 Vereine und ca. 190.000 Mitglieder betreute (Blödorn 2001). Das englische Spiel hatte sich zur Nationalsportart der Deutschen gemausert.

Das Fußballfieber greift um sich –
Verbreitung in Europa und nach Übersee

Deutschland war nicht das einzige Land, in dem der Fußball am Ende des 19. Jahrhunderts seinen Siegeszug antrat. Das Fußballfieber breitete sich vor allem auf zwei Wegen aus, zum einen wurde es von Engländern, die auch im Ausland nicht auf ihre Freizeitaktivität verzichten wollten, in andere Länder importiert. Zum anderen brachten es Reisende, die das Spiel in England kennen und lieben gelernt hatten, in ihr Heimatland mit.

Hafenstädte wie Le Havre oder Göteborg waren dabei häufig die ersten Anlaufpunkte fußballbegeisterter Engländer (u.a. Holt 1981). Englische Matrosen brachten den Fußball in den 1880er-Jahren nach Genua und Neapel, und britische Kaufleute importierten das Spiel nach Turin und Mailand. In Belgien waren es englische Schüler, die ihren Aufenthalt an den einflussreichen katholischen Schulen, u.a. in Brüssel, nutzten, um ihre Lieblingssportart zu betreiben und so bekannt zu machen.

Aus verschiedenen europäischen Ländern, u.a. aus Belgien und der Schweiz, wurden Schüler und Lehrkräfte nach England entsandt, um das dortige Schulsystem kennen zu lernen. Sie wurden dort vom Fußballfieber angesteckt und brachten diesen Virus in die Schulen ihres Heimatlandes mit. So stellte Weber in seinem Essay zur Sportgeschichte Frankreichs fest: „English boys attended private schools in Geneva, Lausanne, and St. Gallen, as well as Swiss graduates of Oxford and Cambridge established [soccer] in Switzerland ..." (Guttmann 1994:44). Obwohl Fußball als „englisches Spiel" in der Schweiz zunächst abgelehnt wurde, konnte es sich bald neben dem traditionellen Schießen und Turnen behaupten, galten die angelsächsischen Sportsmen doch als Garanten der Weltherrschaft Britanniens. Fußball empfahl sich daher für die körperliche Ausbildung auch der jungen Schweizer. 1879 wurde der erste Fußballklub in St. Gallen, 1895 die zunächst aus zwölf Vereinen bestehende Schweizer Fußball-Association gegründet (Trefzer 1988).

In den Niederlanden war Sport „the work of Englishmen resident in the Netherlands and of the Dutch who had been in England" (Guttmann 1994:46). In den Niederlanden traf der Sport allerdings auf starke Widerstände, weil die Turnlehrer die Wettkampforientierung des Sports ablehnten und sich am deutschen Turnen orientierten.

Zu den Ländern, die frühzeitig und schnell das Fußballspiel importierten, gehörte Dänemark, das enge wirtschaftliche Verbindungen mit Großbritannien unterhielt. Hier wurde bereits 1889 der erste nationale Fußballverband auf dem Kontinent, die Dansk Boldspil Union, gegründet.

In Österreich gab die britische Kolonie in Wien den „Anstoß", die ersten Fußballvereine waren der Vienna Cricket and Football Club und der Vienna Football Club, die beide von Engländern, meist Arbeitern und Angestellten englischer Unternehmen, 1894 gegründet wurden. Matthias Marschik (1997) beschrieb in seinem Buch „Vom Herrenspiel zum Männersport" eindrucksvoll die Entwicklung des Fußballsports in Wien zwischen „Ordnung und Unordnung", im Spannungsfeld von Anglophilie und Nationalismus, im Kontext der Industrialisierung und der damit verbundenen sozialen Auseinan-

dersetzungen. Er identifiziert dabei drei Entwicklungstendenzen, die „Linie der Mas-
sen- und Populärkultur", die Linie der sozialdemokratischen Arbeiterkultur im „roten
Wien" und die Linie der „Arbeiterfußballkultur" und er macht deutlich, „dass der Fußball von einer Sub-Kultur der ‚englischen Gemeinde' Wiens zu einem für die Massen
vermarktbaren Kulturprodukt" wurde, das unterschiedliche Gruppen von Menschen
gleichzeitig zufrieden stellen konnte (Marschik 1997:14).

Fußball verbreitete sich also schon vor der Jahrhundertwende überall in Europa und
zwar in der „Associations-Variante" – mit einer Ausnahme, in Frankreich war zunächst
Rugby populärer als Soccer. Auch in Frankreich sind die oben erwähnten Import- und
Diffusionsmechanismen des Fußballs nachzuweisen, hier galt jedoch Rugby als die
ursprünglichere und vornehmere Spielform. Trotzdem dominierte Soccer nach der Jahrhundertwende, ohne allerdings Rugby ganz verdrängen zu können. Zudem musste Fußball mit den Heroen der Landstraße, mit den Radrennfahrern, um Popularität konkurrieren (Lanfranchi 1997).

Der moderne Sport ließ sich weder durch Grenzen noch durch Meere aufhalten. Zu
Beginn des 19. Jahrhunderts waren es britische Seeleute und Soldaten, dann auch britische Unternehmer, die mit ihrer Kultur den Sport auch auf andere Kontinente brachten.
Am schnellsten und besten ging die Saat des Fußballs in Südamerika auf. Dort beherrschten britisches Kapital und britisches Know-how die Märkte. Britischer Lebensstil war
das Leitbild der oberen Schichten.

Besonders groß war der Einfluss Großbritanniens in Argentinien, vor allem in Buenos
Aires, das Ende des Jahrhunderts über eine Million Ausländer, vor allem Spanier und
Italiener, aber auch 40.000 Briten beherbergte. Dies war die größte britische *community*
außerhalb des Empires, und es ist daher nicht verwunderlich, dass sich Buenos Aires zur
ersten Fußballhochburg in Südamerika entwickelte. Die ersten Schritte im argentinischen Fußball sind einem britischen Wollhändler, Thomas Hogg, und seinen Brüdern zu
verdanken, die verschiedene Sportvereine ins Leben riefen, nicht zuletzt deshalb, weil
sie selbst an Wettkämpfen teilnehmen wollten. 1867 gründeten die Hogg-Brüder in
Buenos Aires den ersten Fußballklub Südamerikas, sie zählten auch zu den besten Spielern des Vereins.

Größere Verbreitung erfuhr der Fußball in Argentinien durch die Etablierung briti-
scher Schulen in Buenos Aires, aber auch in Rosario und Santiago. Sport und auch
Fußball spielten an diesen Schulen eine wichtige Rolle. Als „Vater" des argentinischen
Fußballsports gilt Alexander Watson Hutton, der Gründer der English High School in
Buenos Aires, der 1893 die Gründung eines Argentinischen Fußballverbandes initiierte.
Schließlich waren es auch die Angestellten der „British owned" Eisenbahn, die entscheidend zum Aufschwung des Fußballs in Argentinien, aber auch in anderen südamerikanischen Ländern beitrugen. Die britische Dominanz im argentinischen Fußball spiegelt sich in der Sprache wider: Noch nach der Jahrhundertwende waren die Presseberich-
te in englischer Sprache verfasst, die Bezeichnungen des Verbandes und der Vereine
waren englisch, die meisten Spieler waren Briten und die Vorbilder für Technik und
Taktik waren die britischen Spitzenmannschaften, die seit 1904 häufig zu Länderspielen nach Argentinien reisten (Guttmann 1994; Archetti 1997).

In ganz ähnlicher Weise entwickelte und verbreitete sich der Sport auch in Uruguay
und in Chile. Generell gilt: „English commercial houses and colleges were the great

propagandists for the sport that, in time, became the passion of the multitude." (Guttmann 1994:61) In Brasilien wurde Fußball zunächst fast ausschließlich von Briten der Mittel- und Oberklasse gespielt. Gegen Ende des 19. Jahrhunderts beteiligten sich dann auch andere Einwanderergruppen, u.a. die Deutschen, an der Verbreitung des Spiels. Nach der Jahrhundertwende wurde die Sportart aber sehr schnell in allen Schichten, auch in der schwarzen Bevölkerung, populär, wobei in den einzelnen Klubs ganz unterschiedli- che Inklusions- und Exklusionsprozesse abliefen und Spannungslinien zwischen Reich und Arm, Schwarz und Weiß und den verschiedenen Immigrantengruppen verliefen. Trotzdem, oder vielleicht gerade deshalb entwickelte sich Brasilien zu einer Fußball- nation, die 1919 die südamerikanische Fußballmeisterschaft gewinnen konnte. Fußball wurde in Brasilien zu einem Massenphänomen mit Kultstatus und großem politischen und gesellschaftlichen Einfluss (Caldas 1997).

Anders als in Europa oder in Südamerika verbreitete sich der Sport in Afrika unter den Bedingungen des Imperialismus und der Kolonisierung. Die Kolonialmächte brachten ihre Werte, Normen und Lebensgewohnheiten sowie ihre Bewegungskulturen in die von ihnen beherrschten Regionen, wobei die Briten bei der Propagierung des Sports weit erfolgreicher waren als beispielsweise die Franzosen.

Britische Offiziere und Verwaltungsbeamte konnten sich auch in Afrika ein Leben ohne Sport nicht vorstellen. Sie bauten beispielsweise in Kenya eine Sportkultur auf, „which was the copy of the one in Britain ... Even the smallest European community had its own club house, golf course, swimming pool, and tennis and squash courts ..." (Guttmann 1994:65).

Das Problem, nicht nur in Kenya, war, dass diese Anlagen und Einrichtungen aus- schließlich Europäern zugute kamen. Allerdings wurden die Schüler an Missionsschulen im Sport und auch im Fußball unterrichtet, und aus diesen Schülern rekrutierte sich die „schwarze Elite". Trotzdem verbreitete sich der Sport nur langsam, in Kenya entstand 1922 ein Fußballverband, in Nigeria sogar erst 1945. Eines der vielen Probleme, die die Popularisierung des Sports im subsaharischen Afrika erschwerten, wenn nicht sogar verhinderten, waren die religiösen Vorstellungen und Praktiken. So war die Überzeu- gung verbreitet, dass der Ausgang eines Matches mehr mit Magie als mit dem spieleri- schen Können zu tun habe. „Actual play is the public enactment what the magician's combat has already determined." (Guttmann 1994:68)

Wesentlich bessere Durchsetzungschancen hatte der Sport in nordafrikanischen Ländern. In Ägypten wurde Fußball seit 1903 von britischen Bürgern gespielt, einige Jahre später auch von Ägyptern in eigenen Clubs. Bis in die 1960er-Jahre war Ägypten die führende Fußballnation der „Dritten Welt". In Nordafrika wurde der Fußballsport im Wesentlichen von den Franzosen verbreitet, die afrikanische Spieler dann auch im Mutterland einsetzten (Wahl 1990).

Die Liste der Beispiele, wie Sport nach dort und dorthin kam, ließe sich fortsetzen. Und inzwischen hat der Fußball ja auch die entferntesten Winkel der Erde erreicht. In vieler Hinsicht lassen sich in allen Ländern ähnliche Rezeptionsmuster nachweisen, die der Sport immanenten Logik geschuldet sind: „Import" aus England, informelles Spie- len, Gründung von Vereinen und von Verbänden, Einführung von Rundenspielen und Internationalisierung. 1904 erfolgte die Gründung der FIFA, die die weltweite Verein- heitlichung des Fußballspiels, seiner Regeln und seiner Sprache kontrollierte und garantierte. Der Fußballsport hat aber durchaus in jedem Land seine eigene Geschichte. Kulturelle Unterschiede sind beispielsweise im Verbreitungstempo, in der sozialen Verankerung des Spiels, im Grad und im Tempo der Professionalisierung, in den Fußballstilen und den Mythen festzustellen. Es fehlen bisher Untersuchungen, die diese Unterschiede herausarbeiten und sie vor dem Hintergrund der gesellschaftlichen Entwicklungen in ihren jeweiligen Ländern erklären könnten.

Die Faszination des Sports und die Verbreitung des Fußballs

Die Frage, was die Faszination des Sports ausmacht und warum es zu einer Versportlichung der Bewegungskultur in Europa gekommen ist, kann hier nur kurz angeschnitten werden. Unter Versportlichung ist dabei die zunehmende Bedeutung und Durchsetzung der schon erwähnten Prinzipien des Sports, vor allem der Wettkampf- und Rekordorientierung mit all ihren Folgen, zu verstehen.

Als Erklärungsmöglichkeiten könnten zum einen Parallelen zwischen den Prinzipien der Leistungsgesellschaft und dem Sport diskutiert werden. Folgt man den Überlegungen von Norbert Elias, dann würde die zunehmende Zivilisierung den Aufschwung des modernen Sports erklären. Die Zunahme gegenseitiger Abhängigkeiten, die Verlängerung der Interdependenzketten, die dabei notwendige Internalisierung von Zwängen, die Konzentration des Gewaltmonopols auf den Staat sind nach Elias Prozesse, die eine „Entladung" der Spannung notwendig machen. Sport dient nach Elias als Mittel der Aggressionsabfuhr und als Motor der Zivilisierung. Er verkörpert die gesellschaftlichen Konfigurationsmuster und trägt gleichzeitig zu ihrer Weiterentwicklung bei (Pfister 1997).

Guttmann diskutierte in seinem Buch „Games and Empires" (1994), ob die Universalisierung des modernen Sports mit den imperialistischen Bestrebungen der Industrienationen, vor allem Großbritanniens und der USA, zu erklären ist. Nach einem Überblick über die Verbreitungsmechanismen des Sports konnte er die Annahme, die Universalisierung des Sports sei dem „cultural imperialism" geschuldet, zurückweisen. Er stellte allerdings fest, dass die kulturelle Hegemonie des „Empire" die Ausbreitung des Sports begünstigt hat, wobei vor allem in den britischen Kolonien das Vorbild der Kolonisatoren ebenso wie konkrete Eingriffe unter anderem in das Schulsystem wirksam waren. Es darf dabei nicht vergessen werden, dass sich die einzelnen Kulturen und ethnischen Gruppen den Sport aktiv aufgegriffen und sich „angeeignet" haben. Aneignung bedeutet in diesem Zusammenhang, dass verschiedene Nationen und Gruppen den Sport ihren Bedürfnissen entsprechend verändert und auch gegen das Mutterland des Sports, Großbritannien, als Waffe eingesetzt haben. Beispiele sind Cricket auf den Tobriand Inseln, das sich als Kirikiti zu einem Volksvergnügen entwickelte, oder Hockey in Indien, das teils auf höherem Leistungsniveau als in Britannien gespielt wurde und wird. Die Universalisierung des Sports hat nach Guttmann (1994) zu einer Veränderung der sportpolitischen Balance und insgesamt des Sportsystems geführt.

Eisenberg (1997) weist in ihrem Band über die Verbreitung des Fußballs den Verdacht des „Kulturimperialismus" ebenfalls zurück und führt als Beleg auch an, dass Fußball mit anderen etablierten Bewegungskulturen, vor allem Gymnastik und Turnen, konkurrieren musste. Dabei ist aber gerade die „Versportlichung" der Turnbewegung ein hervorragendes Beispiel dafür, dass gegen das „Fußballfieber" kein Kraut gewachsen war. Zugegebenermaßen erfolgte der Import des Fußballsports nicht aufgrund konkreter Zwangsmaßnahmen, sondern „nachfragegesteuert", was allerdings der Annahme einer „cultural hegemony" (Guttmann 1994) der Weltmacht Großbritannien nicht widerspricht.

Wichtig ist, dass der Sport im Ausland von anglophilen Gruppen gefördert wurde, die meist den besseren Kreisen angehörten und durch Sportlichkeit Modernität und sozialen Status demonstrieren wollten. Aber auch die Weltmachtstellung Großbritanniens und seine weltweiten Handelsbeziehungen hatten bei der Verbreitung des Fußballs große Bedeutung. Dabei ist zu bedenken, dass sich die Fußballepidemie keineswegs in allen von den Briten beeinflussten Ländern ausbreitete. So konnte Fußball beispielsweise in den USA nicht Fuß fassen. Nach Schulze-Marmeling (2000:46) hat sich Fußball gerade dort durchgesetzt, wo die Briten einen eher informellen Einfluss ausübten, und, so könnte man ergänzen, wo die Briten eher als Arbeiter oder Angestellte tätig waren. Wo die britische Herrschaft und Präsenz stark ausgeprägt war, brachte die britische Oberschicht eher Rugby und Cricket mit in ihre neue, oft nur temporäre Heimat. Die Vormachtstellung der Briten „manifestierte sich über die Grenzen des Empires hinaus in britischem Kapital, Gütern und Arbeitskräften, die bis in den hintersten Winkel des Erdballs vordrangen. Damit korrespondierte eine kulturelle Führungsrolle Britanniens. Englische Verhaltensweisen und Traditionen hatten somit auch in den bürgerlichen Kreisen vieler anderer entwickelter Länder Konjunktur" (Schulze-Marmeling 2000:47).

Ideologie, Politik und Durchsetzung des Freihandelsliberalismus („Free Trade") notfalls mit kriegerischen Mitteln waren sowohl Ursache als auch Folge des Aufstiegs Britanniens zur führenden Weltmacht, die nicht nur auf eine Öffnung der Märkte, sondern auch auf die weltweite Verbreitung ihrer Normen und Werte, insgesamt der westlichen Kultur, auch der Bewegungskultur, zielte. Der „Anglisierungsdruck" betraf vor allem die Eliten nicht-europäischer Gesellschaften, die sich Sprache und Geschmack (im Sinne Bourdieus), insgesamt den Lebensstil nach englischem Muster aneigneten. Es stellt sich dabei die Frage, welche Rolle Kultur und Bewegungskultur beim Auf- und Ausbau des britischen Imperiums, beispielsweise im Hinblick auf die soziale Integration, die normative Stabilisierung und die symbolische Repräsentation spielten.

Bei der Untersuchung der Globalisierung des Fußballs ist nicht nur der Druck und das Vorbild der Weltmacht Großbritannien, sondern auch die Situation in den „Importländern" zu berücksichtigen. Hier könnten Überlegungen des Berliner Kultursoziologen Kaschuba (1995) Anregungen geben, der Bewegungskulturen als nationale Rituale interpretiert und ihre wachsende Bedeutung für die Konstruktion nationaler Identität am Ende des 19. Jahrhunderts mit der zunehmenden Nationalisierung erklärt. Kaschubas Thesen lassen sich auf die Turnfeste, viel besser noch auf den modernen Sport anwenden, weil Sport Internationalität und Chancengleichheit signalisiert, weil Regeln und Sprache des Sports überall verstanden und akzeptiert werden und weil der Sport Gewinner und Verlierer produziert und so nationale Identität stärken und Überlegenheit symbolisieren kann. Dies war für die europäischen Nationen am Ende des 19. Jahrhunderts im Kampf um die politische und ökonomische Macht besonders wichtig. Sport ist nicht zuletzt deshalb eine Bühne nationaler Repräsentationen, weil er einerseits eine Nation verkörpert, andererseits, in internationales Geflecht eingebunden, Vergleiche erst möglich macht. Zudem ist Sport physisch und sinnlich erfahrbar, er ruft Emotionen hervor und knüpft emotionale Bindungen.

Neben soziologischen wurden auch sozialpsychologische Erklärungsmuster für die Dominanz des Sports und seiner Deutungsmuster vorgelegt. Richard Holt führt die Attraktivität des Sports auf die Spannung von Sieg und Niederlage zurück: „Not only did the English sports tend to offer a wider variety of physical and psychological satisfaction to participants, their speed and spontaneity were also more attractive to the spectator than regimented gymnastic display" (Holt 1996:101). Schließlich spielten auch Spielgedanke und Regeln des Fußballsports eine wichtige Rolle. Fußball ist eine Inszenierung von „Kraft und Artistik, Kalkül und Spontaneität" und ermöglicht, „wie in einem Drama Individualität und Gemeinschaftsgeist, Egozentrik und Opfermut, Starallüren und Heldentum" darzustellen (Eisenberg 1997:8). Jedenfalls entsprach Fußball in vielen Kulturen dem Zeitgeist und wie schwer es war, sich gegen den Trend der „Versportlichung" zu stellen, zeigt die oben dargestellte Geschichte des Berliner Fußballsports.

Die Globalisierung des Sports ist nicht zuletzt auch seiner allgemein verständlichen Symbolik und der gleichzeitig austauschbaren Bedeutung zu verdanken. So kann der Sport, vor allem auch der Fußball, zur Glorifizierung verschiedener Nationen genutzt werden. Die gleichen Aktivitäten und Praktiken können unterschiedliche nationale Traditionen und Werte symbolisieren und so deutschen, französischen oder britischen Nationalismus verkörpern. Wie ein englisches Spiel zur Nationalsportart vieler Länder werden konnte, soll im letzten Kapitel dieses Beitrags angedeutet werden.

Lieux de Mémoire – Fußball als Erinnerungsort

Der Frage, wie die „Globalisierung" des Sports und seine lokale, regionale und nationale Verankerung („Glokalisierung") zusammenwirken und wie universelle Phänomene wie der Fußball zur Entwicklung nationaler Identitäten genutzt werden können, kann mit Hilfe der in der Geschichtswissenschaft derzeit intensiv diskutierten Ansätze zur Konstruktion und Funktion von Erinnerungsorten nachgegangen werden. Seit der Veröffentlichung des monumentalen siebenbändigen Werkes von Pierre Nora „Les Lieux de Mémoire" wird auch in anderen Ländern mit wachsender Begeisterung nach „Erinnerungsorten" geforscht (Francois/Schulze 2001).

Die Untersuchung von Erinnerungskulturen bedient sich verschiedener Forschungsstränge und -strategien. Ausgangspunkt ist eine Hypothese, die auf den französischen Soziologen Maurice Halbwachs zurückgeht, dass sich nämlich „historische Deutungen und Wahrnehmungsmuster aus einem doppelten Zusammenspiel ergeben: zum einen des persönlichen Gedächtnisses und der gemeinsamen ‚kollektiven‘ Erinnerung, zum anderen der Vergangenheitswahrnehmung und der Zukunftserwartung" (Francois/Schulze 1999:1). In kommunikativen Prozessen rekonstruieren Kulturen ihre Vergangenheit und sie nehmen diejenigen Ereignisse in ihr kollektives Gedächtnis auf, die sie in der jeweiligen Situation benötigen. Erinnern bedeutet aus dieser Perspektive „die aktuelle Sinnproduktion im Zusammenhang jetzt wahrgenommener oder empfundener Handlungsnotwendigkeiten" (Reichel 1996:107). Die überindividuellen Erinnerungen und das kollektive Gedächtnis entstehen – zum Teil werden sie auch bewusst und intentional produziert – durch Geschichte(n) und Mythen, Rituale und Symbole, Denkmäler und Gedenkfeiern, die Berufung auf herausragende Persönlichkeiten und wichtige Ereignisse – in der Gesellschaft, aber auch im Sport. Die kollektiven Erinnerungen konzentrieren sich keineswegs nur auf Produkte der hohen Kultur, sondern sie sind ebenso in der Alltagskultur, im Trivialen ebenso wie im Erhabenen, verankert. Fußball – die Bundesliga, die Traditionsvereine, die Sportler und die Trainer – hat beispielsweise im kulturellen Gedächtnis der Deutschen einen mindestens ebenso wichtigen Platz wie Goethe, die Gartenzwerge, Karl May oder Karl der Große.

Für Pierre Nora sind alle immateriellen, materiellen und ideellen „Ankerplätze der Erinnerung" Orte, die er für Frankreich in seinem groß angelegten Projekt über das gemeinsame Gedächtnis der Franzosen zu inventarisieren sucht. Ein Erinnerungsort ist für ihn eine Eintrag ins kollektive Gedächtnis, das er sich im Einklang mit der antiken Tradition der rhetorischen Memnotechnik als räumliche Anordnung vorstellt. Nora „zieht … räumliche Arrangements einer zeitlichen Ordnungsform vor, sei es als Inventar, Bestandsaufnahme oder Topologie" (Assmann 1996:19). Erinnerungsorte sind also wirkliche oder imaginäre „Orte", „Wiedererkennungs-Male" eines Landes und einer Gesellschaft, an die sich typische Assoziationen und vor allem auch Gefühle ihrer Mitglieder knüpfen. Und auch in den kollektiven Mythen des Fußball spielen nicht nur die imaginierten, sondern auch die realen Orte, wie die „Alm", der Platz von Arminia Bielefeld, oder das größte Stadion der Welt, das Maracana Stadium in Rio de Janeiro, eine wichtige Rolle. Nora (1995:86) macht dabei darauf aufmerksam, dass es nicht nur auf die Untersuchungsgegenstände ankommt, sondern auf die Fragestellung und die Art ihrer Erforschung. Als Beispiel verweist er auf die Tour de France. Studien über die Tour de France können zeigen, wie „dieses populäre Zugpferd dem Volk die Möglichkeit eröffnete, Frankreich in seiner geographischen Gesamtheit kennen zu lernen" und sich mit der „Grande Nation" zu identifizieren (Nora 1995:86). Auch Fußball hat eine eigene Geographie. Die Bundesliga gliedert beispielsweise Deutschland „nach den Erlebnisqualitäten des Fußballs" (Gebauer 2001:451).

Kultur ist ohne kollektives Erinnern zwar nicht denkbar, aber mit Gründung der modernen Nationalstaaten nahmen die bewusste und intentionale Produktion und die Inszenierung von Erinnerungsorten einen großen Aufschwung. Nationalstaaten sind auf Erinnerungsorte angewiesen, denn nationale Identität ist nichts, was man „von Natur aus" hat, sondern sie muss permanent produziert und inszeniert werden. Dazu entwickeln Gesellschaften ein „kulturelles Gedächtnis", das Gruppenbildung und -bindung fördert, weil „es die emotionalen Verknüpfungen des persönlichen Gedächtnisses mit der überindividuellen Erinnerung der Gemeinschaft ermöglicht" (Francois/Schulze 1999:2). Der von Anderson (1987) geprägte Begriff „imagined community" drückt diese Form dieses inneren Zusammenhaltes durch die gemeinsamen Erinnerungen, Vorstellungen und Visionen aus. Nationen als „imagined communities" haben „ein breites Netz jener materiellen und ideellen Erinnerungsorte hervorgebracht, an denen sich die gemeinschaftlichen Erinnerungen der Nation oder großer Teile der Nation als symbolische Konstruktion manifestieren" (Francois/Schulze 1999:2). Und der Sport bietet Events und Akteure, an denen sich Mythen und Erinnerungen verankern lassen. In Deutschland sind es beispielsweise der Gewinn der legendären Weltmeisterschaft 1954, das Wunder von Bern, oder Spieler wie Uwe Seeler und Franz Beckenbauer, die allen Deutschen (Männern) unauslöschlich ins Gedächtnis geprägt sind. Und was bietet deutschen Männern mehr Anknüpfungspunkte und Gesprächsstoff als die Bundesliga-Ergebnisse.

Die Entstehung eines Gefühls der Zusammengehörigkeit – auch von Menschen, die einander nie gesehen haben und die nie konkret miteinander agieren werden – wird nicht nur in Noras Überlegungen zu den Erinnerungsorten, sondern auch in verschiedenen anderen theoretischen Konzepten thematisiert, so beispielsweise auch im Ansatz der „invention of tradition" des englischen Historikers Hobsbawm (siehe Hobsbawm 1997). Präsentation und Inszenierung nationaler Mythen, in der Terminologie Pierre Noras der Erinnerungsorte, erfolgt nicht nur durch Museen und Denkmäler, sondern vorzugsweise in Riten, Ritualen, Zeremonien, die, wie schon erwähnt, dazu dienen, die emotionale Betroffenheit und Zugehörigkeit zu erzeugen und „die Nation als konkrete Gemeinschaft entstehen zu lassen" (Francois/Siegrist/Vogel 1995:26). Und welches Ereignis ist besser zur gemeinsamen Inszenierung nationaler Identität geeignet, als Fußballspiele mit ihren rituellen Abläufen und ihren symbolischen Orten (Fankurve!). Fußballmeisterschaften werden als Kriege zwischen Nationen inszeniert und ziehen ein Milliardenpublikum in Bann. Durch Fahnen und Farben, Hymnen und Helden werden nationale Emotionen aufgeheizt. Siege, bisweilen aber auch Niederlagen, die als heroisches Scheitern interpretiert werden können, gehen in die „Annalen" des kollektiven Gedächtnisses ein und werden Teil des „Nationalcharakters". So ist Brasilien berühmt wegen seiner schönen Frauen, seines Karnevals und seines Fußballs: „Football in Brazil isn't simply a sport ... it is the game which reflects the own nationality of a land dominated by the passion for the ball." (Betty Milan)

An den Fußball knüpfen sich Erinnerungen und Identifikationen, nationale Begeisterung und Überlegenheitsgefühle, Fußball verkörpert aber gleichzeitig Globalisierungs- und Lokalisierungsprozesse. In der internationalen Arena werden die Nationalmannschaft und die großen Spieler eines Landes gefeiert, und Spieler wie Pele, Maradona oder Uwe Seeler sind Berühmtheiten, Botschafter ihres Landes in der Welt und Helden, die im Land verehrt werden. Fußball bietet aber auch die Chance, sich mit einer Stadt oder einer Mannschaft zu identifizieren. Die Fans fühlen sich als Mitglieder oder sogar als „Macher" ruhmreicher Vereine und als Teil ihrer Geschichte, Gegenwart und Zukunft. Legendär sind Vereine wie Inter Mailand, Ajax Amsterdam, Bayern München, Manchester United, Real Madrid, Flamengo Rio de Janeiro oder FC Sao Paulo, und die Anhänger dieser Vereine profitieren nicht nur von den Erfolgen ihrer Clubs, sie sind es auch, die Vereine, die Spiele und die Spieler im kollektiven Gedächtnis verankern. Besonders farbig und plastisch ist/sind die Geschichte(n) von rivalisierenden Vereinen. Rivalitäten zwischen Vereinen und ihren Anhängern, beispielsweise zwischen Beşiktaş und Galatasaray Istanbul oder zwischen den „cariocas" aus Rio de Janeiro und den „paulistas" aus São Paulo, werden zu Auseinandersetzungen um Sein oder Nicht-Sein hochstilisiert.

Erinnerungsorte sind der Kitt, der die Fußballanhänger zusammenhält und das Mittel, das sie in die Stadien oder zumindest vor die Fernsehapparate treibt. Gebauer (2001) beschreibt die Wechselwirkungen zwischen Sport und Fans folgendermaßen: „Die Liebhaber bilden eine Gemeinde; durch ihre Aktivität werden die Sportler als Helden im Raum der Erinnerung präsent gemacht. Dass sie Helden sind, liegt daran, dass sie den Liebhabern etwas anbieten, an dem diese sich mit Leidenschaft beteiligen ... Die Größe der Spieler scheint ihre eigene zu sein, weil sie sich selber spielen." Signale demonstrativer Identifizierung und Erinnerungsanker sind die Maskottchen und Souvenirs, die Lieder und Rituale der Fans, die bei jedem Spiel an das kollektive Gedächtnis appellieren, den Mythos der Mannschaft und des Vereins weiter konstruieren und Fußball immer wieder von neuem als Erinnerungsort zelebrieren (Kopiez/Brink 1999). Erinnerungen an die Spiele und ihre Helden werden nicht nur in der Fankultur oder unter den Fußballinteressierten verbreitet, sie werden auch in zahlreichen „Hall of Fames", in Ausstellungen, aber auch in der Literatur konserviert.

Fußballvereine setzten und setzen nicht umsonst auf „erinnerungspolitische Strategien", d.h. auf lokale Traditionen, um Mythen zu schaffen und immer neuen Stoff für Erinnerungen zu liefern. Schalke setzt beispielsweise auf den Mythos der Zechenmannschaft, Hansa Rostock ist das „Identifikationsobjekt für DDR-Nostalgie" (Gebauer 2001:451). Schließlich tragen auch die Massenmedien entscheidend zur Glorifizierung des Fußballs und zum Auf- und Ausbau regionaler und nationaler Mythen bei. Die Botschaften der Medien machen die Spieler zu Stars und die Spiele zu heroischen Kämpfen, die in den Bestand der kollektiven Erinnerung eingehen.

Es ist zu fragen, ob und wie sich Fußball als nationaler und regionaler Erinnerungsort im Zeitalter der Globalisierung und der Migration der Fußballprofis weiter bewähren wird (Lanfranchi/Taylor 2001). Identifizierungsprozesse müssen dann in anderer Weise ablaufen, wenn die Spieler auf dem Rasen nur noch wenig – auch nicht die nationale oder ethnische Herkunft – mit den Zuschauern gemeinsam haben. Die Auseinandersetzung mit den gegenwärtigen Tendenzen im post-modernen Sport muss einem eigenen Beitrag vorbehalten bleiben.

Literatur

Anderson, Benedict (1987): Die Erfindung der Nation. Frankfurt a. M.: Campus
Archetti, Eduardo (1997): Argentinien. In: Fußball, soccer, calcio. Ein englischer Sport auf seinem Weg um die Welt, Hg. Christiane Eisenberg. München: dtv: 149-171
Assmann, Aleida (1991): Zur Metaphorik der Erinnerung. In: Mnemosyne. Formen und Funktionen der kulturellen Erinnerung, Hg. A. Assmann/D. Harth. Frankfurt a. M.: Fischer: 15-36
Assmann, Aleida (1996): Im Zwischenraum zwischen Geschichte und Gedächtnis. In: Lieux de Mémoire. Erinnerungsorte, Hg. E. François. Berlin: Centre Marc Bloch: 19-29
Assmann, Aleida (1998): Die Gleichzeitigkeit des Ungleichzeitigen. Nationale Diskurse zwischen Ethnisierung und Universalisierung. In: Bilder der Nation, Hg. U. Bielefeld/G. Engel. Hamburg: Hamburger Edition: 379-401
Assmann, Aleida/Harth, Dietrich, Hg. (1991): Mnemosyne. Formen und Funktionen der kulturellen Erinnerung. Frankfurt a. M.: Fischer
Blödorn, Manfred (2001): Die Geschichte des Fußballsports. In: Fußball. Strategien des Siegens, Hg. Hans Wieland. Stuttgart 2001: Stephanie Naglschmid: 15-23
Bocock, Robert (1974): Ritual in Industrial Society. London: George Allen
Bonde, Hans, Hg. (1991): Mandighed og sport. Odense: Odense Univ.-Forl.
Caldas, Waldenyr (1997): Brasilien. In: Fußball, soccer, calcio. Ein englischer Sport auf seinem Weg um die Welt, Hg. Christiane Eisenberg. München: dtv: 171-185
Conzen, Kathleen Neils (1989): Ethnicity as Festive Culture. In: The Invention of Ethnicity, Hg. W. Sollors. New York: Oxford University Press: 48-65
Diem, Carl (o.J.): Ein Leben für den Sport: Köln: Carl-Diem-Institut
Drews, Axel/Gerhard, Ute/Link, Jürgen (1985): Moderne Kollektivsymbolik. Eine diskurstheoretisch orientierte Einführung mit Auswahlbibliographie. In: Internationales Archiv für Sozialgeschichte der deutschen Literatur H. 1/Sonderheft: 256-375

Dunning, Eric (1979): Die Entstehung des Fußballsports. In: Fußball, Päd. extra, Hg. W. Hopf Bensheim: Päd extra: 42-54

Dunning, Eric (1986): „Sport as a Male Preserve: Notes on the Social Sources of Masculine Identity and its Transformations". In: Quest for Excitement, Hg. Norbert Elias/Eric Dunning. Oxford: Basil Blackwell: 267-307

Dunning, Eric/Sheard, Kenneth (1979): Barbarians, Gentlemen and Players. Oxford: Martin Robertson

Elias, Norbert (1971): The Genesis of Sport as a Sociological Problem. In: The Sociology of Sport, Hg. E. Dunning. London: Frank Cass: 88-115

Elias, Norbert/Dunning, Eric (1986): Quest for Excitement: Sport and Leisure in the Civilizing Process. Oxford: Basil Backwell

Eisenberg, Christiane, Hg. (1997): Fußball, soccer, calcio. Ein englischer Sport auf seinem Weg um die Welt. München: dtv

François, Etienne, Hg. (1996): Lieux de Mémoire. Erinnerungsorte. Berlin: Centre Marc Bloch

François, Etienne/Schulze, Hagen (1999): Worum geht es bei den „Deutschen Erinnerungs-Orten"? Unveröff. Manuskript

François, Etienne/Schulze, Hagen, Hg. (2001): Deutsche Erinnerungsorte. 3 Bde München: Beck

François, Etienne/Siegrist, Hannes/Vogel, Jakob, Hg. (1995): Nation und Emotion. Göttingen: Vandenhoeck & Ruprecht

Gebauer, Gunter (2001): Die Bundesliga. In: Deutsche Erinnerungsorte. 3 Bde, Hg. E. François/H. Schulze. München: Beck: 450-469

Goksoyr, Matti (1996): „We are the best in the world! We have beaten England!" Norwegian Football's Function as Carrier of Nationalism. In: Spiele der Welt im Spannungsfeld von Tradition und Moderne, Hg. G. Pfister/T. Niewerth/G. Steins. St. Augustin: Academia: 367-374

Guttmann, Allen (1978): From Ritual to Record. New York: Columbia University Press

Guttmann, Allen (1994): Games and Empires. Modern Sports and Cultural Imperialism. New York: Columbia University Press

Halbwachs, Maurice (1985): Das Gedächtnis und seine sozialen Bedingungen. Frankfurt a. M.: Suhrkamp

Heineken, Ph. (1898, Neuaufl. 1993): Das Fußballspiel. Hannover: Th. Schäfer

Heinrich, Arthur (2000): Der Deutsche Fußballbund. Eine politische Geschichte. Köln: PapyRossa

Hobsbawm, Eric, Hg. (1997): The Invention of Tradition. Cambridge: Cambridge University Press

Holt, Richard (1981): Sport and Society in Modern France. London: Macmillan

Holt, Richard (1996): Contrasting Nationalisms: Sport, Militarism and the Unitary State in Britain and France before 1914. In: Tribal Identities: Nationalism, Europe, Sport, Hg. A. Mangan. London: Frank Cass: 39-54

Hopf, Willi (1979): „Wie konnte Fußball ein deutsches Spiel werden?" In: Fußball, Hg. W. Hopf. Bensheim: Päd. Extra: 42-81

John, Michael (1997): Österreich. In: Fußball, soccer, calcio. Ein englischer Sport auf seinem Weg um die Welt, Hg. Christiane Eisenberg. München: dtv: 65-94

Kaschuba, Wolfgang (1995): Die Nation als Körper. Zur symbolischen Konstruktion ‚nationaler' Alltagswelt. In: Nation und Emotion, Hg. E. Francois/H. Siegrist/J. Vogel. Göttingen: Vandenhoeck & Ruprecht: 291-299

Kopiez, Reinhard/Brink, Guido, Hg. (1999): Fußball-Fangesänge. Würzburg: Königshausen & Nezmann

Koppehel, Carl (1957): Geschichte des Berliner Fußballsports. Berlin

Lanfranchi, Pierre (1997): Frankreich und Italien. In: Fußball, soccer, calcio. Ein englischer Sport auf seinem Weg um die Welt, Hg. Christiane Eisenberg. München: dtv: 41-65

Lanfranchi, Pierre/Taylor, Matthew (2001): Moving with the Ball. The Migration of Professional Footballers. Oxford/New York: Berg

Langewiesche, Dieter (1995): Nation, Nationalismus, Nationalstaat: Forschungsstand und Forschungsperspektiven. In: Neue Politische Literatur 40: 190-236

Mangan,Tony (1981): Athleticism in the Victorian and Edwardian Public School. The Emergence and Consolidation of an Educational Ideology. Cambridge/London/New York: Cambridge University Press

Mangan,Tony (1996): ,Muscular, Militaristic and Manly': The British Middle-Class Hero as Moral Messenger. In: European Heroes. Myth, Identity, Sport, Hg. R. Holt/A. Mangan/P. Lanfranchi. London/Portland: Frank Cass: 28-47

Marschik, Matthias (1997): Die ersten Jahre des Wiener Fußballs. Wien: Turia + Kant

Mason, Tony (1997): England. In: Fußball, soccer, calcio. Ein englischer Sport auf seinem Weg um die Welt, Hg. Christiane Eisenberg. München: dtv: 22-41

Möller, Jörg (1996): Kemari. In: Spiele der Welt, Hg. Pfister, Gertrud/Niewerth, Toni/Gounot, Andre. St. Augustin: Academia: 164-169

Mosse, George (1997): Das Bild des Mannes: zur Konstruktion der modernen Männlichkeit. Frankfurt a. M.: Büchergilde Gutenberg

NN (1919): 25 Jahre Berliner Fußballclub Preußen 1894–1919. Berlin

NN (1959): 70 Jahre Berliner Fußball-Club Viktoria. Erinnerungen und Rückblick. 1889–1959. Berlin

Nora, Pierre (1995): Das Abenteuer der Lieux de Mémoire. In: Nation und Emotion. Hg. E. François/H. Siegrist/J. Vogel. Göttingen: Vandenhoeck & Ruprecht: 83-93

Pfister, Gertrud (1982): Als Fußball noch „Association" hieß – Die Anfänge des Fußballsports in Berlin. In: Spielbewegung – Bewegungsspiel. 100 Jahre Goßler'scher Spielerlaß. Berlin, Hg. G. Steins. Berlin Forum für Sportgeschichte: 67-76

Pfister, Gertrud (1997): Frauen im Sport – Befreiung des weiblichen Körpers oder Internalisierung von Zwängen? In: Zivilisierung des weiblichen Ich, Hg. G. Klein/K. Liebsch. Frankfurt a. M.: Suhrkamp: 206-249

Planck, Karl (1898): Fußlümmelei. Stuttgart: Kohlhammer

Reichel, Peter (1996): Denkmal und Gegendenkmal: ein kommunikativer Gedächtnisort. In: Lieux de Mémoire. Erinnerungsorte, Hg. E. Francois. Berlin: Centre Marc Bloch: 105-11

Schulze-Marmeling, Dietrich (2000): Fußball. Zur Geschichte eines globalen Sports. Göttingen: Die Werkstadt

Sollors, Werner, Hg. (1989): The Invention of Ethnicity. New York: Oxford University Press

Trefzer, Kurt (1988): Nationale Fußballhistorie: Schweiz. In: Fußball-Weltzeitschrift, Juli/August, H. 13

Wahl, Alfred (1990): La Balle au Pied. Histoire du football. Paris: Gallimard

Walvin, James (1994): The People's Game. Edinburgh/London: Mainstream

Williams, John/Wagg, Stephen, Hg. (1991): British Football and Social Change: Getting into Europe. Leicester: Leicester University Press

Wolf, Ror (1994): Das nächste Spiel ist immer das Schwerste. Frankfurt a. M.: Fischer

Roman Horak

Kaffeehaus und Vorstadt,
Feuilleton und Massenvergnügen
Über die doppelte Codierung des Fußballs
im Wien der Zwischenkriegszeit

Einleitung

In den letzten Jahren stand der österreichische Fußball in keinem besonders hohen Ansehen. Die Qualifikation für die kommende Weltmeisterschaftsendrunde wurde nicht bloß verpasst, sondern klang, auch wegen einiger Peinlichkeiten rund um das Auswärtsspiel gegen Israel (einige Teamspieler erklärten sich – aus Sicherheitsgründen – außerstande, nach Tel Aviv zu reisen), eher unerfreulich aus.

Dabei gab es Zeiten, in denen der österreichische Fußball in hohem Ansehen stand und Spieler von Weltklasse hervorbrachte. Auch sie haben an der Entstehung von Mythen mitgewirkt, die der Beliebtheit dieses schönen Spiels zugrunde liegen. Aber wovon ist denn eigentlich die Rede, wenn man vom „österreichischen" Fußball spricht? Ich habe an anderer Stelle darauf hingewiesen, dass der österreichische Fußball eine Erfindung der 60er- und 70er-Jahre ist, die als Ergebnis einer „Verösterreicherung" zustande kam, d.h. einer Verschiebung von der traditionellen Wiener Fußballkultur hin zu einem halb modernisierten, jedoch anti-metropolitanen Sportspektakel (Horak 1994:47-71). Bemerkenswerterweise tritt der latente Gegensatz zwischen der Metropole Wien und den Bundesländern, der trotz der allgemein wachsenden Akzeptanz der Vorstellung von Österreich als einer Nation den öffentlichen Diskurs anheizt, im Zusammenhang mit dem Fußball klarer ins Bewusstsein. Dazu zwei kleine Beispiele, eines liegt schon etwas zurück, das andere ist ein aktuelles. Gegen Ende der Spielsaison 1995/96 hatten nur noch Sturm Graz und Rapid Wien Aussicht auf den Gewinn der Meisterschaft. Der Nationalspieler Andreas Ogris, Sinnbild eines Fußballers aus der Wiener Arbeiterschaft und Stürmer von Austria Wien – seit den 20er-Jahren der verhassteste Rivale von Rapid –, erklärte öffentlich, und zwar nicht nur einmal, dass er und seine Mannschaft hofften und wünschten, dass Rapid die Meisterschaft hole, weil Wien eben die einzig wirkliche Fußballstadt sei und daher der Meister eigentlich nur aus Wien kommen dürfe. Dieses provokante Statement kann natürlich als Teil des gewöhnlichen Medienrummels verstanden werden, der für den Fußball überall so an Bedeutung gewonnen hat. Dennoch bin ich der Meinung, dass Ogris' Bemerkung ihren eigentlichen Sinn gewinnt, wenn man sie im Lichte der traditionellen Vorstellung von der Wiener Fußballkultur zu verstehen versucht. Zum zweiten Exempel.

Rapid Wien startete am 24. 2. 2002, nach einer über die Maßen beschämenden Herbstsaison, mit einem 1:0 Sieg gegen Salzburg ins Frühjahr. Bemerkenswert dabei ist weniger der Umstand, dass der heimgekehrte Andreas Herzog von den Fans das ganze Spiel über in enthusiastischen Sprechchören gefeiert wurde, sondern dass den im Sektor gegenüber befindlichen Fans (und den Fernsehzuschauern) ein Transparent entgegengehalten wurde, das quasi eine politische Botschaft verkündete. ‚Wir sind Eure Hauptstadt', stand da zu lesen.

Im Folgenden geht es zunächst darum, diese Fußballkultur als wesentlichen Bestandteil der Wiener metropolitanen Kultur der 1920er- und 1930er-Jahre zu erörtern. Dazu sind eingangs einige Bemerkungen zum „Modernen Wien" und seinem Verhältnis zu den Vororten als der eigentlichen Wiege des Wiener Fußballs notwendig. Sodann ist der Fußball als ein Sport der Arbeiterklasse zu diskutieren, der zugleich zu einem Bestandteil der Kulturindustrie wurde. Schließlich geht es um die Beziehung des Fußballs zur Wiener Kaffeehauskultur. Am Ende steht das Verhältnis von „Hoch"- und „Popularkultur" im Zusammenhang mit dem Wien der Moderne im Mittelpunkt der Betrachtung.

Modernisierung, die Metropole und die neuen Vorstädte

Die moderne Großstadt ist eine der wichtigsten Chiffren der Moderne, sie gilt als d i e Metapher des Modernismus schlechthin. Um angemessene Vorstellungen und im strengen Sinne analytische Begriffe für die moderne Metropole zu entwickeln, muss man sich zunächst über die Art und Weise klar werden, wie moderne individuelle und kollektive Identitäten entstanden sind und mit welchen verschiedenen Methoden sie wahrzunehmen sind. In seinem Aufsatz „The City and the Popular" vertritt Wolfgang Maderthaner den Standpunkt, dass es von besonderer Wichtigkeit sei zu berücksichtigen, dass die Bereiche so genannten literarischen und künstlerischen Schaffens von der alltäglichen Lebenspraxis keineswegs so verschieden sind, wie es scheint. Im Anschluss an James Donald (1992) begreift er die Großstadt als Verdichtung eines vorgestellten Gesamtzusammenhangs von Diskursen, Symbolen, Metaphern und Sehnsüchten, worin sich die modernen Erfahrungen urbanen Lebens ausdrücken.

> „Diese Elemente sind so wichtig wie die materiellen Gegebenheiten der physischen Umwelt. Das Lebensgefühl der Großstadt wurde durch die psychologische Antwort der in ihr Weilenden auf ihre Umgebung einschließlich der ihr zugeschriebenen Bedeutung vermittelt. Die Gestalt ihrer Welt war evident in Ziegeln und Mörtel ihres täglich erfahrenen Umfelds. Dies verlieh dem Leben in der Stadt eine besondere Struktur. Und wie in jeden Raum wurden in diese urbane Struktur Sinn und Bedeutung gelegt. Die materiellen Komponenten großstädtischer Umweltverhältnisse spiegeln die Struktur der Gedanken und Gefühle ihrer Bewohner wider." (Maderthaner 1996; Maderthaner/Musner 1999)

Die Modernisierung der großen Metropolen des Westens begann in der zweiten Hälfte des 19. Jahrhunderts. Ihre baulichen Charakteristika waren sowohl die eindrucksvolle Umgestaltung der Stadtzentren wie das Aufkommen der Vorstädte. Einschneidende Ver-

änderungen in der Art der Wahrnehmung begleiten diese Entwicklung. Die Raum-
strukturen, der Dynamismus und der Rhythmus großstädtischen Lebens wurden inter-
nalisiert. Modernes Lebensgefühl wurde mehr und mehr mit urbanem Lebensgefühl
gleichgesetzt. Ein radikaler Wandel der Stadt setzte sich in Gang – die Entstehung indus-
trieller Produktionsformen führte zu einem noch nie erlebten Anstieg der Bevölkerung.
Diese Vorgänge waren mit einem massiven Zustrom von Immigranten verbunden. Im
Falle von Wien kamen zum größten Teil ungelernte oder angelernte Arbeiter aus den
tschechischen und mährischen Teilen der Monarchie. Diese Zuwanderer waren zumeist
von einem agrarischen Lebenszusammenhang geprägt. All diese verschiedenen Faktoren trugen dazu bei, dass sowohl neue Klassenbeziehungen entstanden als auch neue
Muster bei der Bildung urbaner Bevölkerungssegmente. Dafür wurden nun die Art der
Arbeit, die Wahl des Wohnplatzes, Klassenzugehörigkeit, Besitz und Herkunft maßgeblich. Jedoch war es nicht einfach die explosionsartige Vermehrung der städtischen Bevölkerung, was die moderne Stadt sowohl von der Agrargesellschaft wie vom früheren
städtischen Leben unterschied. Die Kräfte des Industrialismus lenkten das kulturelle
Leben in neue Strukturen. In Wien war die neue Arbeiterbevölkerung auf die neuen
Vorstädte konzentriert, die sich in bemerkenswerter Weise von der Peripherie der meisten anderen europäischen Großstädte unterschieden.

In soziogeographischer Hinsicht handelt es sich bei Vorstädten um Viertel, die außerhalb des Stadtzentrums gelegen sind. Als mehr oder weniger monoton anmutende
Wohngebiete, wo urbane und agrarische Kultur sich vermischen, bilden sie das Medium, in dem das Land nach und nach in die Strukturen städtischen Lebens integriert
wird. Auf der anderen Seite bedeutet „Vorstadt" auch soviel wie besondere und unver-
wechselbare Lebenssphären und Mentalitäten. Diese Momente reflektieren auf bezeich-
nende Weise den Übergangscharakter des vorstädtisch-ländlichen Lebensgefühls. Diese Lebensformen sind in einen rasch vorwärts schreitenden Prozess der Industrialisierung und der Urbanisierung eingebettet. Dabei lief das Ganze nach einem bestimmten
Muster ab, wofür, was z.B. die bauliche Entwicklung betrifft, die regellose gegenseitige
Durchdringung von Wohn- und Fabrikanlagen charakteristisch war. In Bereichen, die
nicht agrarisch oder industriell genutzt wurden, taten sich dabei weite, offene Räume
auf. Diese Viertel mit ihrem Mangel an sozialer Kontrolle wurden Plätze primärer Sozialisation, was besonders die jungen Männer betraf, die als unruhig und aufrührerisch
galten. Hier manifestierte sich die typische Kultur der Vorstadt, und es ist somit leicht zu
erklären, dass die junge Arbeiterbewegung hier die Massen anzog, ebenso wie es nicht
überrascht, dass die Popularkultur hier Wurzeln schlug. „Die Moderne erschien hier in
der Gestalt von Traum- und Vergnügungsstätten: Kinos, Tanzsälen und Fußballstadien",
wie Wolfgang Maderthaner darlegt (Maderthaner 1996).

Fußball, Männlichkeit und Popularkultur

Popularkultur könne historisch als ein Phänomen der Metropolen angesehen werden.
Ian Chambers hat dies so dargestellt (Chambers 1986). In jüngerer Zeit wurde auch die
Sichtweise vorgebracht, dass dies nicht notwendigerweise der Fall sein muss. Nun geht
man von der Beobachtung aus, wonach beispielsweise in Amerika das Kinopublikum

der Frühzeit keineswegs auf die großen Städte beschränkt war. Die Situation in Wien unmittelbar nach Ende des Ersten Weltkrieges – Wien war nun eine große Stadt in einem kleinen Land – scheint allerdings Chambers' These zu stützen.

Die folgenden Darlegungen konzentrieren sich auf das Wien der Zwischenkriegszeit, die Hauptstadt der jungen Republik Österreich. Dabei steht innerhalb der glitzernden Mannigfaltigkeit der verschiedenen Arten der Unterhaltung, die man in wachsendem Maße genoss, eine im Vordergrund, die gerade in jenen Jahren als eine Massenattraktion entscheidend zur Formung einer besonderen „Landschaft des Vergnügens" beitrug. In Wien hatte im Vergleich zu anderen Ländern des Westens der Fußball auf der Ebene populärer Vergnügungskultur erst relativ spät Fuß gefasst. Dennoch entwickelte er sich innerhalb der von Männern bestimmten populären Freizeitkultur und in einer spezifischen Wiener Gestalt sehr schnell zu einer „Leitfigur". Dabei soll nicht behauptet werden, dass nur Männer aus der Arbeiterklasse zu Fußballspielen gingen. Was die Verwendung des Begriffs „Leitfigur" angeht, so soll damit zum Ausdruck gebracht werden, dass die enorme Popularität des Fußballs in der Arbeiterschaft nicht eine rein zufällige Erscheinung war, sondern dass dieser Umstand bestimmte – allerdings unterschiedliche – Erfahrungen des Alltagslebens widerspiegelt.

Es dauerte fast zwanzig Jahre, bis sich das – weithin wenig beachtete – Hobby einer aristokratischen, anglophilen, zum Teil auch der liberalen Mittelschicht angehörenden Minderheit in einen modernen Zuschauersport verwandelte. Erst mit der Einführung einer regulären Meisterschaft in Wien im Jahre 1911/12 war die Grundlage für eine Entwicklung gelegt, die – nur zehn Jahre später – in äußerst spektakulärer Weise für den „Arbeiter-Sonntag" Gestalt annahm. Die Zuschauerzahlen begannen – bereits vor dem Krieg – zu steigen, zuerst langsam. In gleicher Weise stieg das öffentliche Interesse an dem Spiel. Diese Entwicklung kann sehr klar an der zunehmenden Berichterstattung auf den Sportseiten der Tageszeitungen abgelesen werden. Ein wesentlicher Sprung nach oben kann jedoch erst für die Jahre nach dem Ende des Ersten Weltkrieges festgestellt werden. Plötzlich drängten sich Woche für Woche Tausende von Zuschauern in den Stadien zusammen, wobei internationale Begegnungen für dieses vergleichsweise neue Schauspiel bis zu 80.000 Fans mobilisierten. Aber nicht nur die Masse der Zuschauer scheint die zeitgenössischen Kommentatoren aus der Fassung zu bringen, sie lamentieren auch über deren rüdes Benehmen. Der „Sport der Gentlemen" war zu einer ungeregelten, lauten „Massenunterhaltung" geworden, die nichts mehr mit den ursprünglichen Absichten und Zielen des Sports gemein zu haben schien, also mit Gesundheit, Fairness, Charakterschulung. Die irritierende Präsenz von häufig laut grölenden Zuschauern, die Hüte und Spazierstöcke schwenkten und – gewöhnlich in völliger Unkenntnis der einschlägigen Regeln – den Schiedsrichter mit Schmähungen überhäuften, wird von bürgerlichen Kritikern als Folge des Krieges gedeutet, der das moralische Empfinden der Menschen zerstört habe. Nach meiner Meinung haben wir es allerdings eher mit lebensvollen Reflexen eines Veränderungsprozesses zu tun, in dem sich ein „Gentlemen-Sport" in eine bestimmte Form populärer Unterhaltungskultur verwandelte (Marschik 1997).

Es sind nicht nur die Kommentare bildungsbürgerlicher Kritiker, die auf das hier angesprochene Phänomen verweisen, wenn sie von hoher Warte das Verhalten, das Erscheinungsbild und vor allem die Herkunft („Vorstadtmob") eines neuen, mit einigem Befremden betrachteten Zuschauertyps beschreiben: Dieses Phänomen wird auch – zugegebenerweise recht unvollkommen – durch statistische Quellen aus den Bereichen der Stadt gestützt, wo in den frühen 20er-Jahren bedeutende Fußballstadien errichtet oder erweitert wurden: fast ausnahmslos handelte es sich um die Vorstädte von Wien, also um Bezirke, wo die Arbeiterbevölkerung wohnte. Es gab in wachsender Zahl Fußballvereine, die man als typische Bezirksklubs ansehen kann, z.B. Wacker (in Meidling), Hertha (in Favoriten), Simmering (in Simmering), Rapid (in Hütteldorf). Sie wurden zu idealen Repräsentanten „ihres Bezirks", ein Prozess, der auf Seiten ihrer lokalen Anhänger eines vor allem anderen erforderte: Loyalität, d. h. Treue zum Verein. Eine solche Haltung kommt am klarsten in der regelmäßigen Anwesenheit der Anhänger bei Heimspielen zum Ausdruck.

Man kann somit resümieren, dass der Prozess, in dem sich der Fußball in einen Zuschauersport verwandelte, von folgenden Momenten bestimmt wurde: gesellschaftliche Expansion, Arbeitermassen, geographische Expansion, Vorstadt (Bezirksklub). Was bisher noch nicht berücksichtigt wurde, das ist der gesellschaftliche und politische Hintergrund der angesprochenen Entwicklung. Er soll zunächst diskutiert werden, bevor auch auf das Verhältnis der beiden Geschlechter in dem Zusammenhang einzugehen ist.

Die reale Basis für die Entwicklung neuer Freizeitgewohnheiten waren eine bestimmte Sozialgesetzgebung, die nach harten Auseinandersetzungen von der Arbeiterbewegung erreicht wurde, und die rechtsverbindliche Einführung des Achtstundentages im Dezember 1918. Nur unter der Voraussetzung, dass die arbeitende Bevölkerung über ein bestimmtes Freizeitbudget verfügte, konnte der Wandel im Fußball stattfinden. So rasch und eindrucksvoll dieser Prozess auch auf den ersten Blick vonstatten ging, sind dabei bestimmte Härten und Probleme nicht zu übersehen. Die Sozialdemokratie, jene politische Bewegung, zu deren Zielen der Gewinn und die Sicherung von mehr Freizeit gehörten, setzte zur selben Zeit in Wien ihr Erziehungsprogramm und ihr sozialreformerisches Projekt in die Tat um. Das „Rote Wien", um das eindrucksvollste Beispiel zu nennen, beschränkte sich nicht auf die bloße Verbesserung des Lebensstandards der arbeitenden Bevölkerung. Man wollte mehr. Es war im Grunde, wie Helmut Gruber so treffend zum Ausdruck bringt, das Symbol „für eine Revolution in der Seele des Menschen", eingegraben in die innersten Lebensbereiche, in die Privatsphäre – eine Ausweitung des Begriffs der Kultur, um das gesamte Leben der Arbeiter zu umfassen, angefangen von der politischen Arena und dem Arbeitsplatz bis hin zu den persönlichsten und intimsten Bezirken" (Gruber 1991:6).

Es verwundert nicht, dass die sozialistische Partei keine große Sympathie für die neuen konsumorientierten und die Massen anziehenden Formen der Unterhaltung und Freizeitgestaltung hegte. Das galt in erster Linie für den Fußball, oder, um es genauer zu sagen: Es galt für das, was die Sozialdemokraten als „bürgerlichen Fußball" bezeichneten. Oberflächlicherweise beklagte man das unsportliche Wesen der Zuschauer; daneben kritisierte man die Unterstützung eines Schauspiels, das auf bloßen Profitinteressen beruhe und das man daher als „bürgerlich" abtat. Erst 1924 wurde in Wien die Einführung des Profi-Fußballs rechtlich erlaubt. In den Jahren vorher waren an die Spieler illegitim Gelder gezahlt worden. Es gibt gute Gründe für die Vermutung, dass die Sozialdemokratische Partei – als eine moderne Bewegung – weder in der Lage noch willens war, es mit den „wilden", „unkontrollierten" und „eruptiven" Aspekten dieser neuen Kultur aufzunehmen. Wieder und wieder versuchte man die Arbeiter dazu zu bringen, ihre Freizeit vernünftiger zu nutzen. Erst in den frühen 30er-Jahren schien man in der Hinsicht zu resignieren, als man in die Lobeshymnen auf das „bürgerliche" „Wunder-team" einstimmte.

Wie bereits oben erwähnt, wurde der Fußball als Zuschauersport in den 1920er Jahren zu einer Form der Massenunterhaltung. Der Ausdruck „Zuschauersport" bedarf einer genaueren Erklärung: Im Allgemeinen bedeutet die Anwesenheit auf dem Fuß-ballplatz mehr als bloßes „Zuschauen". Was also geschieht, das ist die kollektive Aneig-nung – der Begriff ist eine Contradictio in adjecto – eines „sozialen Territoriums" durch Menschen, die dieses als Konsumenten benutzen. Dieser Prozess entwickelt sich in der Spannung zwischen baulichen Aspekten, Sicherheitsmaßnahmen etc. auf der einen und Besuchern aus einer unterschiedlich zusammengesetzten Bevölkerung auf der anderen Seite. Es handelt sich somit viel mehr um Teilnehmer als um – im wörtlichen Sinn des Wortes – „Zuschauer". Die Ränge und die Stehplatzbereiche sind nicht bloß Plätze, von denen aus die Spiele passiv und ruhig beobachtet werden.

Da gibt es die Schiedsrichter und die Spieler der gegnerischen Mannschaft, die beschimpft werden, ferner die Leistung der eigenen Elf, über die man flucht und lamen-tiert, sodann aber auch Kontakte zwischen den sitzenden oder stehenden Nachbarn – sei es, dass man gleicher, sei es dass man anderer Meinung ist – und schließlich auch die Gelegenheit, statt gespannt auf das Spiel zu schauen, das möglicherweise uninteressant geworden ist und das man von dem eigenen Standort nur einen begrenzten Zeitraum wirklich gut verfolgen kann, sich an einem leidenschaftlichen Disput zu beteiligen.

Was oben zunächst behauptet worden ist, sollte nun klar sein: Fußball als ein ver-breitetes Massenspektakel war in Wien eine von Männern geprägte Angelegenheit – und dies auf verschiedenen Ebenen. Das gilt sicherlich für die Durchführung, Organisa-tion und Kontrolle des Spiels, was alles – nicht nur in der oberen Abteilung – in den Händen von Männern lag. Es gilt auch für die Konsumenten, die Zuschauer der Spiele. Obwohl in der Beziehung keine verlässlichen statistischen Daten vorliegen, stimmt man aufgrund indirekter Hinweise fast ausnahmslos darin überein, dass die Mehrheit der Zuschauer von Fußballspielen Männer und von diesen wiederum viele Arbeiter waren. Im Unterschied dazu kamen die Vereins- und Verbandsfunktionäre zum größten Teil aus gehobeneren gesellschaftlichen Schichten. In jedem Falle kann festgehalten werden, dass die gesellschaftliche Umwelt der Wiener Fußballplätze zumindest in den frühen 1920er-Jahren männlich-proletarisch bestimmt war. Die Rolle der Frau beschränkte sich auf die der – in Kauf genommenen – Begleiterin ihres Verlobten. War sie erst verheira-tet, dann musste sie zu Hause bleiben, auf die Kinder aufpassen und das Essen warm halten, bis der Mann vom Spiel zurück war, dabei voll banger Hoffnung, dass er nicht über das Ergebnis verärgert war. War sie nicht verheiratet, dann mochte es sein, dass sie dem angebeteten Star einen Brief schickte, parfümiert und auf rosafarbenem Papier geschrieben.

Fußball wurde zur Leitfigur einer männlich dominierten Massenkultur, abgesehen von der Tatsache, dass er für Männer nicht zum wenigsten wegen des ihn umgebenden Diskurses eine Lieblingsunterhaltung in ihrer Freizeit darstellte. Wie man aus den ver-schiedenen Sportzeitschriften, die in jener Zeit in großer Zahl auf dem Markt waren, ersehen kann, wimmelt der Fußballdiskurs in seiner publizierten Gestalt von – teilweise vertrauten, teilweise schwer entzifferbaren – Bemerkungen über Mannschaften, Spieler, Schiedsrichter usw. Er enthält antisemitische Untertöne ebenso wie häufig indirekte Formen von Widerstand lokalproletarischer Färbung. Kurz: er ist in hohem Grade widersprüchlich. Und es gibt so etwas wie einen roten Faden, der sich durch diesen Diskurs zieht, wie ein Beispiel, entnommen aus dem Illustrierten Sportblatt in der Ausgabe vom 22. November 1919, anschaulich machen soll. In der Sektion „Stimmen aus der Welt der wöchentlichen Sportrevue" sind zehn Gebote für den Fußballspieler aufgeführt. Das sechste Gebot lautet: „Du sollst am Abend vor dem Spiel nicht mit deiner Liebsten in's Kino gehen!"

Der Film trat in Wien etwa zu derselben Zeit in Erscheinung, wie hier auch der Fußball aufkam. Im Jahre 1896 fand die erste Filmvorführung statt. Seine Rezeptionsgeschichte ging jedoch andere Wege. Während der Fußball sich zuerst als Sport einer Mittelschichtenminderheit in ein Spektakel für die Massen verwandelte, war das Kino von Anfang an ein Bestandteil der popularen Unterhaltungskultur. Es war somit kein Zufall, dass viele der ersten Kinos im Prater anzutreffen waren, ein Amüsierviertel, das all die neuen Attraktionen beherbergte, angefangen mit „Venedig nach Wien" (mit Kanälen und Gondeln) bis zum Riesenrad (Rubey/Schoenwald 1996). Um die Jahrhundertwende gab es im Kinobereich eine große Zahl von Neueröffnungen, viele Unternehmungen mussten allerdings auch schließen. Erst in einer zweiten Phase – von ungefähr 1911 bis 1914 – hatte sich eine lokale Kinobranche fest etabliert, und mit einer letzten Welle von Neugründungen nach dem Ende des Ersten Weltkrieges hatte das Kino in Wien seine endgültige topographische Struktur gefunden. Eine Stadtkarte von Wien aus den frühen 20er-Jahren zeigt, wo die Kinos und Fußballplätze genau lagen. Das Gesamtbild kann folgendermaßen beschrieben werden: Es gab Kinos sowohl in den Arbeitervierteln wie in den bürgerlichen Stadtteilen. Die meisten von ihnen lagen verkehrsmäßig günstig. Die Fußballplätze lagen fast ausschließlich in den Vororten, also den Arbeitervierteln. Dies ist nicht weiter verwunderlich, wenn man die verschiedene Art und Weise beachtet, wie man sich dieser beiden Formen popularer Unterhaltung bediente. Die Existenz des Fußballs hängt zu einem guten Teil von dem lokalen Standort ab. Wir haben ihn als eine männlich-proletarische Unterhaltung bezeichnet und in dieser Beziehung auf die konstitutiven Faktoren wie Vereinstreue und Lokalpatriotismus verwiesen, Charakteristika, die bei den mehr oder weniger regelmäßigen Besuchen von Heimspielen des „eigenen" Klubs sichtbar werden. Das Kino existiert als „Vorstadtkino", als ein vertrauter Platz um die Ecke. Als Filmpalast ist es ein Hinweis auf die Aneignung popularer Unterhaltungskultur durch die feineren Stadtviertel.

Bis hierher haben wir den Zuschauersport Fußball als ein männliches, vorstädtisches Phänomen erörtert – aber er war mehr. Im Leben der Metropole wurde er zur Leitfigur der Popularkultur, und zwar aus dem einfachen Grund, dass er nicht auf die Fußballplätze beschränkt bleiben konnte. Wir haben bereits die Sportpresse erwähnt, und wir werden nun aus jenen frühen Jahren den bemerkenswertesten Fall herausgreifen, nämlich die Geschichte von Pepi – dem Tank – Uridil, der als Stürmer bei Rapid Wien ein Volksheld und, für kurze Zeit, ein Filmstar wurde (Horak 1995; Horak/ Maderthaner 1996a; Horak/Maderthaner 1996b).

Josef Uridil wurde am 24. Dezember 1895 geboren. Sein Vater war ein kleiner Schneidermeister tschechischer Herkunft, der in der Arbeitervorstadt Ottakring lebte. Josef Uridil schloss sich kurz vor Ausbruch des Ersten Weltkriegs Rapid Wien an, und er war um 1920 ein sehr bekannter Fußballer, dies vor allem wegen seiner Qualitäten als Torjäger und durchschlagkräftiger Stürmer, wovon sich auch sein Spitzname „der Tank" ableitete. Als im Jahre 1922 der Song „Heute spielt der Uridil" aufkam, war dies unmittelbar ein Erfolg, und er wurde schließlich einer der erfolgreichsten Schlager der frühen 20er-Jahre überhaupt. Von dieser Zeit an war Uridil nicht länger nur ein Fußballspieler oder sogar ein Fußballstar, sondern er hatte sich in eine populare Figur von größerem Interesse nicht nur für die verwandelt, die Anhänger seiner Mannschaft oder des Fußballspiels überhaupt waren. Uridil war, man könnte sagen, „Mode" geworden, sein Name warb für Fruchtsäfte, Schokolade, Spirituosen, Seife, Weine, Unterwäsche, Sportkleidung etc. Maler wetteiferten um die Ehre, ihn porträtieren zu dürfen, und ein sehr bekannter Bildhauer fertigte von Uridil eine Büste an, die auf einer besonderen Ausstellung enthüllt wurde.

Es dauerte nicht lange, und Uridil verließ das Spielfeld (für eine kurze Zeit wegen einer Verletzung), und er betrat die wirkliche Bühne. In einer Show mit dem Titel „Seid umschlungen, Billionen", eine deutliche Anspielung auf die damalige Inflation, präsentierte er einen neuen Song, dabei ganz in das Grün und Weiß des Rapid-Trikots gekleidet. Das war im Februar 1924. Die Show fiel zeitlich zusammen mit der Aufführung des Films „Pflicht und Ehre". Es handelte sich um einen größeren Stummfilm, in dem Uridil eine wichtige Rolle spielte. Er verkörperte den „netten Kerl aus einfachen Verhältnissen", der einem verarmten Aristokraten dabei hilft, sein Ansehen und seinen guten Ruf zurückzugewinnen. Der Film muss ein beträchtlicher Erfolg gewesen sein, er lief in den zwei größten Filmpalästen des Ersten Bezirks, außerdem im größten Vorstadtkino. Unglücklicherweise ist der Film verloren gegangen. Deshalb ist es heute nicht mehr möglich, seine künstlerischen Qualitäten zu beurteilen. Aber dies ist in dem Zusammenhang auch nicht der entscheidende Punkt. Was festzuhalten ist, und das bedeutet, an die anfängliche Erörterung des Wiener Fußballs und der Metropolitankultur wieder anzuknüpfen, ist die Tatsache, dass diese Ausformung der Popularkultur, diese besondere Überlagerung von Fußball und Film, wobei beide zugleich wichtige Elemente einer neuen, aber sich verbürgerlichenden Massenkultur bildeten, nur in einem urbanen Kontext sinnvoll sind. Es war die bloße Existenz einer Metropole, die einen passenden politischen, gesellschaftlichen und kulturellen Hintergrund für Entwicklungen bot, wie sie oben erörtert wurden.

Kaffeehauskultur und Fußball

„Das Stadtzentrum von Wien wimmelt von Kaffeehäusern, wo Romanautoren oder Menschen, die für Zeitungen arbeiten, wie an anderen Plätzen zusammenkommen, Gazetten lesen und sich darüber unterhalten." Mit diesem Zitat eines Chronisten beginnt Hilde Spiel ihren Essay über „Das Kaffeehaus als Weltanschauung" (Spiel 1971:124). Es folgt eine kurze Skizze des Wiener Kaffeehauses, wie es sich zweihundert Jahre später darstellt. Davon soll ein Teil hier vorgestellt werden.

> „Da standen Marmortische, gedrechselte Stühle und Abteile mit Leder- und Plüschkissen. In Zeitungshaltern aus geflochtenem Rohr hing an der Wand die Lokalzeitung neben der Neuen Freien Presse; darunter lagen gewaltige Stapel illustrierter Magazine.

Hinter der Kasse, lüstern und mit aufgetakelter Frisur, saß die Kassiererin auf ihrem Thron. Neben ihr lehnte – mit gleichgültiger Mine – der ‚Marqueur‘; in dem Moment, wo er jemanden rufen hörte ‚Ober, die Rechnung, bitte!‘, verließ er rasch die Szene. Kellner lungerten nachlässig umher, aber bereit loszuspringen, um den Eindruck zeitloser zügiger Aktivität zu vermitteln. Ab und zu brachte der ‚Piccolo‘ zu den Tischen ein leise klimperndes Nickeltablett mit Gläsern mit frischem Wasser.“ (Spiel 1971:124)

Dieses Bild vom „traditionellen Wiener Kaffeehaus“ kann vervollständigt werden. Der Billard-Tisch, die Schach- und Kartenspieler, die, unbeeindruckt von dem Lärm im Hintergrund, ihrer Leidenschaft frönten, gehörten genauso zu dem Bild wie einsame Zeitungsleser, schreibende Journalisten und wild diskutierende Kritiker. Insgesamt war es eine von Männern beherrschte Welt. Im Unterschied zu anderen Bereichen des Gaststättengewerbes musste der Mitarbeiterstab – mit Ausnahme der erwähnten Kassiererin – männlich sein. Diese Regel galt für den Oberkellner, die Kellner und den Piccolo, jenen Jungen, der, als Lehrling, am unteren Ende der Hierarchie des Dienstpersonals stand. Für die Gäste galt dieses Bild nicht in demselben Maße. Auch Frauen suchten Kaffeehäuser auf, aber diese nicht alle in demselben Umfang. Während auf der einen Seite das „Cafe Griensteidl“ als ein Männercafe galt, bevorzugten Frauen das „Cafe Central“.

Soviel zur Beschreibung des Wiener Kaffeehauses in seiner idealtypischen Gestalt. Aber wie kann dies mit der Moderne in Verbindung gebracht werden? Im Anschluss an Schorskes Vorstellungen hat David Harvey in seinem Buch „The Condition of Postmodernity“ auf die Bedeutung hingewiesen, die die urbane Erfahrung für die Gestaltung der kulturellen Dynamik der Moderne besitzt. Dabei dient ihm als Beispiel das Wien Ende des 19. Jahrhunderts (Harvey 1989:25). Diese Erfahrung war auch eine solche der Fragmentierung, und das gilt sowohl für Wien wie für Paris. „Nicht nur die Produzenten von Kultur, sondern auch ihre Analytiker und Kritiker wurden Opfer der Fragmentierung.“ (Schorske 1981:XIX) Der zentrale Platz, wo sie sich trafen, ihre Fehden austrugen, sich möglicherweise auch wieder vertrugen, aber wo sie – in jedem Falle – auch die Erfahrung der Fragmentarisierung teilten, dieser Platz war das Kaffeehaus.

Von den annähernd 600 Kaffeehäusern, die es um die Jahrhundertwende in Wien gab, können mehr als 20 als wichtige Treffpunkte für die literarische, intellektuelle und künstlerische Moderne angesehen werden. In dem Zusammenhang ist jedoch der Begriff „Treffpunkt“ zu schwach, denn jene Kaffeehäuser waren „kulturelle Institutionen“. Ohne sie hätte es keinen Beitrag Wiens zur Literatur des Fin de Siècle gegeben, keinen Zugang Österreichs zur Weltliteratur und ebenso gut keine Abspaltung Wiens, wie Heise (1987:197) meint. Es ist daher kaum verwunderlich, dass der Wandel in Wiens kulturellem Leben in dem halben Jahrhundert zwischen dem Aufbruch in die Moderne und dem „Anschluss“ Österreichs an das Dritte Reich im Jahre 1938 sich auch in seinen Kaffeehäusern widerspiegelt. Grundsätzlich gibt es von diesen Kaffeehäusern vier, die – auch in der Chronologie – die Zäsuren und Brüche dieser Kultur deutlich werden lassen.

Von dem „Cafe Griensteidl“, das bereits im Jahre 1844 eröffnet wurde, nimmt man an, dass es ein Ort war, wo seit den 1880er-Jahren „Männer von Welt das Kaffeehaus in das verwandelten, was es dann sein sollte“ (Spiel 1971:133). Junge Autoren wie Arthur Schnitzler (neben Freud der zweite Vivisektor der Wiener Seele), Felix Salten und Hugo von Hoffmannsthal und allen voran Hermann Bahr, der sich anschickte, die literarische „Wiener Moderne“ um sich zu versammeln, prägten die eine Seite des „Griensteidl“.

Die andere Seite – in einer zweiten regelmäßigen Tafelrunde – wurde von den Führern der jungen Sozialdemokratie verkörpert, darunter Victor Adler, dem Parteigründer, dem marxistischen „Hofrat" der Revolution, an der Spitze (Fuchs 1978:103).

Diese besondere Dualität setzte sich in dem nächsten Kaffeehaus fort. Karl Kraus, der am Anfang die literarischen Zirkel des „Griensteidl" oft selbst besucht hatte, nutzte in jedem Falle das Ende dieses Kaffeehauses im Jahre 1897, als das Palais Herberstein, wo es untergebracht war, abgerissen wurde, zu einer satirischen Abrechnung mit seinen früheren Freunden und, mehr als das, mit dem Wiener Ästhetizismus. In „Die demolierte Literatur" malte er ein Bild vom Auszug aus dem „Cafe Griensteidl":

> „Hastig schnappte man sich alle Instrumente der Literatur: Mangel an Talent, verfrühte heitere Gelassenheit, Posen, Größenwahn, Vorstadtmädchen, Schlipse, Manieriertheit, falsche Dative, Monokel und verheimlichte Nervenkrisen, und alles muss mitkommen. Zurückbleibende Dichter werden vorsichtig nach draußen geleitet. Aus einer dunklen Ecke geholt, schrecken sie vor dem Tageslicht, das sie verwirrt, zurück, vor dem Leben, dessen Überfülle sie bedrücken wird." (Karl Kraus zit. nach Spiel 1971:134)

Aber dieses erste „Cafe Größenwahn" hatte bald einen Nachfolger. Kaum einhundert Meter entfernt, war es das „Cafe Central", das nicht nur die nun heimatlosen Schreiber anzog, die Unterhaltungsliteraten und Diskutierer. Was im „Griensteidl" angefangen hatte, setzte sich im „Cafe Central" während der beinahe nächsten 20 Jahre bis zum Ende des Ersten Weltkriegs fort. „Es entwickelte sich und wurde klar sichtbar: das Wiener Kaffeehaus auf der einen Seite als ein riesiger Zufluchtsort aus Angst vor der Welt und Scheu vor der Zukunft" (Spiel 1971:135), aber auch als ein natürlicher Treffpunkt solcher Menschen, die sich daran machten, die Welt zu ändern. Diese eigentümliche Mischung aus Dichtern, seriösen Schriftstellern, Schauspielern, Bohemiens, Bürgersöhnen und Lebenskünstlern war ganz offensichtlich im Begriff, im „Cafe Central" Gestalt anzunehmen. Aber dort traf man auch – so ist es überliefert – die Ärzte Siegmund Freud und Theodor Billroth und auch Politiker – wie Tomas Masaryk, den späteren Gründer der Tschechoslowakei, ferner Otto Bauer, Max Adler und andere Vertreter des „Austromarxismus". An ihrem Tisch saß auch ziemlich oft Leo Trotzky, der sich seit 1907 in Wien aufhielt. Die folgende Anekdote zeigt, dass wenigstens die Repräsentanten der letzten Tage der österreichisch-ungarischen Monarchie ihn nur für einen der vielen Kaffeehausbesucher hielten: Die Meldung vom Ausbruch der Oktoberrevolution im Jahre 1917 soll ungläubig von dem damaligen österreichischen Außenminister Czernin, wie folgt, kommentiert worden sein: „Ach geh', wer sollte da eine Revolution machen? Vielleicht Herr Bronstein aus dem Cafe Central?"

Was die Schriftsteller betrifft, so wird das „Central" als das Stammkaffeehaus der frühen Wiener Expressionisten beschrieben. Seine wirkliche Eigentümlichkeit war die enge Verbindung zur Welt des Feuilleton.

> „In Wien entwickelte sich das Feuilleton zu einem unterhaltsamen Essay über jede Thematik, geschrieben, um den Schwung und Glanz des lockeren Gesprächs zu treffen. (…) Ein Feuilletonist hat dieses Genre als die Kunst beschrieben, etwas aus dem Nichts zu schreiben, eine Fähigkeit, die weder beschrieben noch definiert werden kann, ohne ein Feuilleton zu produzieren." (Johnston 1972:121)

Das „Cafe Central" war der Ort, wo die Feuilletonschreiber zusammenkamen. Viele dieser kleinen Sketche können gut an den Tischen des so genannten „Arkadenhofs" entstanden sein, jener Halle mit dem Kuppeldach, die die spitzfindigen Schreiber und zynisch-brillanten Kommentatoren der aktuellen Affairen beherbergte. Anton Kuh, Egon Friedell, Alfred Polgar – um nur einige zu nennen – schrieben über Theateraufführungen, aber auch über populare Wiener Fußballspieler. Natürlich schrieben sie auch über das Wiener Kaffeehaus und deshalb über sich selbst. Eine „Theorie des Cafe Central" z.B. ging auf Alfred Polgar zurück. Ihr Inhalt:

> „Es (d.h. das Cafe Central) ist ein rechtes Asyl für Menschen, die die Zeit totschlagen müssen, um von ihr nicht totgeschlagen zu werden. Es ist der traute Herd derer, denen der traute Herd ein Greuel ist, die Zuflucht der Eheleute und Liebespaare vor dem Schrekken des ungestörten Beisammenseins, eine Rettungsstation für Zerrissene, die dort, ihr Lebtag auf der Suche nach sich selbst und ihr Lebtag auf der Flucht vor sich selbst, ihr fliehendes Ich-Teil hinter Zeitungspapier, öden Gesprächen und Spielkarten verstecken und das Verfolger-Ich in die Rolle des Kiebitz drängen, der das Maul zu halten hat. Das Cafe Central stellt also eine Art Organisation der Desorganisierten dar. (…)
> Die Gäste des Cafe Central kennen, lieben und geringschätzen einander. Auch die, die keinerlei Beziehung verknüpft, empfinden diese Nichtbeziehung als Beziehung, selbst gegenseitiger Widerwille hat im Cafe Central Bindekraft, anerkennt und übt eine Art freimaurerischer Solidarität. Jeder weiß von jedem." (Alfred Polgar zit. nach Veigl 1991:159)

Dort gibt es sie also, die oben erwähnte Erfahrung der „Zerrissenheit"' und die Versuche, sie gerade hier zu ertragen und mit ihr fertig zu werden, wo sie so offensichtlich zu Tage tritt. Sicherlich war die Verkörperung dieses Paradoxons Peter Altenberg. In seinem kleinen Gedicht mit dem einfachen Titel „Kaffeehaus" schreibt er:

> „Du hast Sorgen, sei es diese, sei es jene – ins Kaffeehaus!
> Sie kann, aus irgendeinem, wenn auch noch so plausiblem
> Grunde, nicht zu dir kommen – ins Kaffeehaus!
> Du hast zerrissene Stiefel – Kaffeehaus!
> Du hast 400 Kronen Gehalt und gibst 500 aus – Kaffeehaus!
> Du bist Beamter und wärest gerne Arzt geworden – Kaffeehaus!
> Du findest keine, die zu dir paßt – Kaffeehaus!
> Du stehst innerlich vor dem Selbstmord – Kaffeehaus!
> Du hasst und verachtest die Menschen und kannst sie dennoch nicht missen – Kaffeehaus!
> Man kreditiert dir nirgends mehr – Kaffeehaus!" (Veigl 1991:145)

Auf Peter Altenberg, dessen richtiger Name Richard Engländer war, bezog man sich wieder und wieder als d e n Kaffeehausschreiber. In seiner Person scheinen sich alle Elemente der Kaffeehauskultur, vor allem aber alles Bohemienhafte, zu verdichten. Schon zu seiner Lebzeit galt er als ein Original, und er wohnte im „Cafe Central", was er auch, nebenbei gesagt, als seine normale Adresse angab. Er war in gewisser Weise eher als eine „öffentliche Figur" bekannt denn als ein Dichter. Etwas verächtlich beschrieb ihn Emil Szittya, wie folgt: „Er war nur der offiziell anerkannte Bohemien der Wiener Bürger und Kokotten. Es gibt sehr viele Lokale, z.B. Cafe Lachmann, Cafe Central, wo Peter Altenberg alles gratis bekam. Sogar beim Friseur hatte er billigere Preise. Trinkgelder gab er prinzipiell nicht, sondern nahm nur an. Er schrieb über jede Wiener Kokotte Gedichte. Er hatte Menschen, die ihm eine Rente von zehn Kronen pro Monat gaben. Rentenlose Bekannte hatte er nicht gerne." (Szittya 1923:23)

Entsprechend seinem Motto, dass jeder sein eigener Dichter sein sollte, beschreibt Peter Altenberg in einer kurzen autobiographischen Skizze (in Veigl 1991:143) auf selbstironische Art die Zufälligkeiten, die zu seiner Entdeckung als Schriftsteller geführt hatten. Nichtsdestoweniger hatte er unter seinen Bewunderern und Förderern Adolf Loos, einen der Pioniere moderner Architektur, ebenso wie den strengen Sprachkritiker und Moralisten Karl Kraus, der andererseits der Boheme nicht besonders nahe stand. Loos, der einige Jahre in den USA verbracht hatte, hatte im Jahre 1899 gegen den Willen des Besitzers – das „Cafe Museum" nach den Prinzipien funktionalistischer Architektur gestaltet. Dies brachte ihm auf der einen Seite den unmittelbaren Spott der Wiener Zeitgenossen ein, aber es verhinderte ebenso gut auf der anderen Seite nicht, dass das „Museum" bald häufig von Bohemiens aufgesucht wurde. Wir erwähnen dies hier jedoch nur, weil es – wie ein erratischer Block – die Zeiten relativ unbeschadet überdauert hat. Hilde Spiel mag recht haben, wenn sie sagt, dass Loos seiner Zeit voraus war (Spiel 1991:137).

Ein echtes Kind seiner Zeit war das „Cafe Herrenhof". Es löste als Treffpunkt das „Central" ab, in dessen unmittelbarer Nachbarschaft es sich befand. In seiner Charakterisierung folgen wir zuerst Hilde Spiel, die es als Treffpunkt des „intellektuellen Wien" der Zwischenkriegszeit beschrieb. Schon in der zweiten Hälfte dieser Periode schrieb Anton Kuh, der leidenschaftlichste Anwalt der „Bewegung", im Feuilleton über die beiden Kaffeehäuser. In ihnen verglich er die „selbstgefällige bohemienhafte Atmosphäre" des düsteren und verrauchten „Cafe Central" mit der „heiteren und klaren Stimmung bei seiner Nachfolgerin, dem ‚Herrenhof‘." (Anton Kuh in Veigl 1991:225-232)

Umbruch, Analyse, Klarheit und (revolutionäre) Politik waren die Schlüsselwörter, wenigstens in den ersten Jahren. Dies war kaum verwunderlich, da sich die Welt außerhalb des Kaffeehauses auch verändert hatte: Wien war nicht mehr die Metropole eines langsam niedergehenden Reiches, sondern die viel zu große Hauptstadt eines ganz anderen Landes. Man kann der Meinung sein, dass daher der neue Geist des (literarischen) Kaffeehauses gleichzeitig sowohl mehr europäisch als auch mehr auf Wien konzentriert war. Aber all diese kreative geistige Aktivität wurde tatsächlich überschattet und auch gedrosselt von der ständig gegenwärtigen Ahnung vom nahenden Ende. Vielleicht war sie zu wirklichkeitsfern, zu sehr auf sich selbst konzentriert. Und die, die ihr anhingen, konnten nichts anderes tun, als sie taten – sie warteten ab. Verstört angesichts der Barbarei, die in Deutschland Platz griff und die in wachsender Zahl Emigranten nach Wien trieb, die dann auch die Kaffeehäuser aufsuchten, verharrte man in der moralischen Überlegenheit der eigenen Kultur. Einige der geistreichsten Kritiker konnten im letzten Moment fliehen, als 1938 die Zeit gekommen war, und der austrofaschistische Staat vom „Dritten Reich" verschlungen wurde. Für andere, wie den Autor der „Kulturgeschichte der Neuzeit", Egon Friedell, war es zu spät. Auf der Flucht vor der Gestapo sprang er in den Tod.

Es ist bereits erwähnt worden, dass einige Feuilletonisten und Kaffeehausautoren in der Tat über das Fußballspiel schrieben. Dies ist ein wichtiger Punkt, und es ist später noch darauf zurückzukommen. Zuerst scheint es angebracht, das literarische Kaffeehaus in einen größeren Zusammenhang zu stellen, weil es natürlich nicht nur die Cafes der Bohemien gab. Im Bereich der Vororte gab es eine Menge kleiner Kaffeehäuser mit einem ganz anderen, d.h. vorstädtischen Publikum. Und während des Fußballbooms in den 20er- und 30er-Jahren kam eine besondere Institution auf – das Fußballklub-Cafe. In einem Bericht aus den frühen 1920er-Jahren beschreibt ein Sportjournalist das Fußball-Cafe als etwas, was gerade aufgekommen ist, als eine echte Wiener Institution wie das Kaffeehaus, womit er es vergleicht (Illustriertes Sportblatt 21.Juli 1923).

Ohne Zweifel war dies der Ort, wo die Angelegenheiten des betreffenden Klubs von Anhängern, Spielern und Vereinsfunktionären diskutiert wurden. Hier wurden Feste gefeiert wie bittere Niederlagen ausgestanden, was etwas leichter in der Gesellschaft von Menschen fiel, die imstande und bereit waren, sich die vergangene Größe wie die glänzende Zukunft des Klubs zu vergegenwärtigen. Es gab Massen solcher Vereinscafés, und die Fußballfans wussten, wo sie ihre Idole treffen konnten. Das beste Beispiel und ebenso ein besonderer Platz war jedoch das Ring Café, das ursprünglich das Vereinslokal des Cricket-Clubs war. Es wurde bald zum zentralen Treffpunkt für die gesamte Wiener Fußballszene. Es war der Ort, wo sich jeder an Gesprächen am runden Tisch beteiligen konnte und wo Spielerwechsel, Tourneen etc. besprochen und beschlossen wurden. Es war, um einen Autor bei seinem Rückblick im Jahre 1948 zu zitieren, eine „Art Fußballparlament von Fußballfreunden und Fußballfans", wo die „Interessen eines Klubs nicht einseitig vorherrschen konnten, weil eben fast jeder Wiener Klub anwesend war" (Welt am Montag 22.März 1948).

Das Ring-Café wurde ein Teil des Wiener Fußballmythos, als im Jahre 1931 der legendäre Trainer Hugo Meisel dem Druck von Sportjournalisten nachgab und eine neue Nationalmannschaft mit Matthias Sindelar als Mittelstürmer aufstellte, eine neue Nationalelf, die das berühmte „Wunderteam" werden sollte. Sindelar führte die Mannschaft nicht nur zu einer Serie staunenswerter Erfolge, sondern er inspirierte auch die Kaffeehaus-Schreiber zu einigen ihrer besten Stücke. Das berühmteste und wiederholt zitierte ist ein Nachruf, den Alfred Polgar auf Sindelar verfasste. Damals – er lebte schon im Pariser Exil – verglich er ihn mit einem Schachgroßmeister und einem Verfasser geistreicher Pointen (Pariser Tageszeitung 25 Januar 1939; vgl Maderthaner 1991).

Schluss

Das Ziel dieses Beitrags bestand darin, der Frage nachzugehen, welche Stellung der Fußball im Wien der Zwischenkriegszeit im Zusammenhang mit einer metropolitanen Kultur einnahm. Fußball war nicht nur ein Sport; einem Spiel zuzuschauen war nicht einfach ein Freizeitvergnügen wie jedes andere. Dieser so genannte Zuschauersport Fußball begründete ein besonderes Element urbaner Kultur, das zum Ersten definiert werden kann als ein besonderer Faktor im Rahmen einer Popularkultur und zum Zweiten durch seine Aneignung durch die Kaffeehausschreiber. Diese Mischung kann man als solche nur verstehen, wenn man die besondere und komplexe Beziehung beachtet, die zwischen Bereichen der traditionellen (bürgerlichen) Hochkultur, dem (ästhetischen) Modernismus und der Popularkultur bestand, eine Beziehung, die für Wien so eigentümlich erscheint.

Seit der zweiten Hälfte des vergangenen Jahrhunderts wird die Kultur der Moderne durch die Dürftigkeit der Verbindungen zwischen der Hoch- und der Massenkultur charakterisiert. Die ästhetische Moderne nahm in bewusster Gegnerschaft zur Massenkultur Gestalt an. Sie überbetonte die Autonomie der künstlerischen Arbeit, unterstrich den radikalen Bruch mit der Alltagskultur und hielt sich auf Distanz zu politischen, gesellschaftlichen und ökonomischen Problemen. Und obwohl diese Position in der Geschichte der Moderne aus der Welt der Kunst selbst wiederholt angegriffen und unterminiert worden ist, blieb der Gegensatz zwischen ihr und der Massenkultur bestehen – er hat in letzter Zeit allerdings in der postmodernen Diskussion an Kraft verloren.

Andreas Huyssen, dessen Überlegungen zu diesem Thema ich hier viel verdanke, vertritt die Auffassung, dass „der stärkste Angriff auf die ästhetischen Vorstellungen einer sich selbst genügenden Hochkultur in diesem Jahrhundert" (Huyssen 1988:VII) von den künstlerischen Bewegungen vorgetragen wurde, die er im Anschluss an Peter Bürger (1982) unter der Kategorie der „Historischen Avantgarde" subsummiert. Die historische Avantgarde fand ihren reinsten Ausdruck im Deutschen Expressionismus, im Dadaismus, im Russischen Konstruktivismus und Futurismus wie im „Proletkult" der ersten Jahre nach der Oktoberrevolution und der frühen Jahre des Französischen Surrealismus. Sie fand ihr Ende mit dem Aufkommen des Faschismus und des Stalinismus, und ihre Überbleibsel wurden von der Hochkultur der Moderne aufgesogen – ein Prozess, der so weit ging, dass „Moderne" und „Avantgarde" im kritischen Diskurs Synonyma wurden (Huyssen 1988:VII).

Nach Huyssen ging es der „historischen Avantgarde" um eine differenzierte Beziehung zwischen hoher Kunst und Massenkultur und sollte somit von der Moderne unterschieden werden. Sie bezog ihre revolutionäre Selbstdefinition – sowohl in politischen wie ästhetischen Begriffen – auf den technologischen Modernisierungsprozess. Technologie, das neue Mittel massenhafter Reproduktion, wurde sowohl im Angriff der Avantgarde auf die ästhetische Moderne als auch in ihrer Annäherung an die Vorstellungswelt und das utopische Ideal einer avantgardistischen Massenkultur zu einem zentralen Element. Huyssen bezieht sich hier auf den Diskurs, der auf einer strikten Unterscheidung zwischen den Kategorien von Hoch- und Massenkultur als der „Großen Trennung" besteht.

Ich möchte nun kurz unter Bezug auf die erwähnten Kategorien das Verhältnis zwischen Hoch- und Niederkultur in der Wiener Moderne skizzieren. Was dabei zunächst auffällt, das ist die Tatsache, dass im Gegensatz zu anderen großen Städten in Wien eine „historische Avantgarde" nie in Erscheinung trat. Es gab hier sicherlich radikale Künstler und Intellektuelle, aber ihr Radikalismus blieb im Wesentlichen unpolitisch und ästhetisch-modernistisch. Für diese Kreise war die Massengesellschaft eher ein Anlass zur Besorgnis als eine Quelle der Hoffnung auf revolutionäre gesellschaftliche und ästhetische Veränderung.

Nach meiner Meinung hat dies viel mit der Tatsache zu tun, dass die politische Kraft – die Sozialdemokratie –, die nach dem Ersten Weltkrieg den Gang der Ereignisse bestimmte, nach einer kurzen Phase des Umbruchs nicht nur für ein politisches Reformprogramm stand, sondern dass sie auch als direkte Konsequenz dieses Programms sich selbst als eine kulturelle Bewegung begriff. Als solche hatte sie eine starke pädagogische Komponente und fühlte sich in jedem möglichen Lebensbereich zur „Förderung der arbeitenden Massen" verpflichtet. Das Phänomen, das als das „Rote Wien" bekannt wurde, repräsentierte die praktische Ausführung des Projekts, das die Erhebung der Freizeit zu „höchsten Höhen" bezweckte und ihre Befreiung von niedrigen, d.h. belanglosen, kapitalistisch organisierten Vergnügungen. Auf der einen Seite gab es die neuen Spektakel der Massenkultur (Kino, Fußball etc.), die bekämpft werden mussten; auf der anderen Seite standen die Werte der hohen überkommenen bürgerlichen Kultur, die es zu verbreiten galt. Kurzum, obwohl es sich um eine Massenbewegung handelte, führte die Sozialdemokratie den Diskurs über die „Große Trennung" weiter.

In der späten ästhetischen Moderne Wiens ist eine andere Orientierung festzustellen. Hier ist weder etwas von dem revolutionären Angriff der historischen Avantgarde noch etwas von der strikten Trennung zwischen Hoch- und Niedrigkultur zu finden. Besonders im Feuilleton tritt eine dritte Position zutage. Das besondere Genre des Feuilletons wandte sich in der Tat einem unendlich breiten Spektrum unterschiedlicher Themen zu, einschließlich der massenkulturellen Phänomene. Dies ist also die dritte Position, die den Diskurs über die „Große Trennung" untergräbt. Die strikte Abgrenzung von Hoch- und Niedrigkultur wurde weder aufrechterhalten noch ausdrücklich angegriffen, sie ist eher spielerisch umgangen worden.

Dies waren die Bedingungen, unter denen der Fußball in Wien seinen Aufstieg erlebte. Geographisch auf eine Stadt konzentriert, gewann der Zuschauersport eine Bedeutung von metropolitanem Zuschnitt, indem er auf der einen Seite sehr schnell in die moderne Popularkultur inkorporiert wurde und indem sich auf der anderen Seite Autoren der späten Moderne diese Kultur aneigneten. Indem die Protagonisten der Feuilleton- und Kaffeehauskultur und damit die Nachkriegsmodernisierung (Austrifizierung) des Zuschauersports unter dem Nazi-Faschismus ausgelöscht wurden, scheinen die traditionellen Wurzeln der Wiener Fußballkultur verschwunden zu sein. Man kann argumentieren, dass der Fußball in Wien heute nicht mehr als eine untergeordnete und weniger erfolgreiche Version dieses internationalen Spiels darstellt. Dies ist allerdings, solange wir schon über den Fußball, der seine eigenen Gesetze hat, diskutieren, nur ein Teil der Wahrheit. Hin und wieder werden Überreste dieser versunkenen Kultur wieder sichtbar, und manchmal gewinnt der Wiener Fußball sogar einige internationale Anerkennung; man denke etwa an Rapid Wien und seine Leistungen in den Spielen um den Europapokal der Pokalsieger im Jahre 1995/96. Und dies führt uns zu unserer letzten Geschichte: Als Rapid im Endspiel der Pokalsieger in Brüssel gegen Paris Saint Germain unterlag, zeigte die Mehrheit der anwesenden Rapid-Fans eine sehr ungewöhnliche Reaktion: Nachdem der Schlusspfiff ertönt war, skandierten etwa 15.000 bis 20.000 Rapidler, ohne die offizielle Feier für den Pokalgewinner Paris Saint Germain zu beachten, fast 15 Minuten lang den Namen ihres Klubs. Weder verließen sie das Heysel-Stadion, noch zeigten sie ihre Enttäuschung – sie zeigten einfach ihre Treue zu der „Idee" eines Klubs, dem sie anhingen. Einen Moment dachte ich, dass vielleicht nach allem die alte metropolitane Fußballkultur doch nicht vergangen ist. Wir leben allerdings in komplexen Zeiten, und der Dekodierungen gibt es viele. Als ich mich ein paar Wochen später mit einem französischen Freund über dieses Ereignis unterhielt, sagte er mir, dass der französische TV-Kommentator dieses Spiels wirklich von der Fairness der österreichischen Fans beeindruckt gewesen sei. Er dachte, sie hätten „Pa-ris" gerufen.

(Leicht überarbeitete Fassung des Aufsatzes ‚Metropolenkultur/Massenvergnügen: Modernismus, Fußball und Politik im Wien der Zwischenkriegszeit', erschienen in: Siegfried Gehrmann (Hg.), Fußball und Region in Europa, Münster 1999)

Literatur

Bürger, Peter (1982): Theorie der Avantgarde, Frankfurt a.M.

Chambers, Ian (1986): Popular Culture. The Metropolitan Experience. London

Donald, James (1992): Metropolis: The City as Text. In: Social and Cultural Forms of Modernity, Hg. Robert Bocock/Kenneth Thompson. Cambridge

Fuchs, Albert (1978): Geistige Strömungen in Österreich 1867–1938. Wien

Gruber, Helmut (1991): Red Vienna: Experiment in Working-Class Culture 1914–1939. New York/Oxford

Harvey, David (1989): The Conditions of Postmodernity. Oxford/Cambridge

Heise, Ulla (1987): Kaffee und Kaffeehaus. Eine Kulturgeschichte. Heidelberg/Zürich/New York

Horak, Roman (1994): „Austrification" as Modernization: Changes in Viennese Football Culture. In: Game Without Frontiers. Football, Identity and Modernity, Hg. Richard Guilianotti/John Williams. Aldershot

Horak, Roman (1995): Heute spielt der Uridil. Über Fußball und Popularkultur im Wien der frühen zwanziger Jahre. In: Medien-Journal 19/3

Horak, Roman/Maderthaner, Wolfgang (1996a): A Culture of Urban Cosmopolitism: Uridil and Sindelar as Viennese Coffee-House Heroes. In: The International Journal of the History of Sport 13/1 (März)

Horak, Roman/Maderthaner, Wolfgang (1996b): Mehr als ein Spiel. Fußball und populare Kulturen im Wien der Moderne. Wien

Huyssen, Andreas (1988): After the Great Divide. Modernism, Mass Culture, Postmodernism. Houndsville/London

Johnston, William (1972): The Austrian Mind. An Intellectual and Social History. Berkeley/Los Angeles/London

Maderthaner, Wolfgang (1991): Der „papierene' Tänzer. Matthias Sindelar, ein Wiener Fußballmythos. In: Die Kanten des runden Leders. Beiträge zur europäischen Fußballkultur, Hg. Roman Horak/Wolfgang Reiter. Wien

Maderthaner, Wolfgang (1996): The City and the Popular. In: Archiv. Jahrbuch des Vereins für die Geschichte der Arbeiterbewegung, Jg. 1996. Wien

Maderthaner, Wolfgang/Musner, Lutz (1999): Die Anarchie der Vorstadt. Frankfurt a. M./New York

Marschik, Matthias (1997): Vom Herrenspiel zum Männersport. Die ersten Jahre des Wiener Fußballs 1984–1920. Wien

Rubey, Norbert/Schoenwald, Peter (1996): Venedig in Wien. Theater- und Vergnügungsstadt der Jahrhundertwende. Wien

Schorske, Carl (1981): Fin-de-siècle Vienna: Politics and Culture. New York

Spiel, Hilde, Hg. (1971): Das Kaffeehaus als Weltanschauung. In: Wien – Spektrum einer Stadt, Hg. Hilde Spiel. München

Szittya, Emil (1923): Kuriositäten-Kabinett. Konstanz

Veigl, Hans, Hg. (1991): Lokale Legenden. Wiener Kaffeehausliteratur. Wien

Matthias Marschik

Mitropa: Konstruktionen ‚Mitteleuropas' im Sport

Vorbemerkung

In den Köpfen seiner BewohnerInnen erzeugt der Terminus ‚Mitteleuropa' konkrete Bilder. Objektiv konkretisieren lässt sich dieser Raum freilich nicht: Weder auf topographischer Ebene, auf der das Zentrum jenes ‚Mitteleuropa' irgendwo in Deutschland liegt, noch auf einer definitorischen Ebene, denn diese hängt vom jeweiligen Standort und den damit verbundenen Interessenlagen ab. Vermutlich ist es gerade seine Unschärfe, die es dem Terminus ‚Mitteleuropa' ermöglicht, zahlreiche Assoziationen und Gedankenmodelle zu evozieren, die auf wirtschaftlichem, politischem und gesellschaftlichem Terrain angesiedelt sind und sich besonders durch ihren illusionären Charakter auszeichnen, sei es in Form historisierenden Rückblicks oder visionärer Vorschau.

Zumeist war die Idee ‚Mitteleuropas' von „konservativen Intellektuellen" konstruiert worden, „um dem europäischen ‚kulturellen Erbe' wieder seine zentrale Rolle zu erstreiten und, über diesen Umweg, den Fremdenverkehrsmythos eines k.u.k.-Mosaiks von Nationen mit engen kulturellen Verbindungen wiederzubeleben" (Marchart 1998:13). Doch scheint der Begriff ‚Mitteleuropa' eher der psychischen Ebene der Gefühle und Erwartungen, der Hoffnungen, Befürchtungen und vor allem der Mythen zuzugehören, als dass er einen Bestandteil realpolitischer Gemeinsamkeit oder ökonomischer Konstellationen darstellt. Vielmehr soll die Betonung kollektiver Verbundenheit meist dazu dienen, politische und ökonomische Bedingungen erst hervorzurufen.

Die Erfahrungen von und mit ‚Mitteleuropa' beschränken sich aber nicht auf intellektuelle Konstruktionen. Vielmehr haben das ganze Jahrhundert hindurch populare Massenkulturen den Begriff ‚Mitteleuropa' stets auf's Neue begreifbar gemacht und mit Leben erfüllt. Es waren nicht die – seit 1918 – meist um Sachlichkeit bemühten politischen und die zögerlichen wirtschaftlichen Beziehungen zwischen Österreich, der Tschechoslowakei, Ungarn und Jugoslawien, und es waren auch nicht die hochkulturellen Fühlungnahmen zwischen den Staaten, die eine Vorstellung von ‚Mitteleuropa' erzeugten, sondern es waren primär massenkulturelle Vorgänge, die Ideen von Gemeinsamkeit oder Differenz formten und veränderten, die schon um 1900 die Landschaft der Habsburgermonarchie auf der einen Seite als ‚Völkerkerker', auf der anderen als vorbildhafte multiethnische Gesellschaft im Herzen Europas erscheinen ließen (Suppan 1998). Wir wollen in der Folge einige Schlaglichter auf die Massenkultur des ‚mitteleuropäischen'

Sportes und insbesondere des Fußballsportes werfen, denn es ist gerade das Terrain des Sportes, das sich im 20. Jahrhundert als wesentliches Element der Konstruktion kollektiver Identitäten und eines Wissens über sich selbst und über das ‚Andere' erwiesen hat. In diesem Sinne sind auch nicht primär die sportpolitischen Vereinbarungen, die ‚hinter den Kulissen' getroffen wurden, von Interesse, sondern die alltagskulturell bedeutsamen sportlichen Geschehnisse, die die Menschen vor Ort oder aber via Medien beschäftigten und bewegten.

Der Raum des Sportes

Der Sport hat sich im 20. Jahrhundert zu einem bedeutenden Feld der Popularkultur entwickelt, und sportliche Massenkulturen erwiesen sich immer mehr als ‚Agens im politischen Geschehen'. Sport ist nicht simpel als Mikrokosmos der Gesellschaft zu interpretieren, der gesellschaftliche Zustände lediglich widerspiegelt. Sondern er muss als kulturelles Phänomen und als eigenständige Ebene der Popularkultur aufgefasst werden, die in ihren Praxen Entwicklungen in anderen gesellschaftlichen Bereichen vorwegnehmen (Kaschuba 1997) oder eigenständige Tendenzen produzieren kann (Curtis 1993). Zwar ist (Massen-)Sport stets von politischen und ökonomischen Prämissen bestimmt, doch innerhalb dieser Vorgaben bleiben zahlreiche Räume offen, die mit sportlichen Praktiken (konkrete, vielfach bewusst gesetzte Aktionen) und Praxen (gelebte, komplexe und oft unhinterfragte Abläufe) gefüllt und unterschiedlich gelesen werden können (Rowe 1995:10; Blake 1996:11ff). Popularer Sport ist, in Anlehnung an Pierre Bourdieu, ein Paradebeispiel für soziale Praxen in Aktion (Jarvie/Maguire 1994:187).

Dem Sport werden von politischen und ökonomischen Diskursen zwar konkrete Funktionen zugeschrieben, doch vermag der Sport mit diesen Vorgaben in bestimmter Weise zu agieren. Die außergewöhnliche Bedeutung des Massensportes besteht vor allem darin, dass sportliche Ereignisse stets unmittelbar und konkret erlebt werden, selbst wenn sie medial vermittelt sind. Denn der sportliche Raum befindet sich nach Eric Hobsbawm (1991:167) genau dort, wo öffentliches und privates Leben aufeinander treffen. Der Sport nimmt breiten Raum im Alltagsbewusstsein ein und erlangt über unmittelbare sportliche Praxen und Aktivitäten hinaus Bedeutung. Was den Sport als gesellschaftliche Formation auszeichnet, ist, dass er Räume des Symbolischen eröffnet und mythische Bedeutungen entwirft: Damit ist Sport „nicht mehr bloß Geschichte, er ist ein Maßstab der Geschichte" (Skocek/Weisgram 1996:10). Im Sport bilden sich Erzählungen mit einem Eigenleben aus, das seine Prämissen weit überflügelt.

Paradigmatisch werden die Bedeutungen des Sportes gerade in ihrem Beitrag zum Aufbau und zur Verstärkung nationaler Identität hervorgehoben: Der Sport arbeitet wesentlich an der Entstehung, Erhaltung und Veränderung von *imagined communities* (Anderson 1983) mit, und der internationale Sport bezieht einen Gutteil seiner Spannung aus der Auseinandersetzung zwischen Nationen. Von freundschaftlichen Begegnungen zwischen SportlerInnen oder Teams aus verschiedenen Ländern bis hin zu den weltweit übertragenen Großereignissen wie Weltmeisterschaften oder Olympischen Spielen basiert er auf nationalen Konfrontationen, die politischen und ökonomischen Intentionen zum Teil zuarbeiten, diese aber oft in einem Maß übersteigern, dass sie ihnen sogar gefährlich werden können. Der Sport ist damit kein Spiegelbild, sondern wird zur „extension of the state" (Duke/Crolley 1996:83ff). Doch bildet die nationale Komponente nur einen Aspekt der sportlichen Konfrontationen, die aus der Kombination lokaler, regionaler und nationaler Auseinandersetzungen bestehen und so das Publikum auf verschiedenen Ebenen zu fesseln vermögen (Marschik 1997a).

Die Forcierung transnationaler Zusammenarbeit auf politischer wie ökonomischer Ebene in den 1990er-Jahren bleibt auch im Sport nicht ohne Folgen, wie sich dies in der Internationalisierung von Mannschaften (Horak/Marschik 1997) oder auf dem Terrain der Sportorganisation zeigt, wo kleine Länder zunehmend versuchen, durch gemeinsame Bewerbungen ihre Chancen auf Zuteilung einer Großveranstaltung aufrechtzuerhalten, die sie aufgrund der Ökonomisierung des Sportgeschehens alleine gar nicht mehr ausrichten könnten: Europa- und Weltmeisterschaften, aber auch Olympische Spiele werden immer öfter von Staatengemeinschaften angeboten, wobei sich alte politisch-kulturelle Einheiten neuerdings als Partner zusammenschließen: Skandinavien, die Benelux-Staaten oder aber, als besondere Form der Kooperation, die Staaten ‚Mitteleuropas‘. Das „mitteleuropäische Netzwerk" des Fußballsportes, der ‚Calcio Danubiano‘ (John 1997:72f), hat diese Tendenz bereits in den 1920er-Jahren vorweggenommen. Schon die Bezeichnung weist auf eine österreichisch-ungarische Hegemonie hin, schließt sie doch den tschechischen Beitrag ebenso aus wie jenen der slowakischen und kroatischen (jugoslawischen) Sport-‚Provinzen‘.

Sportkontakte in der Habsburgermonarchie

Der englische Sport war aufgrund topographischer Gegebenheiten erst spät nach ‚Mitteleuropa‘ gekommen und etablierte sich dort sehr rasch als Freizeitvergnügen der Oberschicht sowie der ‚englischen Kolonien‘ (Norden 1998:58). Nach dem Pferdesport, der die Vorhut der englischen *sports* bildete, fanden Golf, Lawn-Tennis, Cricket und mit Verzögerung auch der Fußballsport zahlreiche Anhänger in den Zentren der österreichisch-ungarischen Monarchie. Doch neben dem Pferdesport fand nur der Fußball große Akzeptanz über die gutbürgerlichen Kreise hinaus. Er wurde, im Gegensatz etwa zu Deutschland mit seiner ausgeprägten Turnbewegung (Eisenberg 1994), außerordentlich rasch rezipiert (Marschik 1997b:22) und fand schon um 1900 breite mediale Präsenz. Er bildete jedoch zunächst ein lokales Phänomen der Metropolen, und die sportlichen Auseinandersetzungen wurden nicht zwischen den Metropolen und der Provinz, sondern primär zwischen Prag, Budapest und Wien ausgetragen.

Etwa um die Jahrhundertwende begannen die fußballerischen Ereignisse das Terrain des Sportes zu übersteigen. Die Habsburgermonarchie und ihr dualistisches System durchliefen eine große Krise, die anti-österreichischen Ressentiments in Ungarn und Böhmen nahmen sehr konkrete Formen an, und auch die tschechisch-ungarischen Beziehungen entsprachen einer rivalisierenden Feindseligkeit (Marschik/Sottopietra 2000: 34). Im bürgerlichen Fußball hingegen wurde sowohl auf Vereinsebene wie auf jener der Auswahlmannschaften bald ein intensiver Spielverkehr gepflogen, der zwischen Budapest und Wien, aber auch zwischen Wien und den deutsch-böhmischen Klubs rasch zur Abhaltung regelmäßiger Spiele auf allen Ebenen führte (Hadas 1998), wodurch die

Konflikte einerseits verschärft, andererseits durch die rituelle Handlung des Spieles auch entschärft wurden (Hobsbawm 1991:168). Um 1905 führte die scharf anti-österreichische Grundstimmung in Prag und Budapest schließlich auch zu einer deutlichen Intensivierung des Spielverkehrs zwischen ungarischen und tschechischen Klubs und Auswahlteams (Heiszler 2000:160).

Bildeten die lokalen Begegnungen der Stadtrivalen den Fußballalltag, so waren die Spiele zwischen Vereinen und Auswahlen aus Budapest, Prag und Wien die herausragenden Ereignisse des Fußballjahres und wurden bald zu emotionsgeladenen sportlichen Episoden. Schon kurz nach der Jahrhundertwende war der Fußball zu einem Terrain der Auseinandersetzungen zwischen den beiden Reichshälften Österreich und Ungarn, aber besonders auch in deren Konfrontation mit Böhmen geworden. Die Zuschauerziffern stiegen bei diesen Spielen – gerade aufgrund der doppelten sportlichen und politischen Konfrontation – beträchtlich an (John 1997:67). Die Konfrontationen zwischen den Verbänden und die Beziehungen einzelner Klubs liefen nur kurze Zeit synonym mit den generellen politischen Beziehungen der Territorien (Marschik/Sottopietra 2000: 140ff). Es lassen sich zwar Parallelen in der Wertigkeit der Sportverbände feststellen, denn der österreichische und der ungarische Verband agierten einigermaßen gleichberechtigt, und sie trugen einen regelmäßigen Wettspielverkehr aus. Dagegen war das Verhältnis des österreichischen zum ‚polnischen‘ (eigentlich: galizischen; vgl. Wypysinski/Kukulski 1999) und zu den böhmischen Verbänden (tschechischer und deutsch-böhmischer Verband; vgl. Jeřábek 1986), zum deutsch-alpenländischen Verband, dem die ‚deutschen‘ Vereine aus Slowenien angehörten (vgl. Stare 1995), sowie zu den kroatischen Klubs von einer Hegemonie des österreichischen Fußballverbandes geprägt.

Diese Bedingungen bildeten nur den Rahmen für fußballerische Beziehungen, die bald eine Eigendynamik entwickelten. Diese wäre im Einzelnen freilich noch genauer zu untersuchen, was die gleichsam ‚internationalen‘, wenn auch intramonarchistischen Kontakte und deren Gemeinsamkeiten und Differenzen zu politischen, ökonomischen und auch religiösen Entwicklungen betrifft (Karády 1998; Marschik/Sottopietra 2000, Heiszler 1998), aber auch hinsichtlich der Verbindungen der einzelnen Fußballverbände zu Politik, Ökonomie und auch zu den Turnbewegungen (vgl. etwa Marschik 1997b; Beranová/Waic 1998). Die Kontakte Wiens zu Prag und zu böhmischen Vereinen etwa waren von permanenten Zwistigkeiten und gegenseitigen Boykotten zwischen den Verbänden und Vereinen, aber auch zwischen der tschechischen und deutsch-böhmischen Föderation geprägt. Zwischen 1905 und 1908 war der tschechische Verband vorübergehend sogar von der FIFA offiziell anerkannt worden, ehe auf einem FIFA-Kongress in Wien „die sportliche Physiognomie Mitteleuropas für die nächsten Jahre" festgeschrieben (Schmieger 1925:108ff) und die österreichische Vorherrschaft sowie der Boykott des tschechischen Fußballs erneuert wurden.

Ressentiments, Streitigkeiten und Boykotte bildeten aber, und das ist für die Frage einer ‚mitteleuropäischen‘ Repräsentation im fußballerischen Geschehen wesentlich, nur die eine Seite der Beziehungen zwischen Böhmen, Ungarn, Slowenien, Kroatien und Österreich. Kontrastiert wurde diese sportpolitische Ebene durch einen regelmäßigen und intensiven Spielverkehr, der von den Vereinen und Verbänden stetig forciert und vom Publikum goutiert wurde. Spiele der Auswahlteams und der großen Vereins-

mannschaften in den jeweils anderen Metropolen des Habsburgerreiches gehörten zu den
größten sportlichen Leckerbissen des Jahres und verzögerten speziell in Wien nachhaltig
die Etablierung eines lokalen Meisterschaftsbewerbes, weil die Großklubs sich von Spielen gegen Sparta, Slavia oder den DFC Prag, gegen FTC (Ferencvárosi Torna Club), BTC
(Budapesti Torna Club) und später MTK (Magyar Testgyakorlok Köre) weit größere Zuschauerzahlen versprachen. Politische Animositäten und Antipathien konnten so in sportliche Auseinandersetzungen umgesetzt, kalmiert oder neu formiert werden.

Entscheidend für die sportliche Konstruktion ‚Mitteleuropas' war dabei zweierlei:
Einerseits wurde eine Affinität speziell zwischen Böhmen, Ungarn und Österreich geschaffen, die auf der allmählichen Herausbildung einer gemeinsamen Spielauffassung
(Hadas 1999) beruhte: Aus der Synthese des tschechischen Systems des Spiels mit stei-
lem Pass, der *mala ulica* oder *ceske ulicka*, mit dem ungarischen Kurzpassspiel und
dem in Wien beheimateten besonderen Spielwitz (John 1997:73f) entstand eine erste
Realisierung des ‚Donaufußballs'. Und andererseits fanden Prag, Budapest und Wien
ihren wichtigsten sportlichen Kontrahenten im deutschen Fußball und insbesondere in
Berlin. Das Vorbild aber sah man, und auch das einte die drei Metropolen der Monarchie, im Fußball-Mutterland England. Das Ergebnis bestand letztlich in der Herausbildung eines ‚mitteleuropäischen' Fußballs, der nur als „Produkt eines trilateralen Kultur-
karussels" (Skocek/Weisgram 1996:15) verstanden werden kann.

Der „Mitropacup" der Zwischenkriegszeit

War der Fußballsport vor 1914 zwar schon ein akzeptierter Sportzweig gewesen, der
jedoch noch keine eigenständige Popularkultur ausgebildet hatte, änderte sich dies nach
1918 sehr rasch. Die Forcierung des Fußballsportes in der Armee, seine zunehmende
Verankerung innerhalb der Arbeiterschaft, die vermehrte Freizeit weiter Bevölkerungsschichten und das nationale Klima (in Ungarn und der Tschechoslowakei) machten in
‚Mitteleuropa' aus dem Fußball einen Massensport mit enormer Verbreitung und Bedeutung. Er errang binnen weniger Jahre den Status einer Popularkultur mit enormen
Zuschauerzahlen, einer großen Medienpräsenz und einer rasch wachsenden alltags-
kulturellen Bedeutung (Horak/Maderthaner 1997:18; John 1992:78).

In den politischen Beziehungen zwischen Wien, Prag und Budapest wurde nach 1918
zunächst auf große Korrektheit und Distanz Wert gelegt. In den fußballerischen Traditionen wurde hingegen bald an die Praxen der Monarchie angeschlossen: Trotz der Ausru-
fung der Räterepublik und der folgenden Konterrevolution in Ungarn wurde der intensive
Kontakt mit Österreich unter oft schwierigsten Verhältnissen aufrechterhalten, während
sich die Tschechoslowaken zunächst für die ständigen Benachteiligungen, die ihnen von
Wien vor 1918 auferlegt worden waren, mit der Kaperung vieler Wiener Spieler revan-
chierten (Schidrowitz 1951:255) und vor allem den österreichischen Verband jahrelang
boykottierten. Damit folgte die ČSR dem Verdikt der Alliierten, die Kriegsverlierer aus
dem europäischen Sportgeschehen auszuschalten. Erst im Jänner 1920 trat die Prager Slavia
erstmals in Wien an, jedoch nur gegen den S.K. Slovan, den Klub der Wiener Tschechen;
im April 1921 wurde dann der Wettspielverkehr zwischen Österreich und der ČSR auf
Klubebene wieder aufgenommen (Marschik/Sottopietra 2000:179).

Ab 1921 etablierte sich dennoch ein ‚mitteleuropäischer Fußball‘, eine gemeinsame Sportpraxis der Kriegsverlierer: Sie war einerseits durch ein sportpolitisches Ausschlussverfahren definiert (Lanfranchi 1991:164), andererseits durch Traditionen, die sich vor allem in einer weiteren Assimilierung im Spielstil und einer gemeinsamen Spielkultur manifestierten. Durch die Abwanderung vieler Wiener Spieler nach (Nord-)Böhmen und zahlreicher ungarischer Aktiver nach Wien wurde diese Praxis noch verstärkt. Der ‚mitteleuropäische‘ Fußball der 20er-Jahre bestand aus einem Aufbegehren der kleinen ‚mitteleuropäischen‘ Fußballnationen und einer zunehmenden Akzeptanz von außen. Bedeutung erlangte der ‚Calcio danubiano‘, wie er zunächst in Italien genannt wurde, dank des enormen öffentlichen Interesses, das auch mitbeteiligt daran war, dass sich der Fußballsport in Prag, Budapest und Wien binnen einiger Jahre zu einem enormen Wirtschaftsfaktor entwickelt hatte (Schmieger 1925:3). Er versprach den Verbänden, aber auch den Staaten internationale Reputation, den Vereinen große Gewinne, den Spielern finanzielle Sicherheit und gesellschaftlichen Aufstieg und den Zuschauern ein professionell organisiertes Vergnügen (Marschik 1994:97ff). Insofern war es nahe liegend, dass der Österreichische Fußball-Verband den verdeckten Professionalbetrieb legalisierte und der ungarische sowie der tschechoslowakische Verband (ČAF), nicht aber die in der ČSR getrennt davon existierenden Verbände des ungarischen, deutschen, jüdischen und slowakischen Fußballs, diesem Beispiel folgten. Mit der Einführung des Professionalismus wurde zugleich das Verhältnis zum gemeinsamen sportlichen Kontrahenten Deutschland auf eine neue Basis gestellt: Hatte man bis 1925 die Überlegenheit des ‚Donaufußballs‘ durch zahlreiche Siege untermauern können, wurde durch das Verbot des Deutschen Fußballbundes, Spiele gegen Profiteams auszutragen (Heinrich 2000:84), die Weimarer Republik endgültig aus der sportlichen Konstruktion ‚Mitteleuropas‘ ausgeklinkt.

Spiele zwischen ungarischen, tschechischen und österreichischen Profimannschaften oder diversen Auswahlteams der Verbände verzeichneten eine enorme Publikumsresonanz, die wohl gleichermaßen dem großen sportlichen Wert dieser Spiele wie auch deren nationaler identitätsstiftender Bedeutung entsprachen. Das Trennende und zugleich die Verwandtschaft des Wiener, Prager und Budapester Fußballs machten sich – im Gegensatz zur Integrität der offiziellen politischen Umgangsformen – in Sympathiekundgebungen ebenso Luft wie in Missfallensäußerungen und offener Feindseligkeit auf dem Rasen wie auf den Rängen: Von einer ‚Hassliebe‘ zwischen Österreich und der Tschechoslowakei wurde da ebenso gesprochen, wie der Begriff der ‚Erbfeindschaft‘ die sportliche Beziehung zwischen Österreich und Ungarn charakterisieren sollte. Im Grunde traf auf alle Spiele zwischen tschechischen, ungarischen und österreichischen Teams zu, dass sie „stets emotional und mit voller Schärfe geführt wurden und (…) kaum gezügelte Leidenschaftsausbrüche hervorzurufen imstande waren" (Horak/Maderthaner 1997:169). Der Fußball war das wesentlichste Terrain, um die Existenz und Beschaffenheit von ‚Mitteleuropa‘ zu begreifen.

Zumindest die männliche Bevölkerung machte davon – sei es vor Ort oder via Medien – reichlich Gebrauch. Dennoch konnte das englische Vorbild eines etablierten und erfolgreichen Profibetriebs in den ‚mitteleuropäischen‘ Staaten nicht kopiert werden: Einige Klubs scheiterten an der finanziellen Hürde und mussten Konkurs anmelden, andere fristeten ein Schattendasein, so dass eine Zweiteilung des Fußballgeschehens die

Folge war. Doch auch die Großklubs kamen kaum über die Runden und mussten jede sich bietende Einnahmequelle nutzen. Die Konsequenz bestand für alle ‚mitteleuropäischen‘ Spitzenteams im Zwang zu ausgedehnten Auslandstourneen (Marschik 1995:17), aber auch im Versuch, im Land selbst zusätzliche lukrative Spiele abzuhalten. Dies war die Geburtsstunde des „Mitropacups“ und des Internationalen Cups für Nationalteams. Beide waren von Beginn an als ökonomische Hilfestellung für die beteiligten Verbände und Vereine konzipiert (Huber 1998:51). Der Name „Mitropa-Cup“ stellte ein frühes Sport-Sponsoring dar, reisten die Teams doch in den „Mitropa“-Wagen der Eisenbahn zu den Auswärtsspielen an (Pöge 2001:2).

Im Juli 1927 wurde in Venedig eine Konferenz unter Beteiligung der ‚mitteleuropäischen‘ Staaten – Österreich, Ungarn, Tschechoslowakei – abgehalten, zu der überraschenderweise auch Vertreter Jugoslawiens und Italiens beigezogen wurden: Die Gründe lagen darin, dass der jugoslawische Fußball zu dieser Zeit noch vom kroatischen Verband dominiert war, der sich durch einen engen Kontakt zu Österreich Unterstützung gegen den aufkommenden serbischen Verband erhoffte (Stare 1995), während das faschistische Italien bessere politische Kontakte zu ‚Mitteleuropa‘ aufbauen wollte und ja gerade den Sport als faschistische Inszenierung einsetzte (Lanfranchi 1997; Cante 1999). Doch war Italien um 1927 noch nicht spielstark genug, besaß noch keine nationale Liga, so dass italienische Klubs erst 1929 in den Bewerb eintraten und Jugoslawien ersetzten. In den folgenden Jahren wurde auch die Schweiz zur Teilnahme eingeladen, während Deutschland sich durch seine sportpolitische Ablehnung des Profisportes selbst ausschloss. Im Gegensatz zu den Plänen der FIFA bezüglich einer Fußball-Weltmeisterschaft (‚WM 1930‘ 1995:3) beruhten diese inoffiziellen ‚mitteleuropäischen‘ Meisterschaften auf einer privaten Vereinbarung der beteiligten Verbände und bedeuteten daher – auch in Italien – ein aktives Bekenntnis zu ‚Mitteleuropa‘, das jedoch von außen bald Bestätigung erfuhr: Die österreichischen, tschechoslowakischen und ungarischen Vereine, die auf ihren zahlreichen Tourneen ganz Europa, Nordafrika und den Nahen Osten bereisten, wurden ebenso wie die Teilnehmer am „Mitropacup“ als Repräsentanten des ‚Calcio Danubiano‘ (John 1995:146) gewertet.

Die dreißiger Jahre waren die Blütezeit des ‚mitteleuropäischen‘ Fußballs, der vor allem durch den Spielstil der drei Kernländer charakterisiert war, der aber trotz etlicher Verschiedenheiten auch Italien und Jugoslawien miteinschloss. Die Nationalteams wie die Vereine ‚Mitteleuropas‘ wurden in die ganze Welt eingeladen, aber auch einzelne Aktive aus diesen Ländern wurden als Spieler und Trainer überall dort engagiert, wo inzwischen der professionelle Fußballsport etabliert worden war. Lediglich mit England, das sich weiterhin als Lehrmeister des Fußballsportes sah, bestand wenig Kontakt (Marschik 1998a). Die wenigen Begegnungen wurden somit zu Auseinandersetzungen um die europäische Fußball-Hegemonie stilisiert. So sehr aber der ‚mitteleuropäische‘ Fußball nach außen hin als Einheit auftrat, so intensiv waren die internen Differenzen. Keine Länderspielsaison und kein „Mitropacup“-Bewerb ging vorbei, ohne dass es zu ernsten Ausschreitungen auf dem Rasen wie auf den Zuschauerrängen gekommen wäre. Mehrmals wurden Boykotts gegen einzelne Vereine oder gegen die Mannschaften eines Landes ausgesprochen, und des öfteren schien der Bestand des „Mitropacups“ überhaupt gefährdet: „Was ein richtiges Mitropacupmatch ist, muß auf der Botschaft zu Ende gespielt werden“, formulierte Friedrich Torberg (zit. nach Huber 1998:52). Speziell zwischen Österreich und Italien musste mehrmals die höchste Diplomatie bemüht werden, um eine Eskalation zu verhindern (Cante 1999).

Die Popularkultur des ‚mitteleuropäischen‘ Fußballs der 30er-Jahre war durchaus von ökonomischen und politischen Prämissen bestimmt: So war die konkrete Ausgestaltung der Spielpraxen Folge wirtschaftlicher Notwendigkeiten des Professionalbetriebes, wie auf der anderen Seite die spezifischen Allianzen Produkte der politischen Rahmenbedingungen waren: Beispielsweise machte sich die Exklusion ‚Mitteleuropas‘ seitens der Alliierten im Fußballsport ebenso bemerkbar wie der Versuch des faschistischen Italien, sich gerade im Sport zu inszenieren (Hirdt 1998), oder die österreichische Bemühung, sich wenigstens im Fußball eine nationale Identität zu verleihen (Marschik 1998b:200). Doch zugleich hatte der Massensport Fußball bereits seine eigenen Regeln aufgestellt, wie etwa am Ausschluss Deutschlands oder an den ständigen Ausschreitungen trotz der politischen Versuche, die Beziehungen der ‚mitteleuropäischen‘ Staaten zu normalisieren, deutlich wurde.

So gesehen bildete der „Mitropacup" der 30er-Jahre keinesfalls nur ein Spiegelbild politischer Allianzen und ökonomischer Interessen. Vielmehr stellte er ein Terrain dar, auf dem, gerade durch Projektionen auf den scheinbar unpolitischen Sport, Einstellungen und Gefühle ausgelebt und in Szene gesetzt werden konnten, auch wenn sie politisch kontraproduktiv und wirtschaftlich obsolet erschienen. Und von diesen Möglichkeiten machte die ‚Masse‘ der Fußballanhänger reichlich Gebrauch (Marschik/Sottopietra 2000:236ff). Der Nationalsozialismus setzte dann dem ‚mitteleuropäischen‘ Fußballgeschehen ein rasches Ende. Nach dem „Anschluss" an das Deutsche Reich zog Österreich seine Nennung zurück, und der Bewerb verlor an Attraktivität, ehe er 1940 aufgrund der Kriegseinwirkungen nicht mehr zuende gespielt werden konnte. Zwar wurden in der Folge die Begegnungen zwischen der „Ostmark", dem „Protektorat Böhmen und Mähren" sowie dem NS-freundlichen Ungarn in Form von Städtespielen zwischen Prag, Budapest und Wien fortgesetzt, doch lösten diese Matches keine größere Publikumsresonanz aus und wurden schließlich aufgrund der Reisebeschränkungen im Krieg völlig eingestellt (Marschik 1998c:150ff.; Marschik 1999a).

‚Mitteleuropäische‘ Sportkontakte nach 1945

Nach 1945 wurde versucht, die intensiven ‚mitteleuropäischen‘ Sportkontakte zu reaktivieren (Marschik 1998d). Die wiederentstandene Republik Österreich war zunächst gerade auf sportlichem Gebiet relativ isoliert, weil ihr Platz in der europäischen Nachkriegsordnung noch nicht klar definiert war. Da war es der ungarische Verband, der das österreichische Fußball-Nationalteam im August 1945 zu zwei Länderspielen nach Budapest einlud. Die Beziehung der beiden Länder zur Tschechoslowakei waren hingegen durch deren Aussiedlungspolitik gegenüber Ungarn, Sudeten- und Karpatendeutschen merklich gestört, was sich jedoch auf die Sportkontakte nur kurzfristig auswirkte. Fußballerische Kontakte wurde bald ebenso wieder intensiviert wie leichtathletische Veranstaltungen, die Boxkämpfe im Prager „Palác Lucerna" waren nicht nur in Wien legendär (Marschik 1999b:337). Und die Eishockey-Weltmeisterschaft 1947 in Prag, bei der die Österreicher dem Team der ČSR indirekt zum Titel verholfen hatten, führte zu Jubelszenen rund um die österreichischen Spieler: „Wo sind Diplomaten und Politiker, die über die Macht verfügen, einen solchen Wandel binnen 48 Stunden herbeizuführen? Aus langjährigen Gegnern wahre Freunde (…) zu machen? Kein anderer vermag das, als einzig und allein: Zauberkönig Sport!", schrieb der österreichische Sportjournalist Felix Graf (Sportfunk, 2.3.1947).

Erst die Etablierung des Eisernen Vorhangs durch die kommunistische Machtübernahme in Ungarn, der ČSSR, aber auch in Jugoslawien, und die strikte Westorientierung Österreichs reduzierten die ‚mitteleuropäischen' Sportkontakte nachhaltig. Die Serie regelmäßiger Fußball-Länderkämpfe zwischen Österreich und Ungarn wurde drei Jahre, jene der Spiele mit der Tschechoslowakei gar fünf Jahre lang unterbrochen. Die bereits im Herbst 1947 ins Auge gefasste Revitalisierung des „Mitropacups" wurde immer wieder verzögert. Verhinderten zunächst die Reiseschwierigkeiten in Europa die Durchführung, zogen sich die Tschechoslowakei und Ungarn bald aus der Planung zurück. Das anhaltende Interesse in Italien und Österreich führte schließlich 1951 zur Abhaltung eines „Zentropa-Turnieres" in Wien (Gerö 1951): Ungarn hatte abgesagt, die ČSSR hatte auf die Einladung offiziell überhaupt nicht reagiert, so dass der Bewerb schließlich nur von zwei österreichischen Teams und je einem aus Italien und Jugoslawien bestritten wurde. Nachdem auch noch die stärksten italienischen Teams abgesagt hatten, wurde das Turnier zur Farce.

Erst 1955 wurde der „Mitropacup" wiederbelebt, doch nun war der Bewerb primär auf das Interesse in Ungarn und der ČSSR zurückzuführen, die gerade wegen der politischen Veränderungen auf eine Erneuerung des „Mitropacups" drängten (Duke 1991; Müller 1991:107): Jeder internationale Bewerb bedeutete für die Staaten des Ostblocks wichtige Deviseneinnahmen. Zudem galten sportliche Erfolge als Belege für den Erfolg des neuen politischen Kurses. Besonders Ungarns „Goldenes Team" mit seinem Star Puskas (Taylor/Jamrich 1997) wurde als Werbung für den kommunistischen Weg inszeniert. Der österreichische und besonders der italienische Fußball dagegen orientierten sich nunmehr verstärkt an (West-)Europa (Kuntz 1998:30f). Sie engagierten sich daher primär in den neugeschaffenen Bewerben des Europacups der Meister und der Cupsieger.

Trotz des deutschen Sieges bei der Weltmeisterschaft 1954 kann die erste Hälfte der 50er-Jahre nochmals als Blüte des ‚mitteleuropäischen' Fußballs bezeichnet werden (Heinrich 1994:13). Ungarn, Österreich und die ČSSR verbuchten große fußballerische Erfolge. Die Verpflichtung ‚mitteleuropäischer' Spieler und Trainer nach Westeuropa hielt ebenso an wie das intensive Tournee-Wesen. Und zur Revitalisierung des „Mitropacups" im Jahr 1955, der dazu beitragen sollte, die ‚mitteleuropäische' Hegemonie im europäischen Fußball zu erneuern, fanden sich trotz gravierender politischer Differenzen Vereine aus Italien, Österreich, Ungarn und der ČSSR zusammen. Doch die Entwicklung des Fußballs nahm eine andere Richtung: Europäisierung und Kommerzialisierung hießen die Schlagworte, die in der Einführung des Europacups der Meister gipfelten. Italien hatte die Zeitzeichen rasch erkannt und schied nach dem ersten Jahr des „Mitropacups" 1955 aus dem Bewerb aus, während Österreich, die ČSSR und Ungarn an der Idee festhielten (Langisch 1978:137ff). Trotzdem die ‚mitteleuropäische' Tradition beschworen wurde, konnte an die Erfolge der Zwischenkriegszeit nicht mehr angeschlossen werden. Auch ständige Änderungen des Regulativs (Kastler 1972) machten den „Mitropacup" nicht wieder attraktiv.

Mit dem Ende der 50er-Jahre war die große Zeit des ‚mitteleuropäischen' Fußballs vorbei. Andere Länder wie England und Deutschland, Spanien und Portugal, aber auch Italien, das sich nicht mehr zum ‚mitteleuropäischen' Bereich zugehörig fühlte, bestimmten den europäischen Fußball; der Europacup der Cupsieger, der Messestädtecup und später der UEFA-Cup repräsentierten die Spitze des europäischen Fußballs. Dennoch hielten Österreich, Ungarn und die ČSSR mit wechselnder Beteiligung anderer Länder die Idee des „Mitropacups" bis 1992 aufrecht, auch wenn ihre stärksten Klubs längst in den Europacup-Bewerben antraten und der „Mitropacup" nur mehr mit zweitklassigen Vereinen beschickt wurde (Schwind 1994:306). Europa hatte, nicht nur im Sport, die Konzepte und Entwürfe ‚Mitteleuropas' ebenso verdrängt wie ihre Praxen.

Aktuelle Aspekte des ‚mitteleuropäischen' Sports

In den 1990er-Jahren schien sich jedoch die ‚Mitteleuropa'-Idee im Sport wieder zu konkretisieren. Waren lange Zeit von ‚Mitteleuropa' nur mehr die zahlreichen Legionäre aus Jugoslawien und auch aus der ČSSR (Duke 1994), die jedoch nun unter gänzlich anderen Auspizien betrachtet wurden (Horak/Marschik 1996), und Zitate der Vergangenheit – von der unausweichlichen Erwähnung der ‚Erbfeindschaft' zwischen Österreich und Ungarn bis zur Verherrlichung des Wunderteams – übrig geblieben, wurde gerade nach dem Ende des Ostblocks wieder konkret über ‚Mitteleuropa' und seine sportlichen Großleistungen gesprochen. In der nachträglichen Konstruktion wird dabei das Dreieck Wien – Prag – Budapest als konstitutiv für die spezifische Ausprägung des Fußballsportes angesehen (Huber 1998:34). Und der „Mitropacup" wird in neueren Publikationen wiederum als Bewerb der besten europäischen Fußballvereine verherrlicht (Schwind 1994:305).

Österreich hatte sich durch seine Entscheidung für eine West-Orientierung zu Beginn der 50er-Jahre aus jenem ‚Mitteleuropa' verabschiedet und den Weg des kommerzialisierten und medialisierten Fußballs eingeschlagen. In den Ländern des ehemaligen Ostblocks versuchte der Fußball ab dem Ende der 80er-Jahre, diese Orientierung nachzuvollziehen: Die staatliche Unterstützung war ebenso wie die finanzielle Hilfe von Armee, Polizei oder Gewerkschaften weggefallen, dafür wurden die Spieler rasch in den Status von Professionals erhoben, obwohl ihr Einkommen nun deutlich niedriger war als zuvor. Die kapitalistische Orientierung des Fußballs in Ungarn, der Slowakei und Tschechien, aber ebenso in Kroatien und Slowenien ging überaus rasch vor sich und die Kapitalisierung trat offen und direkt zutage (Duke/Crolley 1996:98f). Nur selten wurde auf Traditionen der Zwischenkriegszeit zurückgegriffen, wenn etwa Honved Budapest sich nun wieder Kispest nennt, viel öfter erfolgt ein direkter Umstieg von den politischen (kommunistischen) Strukturen auf ökonomische (kapitalistische) Vorgaben. Mit der Verwestlichung wurden auch viele Phänomene sichtbar, die zuvor nur verdeckt vorhanden gewesen waren, wie etwa der Hooliganismus (Kuper 1995:96ff; Szábo Földesi 1996).

Nun haben die Öffnung des Eisernen Vorhanges wie der Zerfall Jugoslawiens neue Formen transnationaler Zusammenarbeit eröffnet und neue Ansätze grenzüberschreitender Aktivitäten eröffnet, nicht nur im Sport. Denn bei jeder Änderung der geopolitischen Gewichte Europas tritt auch eine neuerliche Diskussion um ‚Mitteleuropa‘ auf (Le Rider 1994:11). Waren die ‚Mitteleuropa‘-Konzepte bis dahin primär auf Bilder kultureller Einheit beschränkt (Mozetic 1994:182), so wurden in den Modellen der 90er-Jahre althergebrachte Ideologien wieder aufgegriffen (Filipec/Filipcova 1995:30). Das alte „Kernland“ ‚Mitteleuropas‘ (Haselsteiner 1995:XIX) sollte wiederbelebt und die österreichische Hegemonie mit Wien als „geistigem Zentrum“ (Marjanovic 1998:102ff) restituiert werden (Stadler 1992:101). Österreich, ein kleines EU-Land, versuchte mit ‚mitteleuropäischen‘ Initiativen seine ökonomische, politische und kulturelle Selbstbestätigung außerhalb der Europäischen Gemeinschaft zu finden. Dem Sport wurde dabei eine exponierte Stellung eingeräumt, wie die Bewerbung um die Olympischen Winterspiele 2006 seitens Österreichs, Italiens und Sloweniens und jene um die Fußball-Europameisterschaft 2004 durch Österreich und Ungarn demonstrierten.

Vorreiter dieser massenkulturell bedeutsamen Versuche einer Restituierung ‚Mitteleuropas‘ waren Sportzweige wie Schach, Speedway, der Rallye- und Kartsport oder der Turniertanz, in denen bereits seit den 80er-Jahren ‚mitteleuropäische‘ Meisterschaften oder „Mitropa“-Bewerbe ausgetragen werden, abgesehen von transnationalen Bewerben, die in ihrem Titel die Begriffe „Alpen“ oder „Donau“ führen und damit auf den Traditionen des Sports im ‚Donauraum‘ aufbauen. Vorreiter der öffentlichkeitswirksamen Restituierung der ‚mitteleuropäischen‘ Sportpraxen waren allerdings zwei andere Sportarten. Einerseits kam es im Handball bereits im Dezember 1995 zu einer von Österreich und Ungarn gemeinsam veranstalteten WM, andererseits wurde im Eishockey seit 1990 die „Alpenliga“ ausgespielt.

Die Handball-WM der Frauen war jedoch kein aktiver Akt der Kooperation, sondern ein vom Internationalen Handball-Verband (IHF) herbeigeführter Konsens (Quasnicka 1999): Nachdem sich 1993 Ungarn und Österreich um die WM beworben hatten, animierte die IHF (IHF 1995:1) beide Länder zur Zusammenarbeit (IHF 1994). Schon bei Vertragsunterzeichnung sprachen die Medien von einer „historischen WM“ (Kronen-Zeitung, 29.6.94:34) und formulierten: „Die Monarchie lebt wieder“, wobei hinzugefügt wurde, dass wirtschaftlich „alles strikt getrennt“ (Kronen-Zeitung, 3.7.1994: 32) werde. Die Befürchtungen bezüglich eines unsicheren Partners schienen sich zwei Monate vor Beginn zu bewahrheiten, als der ungarische Verband weder einen Budgetplan noch die versprochenen Hallenausbauten vorweisen konnte. In Österreich wurde daraufhin ein Notprogramm zur alleinigen Ausrichtung erarbeitet (Kurier, 13.10.95:23). Deutlicher formulierte die Kronen-Zeitung, dass „für ein Versagen der Ungarn (…) unsere Funktionäre den Kopf hinhalten“ müssten: „‚Österreich-Ungarn‘ zerfällt. Schon wieder“ (Kronen-Zeitung. 13.10.95:32). Schließlich wurde die WM für die Veranstalter trotz etlicher Probleme eine organisatorischer, wenn auch kein sportlicher Erfolg.

Im Eishockeysport dagegen war die Austragung eines gemeinsamen ‚mitteleuropäischen‘ Bewerbs aus eigener Überzeugung entstanden. Nachdem schon Ende der 50er-Jahre ein „Alpencup“ mit Teilnehmern aus Österreich und Italien veranstaltet worden war, wurde in der Saison 1991/92 eine „Alpenliga“ mit Vereinen aus Österreich, Italien und Slowenien ins Leben gerufen. Die Initiative dazu war von Österreich und Italien ausgegangen, die überzeugt waren, dass die Zukunft des Eishockeys nur in transnationalen Bewerben liegen könne. Zu Beginn ging daher das Bestreben dahin, auch andere Länder für diesen Bewerb zu interessieren, und so wurden Verhandlungen mit den Verbänden Frankreichs, der Schweiz und der Tschechoslowakei geführt (Schramm 1999). Für die Saison 1999/2000 wurde nach dem Ausstieg Italiens wiederum der Donauraum aktiviert, um auch den Nachfolger der „Alpenliga" lukrativ zu erhalten: Im März 1999 wurde ein neuer Bewerb mit Vereinen aus Österreich, Slowenien und Ungarn beschlossen.

Nach den positiven Erfahrungen mit der Wiederbelebung ‚mitteleuropäischer' Sportpraxen wurden nun auch im Bereich globaler Sportereignisse Aktivitäten gesetzt: *Senza confini* war das Schlagwort, unter dem sich 1983 Vertreter der Regierungen Sloweniens, Kärntens und Friaul-Julisch Venetiens mit dem Angebot transnationaler Spiele an das Olympische Komitee wandten, aber eine abschlägige Antwort erhielten. 1993 wurde ein neuerlicher Antrag auf Vergabe der Winterspiele 2002 gestellt. Nach der Vergabe an Salt Lake City wurde im März 1995 beschlossen, sich für die Olympischen Spiele 2006 neuerlich zu bewerben. Dabei hätte sich Kärnten den Hauptanteil an Bewerben gesichert. Klagenfurt (1998: unpag.) hatte auch den offiziellen Antrag „im Namen" Österreichs, Sloweniens und Italiens eingebracht. Kärnten hätte den größten materiellen wie ideellen Nutzen aus der Veranstaltung ziehen können, und Österreich erwies sich politisch wie ökonomisch neuerlich als Triebfeder grenzüberschreitender Ansätze eines ‚mitteleuropäischen' Sportgeschehens.

‚Danube Games': Fußball-EM 2004

Noch deutlicher wurde die ökonomische Bedeutung des Sportes bei der Bewerbung um die Fußball-Europameisterschaft 2004. Nachdem sich die Schweiz rasch zurückgezogen hatte, nahm der Österreichische Fußball-Bund im Herbst 1996 im Rahmen einer „EURO-Tour" Gespräche mit Ungarn und Tschechien auf. Aber auch von kroatischer Seite wurde Interesse kundgetan (Täglich Alles, 10.11.96:23). Mit allen drei Verbänden konnten Gemeinsamkeiten gefunden werden, so dass die Zustimmung der Regierungen anstand. In Österreich begann man im Frühjahr 1997 mit den Verhandlungen, „um unserem Land ein tolles Aushängeschild und hohe Fremdenverkehrseinnahmen zu sichern" (Wiener Sport am Montag, 10.2.97:2). Österreich hatte sich als Hauptbetreiber der Bewerbung erwiesen, und Ungarn, Kroatien und Tschechien begannen daher, dem Österreichischen Verband die spezifischen Vorzüge ihrer Mitbewerbung schmackhaft zu machen. Im ÖFB war man sich über die Wahl des Partners allerdings noch im Unklaren, denn zuerst müsse „eine politische Entscheidung gefällt werden (…): Schafft Österreich keine brauchbare Infrastruktur, wird es keine mitteleuropäische EM geben" (Kleine Zeitung, 22.2.97:19).

Schnell wurde klar, dass Österreich den Mythos des ‚Donaufußballs' – in seiner politischen und ökonomischen Verwobenheit und Wiener Hegemonie – wiederbeleben wollte. „Die Partner von einst gehen wieder einen gemeinsamen Weg", hieß es über ein Treffen österreichischer und ungarischer Fußballfunktionäre (Wiener Sport am Montag, 28.4.97:6). Auch in Tschechien versuchte man die Österreicher an die gemeinsame Vergangenheit zu erinnern. So betonte Premierminister Václav Klaus die gemeinsame Tradition, nur eine „gemeinsame Mannschaft wird es aber leider (!) nicht geben" (Wiener Sport am Montag, 28.4.97; 6f). Ungarn schickte ebenfalls ein Sinnbild vergangener Partnerschaft nach Wien: Ein „alter Freund Österreichs", György Szepesi, wurde als ungarischer Projektleiter nach Wien entsandt: „Als der Fußball in Österreich und Ungarn noch stark war, trugen wir zwei Länderspiele im Jahr gegeneinander aus, arbeiteten eng zusammen. Nun könnte auch die Zusammenarbeit am Projekt für diese gemeinsame Europameisterschaft dem Fußball beider Länder Kraft verleihen. Ungarn steht bereit. Österreich muß sich nun entscheiden!" (Wiener Sport am Montag, 28.4.97:6). Auch Kroatien ließ sich auf den „Mitropa"-Diskurs ein und schickte einen Delegierten mit Österreich-Bezug: „Vlatko Markovic, ehemaliger Rapid-Trainer und derzeitiger Verbands-Vizepräsident in Kroatien, war vorige Woche beim ÖFB, um die Regierungserklärung seines Landes beizubringen (…). Nach Tschechien und Ungarn, die solche Erklärungen bereits abgegeben haben, sind also nun bereits drei Länder aus dem sogenannten ‚Mitroparaum‘ bereit, als Co-Veranstalter mit dem ÖFB aufzutreten." (Wiener Sport am Montag, 12.5.97:3)

Während die potenziellen Partner vorauseilend ihr Einverständnis zur Zusammenarbeit gegeben hatten, wurde die Bewerbung von Seiten Österreichs erst im Juni fixiert und gleichzeitig Ungarn als Partnerland bestimmt: „Die ‚EM-Donaumonrachie‘" sei damit fix, hieß es in der ‚Kleinen Zeitung‘ (4.6.97:17). Ganz in diesem Sinne erfolgte nun auch ein nur aus der Geschichte heraus verständlicher Schwenk: An Stelle des ‚Mitteleuropa‘-Begiffes trat nun jener des ‚Donaufußballs‘. Die Präsentation der nun offiziell „Danube Games" genannten Veranstaltung wurde im März 1998 anlässlich eines Länderspiels Österreich – Ungarn in Wien auf dem Donauschiff „Admiral Tegetthoff" vorgenommen. Der „dabei registrierte Doppelpaß zwischen Pußta-Legende Ferenc Puskas und Fredl Körner darf durchaus als Startschuß für den Aufbruch ins EM-Jahr 2004 verstanden werden: Europa, wir kommen, oder ‚Es lebe die Monarchie!‘" (Tiroler Tageszeitung, 26.3.98:3).

Es war auffällig, wie rasch die ÖFB-Presseabteilung und die Medien mit der Restituierung des fußballerischen Donaumythos und mit dem Bezug auf die österreichisch-ungarische Monarchie bei der Hand waren. Etliche Zeitungen stellten den politischen oder sportlichen Konnex der „Donauspiele" zur österreichisch-ungarischen Tradition her, in Gestalt der Erinnerung an die alte Stärke der beiden Fußballnationen (Kronen Zeitung, 26.3.98:34) ebenso wie in Form von Anekdoten: „Graf Rudi erzählt seinem Freund Bobby, dass es am Abend Fußball gibt: ‚Österreich – Ungarn‘. Fragt Bobby: ‚Schön, schön, und gegen wen spielen wir?‘" (Kleine Zeitung, 26.3.98:25). In Ungarn war man mit solchen Anspielungen wesentlich zurückhaltender: So wurde etwa die Präsentation auf der Donau lediglich als „stilgemäss" tituliert (Magyar Hirlap, 26.3.98). Am UEFA-Kongress in Dublin wurde die Bewerbung im April 1998 offiziell präsentiert. Doch angesichts der besseren Infrastruktur des Mitbewerbers Spanien musste erst auf die Ernsthaftigkeit des österreichisch-ungarischen Antrages hingewiesen werden: „Es handelt sich bei dieser EM-Bewerbung keineswegs nur um eine Propagandakampagne des Fremdenverkehrsverbandes Österreichs in Europa", betonte ÖFB-Generalsekretär Ludwig (Wiener Sport am Montag, 25.4.98:5).

Die Medienbroschüre des ÖFB (Danube Games 2004:4f) strich daher die im doppelten Sinne ‚historische‘ Besonderheit der Bewerbung heraus: „Never before in the history of football has a partnership similar to the one between Austria and Hungary been realised. If these two countries were chosen, the status of football in Europe and throughout the world, with all its historical and social aspects, would be raised in that it would be regarded as a symbol of renewal". Die Donau wurde als traditionsreiche Verbindung zwischen Ost und West, zwischen Österreich und Ungarn, präsentiert.

> „The joint organisation of the European Championship finals is the best occasion for Austria and Hungary to revive the famous enthusiastic, rival spirit of two veteran football nations with a great past. Both countries can look back on days of glory with illustrious national squads, just think of Austria's so-called ‚Wunder-Team' of the thirties or Hungarys ‚Golden Team' of the fifties".

Der eigentliche Zweck der Bewerbung, das wurde im Frühjahr 1998 unverblümt ausgesprochen, lag in ökonomischer Umwegrentabilität, wie gerade auch vom ÖFB immer wieder zum Ausdruck gebracht wurde. Die Hauptgründe der Bewerbung seien im wirtschaftlichen Sektor zu verorten: Die EM als „weltweites Medienspektakel" sei ein „Fremdenverkehrsmagnet", hieß es im März 1998: „Die EM ist eine einmalige wirtschaftliche Chance; sämtliche Wirtschaftsbereiche der Veranstalterländer profitieren von diesem Ereignis, das auch zu einem enormen Steueraufkommen führt. Die EM schafft Arbeitsplätze – im Falle der EM 2000 in Holland/Belgien rechnet man mit ca. 11.000 Jahres-Arbeitsplätzen als Auswirkung des Turnieres" (Countdown 1998, unpag.). Ergebnis der Wirtschaftsorientierung war auch ein umfangreicher Kooperationsvertrag zwischen dem ÖFB und der „Österreich-Werbung", in dem eine intensive werbliche Zusammenarbeit vereinbart wurde, um auch schon in der Bewerbungsphase „das Tourismusland Österreich stärker ins Rampenlicht zu rücken" (Kooperation 1998:1).

Bald traten allerdings in Ungarn, wo die Vorbereitungen schleppend vor sich gingen, wie auch in Österreich, wo sich die Bevölkerung Salzburgs gegen einen Stadionneubau in Puch ausgesprochen hatte, Probleme auf (Die Presse, 24.6.98:15). Einige Monate später wurden die Schwierigkeiten mit Ungarn noch virulenter. Der mit finanziellen Engpässen kämpfende ungarische Fußball wurde in der österreichischen Presse heftig angegriffen: „Man wähnt sich in KP-Zeiten. Wieder sitzen mächtige Partei-Politiker in Präsidenten-Sesseln. Sportliches Vorwissen ist keine Voraussetzung. So wurde der populistische Landwirtschafts-Minister Jószef Torgyán Ferencvaros-Boß und das politische Leichtgewicht János Szabó neuer Kispest-Chef – hoffend, dass die alte Honved-Schiene neue Impulse liefert – vom Verteidigungsministerium. Dass beide den Kleinlandwirten angehören, und Torgyán gar als nationalistischer Einpeitscher gefürchtet wird, ist alarmierend. Fußball läuft Gefahr, politischer Spielball mit parteipolitischen Slogans zu werden. Symptomatisch, dass MTK-Fans antisemitische Verse skandieren…" (Die Presse, 23.9.98:15). Die „Presse" vergaß dabei allerdings, dass es in Österreich wenige Jahre zuvor ebenfalls Probleme mit rechtsradikalen Fußballanhängern gegeben hatte und Politiker mit geringer Verbundenheit zum Fußball an führender Stelle in vielen Vereinen tätig sind. Ganz abgesehen davon werden in Ungarn nicht die MTK-, sondern die Ferencváros-Anhänger mit Rechtsradikalismus in Verbindung gebracht (Duke/Crolley 1996:95).

In Ungarn war man, im Gegensatz zu Österreich, sehr optimistisch, nachdem auch die neue Regierung die Bewerbung unterstützte. Und man vertrat das Anliegen auch zunehmend selbstbewusst, indem der ungarische Anteil an der Tradition und den konkreten Planungsarbeiten betont wurde:

> „Der große Plan ist schon siebzig Jahre alt. Zunächst regten 1928 Fischer Mór, das ungarische Mitglied des Exekutivkomitees der FIFA, und Hugo Meisl, der ‚Vater des Wunderteams', an, die Fußball-Weltmeisterschaft in Ungarn und Österreich auszutra-

gen (...) 36 Jahre später präsentierten Szepesi György, der ewige ungarische Sport-diplomat, und Joschi Walter, der Präsident der angesehenen Wiener Austria, einen be-scheideneren Plan: er betraf die gemeinsame Veranstaltung der EM 1968. Ihre Rech-nungen wurden jedoch durch Valuten- und Passschwierigkeiten zunichte gemacht. Ge-nauso ist es auch 1984 passiert, als der (...) Präsident des ÖFB Mauhart und der dama-lige ungarische Fußballverbandsvorstand Szepesi den Gedanken der EM-Veranstaltung aufwärmten. Andere hättens vielleicht aufgegeben, der legendäre ungarische Radiore-porter wollte aber auf eine seiner Herzensangelegenheiten weiterhin nicht verzichten. Er brachte die Idee der gemeinsamen Bewerbung zum dritten Mal in Umlauf. Es ist in erster Linie ihm zu verdanken, dass Ungarn und Österreich betreffend die EM 2004 wirklich auf die ‚EM-Welle‘ schalteten." (Népszabadság, 17.9.1998)

Im Oktober 1998 wurden dann die endgültigen Bewerbungsunterlagen bei der UEFA eingereicht, die festlegten, dass trotz des wesentlich größeren Fassungsvermögens des Nép-Stadions in Budapest das Endspiel in Wien ausgetragen würde. Zugleich präsen-tierte der ÖFB seine Werbepartner, wobei deutlich wurde, wie sehr die EM zur nationa-len Angelegenheit geworden war: Es wurden durchwegs Firmen genannt, die der Repu-blik Österreich in verschiedenster Form sehr nahe stehen (EM-Bewerbung 1998:1). Im März 1999 wurde schließlich eine vom ÖFB in Auftrag gegebene Studie zu den Auswir-kungen der eventuellen EM-Vergabe vorgestellt, die den enormen wirtschaftlichen Ef-fekt für Österreich darstellte: Demnach wären mit Werbe- und Sponsoringeinnahmen von etwa einer Milliarde und mit einer Wertschöpfung aus Bauvorhaben und Tourismus von über drei Milliarden Schilling zu rechnen. Das Resumee lautete: „Bei erfolgreicher Kandidatur käme [sic!] der Sport und die Politik zum großen Geld" (Wiener Sport am Montag, 22.3.99:2).

Beiden ‚mitteleuropäischen‘ Angeboten wurden inzwischen klare Absagen erteilt, und der Senior-Partner Österreich hat aus den offensichtlich ökonomisch motivierten Misserfolgen eine klare Konsequenz gezogen: Die nach dem Fall des Eisernen Vor-hangs nahe liegende Restituierung ‚mitteleuropäischer‘ Sportpraxen wurde ad acta ge-legt. Nicht nur die Eishockey-Alpenliga wurde inzwischen wiederum durch eine natio-nale Liga ersetzt, auch die Zusammenarbeit mit anderen Staaten ‚Mitteleuropas‘ im Hinblick auf die europäischen bzw. globalen Events wurde eingestellt. Zwar hat Öster-reich weder seine Bemühungen um die Vergabe einer Fußball-Europameisterschaft noch um jene von Olympischen Winterspielen eingestellt, doch wurden die Weichen in den nationalen Organisationen neu gestellt: Partner Salzburgs im Bemühen um den Zuschlag bei den Olympischen Spielen ist nunmehr Bayern, während sich der Fußballbund für die Ausrichtung der Fußball-EM 2008 mit der Schweiz einen potenten Partner gesucht hat. Die ‚mitteleuropäische‘ Tradition wurde durch die maximale ökonomische Struk-tur des transnationalen Sportgeschehens entthront und für obsolet erklärt.

Resumee

Zu Beginn der 1920er-Jahre hatte der Fußballsport eine populare Massenkultur ausge-bildet. Damit hatte er nicht mehr nur politische Vorgaben übernommen, sondern, wie gerade auch die Geschichte des „Mitropacups" deutlich macht, Wirkungen entfaltet, die den Bereich des Sportes weit überstiegen. 80 Jahre später scheint der Sport sich selbst sukzessive um seine gestalterischen Möglichkeiten zu bringen, indem er sich weitgehend bedingungslos ökonomischen Prämissen unterordnet. Das bedeutet nun nicht, dass das konkrete Sportgeschehen von wirtschaftlichen Voraussetzungen bestimmt wäre, doch es heißt, dass es nach analogen Gestaltungsprinzipien funktioniert. Der Sport, der das ganze 20. Jahrhundert hindurch von Politikern, Sportorganisationen, Aktiven und Anhängern als ,unpolitisches Ereignis' inszeniert wurde, wird in einem globalen Kapitalismus tatsächlich zum unpolitischen Event, weil er gleichzeitig zum ökonomischen Spektakel geworden ist.

Lebte der Sport lange Zeit gerade von der Unberechenbarkeit des Ergebnisses, vom möglichen Sieg des Außenseiters, vom Triumph des Kleinen (Schulze-Marmeling 1992:197ff), wird derzeit versucht, jene Unwägbarkeiten auszuschalten, indem die ,Kleinen' gar nicht mehr zugelassen werden: Nur mehr die potentesten Klubs, die besten Fahrer oder die erfolgreichsten Spieler sollen an Großveranstaltungen teilnehmen: Die Sportpraxis wird in verschiedene Klassen aufgespaltet. Die ehemaligen Praxen des Sportes mit ihren Mythen, Geschichten und Sensationen können in diesem Sinn als ,Retro-Szenarien' im Sinne Jean Baudrillards verstanden werden, vor deren Folie das kommerzialisierte ,Vergnügen Sport' inszeniert wird. Es waren also ökonomische Vorteile, die zu einer vorübergehenden Wiederbelebung der Mythen des ,Donaufußballs' führten und nach wenigen Jahren auch schon wieder deren Ende markierten.

Zu fragen ist abschließend, in welcher Weise der Fußballsport Besonderheiten des Bildes von ,Mitteleuropa' kreiert, beeinflusst oder verändert hat, wenn es stimmt, dass der popularkulturelle Fußballsport Freiräume aktiver Gestaltung offen ließ und so eine widersprüchliche kulturelle Praxis eröffnete. Der Terminus ,Mitteleuropa' steht dabei nur vordergründig für eine topographische Zuordnung, denn der Sport ist imstande, Raum auf einer physischen wie psychischen oder auch mystischen Ebene zu definieren. ,Mitteleuropa' im Fußball, das bedeutet eine Repräsentation politischer Gemeinsamkeiten und Differenzen, ökonomischer Beziehungen und Strukturen, es bedeutet eine Fortsetzung politischer und wirtschaftlicher Geschichte auf einem neuen Terrain, denn dieses ,Mitteleuropa' war schon lange vor der Erfindung des modernen Fußballs ein Ort von gemeinsamer Historie und steter Divergenz. Und es war vor allem der ,Donaufußball', der daraus eine weit über den Sport hinausgehende *entente cordiale* geschaffen hatte.

Der Fußball eröffnete ein Feld für differenzierte Lesarten ,Mitteleuropas', weil er von allen Seiten als unpolitisch definiert wird (MacGlancy 1996:1). Gerade deshalb eignet sich das Feld des Fußballs besonders gut, um dort politische und ökonomische Botschaften zu placieren, weil sie eben nicht gleich als solche erkannt und verstanden werden. So konnten etwa fußballerische Erfolge als objektiver Nachweis für die Überlegenheit des kommunistischen Systems verwendet werden, weil der Fußball als eigenständige Kultur mit seinen besonderen Zuschreibungen eben nie ein Teil des Systems sein kann und die Zuschauer wie die Medien diese Beeinflussung des Sportes auch gar nicht sehen wollen, weil ansonsten die spezifischen Werte des Sportes, von seiner Eskapismus- und Unterhaltungsfunktion bis zu seiner Bedeutung in der Ausbildung und Verfestigung kollektiver Werte, gefährdet wären. Die Regierungen ,Mitteleuropas' hatten bereits sehr früh erkannt, dass sich das popularkulturelle Feld des Fußballs ausgezeichnet zur Beförderung regionaler und auch nationaler Gefühle eignete, und versuchten den Sport auch in diesem Sinne zu verwenden. Doch es wurde rasch evident, dass sich der Fußball nicht zur simplen Steuerung nationaler Gefühle, sondern weit eher als Ventil sozialer und nationaler Spannungen eignete (Marschik 2001:20).

Der Fußball in ‚Mitteleuropa' machte die Brüchigkeit objektiver nationaler Konzepte und Konzeptionen deutlich, weil das im Fußball existierende ‚Mitteleuropa' nie mit dem Territorium der Staaten ident war, wie sich paradigmatisch an der metropolitanen Ausrichtung des „Mitropacups" – im Gegensatz etwa zum „alpin" konnotierten Skisport – demonstrieren lässt. Der Fußballsport ist zwar besonders geeignet, nationale Gefühle und Identitäten zu repräsentieren, weil die Inszenierung internationaler Fußballspiele nationale Konzepte und ihr Anderes ganz unmittelbar augenscheinlich werden lassen. Doch gerade der „Mitropacup" war imstande, einerseits lokale, andererseits internationale Identitäten zu fördern: Der ‚mitteleuropäische' Fußball, selbst eine Konstruktion aus diversen Gemeinsamkeiten, Differenzen und deren Mythen, belegt, wie sehr die Idee nationaler Identität gerade in ‚Mitteleuropa' ein artifizielles Konstrukt bleiben musste, mehr noch: Schon der Begriff Nation selbst war „angesichts der mitteleuropäischen Besonderheiten eine aufgelegte Contradictio in adjecto" (Skocek/Weisgram 1996: 51f). Der „Mitropacup" als modern-urbanes Phänomen verwies in seiner Notwendigkeit permanenten Austausches per se auf Internationalität.

Der Fußball in ‚Mitteleuropa' durchbrach herrschende politische und ökonomische Werte- und Normensysteme, weil der Fußballsport von klarer Parteilichkeit geprägt war und oft zu gesellschaftlichen Werten quer lag: „Der Sport ist in seiner inszenatorischen Stringenz allen anderen Branchen, der Politik, Kultur, Wirtschaft, überlegen" (Skocek/ Weisgram 1996:202). Der Grund dafür ist vor allem in der mythischen Potenz des Fußballs und konkret des ‚Donaufußballs' zu finden, der nicht selten in den Rang eines Kunstwerks erhoben wurde: Schon in den 20er-Jahren hatte der Fußballsport eine mythische Qualität erhalten, und seine Geschichte wie seine Traditionen wurden zunehmend verklärt und idealisiert. Diese Mythenbildung ist wohl eine weltweite Entwicklung im Erleben des Fußballs, zumindest dort, wo der Fußball eine Massenkultur ausgebildet hat. So verweist der mythische Wert des ‚Donaufußballs' letztlich auf die mythische Verortung ‚Mitteleuropas'.

Literatur

Anderson, Benedict (1983): Imagined Communities: Reflections on the Origin and Spread of Nationalism. London: Verso

Beranová, Jitka/Waic, Marek (1998): Kulturně výchovná a vzdělávaci činnost Českých tělovýchovných Organizací [Kultur- und Erziehungsaktivitäten tschechischer Sportorganisationen]. Praha: Národni muzeum

Blake, Andrew (1996): The Body Language. The Meaning of Modern Sport. London: Lawrence & Wishart

Cante, Diego (1999): Propaganda und Fußball. Sport und Politik in den Begegnungen zwischen den italienischen ‚Azzuri' und den ‚Weißen' aus Wien in der Zwischenkriegszeit. In: Zeitgeschichte 26/3: 184-202

Der Countdown (1998): OMV-Länderspiel Österreich – Ungarn. Mittwoch, 25. März 1998. O.O., unpag.

Curtis, Barry for the Middlesex Team (1993): Gazza's Tears: Football, Masculinity and Playing Away. In: Watching Europe. A Media and Cultural Studies Reader, Hg. Ute Bechdolf u.a. Amsterdam/Tübingen: Amsterdam Cultural Studies Foundation/Tübinger Vereinigung für Volkskunde: 79-97

Danube Games 2004 (1998): Two Countries One Goal. Media Information. Dublin

Duke, Vic (1991): Kickers Glasnost. Professionalisierung und Kommerzialisierung im tschechoslowakischen Fußball. In: Die Kanten des runden Leders. Beiträge zur europäischen Fußballkultur, Hg. Roman Horak/Wolfgang Reiter. Wien: Promedia: 95-103

Duke, Vik (1994): The Flood from the East? Perestroika and the Migration of Sports Talent from Eastern Europe. In: The Global Sports Arena, Hg. John Bale/Joseph Maguire. London: Frank Cass: 134-152

Duke, Vik/Crolley, Liz (1996): Football, Nationality and the State. New York: Longman

Eisenberg, Christiane (1994): Fußball in Deutschland 1890–1914. Ein Gesellschaftsspiel für bürgerliche Mittelschichten. In: Geschichte und Gesellschaft 20/2: 181-210

EM-Bewerbung 2004 (1998): Österreich/Ungarn. Presseinformation. Wien, 29.9.1998

Filipec, Jindrich/Filipcova, Blanka (1995): Die Aufhebung von Mitteleuropa als positive Aufgabe. In: Der schwierige Selbstfindungsprozeß. Regionalismen – Nationalismen – Reideologisierung, Hg. Peter Gerlich/Krzysztof Glass. Wien/Torun: Österreichische Gesellschaft für mitteleuropäische Studien: 27-36

Gerö, Josef (1951): Mitropa – Zentropa. Das erste Kapitel der authentischen Entstehungsgeschichte der beiden Konkurrenzen. In: Österreichisches Fußball-Blatt 2/8: 7-10

Hadas, Miklós (1998): Futball és nemzeti identitás. Az osztrák-magyar derbi a század elsö felében [Fußball und nationale Identität. Das Ländermatch Österreich-Ungarn in der ersten Hälfte unseres Jahrhunderts]. Referat auf dem Symposion Futball és kultúra. Ausztriában és Magyarországon, 24.-26. April. Budapest

Hadas, Miklós (1999): Stílus és karakter. Futballhabituológiai traktátus. In: Replika 36: 125-144

Haselsteiner, Horst (1995): Mitteleuropa und das Gestaltungsprinzip Föderalismus. In: Mitteleuropa-Konzeptionen in der ersten Hälfte des 20. Jahrhunderts, Hg. Richard G. Plaschka u.a. Wien: Verlag der Österreichische Akademie der Wissenschaften: XIX-XXXII

Heinrich, Arthur (1994): Tooor! Toor! Tor! Vierzig Jahre 3:2. O. O.: Rotbuch

Heinrich, Arthur (2000): Der Deutsche Fußballbund. Eine politische Geschichte. Köln: PapyRossa

Heiszler, Vilmos (1998): Futball és nemzeti politika. Cseh-magyar futballkapcsolatnok a századelön [Fußball und nationale Politik. Die tschechisch-ungarischen Fußballbeziehungen am Anfang des Jahrhunderts]. Referat auf dem Symposion Futball és kultúra. Ausztriában és Magyarországon, 24.-26.April. Budapest

Heiszler, Vilmos (2000): Fußball und nationale Politik um die Jahrhundertwende. In: Erbfeinde und ‚Haßlieben'. Konzept und Realität der Bewahrung Mitteleuropas im Sport, Hg. Matthias Marschik/Doris Sottopietra. Münster: Lit-Verlag: 159-169

Hirdt, Willi (1998): Fußball mit Köpfchen. Zur Geschichte und Gegenwart italienischer Fußballdiskurse. In: Zimbaldone 25: 7-20

Hobsbawm, Eric J. (1991): Nationen und Nationalismus. Mythos und Realität seit 1780. Frankfurt a. M./New York: Campus

Horak, Roman/Maderthaner, Wolfgang (1997): Mehr als ein Spiel. Fußball und populare Kulturen im Wien der Moderne. Wien: Löcker

Horak, Roman/Marschik, Matthias (1996): Football, Racism and Xenophobia in Austria: ‚If you let them, they behave like the Mafia'. In: Racism and Xenophobia in European Football, Hg. Udo Merkel/Walter Tokarski. Aachen: Meyer & Meyer: 41-56

Horak, Roman/Marschik, Matthias (1997): Das Stadion – Facetten des Fußballkonsums in Österreich. Eine empirische Untersuchung. Wien: WUV

Huber, Josef (1998): Die Geschichte des Wiener Fußballs. 1923–1998. 75 Jahre Wiener Fußball-Verband. Wien: Wiener Fußball-Verband

IHF (1994): Vertrag zwischen der Internationalen Handball Federation und dem Österreichischen Handballbund 0382c/37-53, 29.12.1994

IHF (1995): International Handball Federation. Pressedienst X/95-1/1

Jarvie, Grant/Maguire, Joseph (1994): Sport and Leisure in Social Thought. London/New York: Routledge

Jeřábek, Luboš (1986): Nationale Fußball-Historie: Böhmen. Von seinen Anfängen bis 1900. In: Elf. Zeitschrift für internationale Fußball-Geschichte und -Statistik 3: 55-60

John, Michael (1992): Bürgersport, Massenattraktion und Medienereignis. Zur Kultur- und Sozialgeschichte des Fußballspiels in Österreich. In: Beiträge zur historischen Sozialkunde 22/3: 76-86

John, Michael (1995): Österreich. In: Fußball, soccer, calcio. Ein englischer Sport auf seinem Weg um die Welt, Hg. Christiane Eisenberg, München: dtv: 65-93

John, Michael (1997): Sports in Austrian Society 1890s–1930s: The Example of Viennese Football. In: Urban Space and Identity in the European City 1890–1930s, Hg. Susan Zimmermann. Budapest: Central European University: 133-150

Kaschuba, Wolfgang (1997): Sportivität: Die Karriere eines neuen Leitwertes. Anmerkungen zur ‚Versportlichung' unserer Alltagskultur. In: Sportphilosophie, Hg. Wolfgang Caysa. Leipzig: Reclam: 229-256

Karády, Viktor (1998): Testnevelés és testkultúra. Felekezetsajátos magatartásminták az 1945 elötti Magyarországon [Körpererziehung und Körperkultur. Glaubensgemeinschaftsspezifische Verhaltensmuster in Ungarn vor 1945]. Referat auf dem Symposion Futball és kultúra. Ausztriában és Magyarországon, 24.-26.April. Budapest

Kastler, Karl (1972): Fußballsport in Österreich. Von den Anfängen bis in die Gegenwart. Linz: Trauner

Klagenfurt 2006 (1998): Canditate City. Die Kanditatur ohne Grenzen. Klagenfurt, unpag.

Kooperation (1998). Kooperation ÖW – ÖFB. Fußball-Europameisterschaft 2004

Kuntz, Eva Sabine (1998): „…potenza tedesca controla classe e la tecnica degli ungheresi". Nationenbilder in Sport und Politik. Die Fußball-WM 1954. In: Zimbaldone 25: 28-41

Kuper, Simon (1995): Football against the Enemy. London: Phoenix

Lanfranchi, Pierre (1991): Fußball in Europa 1920–1938. Die Entwicklung eines internationalen Netzwerkes. In: Die Kanten des runden Leders. Beiträge zur europäischen Fußballkultur, Hg. Roman Horak/Wolfgang Reiter. Wien: Promedia: 163-172

Lanfranchi, Pierre (1997): Frankreich und Italien. In: Fußball, soccer, calcio. Ein englischer Sport auf seinem Weg um die Welt, Hg. Christiane Eisenberg. München: dtv: 41-67

Langisch, Karl (1978): Fünfundsiebzig Jahre Ö.F.B. Eine Dokumentation des Österreichischen Fussballbundes. Wien: Österreichischer Fußball-Bund

Le Rider, Jacques (1994): Mitteleuropa. Auf den Spuren eines Begriffes. Wien: Deuticke

MacGlancy, Jeremy (1996): Sport, Identity and Ethnicity. In: Sport, Identity and Ethnicity, Hg. Jeremy MacGlancy. Oxford/Herndon: Berg: 1-20

Marchart, Oliver (1998): Die Verkabelung von Mitteleuropa. Medienguerilla – Netzkritik – Technopolitik. Wien: edition selene

Marjanovic, Vladislav (1998): Die Mitteleuropa-Idee und die Mitteleuropa-Politik Österreichs 1945–1995. Frankfurt a. M. u.a.: Peter Lang

Marschik, Matthias (1994): „Wir spielen nicht zum Vergnügen". Arbeiterfußball in der Ersten Republik. Wien: Verlag für Gesellschaftskritik

Marschik, Matthias (1995): ‚They lived like Heroes'. Arbeitsemigration im österreichischen Fußball der dreißiger Jahre. In: Spectrum der Sportwissenschaften 7/2: 14-29

Marschik, Matthias (1997a): Professional Football: The Construction of (National) Identities. In: Sport. Social Problems – Social Movements, Hg. Paolo De Nardis/Antonio Mussino/Nicola Porro. Roma: Editione SEAM: 87-95

Marschik, Matthias (1997b): Vom Herrenspiel zum Männersport. Die ersten Jahre des Wiener Fußballs. Wien: Turia & Kant

Marschik, Matthias (1998a): Der Ball birgt ein Mysterium. Vom ‚englischen Sport‘ zur ‚Wiener Fußballschule‘. In: Turnen und Sport in der Geschichte Österreichs, Hg. Ernst Bruckmüller/ Hannes Strohmeyer. Wien: ÖBV/Pädagogischer Verlag: 170-186

Marschik, Matthias (1998b): „Even the Parliament interrupted Its Session…" Creating Local and National Identity in Viennese Football. In: Journal of Sport and Social Issues 22/2: 199-211

Marschik, Matthias (1998c): Vom Nutzen der Unterhaltung. Der Wiener Fußball in der NS-Zeit. Zwischen Vereinnahmung und Resistenz. Wien: Turia & Kant

Marschik, Matthias (1998d): The Sportive Gaze: Local and National Identity in Austria 1945– 1950. In: The International Journal of the History of Sport 15/3: 115-124

Marschik, Matthias (1999a): Between Manipulation and Resistance: Viennese Football in the Nazi Era. In: Journal of Contemporary History 34/2: 215-229

Marschik, Matthias (1999b): Vom Idealismus zur Identität. Der Beitrag des Sportes zum Nations- bewußtsein in Österreich (1945–1950). Wien: Turia & Kant

Marschik, Matthias (2001): ‚Mitropa‘: Representations of ‚Central Europe‘ in Football. In: Inter- national Review for the Sociology of Sport 36/1: 7-23

Marschik, Matthias/Sottopietra, Doris (2000): Erbfeinde und ‚Haßlieben‘. Konzept und Realität der Bewahrung Mitteleuropas im Sport. Münster: Lit-Verlag

Mozetic, Gerald (1994): Mythos Mitteleuropa. Einige Überlegungen zur Entstehung von Identi- täten. In: Identität und Nachbarschaft. Die Vielfalt der Alpen-Adria-Länder, Hg. Manfred Prisching. Wien/Köln/Graz: Böhlau: 171-192

Müller, Michael (1991): Dribbling in den freien Markt. Die traurigen Erben des Ferenc Puskas. In: Die Kanten des runden Leders. Beiträge zur europäischen Fußballkultur, Hg. Roman Horak/Wolfgang Reiter. Wien: Promedia: 104-110

Norden, Gilbert (1998): Breitensport und Spitzensport vom 19. Jahrhundert bis zur Gegenwart. In: Turnen und Sport in der Geschichte Österreichs, Hg. Ernst Bruckmüller/Hannes Stroh- meyer. Wien: ÖBV/Pädagogischer Verlag: 56-85

Pöge, Alfredo W. (2001): Mitropa Cup (1927–1940). In: Libero 33: 2-3

Quasnicka, Werner (1999): Interview mit Werner Quasnicka am 22.1.1999

Rowe, David (1995): Popular Cultures. Rock Music, Sport and the Politics of Pleasure. London/ Thousand Oaks/New Dehli: Sage

Schidrowitz, Leo (1951): Geschichte des Fußballsportes in Österreich. Wien/Wels/Frankfurt a. M.: Rudolf Traunau

Schmieger, Willy (1925): Der Fussball in Österreich. Wien: Burg-Verlag

Schramm, Peter (1999): Interviews mit Peter Schramm am 24.2. und 26.3.1999

Schulze-Marmeling, Dietrich (1992): Der gezähmte Fußball. Zur Geschichte eines subversiven Sports. Göttingen: Die Werkstatt

Schwind, Karl Heinz (1994): Geschichten aus einen Fußball-Jahrhundert. Wien: Ueberreuter

Skocek, Johann/Weisgram, Wolfgang (1996): Wunderteam Österreich. Scheiberln, wedeln, glück- lich sein. Wien: Orac

Stadler, Sabine (1992): Der Mitteleuropamythos und seine unterschiedlichen Rezeptionen. In: Österreich auf dem Weg zur III. Republik, Hg. Österreichische Assoziation kritischer Geograf/ inn/en. Wien: Österr. Assoziation kritischer Geograf/inn/en: 99-111

Stare, Andrej (1995): Nationale Fußball-Historie: Slowenien (von seinen Anfängen bis 1920). In: Fußball-Weltzeitschrift 27: 71-74

Suppan, Arnold (1998): Einleitung. In: Das Bild vom Anderen. Identitäten, Mentalitäten, Mythen und Stereotypen in multiethnischen europäischen Regionen, Hg. Valeria Heuberger/Arnold Suppan/Elisabeth Vyslonzil, Frankfurt a. M. u.a.: Peter Lang: 9-20

Szábo Földesi, Gyöngyi (1996): Football, Racism and Xenophobia in Hungary. Racist and Xenophobic Behaviour of Football Spectators. In: Racism and Xenophobia in European Football, Hg. Udo Merkel/Walter Tokarski. Aachen: Meyer & Meyer: 169-186

Taylor, Rogan/Jamrich, Klara, Hg. (1997): Puskas on Puskas. The Life and Times of a Footballing Legend. London: Robson Books

Weltmeisterschaft 1930 (1995): Von der Idee bis zur Realität. In: Fußball-Weltzeitschrift 25/26: 2-17

Wypysinski, Andrzej/Kukulski, Janusz (1999): Nationale Fußball-Historie Polen (von den Anfängen bis 1920). In: Fußball-Weltzeitschrift 32: 50-54

Miklós Hadas

Fußball im sozialen Kontext: Ungarn 1890–1990

Das Fußballstadion ist ein sozial konstruierter Raum, in dem durch Interaktionen Klub- und Vereinsidentitäten permanent (re-)definiert und bekräftigt werden. Die strukturellen Rahmenbedingungen des Stadions heben diejenigen Elemente hervor, deren Bedeutungen erst im Verhältnis zum jeweiligen Gegner entstehen. Die in dieser Situation, oft unbeabsichtigt und unbewusst, zum Vorschein kommenden Bedeutungen und Konnotationen wären unter anderen Umständen kaum tolerierbar. „Fanverhalten", also die Bindung an ein Team, setzt sich immer aus einem mehr oder weniger reflektierten Bündel von Identitätsmustern, Wissen, Einstellungen und emotionalen Elementen zusammen. Motive individueller Lebensgeschichten sind ebenso Teil davon wie Resultate kollektiver Zugehörigkeit. Gemeinsam ist diesen Elementen ihr Beitrag zu den Beziehungsnetzwerken, die sich angesichts eines klar umrissenen Gegners auf den Zuschauertribünen entwickeln.

Wenn man die Bedeutung des Fußballs und der ihn umgebenden Emotionen, Leidenschaften und komplexen Bedeutungen verstehen will, erscheint es ratsam, zumindest bis ans Ende des 19. Jahrhunderts zurückzugehen und die sozialen Funktionen des Spiels seit der Gründung der ersten Klubs zu untersuchen. Der folgende Beitrag beschäftigt sich mit den Bedeutungsgehalten und den sich wandelnden sozialen Kontexten des ungarischen Fußballs zwischen 1890 und 1990. Schwerpunkte liegen dabei einerseits auf den (nationalen und internationalen) politischen und kulturellen Kräften, die diesen Sport beeinflussten, andererseits auf den Mechanismen der Identitätskonstruktion. Auf diese Weise soll eine „relational situierte" Sozialgeschichte des Fußballs in Ungarn wiedergegeben werden. Die einzelnen Unterkapitel folgen einer diachronen Darstellung und behandeln jeweils aufeinander folgende historische Phasen.

1890–1920

Dem internationalen Muster der Modernisierung sportlicher Aktivitäten entsprach die Gründung des NAC (Nemzeti Athleticai Club – Nationaler Athletik Klub) im Jahr 1875 durch ungarische Aristokraten. Der exklusive Klub unter der Führung von Baron Miksa Esterházy war nur christlichen ungarischen Gentlemen zugänglich. All jene, die dem modernen Sport aufgeschlossen gegenüberstanden, aber wegen ihrer Herkunft nicht in den

Reihen der Edelmänner geduldet wurden, beeilten sich, ihre eigenen Sportvereinigungen zu gründen. In den 1880er-Jahren entstanden in Budapest Klubs, die entweder auf orts- oder gruppenspezifischen Prinzipien aufbauten. In UTE (Újpesti Torna Egyet, Újpester Turnvereinigung) und BTC (Budapesti Torna Club, Budapester Turnklub) dominierte zu- nächst das Turnen, wurde aber allmählich durch andere körperliche Aktivitäten ergänzt. MTK (Magyar Testgyakorlók Köre, Kreis ungarischer Leibeskulturerzieher) wurde im Jahr 1888 von einer Gruppe vorwiegend jüdischer Bürger gegründet, die das Turnen als zu konservativ empfanden. Im Gegensatz zu den beiden lokal organisierten, aber sozial hete- rogenen Vereinigungen UTE und BTC stand MTK für „universelles Ungarntum" jenseits lokaler Partikularismen. Die Erwähnung des Adjektivs „ungarisch" in der Namensgebung verwies auf den jüdischen Assimilationswillen, die Wortschöpfung „Leibeskulturerzieher" richtete sich gegen den geistigen Überbau des Turner-Konzepts, und der Begriff „Kreis" stand in Opposition zum elitären „Klub" und der konservativen „Vereinigung". MTK war der erste Sportverein der Mittelklasse, der sein Hauptziel in der Ausübung der modernen Sportarten sah. Die liberalen Juden der Budapester City, in erster Linie Geschäftsleute und Freiberufler, die den Verein gründeten und finanzierten, setzten sich das Ziel, die neuesten Sportarten auf hohem Niveau zu betreiben.

Fußballsektionen wurden nach und nach in den 1890er-Jahren innerhalb der Turn- und Sportvereine eingerichtet. Am wichtigsten für spätere Entwicklungen war die Grün- dung des FTC (Ferencvárosi Torna Club) im Jahr 1899. Im Namen dieses Klubs (gleich- zeitig jener des 9. Budapester Bezirks) kommt eine eigenartige Dualität von sozialem Hintergrund und Vorstellungen seiner Gründer zum Vorschein: In den Konzepten des lateinisch/englischen „Klubs" und des deutschen „Turnens" sowie der Referenz zu ei- nem hauptsächlich von Arbeitern bzw. der unteren Mittelklasse bewohnten Bezirk ver- mischen sich auf besondere Weise Lokalpatriotismus und Universalismus, Exklusivität und Demokratie. Fradi, der bis heute gebräuchliche Spitzname des Vereins, bezieht sich auf das hauptsächlich von Menschen deutsch(sprachig)er Herkunft bewohnte Viertel der „Franzensstadt". Weiß-Grün, die Farben des Teams, erinnern an die Nationalfarben rot-weiß-grün (rot entfiel, da rot-weiß bereits als Farben des BTC dienten) und waren Ausdruck der nationalen Treue dieser städtischen, deutschen, unteren Mittelschicht.

Der Ungarische Fußballverband wurde 1901 gegründet. Seit diesem Zeitpunkt wur- den fast jedes Jahr Meisterschaften durchgeführt. In den Jahren 1901/02 bildeten fünf Mannschaften die erste Liga; von 1903 bis zum Ausbruch des Ersten Weltkriegs waren es acht bzw. zehn. Die ersten beiden Saison beendete BTC, der erste Verein mit einer Fußballsektion, an der Spitze der Tabelle. Doch ab 1903 beherrschte die Rivalität zwi- schen FTC und MTK die erste Liga. In den Jahren 1903 bis 1929 ging die Meisterschaft immer an eine der beiden Mannschaften. Es ist daher kein Zufall, dass sich das ungari- sche Nationalteam im frühen 20. Jahrhundert hauptsächlich aus diesen beiden Teams zusammensetzte.

Während das Spiel des FTC anfänglich durch seinen „kick and rush"-Stil gekenn- zeichnet war, praktizierte MTK dank seines Präsidenten Alfréd Brüll, der einen engli- schen Spielertrainer importiert hatte, ziemlich früh das schottische (Pyramiden-) Sy- stem. Die MTK-Spieler trick3ten und dribbelten mit raffinierter Technik und passten den Ball „unter der Grasnarbe" (was ihnen in der Sportpresse rasch den Vorwurf „das ist keine ungarische Spielweise!" eintrug, vgl. Nemzeti Sport 26.3.1905). In Ungarn unterschieden sich die Zuschreibungen aber von jenen des schottisch-englischen Derbys: Das schottische System stand hier für den feinen Spielwitz der Mittelklasse, während „kick and rush" den Drang der unteren sozialen Schichten zur Demonstration ihrer Stärke repräsentierte.

Die Rivalität dieser beiden Klubs beschränkte sich selbstverständlich nicht auf den Fußballplatz, sondern wurde in seinem verzweigten materiellen und symbolischen Umfeld weitergeführt. Es war sicher kein Zufall, dass MTK sein Stadion im Jahr 1912 einweihte, nur ein Jahr nach der Eröffnung der FTC-Anlage in der Üllöi-Straße. Das MTK-Stadion, das sich in einer Entfernung von nur zwanzig Gehminuten zum FTC-Platz befand, war eine Spur moderner als jenes der Fradi, das mit einer Kapazität von 20.000 Zusehern Weltstandard bot. Es war vielleicht ebenfalls kein Zufall, dass Brüll und die MTK-Führung für ihre Anlage die Hungária-Straße auswählten. In dieser symbolischen Entscheidung kam der Wille der mit dem MTK sympathisierenden jüdischen Mittelklasse zum Ausdruck, im Wettlauf um Assimilation nicht gegenüber den Fradi-Fans zurückzufallen.

Für ihre Fans spielten die Fradi mit dem Herzen; ihre großen Widersacher dagegen mit dem Kopf. Am Beginn des 20. Jahrhunderts implizierten das Konzept und die Konnotationen des „Fradi-Herzens" ziemlich offen den Gegensatz eines ungarisch-fühlenden, gutherzigen, mitfühlenden und enthusiastischen Kleinbürgertums gegenüber der „fremdländischen", kalt berechnenden, nüchternen und entfremdeten MTK-Großbourgeoisie. Ein wichtiger Bestandteil des Selbstbildes der typischen Fradi-Fans lag sicherlich in jenem kleinbürgerlichen Ethos, das die eigene semiperiphere soziale Stellung moralisch wendete: Diese Identifikation beruhte auf Mustern des „Ehrenwerten", „Kompromisslosen", „Rechtschaffenen", „Bodenständigen" und „wahren Ungarischen" – Verhaltensmuster, die nicht nur im Stadion bestimmend waren, sondern auch zu einem wichtigen Bestandteil der Politik abseits des Spielfelds wurden.

Die soziale Zusammensetzung der Spieler der beiden Teams stimmte allerdings nicht völlig mit den diesbezüglichen Vorstellungen überein. Zweifellos bestanden zwar in Bezug auf Bezirksbindungen einige Unterschiede, da zukünftige Fradi-Spieler von den Talentesuchern vor allem auf den Straßen und Plätzen des 9. Bezirks entdeckt und rekrutiert wurden, während die Akteure des MTK aus unterschiedlichen Teilen der Stadt stammen konnten. Die jeweilige Klassenzugehörigkeit unterschied sich aber kaum, da die meisten von ihnen aus Familien der Arbeiterklasse und der unteren Mittelschicht stammten. Mehr als die Hälfte der MTK-Spieler waren jüdisch, aber auch ungefähr ein Viertel der FTC-Fußballer. So gesehen stimmt es also nicht, dass Juden nur vom MTK repräsentiert wurden oder dass der FTC ursprünglich „christlich" und MTK ursprünglich „jüdisch" waren.

Die Beobachtung, dass der Gegensatz zwischen MTK und FTC grundlegende strukturelle Homologien zur österreichisch-ungarischen Rivalität aufwies, ist zwar richtig und wichtig, aber sie wird der Komplexität der Zusammenhänge nicht gerecht: Denn hier lag nicht nur eine strukturelle Homologie zwischen internem und externem Kontext im Sinne Lévi-Strauss' vor, sondern eine sozial konditionierte und psychologisch erfahrene Kausalbeziehung. Die in internen Beziehungen akkumulierten Verhaltensmomente wurden mittels eines Dispositionstransfers auch in externen Kontexten aktiviert. Wenn beispielsweise Bíró von MTK (jüdischer Spieler mit einem magyarisierten Namen) in einem Spiel gegen Österreich den Ball zu Blum (jüdischer Spieler mit einem nicht-magyarisierten Namen) von FTC mit einem stummen Blicksignal weitergab, manifestierten sich in diesen Aktionen komplexe soziale Konnotationen, die keinesfalls bewusst reflektiert wurden. Man könnte behaupten, dass das ungarische Derby eine symbolische Manifestation des Wettlaufs um Assimilation zwischen Juden und Deutschstämmigen war, das österreichisch–ungarische Derby (aus dem Blickwinkel beider Nationen) aber ein Wettkampf um die Vorherrschaft in der Monarchie und später um die auf dem Kontinent. Ähnlich wie im Fall Englands und Schottlands offenbarten sich hinter der Rivalität jahrhundertealte Streitigkeiten und Befürchtungen.

Ein Blick auf die Matchstatistik der ungarischen Nationalmannschaft zwischen 1902 und 1956 offenbart die extrem hohe Anzahl von Spielen gegen die Österreicher. Kein Jahrzehnt verstrich, in dem nicht die meisten Spiele gegen den österreichischen Gegner ausgetragen wurden. Das galt selbst in den 1940er- und 1950er-Jahren, in denen zunächst das an Deutschland angeschlossene Österreich kein möglicher Länderspielpartner war, und in denen dann das Klima der 1950er-Jahre (bereits ab 1948) solche Paarungen nicht gerade begünstigte. Am häufigsten spielten die beiden Teams in den 1910er-Jahren gegeneinander (28-mal), gefolgt von den 1920er-Jahren (20), den 1930ern (17) und dem ersten Jahrzehnt des 20. Jahrhunderts (16). Auch während des Ersten Weltkriegs trafen die beiden Mannschaften mehrfach aufeinander (1914 dreimal, 1915 und 1916 viermal, 1917 fünfmal und 1918 wieder dreimal). Die Bedeutung dieser Rivalität wurde durch den Zusammenbruch der Monarchie nicht vermindert.

Was die Ergebnisse betrifft, war die Bilanz für die Ungarn mit Ausnahme der 1920er-Jahre (mit vier Siegen gegen neun Niederlagen) immer positiv, am deutlichsten in den 1910er-Jahren (bei 18 Siegen, sechs Niederlagen und vier Unentschieden). Auch im ersten Jahrzehnt des Jahrhunderts wies Ungarn einen Sieg mehr auf (allerdings bei gleichem Torverhältnis). Bezeichnend endete das erste Treffen der beiden Teams am 12. Oktober 1902 in Wien, nämlich mit einem glatten 5:0 der Österreicher (das erste Spiel in der Geschichte des europäischen Fußballs ohne die Beteiligung einer Auswahlmannschaft von den britischen Inseln, vgl. Dénes/Rochy 1996:9). Beim Retourspiel ein halbes Jahr später in Budapest aber schlugen die Ungarn ihre Gegner mit 3:2.

Nemzeti Sport (Nationaler Sport) kommentierte das Spiel folgendermaßen: „Der Sieg ist immer schön, aber er ist zehnmal süßer, wenn Ungarn Österreich schlägt – noch dazu unerwartet". Nach dem ersten Auswärtssieg (4:3) notierte die Zeitung:

> „Unser sportliches Verhältnis zu Österreich ist ein besonderes und geht über Routinebegegnungen hinaus. Dies erklärt, warum in jedem Match nicht sportliche Vorherrschaft, sondern nationale Ehre auf dem Spiel steht. Und man muss zugeben, dass in jedem sportlichen Feld, vor allem aber im Fußball, das ungeteilte Interesse sowie die Aufmerksamkeit und der Enthusiasmus der Nation unsere Anstrengungen begleiten. (…) In anderen sportlichen Bereichen haben wir unsere österreichischen Nachbarn längst überflügelt: Im Fechten sind wir weltweit führend und auch im Turnen und Schwimmen können wir die Trans-Leithanier seit langem schlagen. Jetzt hat endlich auch auf der lange ausgeglichenen Fußballskala der Zeiger deutlich auf die Seite der Ungarn ausgeschlagen. Wir können Vertrauen in die Stärke unseres Volks setzen, das auch in diesem Spiel seine Vorzüglichkeit unter Beweis stellen wird. Es hat bereits begonnen." (Nemzeti Sport: 8.5.1909)

Offensichtlich stellte die Sportpresse, ebenso wie die Fans, eine direkte Verbindung zwischen sportlicher Leistung und „Nationalcharakter" der nationalen Identität in ihren (latenten) Kontexten her. Wenn Journalisten Phrasen wie „heldenhaft kämpfende ungarische Burschen", „ungarische Attacken und Vorstöße im Stil der Husaren", „die Stellung halten" oder Überschriften wie „Kein Pardon gegeben, Ungarn triumphiert" verwendeten, erfüllten sie damit genau die Erwartungen ihrer Leser, die die Beziehung zwischen den beiden Nationen in den Begriffen einer aus dem 16. ins 20. Jahrhundert verlegten Feindschaft wahrnahmen.

Im ersten Jahrzehnt kämpften ungarische Fußballer „nicht nur um sportliche Vorherrschaft, sondern auch für die nationale Ehre", spielten mit „schnellen Vorstößen", „größerem Temperament", „Tapferkeit", „Beharrlichkeit", „großer Selbstaufopferung", auch mit „wenig Teamwork", dafür aber „nicht schablonenhaft". Im Gegensatz dazu zeigten die Österreicher „schöneres Kombinationsspiel", waren „allgemein schneller", hatten eine „vorbildliche Abwehr" und „bessere Schusstechnik". Allerdings waren „ihre Kombinationen langsam" und sie „bestanden auf Flachpässen", die in den Pfützen des Budapester Spielfeldes hängen blieben. Allgemein mochten sie zwar „über raffiniertere Technik und größeres Können verfügen, doch sie kämpfen nicht mit solcher Begeisterung wie die Ungarn". Ihre Zuseher waren „disziplinierter": „Die Ordnung, Präzision und Disziplin deutscher Akribie" war beeindruckend. Es ist nicht schwer zu erkennen, dass hier von sportlichen Aktivitäten – Taktik, Spielstil oder den Reaktionen des Publikums – direkt auf den Nationalcharakter geschlossen wurde. So essenzialistisch diese Äußerungen auch erscheinen mögen, waren sie doch fast immer relationistischer Natur, das heißt im Bezug auf die Eigenschaften der Gegenseite definiert. Diese Bedingtheit wurde meistens auch explizit formuliert:

> „Wenn man die Stärken der beiden Teams vergleicht, sind die Österreicher technisch
> überlegen, die Ungarn vom Temperament her. Es hat sich schon oft gezeigt, dass die
> Österreicher besser Fußball spielen, wir aber effizienter. Eine Eigenschaft stellt unser
> Spiel aber über das ihre: Schnelligkeit und Ausdauer. (…) Das Spiel der beiden Mann
> schaften gibt den Volkscharakter der beiden Länder getreu wieder: Während hier das
> Spiel der Teams vom echtem Amateurgeist und englischem Charakter erfüllt ist und
> alles auf Schnelligkeit und Lauf aufbaut, bevorzugen die Österreicher das schwierige
> Kombinationsspiel und den langsamen Aufbau, was zwar zuverlässiger und effizienter
> sein mag, aber nicht mit der Schönheit und Schlagkraft unseres Spiels konkurrieren
> kann. So komisch das klingen mag – wenn man versucht, das Fußballverhältnis der
> beiden Länder kurz zu beschreiben, könnte man sagen, die Österreicher sind besser, wir
> aber sind stärker." (Nemzeti Sport, 7.11.1908)

Auch wenn andere Teams im Verhältnis zu den Ungarn definiert wurden, spielten nationale Stereotype eine große Rolle. Die Sportzeitungen wiederholten etwa jahrzehntelang bestimmte Phrasen, wenn sie den Spielstil der Schweizer beschrieben: „Ihre Pässe sind tödlich genau", „sie spielen präzise, doch es fehlt ihnen an Schnelligkeit und Schlagkraft", daher „müssen sie sich den einfallsreichen Spielzügen der ungarischen Stürmer geschlagen geben". Die Beschreibungen der Deutschen sprachen von „keinem brillanten, aber einem nützlichen Stil, Genauigkeit, musterhaften Pässen, schematischem Spiel, kein Spielwitz, Einfallsreichtum oder Spielverstand, enthusiastischer Ausdauer, sie spielen farb- und einfallslosen Fußball". „Der Unterschied liegt im Volkscharakter: wir verteidigen unser Tor hingebungsvoller und stürmen entschlossener als die Deutschen". „Der ungarische Fußball hat mehr Ideen und Persönlichkeiten". Die Tschechen hingegen waren die „perfekten Handwerker" des Fußballs, die Ungarn die „launenhaften Künstler". (Nemzeti Sport)

Aus diesen Ausführungen wird deutlich, dass Ungarn im ersten Jahrzehnt des 20. Jahrhunderts den „kick and rush"-Stil praktizierte, während die Österreicher das schottische System pflegten. Doch wie das Beispiel MTK zeigt, lernten die Ungarn rasch. Bei ihren 18 Siegen in den 1910er-Jahren legten sie, so Nemzeti Sport, „virtuose, brillante Technik, Erfindungsreichtum, geistreiche Problemlösung, exzellenten Spielaufbau, ruhiges Blut, natürliche Leichtigkeit, künstlerische Veranlagung und Galanterie(!)", gegenüber dem „unglaublichen Einsatz" der Österreicher an den Tag, „die mit Herz, hartnäckig und entschlossen, dafür aber nicht gerade mit Meisterschaft spielten". Die veränderten Zuschreibungen waren keinesfalls Ausdruck beliebiger journalistischer Wortwahl, sondern entsprachen dem leistungsverbessernden Umstand, dass Spieler, Trainer und Sportfunktionäre sich jener technischen, taktischen und organisatorischen Elemente angenommen hatten, die charakteristisch für den Fußball am Anfang des 20. Jahrhunderts waren.

Es reicht also nicht aus, von einer strukturellen Homologie zwischen den österreichisch-ungarischen und den MTK-FTC Derbys zu sprechen. In den Begriffen der Sozialpsychologie können diese Rivalitäten mit dem Hang zur Überinvestition auf einen gemeinsamen Nenner gebracht werden. Wichtigste Antriebskraft war eine durch Gruppenidentität gefilterte und in die Zukunft projizierte nationale Identität. Gegenstand dieser Projektion war die (symbolische) Dominanz sowohl in der Monarchie als auch in der internationalen Fußballgemeinschaft.

1920–1945

Als die Monarchie zusammenbrach, hatten solche Überinvestitionen in Ungarn bereits zu einem hohen Stand fußballerischen Könnens geführt, der die inländischen Anforderungen bei weitem überragte. Wenn die Resultate gegen Österreich auch die Kräfteverhältnisse im europäischen Fußball widerspiegelten, durfte das ungarische Team wohl als das beste des Kontinents bezeichnet werden (und hinter den beiden britischen Auswahlteams als drittbeste Mannschaft der Welt). Die Spielergebnisse der ungarischen Elf können diese Behauptung belegen: Außer einigen Niederlagen gegen die Österreicher – das Verhältnis der Begegnungen war leicht positiv – verloren die Ungarn in dieser Zeit nur zweimal: gegen England (0:7) und die Schweiz (0:2). Große Fußballnationen wie Deutschland, die Schweiz, Schweden oder Italien wurden mehrmals besiegt.

Es ist kein Zufall, dass in den 1920er-Jahren enorme Nachfrage nach ungarischen Spielern und Trainern herrschte. Die Tendenz zur Abwanderung wurde durch die Situation zu Hause noch verstärkt. Der „Trianon-Schock", die Auswirkungen der allgemeinen Anomie nach dem „nationalen Desaster" des Jahres 1919, als Ungarn als Folge des Friedensvertrags von Trianon zwei Drittel seines früheren Territoriums verlor, manifestierte sich auch in einer Reihe verlorener Fußballspiele und schwächte zeitweise den Stellenwert der symbolischen Bedeutungsgehalte des Spiels. Dazu kam noch der offene und explizite Antisemitismus des neuen, nach rechts driftenden Regimes.

So suchten in den frühen 1920er-Jahren die besten ungarischen Spieler und Trainer, vor allem jene jüdischer Herkunft, Arbeit im Ausland (und fanden diese auch). Naheliegenderweise gingen die meisten von ihnen nach Wien, wo zu dieser Zeit das antisemitische Klima schwächer war. Bezeichnend war der erste Sieg der Wiener Profi-

Meisterschaft durch die jüdische Hakoah, die zu einem guten Teil aus Budapester Spielern bestand. Um nur einige Beispiele für die Karrieren ungarischer Fußballer nach 1919 zu geben: Jenö Károly von MTK, genannt Herr Professor, wurde Trainer bei Juventus und gewann im Jahr 1926 die Meisterschaft. Drei Verteidiger seines Teams stellten auch die Hintermannschaft des Weltmeisters von 1938. Imre Payer von FTC spielte in den frühen 1920er-Jahren beim WAC in Wien und trainierte bis in die 1950er-Jahre Modena und Torino. Der erste Weltklasse-Mittelstürmer, Alfréd Schaffer von MTK, spielte für verschiedene Vereine in Deutschland, der Schweiz, der Tschechoslowakei und Österreich, gewann die tschechische Meisterschaft mit Sparta Prag und wurde dann Trainer beim AS Roma. Plattkó wurde Tormann beim FC Barcelona. György Orth, einer der besten ungarischen Fußballer aller Zeiten, ging Mitte der 1920er-Jahre als Trainer zum FC Messina, dann zum 1. FC Nürnberg und dem FC Metz. Später arbeitete er in Übersee bei führenden Teams in Chile, Mexiko und Peru, wo er später auch zum Präsidenten des Fußballverbands ernannt wurde. Als Betreuer des FC Porto verstarb er während eines Spiels im Jahr 1962. Béla Guttmann spielte zunächst bei der Hakoah in Wien, bevor er in Brooklyn einen Vertrag unterschrieb. Später wurde er einer der erfolgreichsten Trainer der Welt. In Ungarn gewann er die Meisterschaft mit Újpest, in Uruguay mit Peñarol, in Italien mit dem AC Milan, in Brasilien mit São Paulo und in Portugal mit Porto und Benfica (jenem Verein, mit dem er auch zweimal den Europäischen Meistercup gewann).

Diese Trainer und Spieler hatten entscheidenden Anteil an der Verbreitung und Weiterentwicklung des Pyramidensystems, das zusammen mit technischer Virtuosität und improvisierendem Individualismus zum Inbegriff des „Mitteleuropäischen Spielstils" wurde. Dies ist auch der Grund, warum man in der ungarischen Fußballgemeinde – zumindest in der älteren Generation – davon spricht, „dass Ungarn der ganzen Welt das Fußballspielen beigebracht hat". Natürlich wurde der mitteleuropäische Stil nicht nur von Budapest aus verbreitet, doch die Bedeutung der Budapester Schule ist nicht zu leugnen. Die Stärke der Ungarn offenbarte sich etwa 1927 in einem 13:1 gegen Frankreich (im selben Jahr spielte man gegen Österreich 1:1, 0:6 und 5:3). In der gleichen Saison schlug der aktuelle Meister Ferencváros den englischen Cupsieger Blackburn Rovers mit 6:1 und gewann im darauf folgenden Jahr den „Mitropacup" (im Finale setzte es in Budapest für Rapid Wien ein 1:7). 1929 tourten sie durch Südamerika, wo sie neben einigen anderen Triumphen auch den doppelten Olympiasieger Uruguay mit 3:2 bezwangen.

In der Zwischenkriegszeit entfaltete sich der ungarische Fußball durch die besonders starken mitteleuropäischen Sportbeziehungen, vor allem durch die Fußballrivalität zwischen Italien, Österreich und Ungarn. Regelmäßig wurden Klub- und Länderspiele zwischen diesen Staaten ausgetragen und in den ersten europäischen Cupbewerben institutionalisiert: Der Internationale Cup umfasste die Nationalmannschaften Österreichs, Ungarns, der Tschechoslowakei, Italiens und der Schweiz, der Mitropacup in erster Linie die Klubmannschaften derselben Länder (zeitweise waren auch Teams aus Jugoslawien und Rumänien vertreten). Die Sieger dieses Bewerbs konnten zurecht als beste Mannschaft des Kontinents, wenn nicht sogar der Welt, bezeichnet werden. Hier setzte sich die auf die Monarchie zurückgehende tripolare Rivalität zwischen Österreich, Ungarn und Böhmen fort, wobei mit Italien langsam ein neuer Konkurrent die Vorherrschaft übernahm (und Österreich und Ungarn um die zweite Stelle rangen).

Hatten schon die Ungarn rasch gelernt, so lernten die Italiener nun noch schneller: Sie waren mit den Engländern das einzige Team, gegen das Ungarn in Länderspielen ab den späten 1920er-Jahren eine negative Bilanz aufwies. Wurden sie 1924 noch 7:1 geschlagen (bzw. 2:1 ein Jahr später), so konnten die Italiener von den 17 Spielen der folgenden 25 Jahre elf (bei sechs Unentschieden) für sich entscheiden. Nach dem 4:3 der Italiener im Jahr 1928 hielt die ungarische Presse fest, dass „über 150 ungarische Spieler und Trainer seit Jahren in Italien dieses exzellente italienische Spielermaterial ausgebildet haben" (Nemzeti Sport 25.3.1928), und es gab Gerüchte, dass das von Mussolini besuchte Eröffnungsspiel im römischen Stadio Nazionale an die Gastgeber gehen musste. Nach dem italienischen 5:0-Sieg zwei Jahre später in Budapest gab es keine Entschuldigungen mehr. Dafür beeilte sich Nemzeti Sport, eine Hommage an Mussolini, „das statuengleiche Sinnbild der italienischen Wiedergeburt", anzubringen und nationale Charakterstudien in explizite politische Botschaften umzuformen: „Die Festigkeit der italienischen Herzen schlug das ungarische Können", und „die moralische Stärke, der Wille, die Hingabe, die Einheit, die entschlossene nationale Anstrengung und die stürmische nationale Energie des jungen faschistischen Italien haben uns im Sturm genommen" (Nemzeti Sport 12.5.1930).

Auch den ungarisch-deutschen Begegnungen wohnte eine besondere Bedeutung inne, vor allem wegen ihrer politischen Konnotationen. Obwohl lange Zeit dominierend, schwand die ungarische Überlegenheit während der 1930er-Jahre dahin, und während des Zweiten Weltkrieges konnte kein Spiel gegen Deutschland mehr gewonnen werden (zwei Partien gingen an Deutschland, zwei endeten unentschieden). Neben den angesprochenen offenen politischen Implikationen dieser Spiele (beim Aufeinandertreffen 1936 in Budapest schwenkten zahlreiche deutsche Fans Hakenkreuzfahnen; Reichsverweser Miklós Horthy war ebenso anwesend wie Ministerpräsident Gömbös, dessen fußballerischer Vergangenheit in der Presse breiter Raum geschenkt wurde, Miklós Horthy junior und zahlreiche andere Vertreter der Machtelite) machte auch die Interpretation der deutschen Taktik einen großen Bedeutungswandel durch: Frühere journalistische Beschreibungen des „mechanischen, farblosen, stereotypen, einfallslos präzisen, langweiligen" Wesens des deutschen Spiels wurden nun durch neue Charakterisierungen abgelöst: „Die deutschen Tugenden – Schnelligkeit, Härte, Willen, Disziplin, Exaktheit – waren eine hervorragende Basis für den deutschen Fußball. Durch den Kontakt mit anderen mitteleuropäischen Nationen haben die deutschen Fußballer auch Einfallsreichtum und technisches Raffinement gelernt und so ihrem mechanischen Stil Farbe und Abwechslungsreichtum hinzugefügt". So wäre „das von ihnen praktizierte WM-System in ihrem Spiel erst zu voller Entfaltung gelangt" (Nemzeti Sport 16.3.1936).

Im professionellen Sinn entwickelte sich der Fußball zu einem zunehmend autonomen Feld, in dem spezialisiertes und nur in diesem Bereich gültiges Wissen akkumuliert wurde. Allerdings versuchte die große Politik, die Bedeutungen und Identifikationsangebote dieses populärsten Sports für ihre eigene Legitimation und Propaganda zu nutzen. Dies galt selbstverständlich auch für andere mitteleuropäische Staaten. Bezeichnenderweise wurde das Finale der WM 1938 zwischen Italien und Ungarn (4:2) ausgetragen. Die Machtelite nützte das politische Potenzial des Fußballs skrupellos aus. Spitzensport galt als Teil der Kulturpolitik bzw. als Beitrag zur „Rettung der Nation" und erfüllte auch in Ungarn wichtige politisch-ideologische Funktionen. Wenn Ministerpräsident István Bethlen in den späten 1920er-Jahren davon sprach, dass „die Söhne der ungarischen Nation nicht nur an der Front der intellektuellen Kultur, sondern auch an jener der Körperkultur kämpfen müssten" (Nemzeti Sport 31.3.1929), und der mächtige Kulturminister Kunó Klebelsberg die wichtigsten Sportarten mit ansehnlichen Geldmitteln unterstützte (vgl. Nemzeti Sport 12.4.1929), hatte die Regierung somit ein günstiges politisches Klima geschaffen, in dem der als vordringliches Projekt betrachtete Fußball in relativer Freiheit und im Rahmen seiner eigenen inneren Logik funktionieren konnte. Klebelsberg fasste die Ziele der staatlichen Sportpolitik mit den folgenden Worten zusammen:

> „In Trianon wurden wir gezwungen, die allgemeine Wehrpflicht im Land abzuschaffen – eine Maßnahme, die uns nicht nur in militärischen Belangen, sondern auch in der Erziehung schwächte. Denn die erzieherischen Ziele der Schulpflicht wurden im verpflichtenden Militärdienst fortgesetzt, bei dem das Volk durch Drill, körperliche Kräftigung und Abhärtung zu Gehorsam und Disziplin geführt wurde. Wir müssen dafür sorgen, dass die körperliche Ausbildung, der die gesamte männliche Bevölkerung in der Armee unterzogen wurde, vom ungarischen Sport übernommen wird. In der speziellen Situation, in die uns der Vertrag von Trianon gebracht hat, kommt dem Sport besondere Bedeutung zu." (Nemzeti Sport 24.12.1928)

Es war zum Teil dieses Klima, das in der 1927 zur Bündelung professioneller Kompetenzen ins Leben gerufenen Trainervereinigung zu hitzigen inhaltlichen Debatten führte. Teilweise war es der Initiative dieser Vereinigung zu verdanken, dass in den 1930er-Jahren Planungsaspekte im Training des Nationalteams sichtbar wurden. Neben technischen Elementen wurde auch auf eine Verbesserung von Kondition und taktischen Fähigkeiten der Spieler hingearbeitet. Ab 1938 führte der Fußballverband regelmäßige medizinische Tests für Fußballprofis ein. Nach und nach entstanden auch unterschiedliche Trainingsmethoden: Alfréd Schaffer widmete der Vermittlung von Taktik besonderes Augenmerk, István (Potya) Tóth integrierte Gymnastik und Athletik in das Trainingsprogramm der Fußballer und unterzog diese auch Ausdauerübungen. Béla Révész legte großen Wert auf die Arbeit mit den unterschiedlichen Teilen der Mannschaft, während Gyula Feldmann versuchte, spielerische Aspekte zu betonen: Er unterbrach die körperlichen Übungen durch Spiele und kleine Wettkämpfe. Im Zuge der von der Vereinigung regelmäßig abgehaltenen Lehrgänge spalteten sich die ungarischen Trainer: Eine Seite hielt am „traditionellen mitteleuropäischen System" fest, die andere argumentierte für „zweckmäßigen Fußball und die WM-Formation" (Sebes 1955:84ff). Relativer Konsens wurde von den beiden Lagern in den 1940er-Jahren erreicht, wie die folgenden Worte Schaffers belegen: „Ich bin kein vorbehaltloser Vertreter des WM-Systems, aber es besitzt eine Reihe von Eigenschaften, die von den ungarischen Spielern positiv umgesetzt werden können." (zit. nach Sebes 1955:89)

Im nationalen Kontext des ungarischen Fußballs wurde die Auseinandersetzung zwischen MTK und FTC mit der Zeit zunehmend durch die Polarisierung jüdisch/nichtjüdisch bestimmt – eine Entwicklung, die vom immer schärferen und zunehmend institutionalisierten Antisemitismus in den ideologischen und politischen Sphären beeinflusst wurde. Seit Einführung der Profi-Liga im Jahr 1926 musste sich MTK – umbenannt in Hungária (!) – meist mit dem zweiten oder dritten Tabellenplatz begnügen und konnte bis zum Ausbruch des Zweiten Weltkriegs nur drei Meistertitel (1929, 1936 und 1937) erringen. In den Jahren zwischen 1926 und 1941 war Ferencváros mit sieben Titeln das erfolgreichste Team. Fünfmal konnte sich die aufstrebende UTE an erster Stelle platzieren.

Die Arisierungswellen in den verschiedensten Sphären des wirtschaftlichen und geistigen Lebens beeinflussten auch den sportlichen Mikrokosmos. Im Zuge der Entfernung der jüdischen Funktionäre wurde 1939 ein Mann der extremen Rechten als Regierungsbevollmächtigter an die Spitze von Húngaria berufen, ein Jahr später wurde das Team aufgelöst. In dieser Situation riefen die MTK-Funktionäre ihre Fans dazu auf, mit Vasas einen kleinen Arbeiterverein mit offen linkem Hintergrund zu unterstützen. Diese scheinbar überraschende symbolische Allianz zwischen „jüdisch bourgeoisem"- und „sozialdemokratischem Arbeiter"-Klub kann mit Hilfe ihrer gemeinsamen Eigenschaften und Positionierungen im ideologischen Raum – sozialer Nonkonformismus, Marginalisierung und Antifaschismus – erklärt werden. Nach den Arisierungen und der Auflösung ihres großen Rivalen wurden die Fradi zum offiziellen Team des immer extremeren rechten Regimes. Diese Entwicklung erreichte 1944 unter der deutschen Besetzung ihren Höhepunkt, als Andor Jaross, der als Innenminister der faschistischen ungarischen Pfeilkreuzler-Regierung als Cheforganisator der Juden-Deportationen wirkte (und als einer der Hauptkriegsverbrecher nach dem Krieg zum Tode verurteilt und gehenkt wurde), den Fradi-Präsidentenposten übernahm. Das Ziel des kurzlebigen Pro-Nazi-Regimes war nahe liegend: Die Popularität der Fradi sollte für den eigenen zweifelhaften Ruhm genutzt werden.

Es wäre aber zu einfach, alle Anhänger des FTC in dieser Zeit als politische Extremisten zu bezeichnen. Zweifellos war der Stimmenanteil für die Pfeilkreuzler-Partei im 9. Bezirk von Budapest (Ferencváros) im Jahr 1939 sehr hoch. Die Fradi-Fans aus Ferencváros – Handwerker, Kleinhändler, Facharbeiter – bewunderten die Technologien des „Dritten Reichs" und standen unter dem Einfluss der deutschenfreundlichen extremen Rechten. Viele erinnerten sich bei dieser Gelegenheit ihrer eigenen deutschen Wurzeln. Von den Sozialdemokraten enttäuschte „kleine Männer" sympathisierten wegen der egalitären Ideologie und des populistisch-antisemitischen Nationalismus der Rechten mit diesem Lager. Der kleinbürgerliche Rechtspopulismus definierte sich aber nicht nur in Abgrenzung gegen die „un-ungarische" jüdische Mittelklasse, sondern auch gegen den „groß-ungarischen" offiziellen Revanchismus und Irredentismus der Oberschicht.

Die Anhänger der Fradi können aber schon deshalb nicht einfach alle der extremen Rechten zugerechnet werden, weil sie die Bewohnerschaft des 9. Bezirks der Hauptstadt weit überstiegen. Zu Beginn des 20. Jahrhunderts definierte sich FTC als plebejisches Team der Peripherie gegen den großbürgerlichen City-Klub MTK. Da der FTC für beinahe 30 Jahre die Meisterschaft dominierte (bevor UTE ab den 1930er-Jahren mitmischte), wurden fast selbstverständlich alle sozialen Gruppen, die für vorstädtischen Populismus anfällig waren, zu Fradi-Fans. Die Mehrheit der Fußballanhänger aus den Außenbezirken, die über keine Erstliga-Mannschaften verfügten, ergriff Partei für die Fradi – und gegen MTK. Dies bedeutet nicht, die Bedeutung der ungarisch/„ausländischen" oder christlich/jüdischen Trennlinien herabzusenken, die ebenfalls durch die FTC/MTK-Rivalität ausgedrückt wurden. Doch diese national/religiöse/„rassische" Polarisierung stand im Schatten von Antagonismen von Zentrum vs. Peripherie und (Groß)Bürgertum vs. Kleinbürgertum. Ländliche Anhänger unterstützten neben ihren lokalen Teams meist auch eine Erstliga-Mannschaft aus der Hauptstadt. Wenn man die sozialen Zuschreibungen der Budapester Vereine bedenkt, ist es nicht überraschend, dass die überwältigende Mehrheit dieser ländlichen Fans zu den Fradi hielt.

1945–1956

Nach der kommunistischen Machtübernahme im Jahr 1948 wurde die gesamte Organisation des Sports den neuen ideologischen Bedürfnissen entsprechend umgebaut. Fußballvereine wurden mit dem kaum verhüllten Motiv der Gleichschaltung brutal umgestaltet, wobei jedes Team einem Ministerium, einer wirtschaftlichen Sparte oder einer regionalen Einheit zugeordnet wurde. Mit anderen Worten, das kommunistische Regime versuchte, die Mannschaften von ihren früheren semantischen Bedeutungen, ihrer materiellen Basis – und oft auch ihren Fans – zu lösen. In der ersten Liga konnte nichts entschieden werden, das nicht zuvor in der ein oder anderen Form durch die politischen Spitzen des Rákosi-Regimes abgesegnet worden war. Eine offenbar authentische Anekdote erzählt, wie sich Mátyás Rákosi eines Montag Morgens im Jahr 1949 bei seinem Sekretär nach dem Ergebnis der Begegnung FTC – Vasas vom Vortag erkundigte. Zu seinem Unglück antwortete der Sekretär, er wisse nicht, wie das Spiel ausgegangen sei, da er am Wochenende weit wichtigere politische Fragen behandeln musste. Stalins bester Schüler in Ungarn belehrte ihn daraufhin: Sport i s t ein bedeutendes politisches Thema, vor allem, wenn ein „linkes" auf ein „rechtes" Team trifft.

Bei der Umverteilung der Ressourcen schätzte das Regime den FTC als gefährlichste Mannschaft unter den Spitzenklubs ein, sowohl was seine verhängnisvollen Kontakte mit der extremen Rechten als auch seine überragende Popularität betraf. 1948, im Jahr des Umsturzes, befand sich der Verein in einer sehr unsicheren Position, und die Gefahr der Auflösung war groß. Die Kommunistische Partei wagte aber nicht, diesen anrüchigen Schritt zu setzen. Als die Mannschaft wegen „faschistischer Provokationen" eines harten Kerns der Anhänger – diese hatten antisemitische Gesänge angestimmt – für vier Wochen von der Meisterschaft ausgeschlossen werden sollte, wurde diese Strafe wegen der enormen Empörung in eine Platzsperre umgewandelt. Die Stärke des FTC zeigte sich in der Tatsache, dass er auch unter solchen Umständen in der Lage war, die Meisterschaft mit einem Vorsprung von elf Punkten vor dem zweitplatzierten MTK zu gewinnen. 1950 wurde die Mannschaft aber trotzdem fast zerschlagen: Ihre traditionellen Farben Grün-Weiß wurden in Weiß-Rot geändert und die besten Spieler zur Gründung der Mannschaft der ungarischen Lebensmittelarbeiter-Gewerkschaft, ÉDOSZ, ab 1951 Kinizsi, herangezogen. Der „Türkenbezwinger" Pál Kinizsi wurde sowohl von den Nazis als auch den Kommunisten als geeigneter Namensgeber für Fußballklubs angesehen, denn in der Nazizeit war Vasas in Kinizsi umbenannt worden. Von den 1950er- bis späten 1980er-Jahren wurden außerdem hunderte Kasernen und eine der beliebtesten Biermarken nach Kinizsi benannt.

Als im Jahr 1949 alle großen Fußballklubs einen politischen Entscheidungsträger als Direktor vorgesetzt bekamen (und der Stellenwert des Teams am besten durch die politische Position dieses Direktors abgelesen werden konnte), wurde Ferenc Münnich, der damalige Polizeichef von Budapest, zum Präsidenten von Ferencváros ernannt. Als schwache und unwichtige Figur im Kreis der zentralen Amtsträger der Macht war seine

Ernennung vielleicht auch auf seinen Namen und seine deutsche Abstammung zurückzuführen. Auf eigentümliche Weise blieben so zu Beginn des Rákosi-Regimes die Re-
miniszenzen des geschwächten Teams an seine früheren „schwäbischen" Affinitäten
bestehen. Als FTC nach 1950 zu ÉDOSZ SE (und dann Kinizsi) wurde, kamen seine
Funktionäre aus dem Bereich der Lebensmittelindustrie und spielten keine Rolle in der
Spitzenpolitik. Dem entsprach die Rolle der Mannschaft in der Meisterschaft.

Die kommunistischen Führer hatten keinen Grund, ähnlich hart gegen MTK vorzuge-
hen. Dennoch existierten einige Vorbehalte wegen des „jüdischen Charakters" dieses Teams,
und so wurden die Farben des Vereins von blau-weiß in rot-weiß geändert, um auf diese
Weise mögliche Assoziationen mit der blau-weißen israelischen Flagge zu vermeiden.
Jedenfalls wurde der Klub 1950 der Textilarbeitergewerkschaft unterstellt und sein Name
von MTK auf Textiles geändert. Diese Maßnahme kann auch als Zeichen symbolischer
Kontinuität verstanden werden, da der Verein seit seiner Gründung in erster Linie durch
jüdische Textilindustrielle und -händler unterstützt und geführt worden war. Ein ähnliches
Zeichen von Kontinuität stellte die Ernennung von István Vas zum Präsidenten des Klubs
in den frühen 1950er-Jahren dar: Dieser war Präsident des Planungsbüros sowie führen-
des Mitglied der Parteielite und einer der wenigen Parteiführer, der seine jüdische Herkunft nicht verschleierte, sondern es gelegentlich sogar wagte, sich zu seinen zionisti-
schen Sympathien zu bekennen. Im Jahr 1951 wurde MTK allerdings zur offiziellen Mannschaft der Geheimpolizei ÁVH, des meistgehassten und gefürchtetsten Machtorgans des
Regimes. Der Verein änderte seinen Namen im selben Jahr in Bástya („Bastion"; „Ungarn
ist keine Bresche, sondern eine machtvolle Bastion im Kampf gegen den Imperialismus",
so der offizielle Slogan) bzw. 1953 in Vörös Bástya („Rote Bastion"). Mit diesem neuen
institutionellen Hintergrund und Namen behielt der Klub in nahezu pervertierter Form
seine alten Zuschreibungen, denn in den Augen der Öffentlichkeit war die ÁVH das Terror-
organ des „jüdisch-kommunistischen Machtzentrums". Für die Fußballfans verwandelte
sich so das Team der alten jüdischen Elite zu jenem der neuen, und die Grundlage für die
Reproduktion antisemitischer Gefühle gegen das Team blieb bestehen.

In den 1950er-Jahren verlor die FTC-MTK-Rivalität ihren Derbycharakter, weil
MTK einfach zu überlegen war. Während die Zahl der lokalen MTK-Anhänger durch
den Genozid und die Emigration radikal zurückgegangen war, blieb FTC weiterhin die
beliebteste Mannschaft. Die gegen den Klub ergriffenen Maßnahmen verstärkten noch
das Gefühl moralischer Überlegenheit bei Verein und Fans. Im allgemeinen Klima der
Einschüchterung und der allgegenwärtigen Kontrolle konnten weder offener Antisemitismus noch politischer Widerspruch formuliert werden. Solche Gefühle wurden erst in
der liberaleren Atmosphäre der Kádár-Ära zunehmend sichtbar.

Die Lieblingsmannschaft des Regimes war sicherlich Honvéd (das ehemalige
Kispest-Team, dessen Farben von Rot-Schwarz zu Rot-Weiß geändert worden waren).
In den Jahren zwischen der Einführung der Profi-Liga (1926) und 1948 hatte dieser
Verein aus der im Wesentlichen von unterer Mittelschicht und Kleinbürgertum bevöl-
kerten Vorstadt meistens untere Plätze in der Erstliga-Tabelle eingenommen. Die meisten seiner Fans unterstützten auch das Top-Team der Fradi. Durch die Versetzung diverser Spitzenspieler zu diesem Klub schuf die politische Elite im Jahr 1949 allerdings
die beste Mannschaft der ungarischen Fußballgeschichte. Zu dieser Zeit war Honvéd
vielleicht sogar das beste Team der Welt. Der „Volksarmee" unterstellt, war der Name

des Klubs selber schon programmatisch (wörtlich Vaterlandsverteidiger bzw. Landwehrsoldat; der Name der ungarischen Unabhängigkeitsarmeen in den Jahren 1848/49). Diese offiziell geförderten Identifikationselemente ermöglichten aber implizit auch (strikt unterdrückte) nationalistische Lesarten. Die Verknüpfung des Namens mit den Ereignissen von 1848 trug dazu bei, eine gewisse Akzeptanz für den neuen Militarismus der demokratischen Volksarmee zu schaffen.

Ab diesem Zeitpunkt wurden die Erwartungen der kommunistischen Führer mehr oder weniger eingelöst. Honvéd demonstrierte die Überlegenheit des Kommunismus über den „Imperialismus" und trug so zur Legitimation der Partei bei. Die oft aus einfachen Verhältnissen stammenden und nicht selten wenig gebildeten Fußballer paradierten in Offiziersuniformen, genossen außergewöhnliche Privilegien und für ihr Alter exorbitante finanzielle Einkünfte. Ihr kometenhafter Aufstieg und Weltruhm verkörperten die Hoffnungen der kleinen Leute in den Volksdemokratien. Viele sahen die Fußballer als Beispiel für die unbeschränkten Aufstiegsmöglichkeiten, die einem durch Verdienste im Kommunismus offen standen.

Totalitäre Regime haben spektakuläre Massenveranstaltungen immer dazu benutzt, die emotionale Harmonie zwischen Volk und Regime in einer Art von zirzensischer Legitimation darzustellen. Mai-Aufmärsche, Arbeitertreffen, riesige Singfeste oder das Pionierleben erfüllten in den 1950er-Jahren dieselbe Funktion wie der Sport. Fußball erwies sich in dieser Hinsicht als weit effektiver als alle anderen Maßnahmen, denn auf lange Sicht führte die erzwungene Teilnahme an den von der Arbeitsstelle oder Schule organisierten Veranstaltungen nur zu einer Vergrößerung des Antagonismus zwischen Mobilisierern und Mobilisierten. Im Gegensatz dazu boten Fußballspiele den gewaltsam aus ihren traditionellen Gruppenbindungen gelösten Menschen die Möglichkeit komplexer emotionaler und leidenschaftlicher Identifikation. In dieser Hinsicht leisteten Fußballspiele in den Jahren zwischen 1948 und 1956 Einzigartiges: kein Wunder, dass Zehntausende zu den Matches strömten. Und auch wenn die Teams theoretisch die verschiedenen Akteure und Institutionen des sozialistischen Produktionssystems repräsentieren sollten, also Bergarbeiter, Eisenbahner, Volksarmee, Polizei, Lebensmittel- und Textilindustrie auf dem Platz gegeneinander antraten, hatten die Fans die Möglichkeit, die Mannschaften mit ihren traditionellen lokalen, ideologischen oder symbolischen Bedeutungen zu belegen. Für die Anhänger blieben ÉDOSZ und Textiles weiterhin FTC und MTK – mit all ihren historischen Zuschreibungen. Zu diesen traditionellen Elementen gesellten sich in dem ideologisch konstruierten, symbolischen Raum die neuen Bedeutungen als legitime Alternativen hinzu.

Die allmächtige Partei hielt sich für stark genug, die durch den Fußball mobilisierten Energien und symbolischen Kräfte zu kontrollieren. Als Legitimationswerkzeug war ihr das Spiel auch wichtig genug, um riesige Geldmengen in diesen Sport zu investieren. Dies erklärt auch die fieberhaften Bautätigkeiten von Stadien während der ersten Hälfte der 1950er-Jahre. Die Tribünen der meisten Erstliga-Klubs wurden renoviert und ausgebaut. Im Jahr 1953 wurde mit dem Népstadion (Volksstadion) eine der weltweit modernsten Fußballarenen mit einer Kapazität von 100.000 Zusehern eröffnet. Viel wurde auch für das Nationalteam unternommen, um auf diese Weise die kommunistische Erfolgspropaganda zu fördern. Die „Goldene Mannschaft" der 1950er-Jahre, die sich aus acht Honvéd-Spielern sowie drei von MTK zusammensetzte (Honvéd: Grosics, Lóránt,

Bozsik, Budai II, Kocsis, Budai I, Puskás, Czibor; MTK: Lantos, Zakariás, Hidegkuti), rechtfertigte mit Erfolgen die ihnen zugestandenen Privilegien. 1952 gewann sie das Olympische Fußballturnier, ein Jahr später schlug sie als erstes kontinentaleuropäisches Team die Engländer in Wembley (6:3). Diese Erfolgsserie und die ihr zugeschriebene politische Bedeutung erklärt auch jenen Bumerangeffekt, den die unerwartete Niederlage im WM-Finale 1954 (2:3 gegen die BRD) auslöste. Praktisch zum ersten Mal in der Geschichte des Fußballs verhalfen die aufgebrachten, demonstrierenden Fans ihren antikommunistischen Gefühlen zum Ausbruch. In dieser Situation hielt es die Regierung für klüger stillzuhalten, nicht einzuschreiten und die Zwischenfälle umzudeuten.

Das dritte vom Regime geförderte Team war Újpesti Dózsa (die ehemalige UTE). Dieser Klub verband ebenfalls komplexe alte und neue Bedeutungen: Sein Name spielte einerseits auf die früher eigenständige Stadt im Norden Budapests an, die hauptsächlich von Industriearbeitern und jüdischem (Klein)Bürgertum bewohnt wurde, andererseits auf den Adeligen György Dózsa, der vom kommunistischen Regime als „revolutionärer Führer der aufständischen Bauern" zum Nationalhelden erklärt worden war. Der Name stand so einerseits für die Region, andererseits für eine Version von linkem Populismus. Für die Fans galt er jedenfalls als Arbeiterverein und „jüdisch". Darüber hinaus verfügte er aber auch über eine Anzahl militant-rechter Fans, die auf die Verbindung zwischen dem Verein und den arisierten Gamma-Werken während des Zweiten Weltkrieges zurückgingen. Wohl auch deshalb bzw. um die genannten Zuschreibungen auszugleichen und seinen „volksdemokratischen" Charakter zu erhöhen, wurde der Klub dem Innenministerium bzw. der Polizei unterstellt. Dieser Schritt verbannte Dózsa in die Familie der Dynamo-Polizeiklubs, die in den „Bruderstaaten" von den jeweiligen Innenministerien unterstützt wurden (Dynamo/Dinamo Moskau, Kiew, Bukarest, Berlin etc. Der Name György Dózsas wurde wohl auch wegen seines Anfangsbuchstabens „D" – wie Dynamo – gewählt).

Während der „demokratischen Reorganisation" der Klubs versuchte das Regime einige der vorhandenen Ressourcen auch an andere Mannschaften zu verteilen. Dies geschah selbstverständlich ohne dabei die Position der privilegierten Teams zu gefährden. Trotzdem bescherte der Wettbewerb den Klubs damit die Möglichkeit (kalkulierter) Konkurrenz. Zusätzlich zur Umverteilung der Spieler und Ressourcen kümmerte sich die Partei auch darum, dass die Namen der Klubs zum „Aufbau der sozialistischen Gesellschaft" beitrugen: In der Provinz entstanden lokale Dózsa- und Honvéd-Teams, ebenso wie Vereine, die nach Branchen und Slogans der „sozialistischen Industrie" benannt wurden: Bányász (Bergarbeiter), Vasutas (Lokomotive), Haladás (Fortschritt), Építők (Bauarbeiter), Előre (Vorwärts). Dennoch blieb Budapest auch unter dem neuen Regime der wichtigste Fußball-Schauplatz. Dies zeigt sich in der Tatsache, dass nur zweimal in diesen Jahren eine der acht Provinzmannschaften (Dorogi Bányász/„Doroger Bergarbeiter") bis Platz fünf der vierzehn Teams umfassenden Endtabelle vorstoßen konnte.

Erwähnenswert ist auch das Vasas-(Stahlarbeiter)Team, dem die Kommunisten eher ambivalent gegenüberstanden. Der Name dieser Mannschaft aus Angyalföld – einer Vorstadt von Budapest, die unter dem alten Regime für linke Opposition stand – blieb als einziger unverändert, repräsentierte er doch lokal definierbare linke Traditionen. Trotzdem brachten die Regierenden diesem Team wegen seiner Nähe zur Sozialdemokratie (jener Partei, die im Jahr 1948 mit den Kommunisten zwangsvereinigt wurde) einiges an Misstrauen entgegen. Obwohl sie nicht riskierten, den Klub völlig aufzulösen, teilten sie sein Vermögen doch so auf, dass er in der Abschlusstabelle nie vor den Vorzeigeteams von Honvéd, Bástya oder Dózsa rangierte.

Trotz der geschilderten Entwicklungen gab es im Fußball in dieser Phase doch auch einige Kontinuitäten. So wurde das Feld teilweise nach wie vor von Spezialisten geführt, die auch schon vorher wichtige Rollen gespielt hatten. Der Einfluss, den ungarische Spieler und Trainer im Ausland ausübten, wurde schon erwähnt. Hinweisen könnte man noch auf das Mitte der 1950er-Jahre publizierte, fast 600seitige Fußballhandbuch von Árpád Csanádi, das bis in die 1970er-Jahre als Bibel der Trainer in der ganzen Welt galt und in seiner epochalen Bedeutung mit dem *Wohltemperierten Klavier* in der Musik verglichen werden kann (vgl. Csanádi 1960). Im Vorwort zur dritten ungarischen Auflage (!) aus dem Jahr 1960 sprach der Autor stolz davon, dass es „ein Zeichen des internationalen Ansehens des ungarischen Fußballs" wäre, dass das Buch bis Ende 1959 in sechs Sprachen verlegt worden sei. Beinahe ebenso einflussreich war das Lehrbuch von Bukovi/Csaknády (1954).

Gleichzeitig hätte sich die akkumulierte Kompetenz nicht ohne die geschilderten historischen Vorläufer und die Existenz tiefliegender Dispositionen entfalten können. Ein Faktor, der zum Erfolg der „Goldenen Mannschaft" beitrug, war die Tatsache, dass die Protagonisten, trotz der totalitären Beeinflussung im nationalisierten Fußball, extreme informelle Freiheiten genossen: Bis zu einem bestimmten Grad tolerierte das Regime die internen Logiken dieser Mikrostruktur. Man gab den Anspruch auf, die Lebenswelt der privilegierten Spieler zu kolonisieren, und tolerierte die Beibehaltung verschiedener Elemente der städtisch-proletarischen „Platten"-Kultur. Die Machtelite drückte ein Auge zu, wenn Puskás nicht nur Teamkapitän, sondern auch Gangleader war. Oder anders formuliert: sie machte den Gangleader zum Teamkapitän.

Eines der Hauptprivilegien betraf die Praxis der politischen Führer, die dunklen Geschäfte der Fußballer zu tolerieren. Dies machte die Spieler natürlich auch angreifbar, da sie jederzeit zur Verantwortung gezogen werden konnten. Sie waren sich dieser Situation durchaus bewusst, wie Czibor beschreibt:

„So wie die anderen habe ich mir den Lebensunterhalt durch Schmuggeln verdient. Eine unredliche Sache, wie ich zugeben muss, aber die, die andere für die gleichen Taten verurteilten, legten es mir nahe oder ließen es zumindest zu. Sie sagten mir: Es gibt kein Geld, um Dich zu bezahlen, aber Du hast gut gespielt – geh, kauf Dir Sachen und führ' sie ein. Aber ich war kein Idiot. Ich wußte, dass die, die mich einkaufen schickten, dann mit dem Finger auf mich zeigen würden. Da, der Czibor, da ist dieses und jenes, alles von ihm eingeführt! Aus der Goldenen Mannschaft wurden nur Kocsis und ich nie erwischt. Wenn alle zu den Vernehmungen mussten, kamen wir immer davon. (…) Ich war klug genug, an Polizisten und Soldaten zu verkaufen. Sie waren nicht so dumm, mich mit reinzuziehen, wenn sie selber meine Kunden waren." (Bocsák 1983:91)

Es ist jedenfalls bemerkenswert, wenn nicht sogar ein genialer Schachzug der Machtelite, dass den Fußballern zweifelhafte Tätigkeiten erlaubt wurden, für die diese wie prädestiniert erschienen. In der spezifischen proletarisch-maskulinen Budapester Subkultur der „Proleten" und „Rowdys" waren Winkelzüge, halblegale Unternehmungen, Unfug, Gaunertum und Hochstapelei immer schon Formen männlicher Selbstdarstellung par excellence. In diesem Sinn war der Schleichhandel Teil derselben kulturellen Disposition, der die Stürmer der „Goldenen Mannschaft" die Verteidiger zu einem Witz-erzähl-Wettbewerb herausfordern ließ (vgl. Rejtö 1966:56) oder die Spieler dazu führte, ihre Zeit mit Kartenspiel und Billard zu verbringen und zu den Pferderennen zu gehen. In dieser Kultur galt Balldiebstahl in der Kindheit weniger als Zeichen von Armut denn als Ausdruck von Erfindungsreichtum und Geschicklichkeit. Genauso gehörte der regelmäßige Alkoholgenuss zum täglichen Leben. Man kann darüber spekulieren, welche Rolle diese Habitusformen der städtischen Arbeiterkultur auch für die spezifische Ausformung der Taktik und des Spielstils im ungarischen Fußball einnahmen. Viele Anekdoten weisen in diese Richtung: Auch die Vorgänger der „Goldenen Mannschaft" schlugen die Zeit mit Kartenspielen und Trinken tot (vgl. Bolgár 1987:45), wobei Schummeln auch dazugehörte: So saß etwa Dr. Sárosi vor einem Spiegel, damit seine Partner sein Blatt sehen konnten (vgl. Sárosi 1989:29). Und auch Schlosser und seine Kollegen schmuggelten bei Gelegenheit (vgl. Kö/Török 1988:221).

Im Gegensatz zu den Spielern, die außergewöhnliche Freiheiten genossen, waren die Trainer zur Kollaboration mit der Machtelite gezwungen. Verbandskapitän Gusztáv Sebes, der über eine linke Vergangenheit verfügte, hatte eine Schlüsselposition innerhalb der Sportsphäre: Nachdem er zunächst die Sportsektion der Gewerkschaften geleitet hatte, wurde er Präsident des Ungarischen Olympischen Komitees und Vizepräsident der nationalen Kommission für Leibesübungen und Sport im Ministerrang. In dieser Position verfügte er über alle Möglichkeiten, um nicht nur die Nationalmannschaft, sondern den gesamten Sport „planwirtschaftlich" zu lenken. Er konnte Erstliga-Trainer zum Rapport bestellen, Sitzungen einberufen, Trainingslager vorschlagen, und die Arbeit des Trainerkomitees genau bestimmen und auf diese Weise auch Planungselemente (Leistungstests, Spielerversammlungen, die Beschäftigung von Sportphysiologen oder der Einsatz psychologischer Mittel) einführen (vgl. Sebes 1981:104ff).

Trotzdem war Gusztáv Sebes keine Marionette, die nur die Anordnungen des Machtzentrums diensteifrig ausführte: Er wusste, dass ohne Planung und Konzentration der vorhandenen Ressourcen – zuallererst der Spieler – keine Erfolge im Sport erreicht werden konnten. So handelte er mit besten Absichten. Die Ziele, die er als Teamchef vorgab, stimmten mit jenem kleinbürgerlichen „schwäbischen" Ethos („Aufstieg durch Selbstverleugnung") überein, das er aus seinem Elternhaus mitbrachte: Selbstbeherrschung, Durchhaltevermögen, Vernunft und asketische Lebensführung. Um es anders zu formulieren: Obwohl die Logik der Macht im Ungarn der 1950er-Jahre zuließ, dass die Lebenswelt im Spitzenfußball nicht völlig kolonisiert wurde, integrierte sie dennoch die entsprechenden Dispositionen bzw. inkorporierte die von den Schlüsselakteuren eingebrachten Verhaltens- und Wertmuster in ihr System. Auf diese Weise konnte etwa die ungarische „Goldene Mannschaft" ihre strategische Improvisation als Element der Freiheit in die planerische Fußballtaktik einbringen. Doch die grandiosen Leistungen dieses Teams konnten nicht ausschließlich der speziellen Synthese des Stils der „schlauen und frechen städtisch-proletarischen harten Jungs" und des asketischen kleinbürgerlichen Ethos und ihrer Integration in die Planwirtschaft zugeschrieben werden. Auch wenn es seltsam klingen mag, trug doch auch das konspirative Klima in der ersten Hälfte der 1950er-Jahre zum Erfolg bei, führte es doch die Spieler und Trainer dazu, ihre Umgebung (inklusive des Gegners) ständig an der Nase herumzuführen. So kann man schwerlich die grundlegende Homologie zwischen Puskás' Auftritt in Offiziersuniform auf dem kommunistischen Parteikongress, dem augenzwinkernden Einverständnis von Fußballern und Verbandsführern für die amourösen Liebschaften kommunistischer Politiker, oder der Praxis der Fußballer, ihre heißen

Waren sicherheitshalber vor den Zollorganen zu verbergen – man wusste ja nie, ob diese eingeweiht waren – übersehen. Oder eine andere Szene: Gusztáv Sebes gibt mit einem geschlossenen Kuvert zehn Minuten vor Spielbeginn die überraschende Aufstellung und Taktik dem Team bekannt. Die Spieler beobachten einander verstohlen, während der Trainer seine geheimen Anweisungen gibt. Der linke Flügel spielt rechts, der Tormann als Verteidiger, der Stürmer als Half-Back („wandernder Mittelstürmer"), die Aufstellung wird bewusst verändert. So war neben der Integration von Tradition auch der alltägliche Surrealismus des totalitären Systems eine Voraussetzung dafür, dass das weltbeste Fußballteam gerade in Ungarn entstand und von Sieg zu Sieg eilte.

1956–1990

Die Beschäftigung mit dem Bereich des Fußballs ist vor allem deshalb interessant, weil sie einige Schlaglichter auf den Alltag in ost-mitteleuropäischen politischen Regimes wirft. Dies trifft auch auf das Kádár-Regime zu, dessen unterschiedliche Strategien verschiedenen sozialen Feldern gegenüber durch eine Analyse dieses Spiels rekonstruiert werden können. Die langsame Zunahme der Autonomie des Fußballs verlief parallel zum Versuch des Machtzentrums, sich in Richtung eines staatlich kontrollierten „konsumorientierten Sozialismus" zu entwickeln. Der vom Regime angebotene Gesellschaftsvertrag beinhaltete die Steigerung einer relativen institutionellen und individuellen Autonomie, verlangte als Gegenleistung aber politische Gleichgültigkeit und Gehorsam. Der relative Charakter dieser Autonomie kann nicht genug hervorgehoben werden, definierte er sich doch gegenüber dem brutalen Totalitarismus der 1950er-Jahre. Dieses historische Gegenbild (oder der Vergleich mit den benachbarten „sozialistischen Bruderstaaten", der diese Strategie zuerst ergänzte und dann ersetzte) wurde als Legitimationswerkzeug herangezogen. Diese Taktik erwies sich so lange als mehr oder weniger erfolgreich, bis westliche Einflüsse die vom Regime propagierten Werte untergruben.

Die brutalen Interventionen der 1950er-Jahre wurden durch eine raffiniertere Sportpolitik ersetzt, die subtiler und mit indirekten Mitteln manipulierte und so auf eine Art von „meritokratischem Pluralismus" abzielte. Mit der monopolisierten Verteilung der Ressourcen durch den Ungarischen Fußballverband beeinflusste das Machtzentrum weiterhin das Kräfteverhältnis in der ersten Liga, das jedoch im Grunde durch die inneren Regeln der Fußballwelt bereits vorgegeben war. Die Möglichkeit, sich im politisch als wünschenswert verstandenen Ausmaß vom staatlichen Einfluss zu entfernen, nahm mit der Zeit zu. Dank dieser Politik bekamen die traditionsreichsten Teams FTC und MTK ihre Namen und Klubfarben zurück. Das Hauptziel des Regimes bestand in der Besänftigung des großen Fradi-Anhangs. Ab den späten 1950er-Jahren wurde auch die lokale Bedeutung der Teams wieder stärker hervorgehoben. Provinzmannschaften gehörten zwar weiterhin zu regional bedeutenden „sozialistischen Unternehmen" verschiedener wirtschaftlicher Sparten, konnten aber ihren lokalen Charakter im Vergleich zu früher nun stärker betonen. Dass die Reorganisation und Reinterpretation in den von der Regierung erlaubten Bahnen bleiben musste, zeigte sich daran, dass die beiden führenden Nachkriegsmannschaften Újpesti Dózsa und Honvéd bis 1990 unter der Kontrolle von Polizei und Armee verblieben.

Schon ein kurzer Blick auf die Ligatabellen zeigt, dass die privilegierte Position von MTK und Honvéd in der Kádár-Ära verblasste. Obwohl MTK 1958 noch einmal die Meisterschaft gewann, begann das Team schwächer zu werden und bis 1987 in den Tabellen zurückzufallen (und in den frühen 1980er-Jahren sogar einmal abzusteigen). Honvéd wurde durch die Emigration seiner besten Spieler im Jahr 1956 und das Ende seiner staatlichen Bevorzugung erschüttert und musste bis Mitte der 1980er-Jahre warten, bevor man wieder die Meisterschaft gewinnen konnte. Allgemein spielte Honvéd aber noch eine wichtigere Rolle als MTK. Im Gegensatz dazu konnte Újpesti Dózsa, das dritte Lieblingsteam des alten Regimes, seine Position noch stärker ausbauen, gewann die Meisterschaft zweimal in den 1970er- sowie achtmal (!) in den 1980er-Jahren und rangierte fast immer in den vordersten Tabellenrängen. Das erfolgreichste Team der frühen Kádár-Jahre war aber Vasas. Unter dem Rákosi-Regime noch mit Vorsicht behandelt, konnte Vasas zwischen 1956 und dem Ende der 1960er-Jahre fünfmal die Meisterschaft für sich entscheiden. Den ersten dieser Erfolge feierte man in der gekürzten Meisterschaft von 1957 – man muss nicht betonen, welch hohe symbolische Bedeutung dieser Sieg hatte.

In einem Zeitraum von dreißig Jahren konnte sich die Autonomie des Profi-Fußballs nur innerhalb klarer Grenzen entwickeln. So können die guten Leistungen von Vasas in den 1960er-Jahren nicht von der Tatsache getrennt werden, dass sie vom poststalinistischen Regime als ihre erklärten Lieblinge erkoren worden waren und Kádár selber oft bei ihren Spielen anwesend war. Von seinen früheren sozialdemokratischen Verbindungen gesäubert, wurde Vasas nun zum „Vertreter der Arbeiterklasse" erklärt. Gleichzeitig wurde auch die Bindung des Teams an die lokalen Identitäten von Angyalföld verstärkt. Als Vasas in den Hintergrund gedrängt wurde, wurde damit der Weg für Újpesti Dózsa frei, ein Team, das lautstark vom Ruhm der Polizei und (als Mitglied der Dynamo-Familie bis zum Zusammenbruch des Kommunismus) der Vollzugsorgane des Sowjetsystems kündete. Die starken Leistungen von Rába ETO und Videoton in den 1980er-Jahren entstanden auch nicht durch puren Zufall, denn für den Erfolg dieser glorreichen Provinzteams waren mächtige Führungspersonen großer Unternehmen in den Klubs verantwortlich, die in der Lage waren, die notwendigen Ressourcen für ihre Mannschaften durch Lobbyarbeit in den höchsten Parteikreisen zu organisieren.

Obwohl das Kádár-Regime offizielle Vorbehalte gegen die Fradi hatte, änderte sich diese Haltung seit den 1960er-Jahren spürbar. Man kann es als subtilen Indikator dieser Entwicklung ansehen, dass dieses Team die Meisterschaft 1963 gewann, genau in jenem Jahr, in dem viele der politischen Gefangenen von 1956 entlassen wurden. Nicht zufällig riefen daher die siegreichen Fans: „Ferencváros ist Meister, Kádár János ist ein toller Bursche" ("Bajnok lett a Ferencváros/fasza gyerek Kádár János"). Es ist bezeichnend, dass die Fradi bis zum Ende des Jahrzehnts noch drei weitere Meisterschaften für sich entschieden und damit hinter Vasas zum zweiterfolgreichsten Team dieses Zeitraums wurden. Außerdem stellte der Umbau des FTC-Stadions im Jahr 1974 die größte Fußball-Investition während der 1960er- und 1970er-Jahre dar.

Während das Regime bis in die 1980er-Jahre mit Ausnahme der Fradi die meisten Spitzenmannschaften förderte, wurde MTK aufgrund seiner riskanten Konnotationen zur Mittelmäßigkeit verbannt. Kádár und seine Berater fürchteten, dass der durch einen erfolgreichen MTK möglicherweise ausgelöste Antisemitismus unkontrollierbare Aspekte nationaler Identität hervorrufen könnte, die ihre eigenen Positionen gefährden könnten.

Da das Rákosi-Regime in der öffentlichen Meinung noch immer mit Vorstellungen von „jüdischem Kommunismus" verknüpft war, versuchten die Führer des „Konsum-Sozialismus", die unangenehme Position als Erbe „jüdischer Macht" zu vermeiden. So gesehen könnte der Meistertitel von MTK im Jahr 1987 im weitesten Sinn als Vorbote des System-Zusammenbruchs verstanden werden. Oder vorsichtiger ausgedrückt: Der Aufstieg des MTK war Ausdruck des radikalen Verfalls zentraler Kontrolle.

Auch wenn die aus der Opposition von Fradi und MTK abgeleiteten Bedeutungen während des Kádár-Regimes viel von ihrem früheren Gehalt und ihrer Intensität verloren, blieben die grundlegenden Zuschreibungen, wenn auch modifiziert, bestehen. Die Veränderung dieser Bedeutungen hing zweifellos auch mit der Tatsache zusammen, dass FTC und MTK für gut 25 Jahre auf unterschiedlichen Niveaus agierten: Während Ferencváros um den Titel mitspielte, im Europacup antrat und eine Reihe von Nationalspielern in seinen Reihen hatte, erreichte MTK in der Meisterschaft nie ein besseres Ergebnis als Platz sechs. FTC blieb das beliebteste Team, während die MTK-Fans immer weniger wurden: Der Holocaust und die Emigration des größten Teils der jüdischen Gemeinde nach 1945 und 1956 dezimierten die Unterstützung für diesen Verein. Außerdem war MTK das einzige Team ohne spezifische lokale Verankerung. Wie bereits erwähnt, war ihr Stadion zu Beginn des Jahrhunderts nahe des Kerepesi-Friedhofs, in der Umgebung von Eisenbahngleisen, Brachflächen und Elendsquartieren, errichtet worden. Diesen Standort hatte man nicht aufgrund der geographischen Nähe zu den Wohnvierteln von MTK-Fans, sondern wegen den durch die Hungária-Straße symbolisierten Konnotationen und der Nachbarschaft zum FTC-Stadion gewählt. Für ein Kind, das in den 1950er- oder 1960er-Jahren geboren wurde, war es wahrscheinlicher, aufgrund der Lage der Wohnung im 19. oder 4. Bezirk ein Fan von Budapesti Honvéd bzw. Újpesti Dózsa zu werden – auch wenn seine Eltern dem politischen System ablehnend gegenüberstanden. Ohne lokale Bindungen zum MTK-Fan zu werden, war so gut wie unmöglich. Gleichzeitig schränkte die Angst vor Antisemitismus ebenfalls die Möglichkeit der Weitergabe von Fanloyalitäten in der Familie ein. Eltern verbargen oft ihre Herkunft und ermunterten ihre Kinder, andere Teams, sogar den FTC, zu unterstützen. In den 1950er- und 1960er-Jahren wechselten manche jüdische Familien ihre Loyalitäten von MTK zu Újpesti Dózsa, teilweise aufgrund eventueller Nahebeziehungen zur kommunistischen Polizei, teilweise wegen der bei Dózsa früher vorhandenen „jüdischen Bezugspunkte", oder einfach wegen der geringsten kontroversiellen symbolischen Zuschreibungen dieses Vereins, oder auch wegen der Möglichkeit, auf ein erfolgreiches Team zu setzen.

Trotzdem wird MTK bis heute als „jüdisches Teams" assoziiert, selbst wenn in den vergangenen 40 Jahren nur wenige Spieler jüdischer Herkunft für diesen Klub gespielt haben. Das kollektive Fangedächtnis hat einige Beispiele antisemitischer Aktionen der Fradi-Anhänger gespeichert. So verbrannte in den frühen 1960er-Jahren nach einem FTC-MTK-Match eine Gruppe von FTC-Fans unter den Rufen „wir haben Israel besiegt" Zeitungen vor einer Rabbinerschule in Budapest. Viele erinnern sich auch an den paradoxen Ausbruch diskriminierender Identifikation, als Fradi-Anhänger im Jahr 1967, kurz nach dem Sechstagekrieg, MTK im Népstadion hochleben ließen, und so ihrer Freude über die Niederlage der unter sowjetischem Einfluss stehenden arabischen Staaten Ausdruck verliehen. Während aus den 1970er-Jahren relativ wenige antisemitische Ausfälle gegen MTK überliefert sind, nahmen solche Zwischenfälle Mitte der 1980er-

Jahre sprunghaft zu. Es wäre aber ein Fehler zu glauben, dass die oftmals erschreckend brutalen Texte nur vom harten Kern der Fradi-Fans skandiert wurden. Ebenso konnte man Schmähungen gegen Juden und Verweise auf die Gaskammern auch von den Tribünen der Dózsa-, Vasas- oder Honvéd-Anhänger hören, wenn ihre Teams gegen MTK antraten. Bei MTK-Spielen in der Provinz konnte es passieren, dass die lokalen Fans eine Gans mit einem blauen Band unter dazugehörigen Gesängen über „die Gänsehändler" auf das Spielfeld trieben: Diese altertümlichen Formen volkstümlichen Antisemitismus' gehen auf das 19. Jahrhundert zurück, als Juden in Ungarn oft mit Gänsen in Verbindung gebracht wurden, da die ländliche jüdische Bevölkerung mit Gänsen, Gänsefedern und Gänseleber handelte.

Verschiedene historische Faktoren können zur Erklärung der Wiederkehr solcher Einstellungsmuster herangezogen werden: Die Stärke des Antagonismus wird sicherlich durch die Position des Rivalen beeinflusst. Als MTK sich in den unteren Rängen der Tabelle aufhielt, gab es wenig Grund für heftiges emotionales Engagement. Als MTK in der zweiten Hälfte der 1980er-Jahre stärker wurde, rief dies wieder extremere Reaktionen der Fans hervor. Gleichzeitig dürfte zur Ausbreitung symbolischer und realer Gewalt in den Stadien beigetragen haben, dass das Regime in den 1980er-Jahren allmählich seinen polizeistaatlichen Charakter verlor. Dieser Wandel zeigte sich sowohl in den zurückhaltenderen Aktionen gegen Dissidenten als auch in einer toleranteren, oder zumindest zaghaften Haltung der Polizei gegenüber symbolischer Gewalt in den Stadien. Das bis zu diesem Zeitpunkt ungekannte Maß an Freiheit führte fast automatisch zum Entstehen kollektiver Aggression, vor allem in einem Kontext, der durch die symbolische Präsenz eines Gegners ein Ventil für Emotionen und Raum für Identifikationen bietet. Die Entwicklung wurde auch dadurch begünstigt, dass sich die Zusammensetzung der Zuseher in den Stadien, sowohl was Zahl und Alter als auch die Sozialstruktur betraf, stark verändert hatte. Die großen Zuschauermengen, die sich aus verschiedensten Altersgruppen und sozialen Schichten zusammengesetzt hatten, wurden nun durch ein kleineres und stärker jugendlich geprägtes Publikum abgelöst. Im Lauf der Zeit sank das Zuschauerinteresse auf einen Bruchteil der früheren Zahlen: Während in den 1950er- und 1960er-Jahren bei einem Spiel zwischen Dózsa und Honvéd 100.000 Menschen das Népstadion füllten, war in den 1980er-Jahren sogar das Fradi-Stadion halbleer. Durch das Ausbleiben von älteren Zusehern aus der Mittelklasse stieg der Anteil unterer bzw. unterprivilegierter sozialer Schichten an. Gründe dafür liegen unter anderem in den gestiegenen Belastungen dieser Generation, der Diversifizierung von Freizeitformen, dem Absacken des Spielniveaus und zum Teil auch in der zunehmenden Gewalt in den Stadien. So können einige hundert „Hooligans" bei einer Zuschauerzahl von 3000 die Atmosphäre im Stadion in einem Ausmaß beeinflussen, das früher nicht möglich gewesen wäre. Dies gilt vor allem dann, wenn der Hauptzweck ihrer Anwesenheit in ritualisierten Formen kollektiver Aggression zum Ausdruck gebrachte (verbale) Konfrontation ist. Diese Gefühlsausbrüche richten sich teilweise nicht nur gegen die gegnerischen Spieler und deren Anhänger, sondern auch gegen den Schiedsrichter, die Polizei, und manchmal sogar gegen die eigenen Spieler oder Betreuer. Die Aggression kann sich zu Brutalität steigern, wenn sie Menschen (Zigeuner, Rumänen, Jugoslawen, russische Fußballer) oder fiktive Gebilde („jüdisches Team"), alle mit xenophobem Beigeschmack, zum Ziel hat.

Diese Verbalakte können jedenfalls als Ausdruck eines Codes betrachtet werden, der in Gesellschaften vorherrschend ist, in denen andere soziale Gruppen als fremd wahrgenommen werden und in eine Dichotomie des „wir" und „sie" gestellt werden. In Ungarn betraf dies im 19. Jahrhundert vor allem Deutsche und Österreicher, heute Juden oder Zigeuner. Das Objekt der Feindprojektionen sind nie konkrete Personen, sondern das verallgemeinerte Feindbild einer unscharf konturierten sozialen Gruppe. Als nach einem Match Fans, die wüste antisemitische Sprüche skandiert hatten, von der Polizei vernommen wurden, stellte sich heraus, dass keiner von ihnen jemals persönlich einen Juden getroffen hatte und sie in Wahrheit keine tatsächlichen Schwierigkeiten mit ihnen hatten. Ihre Aussagen zeigten, dass sie es „nicht böse meinten". Die strukturellen Bedingungen des Stadions und der Situation prägten ihr Verhalten mit vorvermittelten Begriffen.

Eine Entwicklung der Kádár-Ära war, dass die Provinz in der ersten Liga immer besser aufschließen konnte. Vor 1926 waren nur Mannschaften der Hauptstadt und ihrer Vorstädte in der höchsten Spielklasse vertreten gewesen. Zwar konnte 1944 Nagyvárad, ein Team, das praktisch mit der transsilvanischen Auswahl identisch war, die Meisterschaft für sich entscheiden, allerdings unter politisch fragwürdigen Umständen. Es war daher doppelt bedeutsam, als Györi Vasas die (unvollständige Herbst-) Meisterschaft des Jahres 1963 gewann – auch hier allerdings mit einigem Nachhelfen. Dieser Erfolg wurde von derselben Mannschaft, nun unter dem Namen Rába ETO, in den 1980er-Jahren zweimal wiederholt. Nicht nur die Fußballer aus der Stadt Györ schlugen sich gut in der Meisterschaft. Seit den 1960er-Jahren wurde es normal, dass Provinzteams so manche der großen Budapester Mannschaften ausstechen konnten. Ausdruck der erfolgreichen sozialistischen Industrialisierung waren die Bergarbeiterteams von Tatabánya, Salgótarján, Komló oder Dorog bzw. ab den 1970er-Jahren Videoton aus Székesfehérvár und später die bereits erwähnten Rába ETO aus Györ, die alle obere Tabellenplätze belegen konnten. Ein anderes Zeichen für die steigende Bedeutung der Provinz war der Wandel des vorher nur in Richtung Hauptstadt fließenden Transfers von Spielern und Trainern. Durch den Versuch des Regimes, den Wettbewerb zu regulieren und das Verhältnis zwischen Budapest und der Provinz ins Gleichgewicht zu bringen, konnten nun auch andere Städte von diesem Austausch profitieren. Trotzdem blieb die Vorherrschaft Budapests bestehen, was sich neben den Meisterschaftstabellen etwa durch die geringe Zahl von Nationalspielern aus der Provinz vor den 1980er-Jahren ablesen lässt.

Die von der sozialistischen Schwerindustrie finanzierten Provinzteams wurden zunehmend von Mannschaften verdrängt, die von den großen Unternehmen der „roten Barone" mit „guten sozialistischen Beziehungen" unterstützt wurden. Es war in dieser Hinsicht auch eine neue Entwicklung, dass solche Klubs die Teams der Polizei oder der Armee dadurch überflügeln konnten, dass sie ihre Ressourcen effektiver in den Fußball investierten als die zentralen Vollzugsorgane. Dies hieß nicht unbedingt, dass die Rába-Werke oder Videoton in Székesfehérvár mehr Geld hatten als die Polizei. Doch es war ein Zeichen dafür, dass die Polizei der Förderung von Fußball nicht mehr länger Priorität einräumte.

Ein Grund für diesen „meritokratischen Pluralismus" war sicherlich, dass der Fußball als Legitimationsfaktor des Regimes mit dem entstehenden „Konsum-Sozialismus" bzw. dem mit ihm verbundenen steigenden Lebensstandard und der Entstehung der sekundären Wirtschaft stark an Gewicht verloren hatte. Die Phase der Entspannung im Kalten Krieg nahm dem Spiel ebenfalls einiges seiner Bedeutung, da in einem friedlicheren internationalen Klima geringere Rechtfertigungen für die Darstellungen symbolischer Überlegenheit existierten. In dieser Situation stiegen daher die Chancen für das (Wieder)Aufleben und die freiere Zirkulation nicht-kontrollierter, nicht-geplanter Werte und Identitäten im Fußball. So sah das Regime davon ab, die charismatische Persönlichkeit des ungekrönten ungarischen Fußballkaisers der 1960er-Jahre, Flórián Albert, für ihre Zwecke zu nutzen, und beließ den populärsten ungarischen Spieler auf seiner Position als Mittelstürmer bei den Fradi.

Wenn der Fußball für die Regierung nun geringere Bedeutung hatte, erschienen hohe Investitionen in diesen Sport auch als nicht allzu dringlich. Mit anderen Worten verhielt sich das funktionale Gewicht des Fußballs indirekt proportional zu seiner wachsenden Autonomie. Seine innere Komposition wurde mehr und mehr von lokalen Machtverhältnissen und persönlichen Interessen geprägt. Wurden in den 1960er- und 1970er-Jahren noch vom Zentrum gesteuerte und mehr oder weniger willkürlich konstruierte Kämpfe um symbolische Bedeutungen ausgetragen, so wandelte sich die Arena in den 1980er-Jahren zu einem Schauplatz realer Kämpfe zwischen lokalen Institutionen, die mit ausreichenden finanziellen, politischen und administrativen Ressourcen ausgestattet waren.

Übersetzung: Georg Spitaler

Dieser Text basiert auf zwei auf Ungarisch veröffentlichten Aufsätzen:
Hadas, Miklós/Karády, Viktor (1995): Futball és társadalmi identitás [Fußball und soziale Identität]. In: Replika 17/18: 89-121
Hadas, Miklós (1999): Stílus és karakter. Futballhabituológiai traktátus [Stil und Charakter. Eine Abhandlung zur Fußballhabitulogie]. In: Replika 36: 125-146

Literatur

Bocsák, Miklós (1983): Kocsis és Czibor. Budapest: Sport
Bolgár, István (1987): Suttyó, a Császár. Turay József élete és pályafutása. Budapest: Sportpropaganda Vállalat
Bukovi, Márton/Csaknády, Jeno (1954): Ifjúsági labdarúgók edzése. Budapest: Sport
Csanádi Árpád (1960): Labdarúgás. 1–2. kötet (Technika–taktika). Budapest: Sport
Dénes, Tamás/Rochy, Zoltán (1996): A 700. után. A magyar labdarúgó-válogatott története. Budapest: Rochy és Társa Bt.
Kö, András/Török, Péter (1988): A magyar futball anekdotakincse. Budapest: Sport
Nemzeti Sport, Jahrgänge 1903, 1905, 1908, 1909, 1922, 1925, 1928, 1929, 1930, 1934, 1936.
Rejtö, László (1966): Az aranycsapat és árnyai. Budapest: Sport
Sárosi, György (1989): Rongylabdával kezdtem. Cleveland, OH: Classic Print
Sebes, Gusztáv (1955): A magyar labdarúgás. Budapest: Sport
Sebes, Gusztáv (1981): Örömök és csalódások. Budapest: Gondolat

Kurt Wachter

Fußball und (Post-)Kolonialismus in Afrika:
Von der Disziplinierung zur Befreiung
zur strukturellen Ungleichheit

1. Postkoloniale Abhängigkeit versus Emanzipation

Wenn in den vergangenen Jahrzehnten in Europa vom afrikanischen Fußball die Rede war, so wurde nicht selten auf die Prophezeiung des legendären englischen Teamtrainers Walter Winterbottom aus dem Jahre 1962 rekurriert, wonach noch im 20. Jahrhundert ein afrikanisches Team Fußball-Weltmeister werde.

1962 gehörten gerade einmal 22 afrikanische Verbände dem Weltverband FIFA an, von denen die Hälfte erst in jenem Jahr dazugestoßen war. In den 1960er-Jahren befand es die FIFA weder für notwendig, eine eigene WM-Qualifikation auf dem afrikanischen Kontinent abzuhalten, noch hatte – mit Ausnahme von Ägypten 1934 – bis dahin ein afrikanisches Team an einer WM-Endrunde teilgenommen.

Mittlerweile wissen wir definitiv um den Wahrheitsgehalt der Winterbottom'schen Prophezeiung, dennoch liest sich die Geschichte des Fußballs in Afrika wie eine veritable Erfolgsstory: die FIFA zählt nunmehr 52 afrikanische Mitglieder und seit Frankreich 1998 stehen dem Kontinent fünf WM-Startplätze zu. Die beiden letzten Olympiasieger – Nigeria in Atlanta und Kamerun in Sydney – stammen aus Afrika. Zudem holten sich Nigeria und Ghana bei den U17-Weltmeisterschaften der FIFA serienweise die Titel. Ohne die fast 1000 Fußball-Migranten aus Afrika, welche in den beiden höchsten Spielklassen der europäischen Ligen spielen, wäre europäischer Klubfußball weder sportlich so erfolgreich noch für ZuschauerInnen und Sponsoren so attraktiv.

Demgegenüber steht die Kontinuität der (post-)kolonialen Abhängigkeit von Europa zu Buche: Der strukturelle Abfluss des besten fußballerischen Personals nach Norden, gepaart mit dem Fehlen professioneller Strukturen, wirkt sich äußerst negativ auf die Wertschöpfung auf dem Kontinent aus und lässt zumindest dem afrikanischen Klubfußball auf Jahrzehnte hin kaum eine Chance, im globalen Wettbewerb zu bestehen.

In Winterbottoms Prognose schwang durchaus die Hoffnung mit, der noch „unterentwickelte" afrikanische Fußball werde sich analog dem europäischen Fußball „entwickeln". Zur Untermauerung dieser Argumentation halfen essenzialistische Mythen, allen voran die physische oder – weniger oft – technische Überlegenheit, begründet in der spezifischen Natur des Afrikaners. Die naturgegebenen Anlagen, gepaart mit „Modernität" (meist interpretiert als die Schaffung von Organisation und Disziplin, personifiziert im europäischen Trainer), würden Fußball afrikanischer Provenienz im globalen Wettbewerb erfolgreich machen.

Diesem kruden Evolutionismus, wonach (Fußball-)Geschichte einer vorgegebenen, aufsteigenden Linie folge, widersprechen jene Skeptiker, die davon ausgehen, dass die materielle und infrastrukturelle Deprivation als Folge des kolonialen Erbes die Konkurrenzfähigkeit des afrikanischen Fußballs dauerhaft verhindere: Dependente Fußballregionen könnten keine Weltmeister hervorbringen.

In beiden Anschauungen ist selbstredend Europa der zentrale Akteur: Einerseits in der Rolle des notwendigen „Entwicklers" und „Modernisierers", andererseits als Kolonisator, der eine Situation der dauerhaften Ungleichheit determiniert.

In einer – zumindest im deutschsprachigen Raum erst noch zu initiierenden – sozialwissenschaftlichen Beschäftigung mit Fußball in Afrika wäre aber eine Perspektive gefragt, welche afrikanischem Handeln einen höheren Stellenwert einräumt. Nicht im verklärten Sinne einiger Poststrukturalisten, welche selbst noch Sklaverei und Imperialismus als afrikanische Initiative interpretieren (Mamdani 1996:10), sondern vielmehr im Sinne eines Verständnisses der kolonialen Vergangenheit, das diese als eine – wenn auch gewichtige – unter mehreren Determinanten der heutigen Rahmenbedingungen und Zwänge begreift, unter denen Individuen und Kollektive Entscheidungen treffen (Terray 1987).

Fußball in Afrika ist unzweifelhaft ein direktes Erbe des Kolonialismus und anfänglich klarer Ausdruck eines europäischen Kulturimperialismus. Von dieser Tatsache ableiten zu wollen, dass Fußball per se bestehende Herrschaftsverhältnisse befestigt und damit das koloniale Projekt weiterführt, entspricht jedoch nicht den postkolonialen Realitäten. Wenn auch nur temporär, so ist doch eine Dialektik in Gang gesetzt worden, in der sich das von britischen Okkupanten und Missionaren eingeführte koloniale Spiel in sein Gegenteil verkehrte und durchaus Emanzipation, Befreiung und Dissidenz beförderte(e).

2. Die Anfänge der Diffusion des Fußballs

Die Entwicklung des modernen Fußballs auf dem afrikanischen Kontinent fällt zusammen mit einer besonders expansiven Phase des europäischen Imperialismus, welche mit dem „Scramble for Africa" anlässlich der Berliner Afrika-Konferenz von 1884/85 ihren ersten Höhepunkt erfährt. Die Pioniere der kulturellen Diffusion waren zunächst britische Siedler, Soldaten und Matrosen.

Nur drei Jahre nach der Gründung der englischen Football Association im Jahre 1863 fand in der südafrikanischen Provinz Natal das erste historisch belegte Fußballspiel auf dem afrikanischen Kontinent statt. Weiße Siedler gründeten 1879 den ersten Fußballklub, Pietermaritzburg County (Nauright 1997:103). Die weißen Klubs Natal Wasps, Durban Alphas und Umgeni Stars formten 1882 den ersten Verband in Südafrika, die Natal Football Association. Ein Jahr darauf zählte der Verband bereits neun Mitgliedsvereine. In Kapstadt bildeten 1891 Militärregimenter einen eigenen Verband. Die Football Association of South Africa (FASA), in der selbstredend nur Weiße organisiert waren, wurde 1892 als erster landesweiter Verband auf dem Kontinent konstituiert. Eine Südafrika-Tournee des legendären englischen Amateurteams Corinthians im Jahre 1897 half dabei, die Fußball-verbindungen mit dem „Mutterland" zu befestigen (Nauright 1997:103f).

Umgekehrt war es ein schwarzes Team mit dem Namen „Kaffires", welches 1899 als erste Mannschaft den Kontinent verließ. Im Rahmen einer ausgedehnten Tournee spielten die „Kaffiren" – wenig erfolgreich – gegen die besten englischen und schotti-schen Teams. Organisiert wurde die Tour von der von Weißen dominierten Oranje Free State Football Association (OFSFA) mit Spielern aus dem heutigen Lesotho. Es ist nahe liegend, dass es sich bei den „Kaffiren" eigentlich um den Oranje Free State Bantu Soccer Club handelte (Vasili 2000:69).

Um 1900 spielten sowohl Buren als auch Südafrikaner britischer Herkunft Rugby, während Fußball ein Sport war, der vornehmlich weißen Einwanderern aus der Arbei-terklasse, Indern und zunehmend auch Schwarzen vorbehalten war. So wurde Fußball zwar von Weißen gespielt, aber er entwickelte – im Gegensatz zu Rugby und Cricket – nie eine elitäre weiße Anhängerschaft. Eine Konstellation, die sich auch nach dem Zu-sammenbruch des Apartheid-Regimes nicht geändert hat.

Frühe schwarze Klubs entstanden in den 1890er-Jahren in Ladysmith, Pieter-maritzburg und der Hafenstadt Durban, allesamt in der heutigen Provinz KwaZulu-Natal. Unter den Arbeitsmigranten in Natal waren aber zunächst noch physische Betätigungen wie Boxen, Stockfechten oder die kompetitiven Tänze (*ngoma*) populär. Fußball er-kämpfte sich nur langsam die Vorherrschaft innerhalb der männlichen schwarzen Stadt-bevölkerung. 1896 wanderten viele afrikanische Arbeiter nach einer Rinderpestepidemie nach Durban und fanden dort Arbeit als Hausdiener. Die Hausarbeit für weiße Frauen wurde von vielen als Angriff auf ihre Männlichkeit empfunden, daher organisierte man am Sonntag sogenannte *amalaitas*, maskulin und anti-autoritär codierte Versammlun-gen von jungen Migranten, und frönte dem Stockfechten. Da Stockfechten als inhärent gewalttätig angesehen wurde, gingen die Geschäftsleute in Durban daran, Fußball als Alternative zu fördern. Man erkannte, dass Fußball spielende Arbeiter an den Wochen-enden nicht in ihre Heimatdörfer fuhren und damit als Arbeitskräfte besser verfügbar waren. Unternehmer beschäftigten daher bevorzugt Arbeiter, die Fußball spielten (Couzens 1983:202 zit. n. Nauright 1997:105).

In Ägypten waren es Soldaten, die nach der britischen Okkupation von 1882 den Ball ins Rollen brachten. Einheimische Eisenbahner gründeten dann zur Jahrhundert-wende in Kairo den ersten Fußballverein. 1907 wurde der wohl populärste Klub der arabischen Welt, Al-Ahly, ins Leben gerufen, was auf arabisch „National" heißt (Al-Ahly sollte 2001 zum Jahrhundertklub des afrikanischen Kontinents gewählt werden). Nur drei Jahre darauf entstand Al-Mokhtalat („International"), aus dem später der Zamalek Sporting Club hervorging. Bis 1921, ein Jahr vor dem formalen Ende des britischen Protektorats, wurde der Klub gemeinsam von Briten und Ägyptern geführt (Apraku/ Hesselmann 1998:12). Noch im gleichen Jahr gründete man den ersten nicht-rassisti-schen nationalen Fußballverband auf afrikanischem Boden (Schulze-Marmeling 2000: 60). Bei den Olympischen Spielen 1924 in Paris besiegte das ägyptische Team – bei seiner bereits zweiten Teilnahme nach 1920 – die favorisierten Ungarn mit 3:0.

In der britischen Kronkolonie Gold Coast, dem heutigen Ghana, waren es Studen-ten der elitären Government Boys School in Cape Coast, die, animiert von spielenden Seeleuten und Matchberichten in englischen Zeitungen, 1903 den ersten Fußballklub

Westafrikas, Excelsior, ins Leben riefen. Das erste größere Fußballspiel fand im gleichen Jahr unter Anwesenheit von Gouverneur Hodgson im Victoria Park, unweit des ehemaligen Sklavenforts in Cape Coast statt. Es folgten Exhibitionsspiele von Excelsior in anderen ghanaischen Städten, was sich in der Gründung von neuen Teams (mit Namen wie Bolton Wanderers oder Everton) niederschlug. 1910 etablierte sich in der Hauptstadt Accra der Hearts of Oak Sporting Club, der in der Folge erfolgreichste und populärste Klub im Land (Broere/van der Drift 1997:16).

3. Koloniale Disziplinierung durch Fußball

Sind es zunächst vor allem Soldaten, Matrosen und Siedler, welche die Ausbreitung des Fußballs in Afrika begünstigten, gehören spätestens ab den 1920er-Jahren Missionare, Kolonialbeamte und Lehrer zu den zentralen Akteuren bei der Diffusion des Spiels. Nach anfänglichen ordnungspolitischen Bedenken entdeckten koloniale Schulverwalter und District Commissioners bald die Eignung von kompetitiven Teamsportarten als Instrument der Disziplinierung der kolonialen Subjekte.

So berichtete ein Kolonialbeamter voller Begeisterung über ein Fußballspiel in Uganda im Jahr 1903:

> „During a recent holiday in Busoga, I took part in a football match between Iganga and Jinja. This is, I suppose, the first real match amongst the natives. [...] The point of interest is that there seems to be a certain discipline at work for these men to learn to keep their places at football, and some *esprit de corps* is engendered which is a great thing amongst naturally indigent people. Football may be a means of grace." (Weatherfield 1903 zit. n. Vasili 2000:89)

Der Verfasser dieser Zeilen äußert also die Hoffnung, dass die über den Fußball vermittelten Fähigkeiten maßgeblich dazu beitragen könnten, die Kultur der Afrikaner umzuformen: Ein Sinn für Rangordnung, Kameradschaft und auch Disziplin könne den von Natur aus faulen, aber „formbaren" Untertanen antrainiert werden.

Die frühe Verbreitung des Fußballs in Uganda wurde durch die Tatsache beschleunigt, dass der König (*kabaka*) von Buganda vom Oxfordabsolventen John Sturrock mit dem Fußball in Berührung gebracht wurde. Sturrock erkannte die Vorteile des Fußballs für das imperiale Projekt: Wenn der Kabaka nach den Regeln spielte, so würde sein Volk ihm folgen und sich fortan auch gemäß den „Regeln" verhalten (Vasili 2000:90).

Schon im ersten Jahrzehnt des 20. Jahrhunderts hatten die vielen Missionsschulen in Uganda ihre eigenen Teams. Über das Medium des importierten Fußballs wurde versucht, den jungen Afrikanern sowohl die christliche Botschaft als auch moralische Erziehung angedeihen zu lassen. Gemäß diesem „Ethos des muskulären Christentums" (Vasili 2000:90) standen nicht akademische oder technische Leistungen im Vordergrund, sondern persönliche Entwicklung gemäß den christlichen Prinzipien. Die als höherwertig propagierte britische (Sport-)Kultur verdrängte indigene Sportarten wie *mweso*, Ringen oder Stockwerfen. Fußball wurde zunehmend zu einer „nationalen" Angelegenheit in Buganda.

Das „Mutterland" des Fußballs war zu jener Zeit die globale wirtschaftliche, politische und militärische Supermacht. Doch Britannien war es offensichtlich nicht genug, weltweit in diesen Bereichen die Hegemonie innezuhaben. Fußball diente als weiterer

Beweis für die physische und vor allem kulturelle Superiorität der Briten. Der auf den Schriften von Gobineau und Robert Fox errichtete „wissenschaftliche" Rassismus gegen Ende des 19. Jahrhunderts lieferte die ideologische Unterfütterung der imperialen Besitznahme. Die Weltbevölkerung wurde in verschiedene „Rassen" unterteilt, die sich in intellektueller und kultureller Reife unterschieden. Gemäß der Theorie der Polygenese behauptete man die getrennte Evolution der Menschenrassen. Die weiße „Rasse" und allen voran die Briten mit ihrer teutonischen Herkunft standen selbstredend an der Spitze der menschlichen Entwicklung. „Schwarze Rassen" und die sich unmittelbar darüber befindenden „Gelben Rassen" konnten sich zwar weiterentwickeln, aber aufgrund ihrer natürlichen Inferiorität nie den europäischen Zivilisationsstand erreichen. Und die britischen Imperialisten sahen ihre moralische Bestimmung darin, als Beschützer ihrer schwarzen, kindähnlichen Subjekte zu agieren.

Über Erziehung und Sport sollten die kolonialen Subjekte wenigstens im Rahmen ihrer Möglichkeiten „zivilisiert" werden. Fußball sollte nicht nur den Körper formen, sondern vor allem den Geist konditionieren. Zentrale Elemente des Spiels wie die Verinnerlichung der kollektiven Unterordnung unter eine Autorität, das Spielen nach festgefügten Regeln und die Entwicklung von Teamgeist entsprachen tiefverwurzelten viktorianischen Werten. Diese britischen Tugenden glaubte man besser über die Ausübung von Sport als über Lehrbücher verankern zu können. Die Teilnahme am Wettkampfsport Fußball sollte überdies ein pan-imperiales kulturelles Bindeglied zwischen den verschiedenen Klassen und „Rassen" herstellen. Über die so erreichte Konstruktion einer gemeinsamen Identität, eines *esprit de corps,* der Kolonisierten mit den Kolonisatoren ließ sich die ökonomische und politische Ausbeutung noch besser bewerkstelligen. Dieser imperiale Sportsgeist konnte zudem vom Fußballfeld auf das Schlachtfeld oder in die Arbeitsstätten übertragen werden. Es ging nicht so sehr darum, dass gespielt wurde, sondern wie. Der Wert des Spiels lag für die britischen Kolonialherren also in der kulturellen Symbolik des Ereignisses selbst.

Bei der Rekrutierung des britischen Personals ging das Colonial Office dazu über, sportliche Qualifikation miteinzubeziehen. Sportliche Betätigung galt als Beweis für eine gute Charakterbildung und damit als ideale Schule für den schwierigen Dienst im ruralen Hinterland. Dem Colonial Office in London wurde 1930 empfohlen, es solle bei der Auswahl der Kandidaten auf „vision, high ideals of service, fearless devotion to duty born of a sense of responsibility, tolerance and above all team spirit" (Kirkham-Greene 1987:93) achten. Solche Qualitäten wären am besten über Teamsportarten (*field games*), welche an den Public Schools und in Oxbridge gepflegt wurden, zu vermitteln. Und in der Tat waren viele der jungen Beamten erfolgreiche Cricket- oder Fußballspieler. In den 1930er-Jahren konnten an der Goldküste neun von zehn Beamten sportliche Erfolge vorweisen.

Die rasche Diffusion des Fußballs war aber nicht nur ein Phänomen der britischen Besitzungen, sondern erfasste in der Folge auch die französischen und belgischen Kolonien. Katholische Missionsschulen in Brazzaville in der heutigen Republik Kongo benutzten schon früh modernen europäischen Sport – speziell Fußball – als Medium der Verbreitung der christlichen Botschaft und der moralischen Erziehung.

Im Gegensatz zu den Missionsgesellschaften zeigte die französische Verwaltung anfänglich kaum Interesse am intellektuellen und physischen Wohlergehen der Afrikaner. Erst mit der zunehmenden Migration in die urbanen und industriellen Zentren An-

fang der 1920er-Jahre und den dadurch ausgelösten Ängsten vor wachsender sozialer
Unruhe kam es zu einem stärkeren Engagement der Verwaltung bei der Erziehung und
den Freizeitaktivitäten der urbanen Jugendlichen (Darby 2000b:64).

> „Seeing the success of missions' work and drawing on the tradition of the English public
> school, the colonial government began to recognize that the provision of constructive,
> rational leisure opportunities could instil in the locals qualities essential for the main-
> tenance of the colonial order." (Darby 2000b:65)

So vertrauten die französischen Kolonialherren darauf, dass geregelter Sport Moral und
Charakter nachhaltig verbessern würde: Eine Unerlässlichkeit bei der angestrebten Kon-
version vom undistinguierten kolonialen Subjekt zum zivilisierten *evolué* – gemäß der
französischen Kolonialdoktrin der Assimilation.

Die Verbindung von reger Missionstätigkeit und der Einbeziehung in den kolonialen Lehrplan verhalf dem Fußball zu großer Popularität. Mit der Diffusion des Spiels in
untere soziale Schichten gedieh im Brazzaville der späten 1920er-Jahre eine neue Form
der Zuschauerkultur. Noch wichtiger war die Tatsache, dass sich afrikanische Eliten
immer stärker in der Organisation des Fußballs engagierten, was in weiterer Folge zur
Konfrontation mit der kolonialen Stadtverwaltung führte.

In den urbanen Zentren Südafrikas suchte die weiße Verwaltung zunehmend die
ordnungspolitische und disziplinierende Dimension des Fußballs zu nutzen. Sehr anschaulich dafür ist das Beispiel der Hafenstadt Durban, welches das sozialhistorische
Museum Kwa Muhle in Durban in seiner permanenten Ausstellung dokumentiert:

Während der Depression der 1930er-Jahre begann die Kommunistische Partei größeren Einfluss auf die politischen Aktivitäten der Arbeiter zu erlangen, und es kristallisierten sich eine Reihe von charismatischen Figuren heraus (etwa Johannes Nkosi oder
Zulu Phungula), welche die politische Stabilität in Durban zu gefährden drohten.

Um nun die Aufmerksamkeit von der Politik wegzulenken, versuchte das Municipal
Native Administration Department, die Freizeit der schwarzen Arbeiter zu organisieren.
1930 wurde der erste Wohlfahrtsoffizier ernannt, dessen Aufgabe darin bestand, Be-
schwerden von *natives* nachzugehen und Veranstaltungen zu ihrer Unterhaltung und
Erholung durchzuführen. In den verschiedenen Arbeiterwohnheimen der Stadt wurden
daher regelmäßig sportliche Wettkämpfe, unter anderem sogenannte „Bantu Sports Days",
sowie Filmvorführungen organisiert. 1937 prahlte das Municipal Native Administration
Department damit, über 50 afrikanische Fußballklubs in Durban zu haben. Bis 1954
stieg die Zahl auf mehr als 200 Fußballklubs und fast 50 Ngoma-Tanzteams an. Fußball
entwickelte sich also zu einer bevorzugten Methode der Kontrolle und Disziplinierung
von jungen, urbanen Afrikanern.

4. Frühe Fußball-Migration: Arthur Wharton

Nicht nur die Anfänge des Spiels in Afrika gehen bis ins vorletzte Jahrhundert zurück,
sondern auch die Migration fußballerischer Arbeitskraft nach Europa. Ziemlich genau
100 Jahre, bevor afrikanische Spieler verstärkt in den wichtigsten europäischen Ligen
Präsenz zeigten, machte ein Ghanaer den Anfang: Arthur Wharton begann 1886 als
Torwart beim nordwestenglischen Fußballklub Preston North End, für viele damals das

beste Team auf der Insel. 1889 erhielt Wharton einen Profivertrag beim Club Rotherham, bevor er später zu Sheffield United wechselte. Wharton ist damit der erste afrikanische Profi-Fußballer überhaupt.

Arthur Wharton entstammte einer einflussreichen afro-karibischen Methodisten-familie aus Cape Coast, sein Großvater war Schotte. Wharton sollte sich in London eigentlich zum Missionar ausbilden lassen, doch er entschied sich für eine proletarische Sportkarriere im industrialisierten Norden. „Othello", wie er von der lokalen Presse genannt wurde, sorgte nicht nur auf dem Fußballfeld für Furore, sondern spielte auch professionelles Cricket und gewann den nationalen Sprinttitel über 100 Yards in der Zeit von zehn Sekunden. Dieser Rekord wurde 37 Jahre lang nicht übertroffen.

Wharton war der schwarze Sportstar des späten viktorianischen Englands. Trotzdem starb er als verarmter Kohlearbeiter und wurde ungeachtet seiner Erfolge in der britischen Sporthistorie weitgehend vergessen. Erst 1997 erhielt das Grab von Arthur Wharton auf Initiative der Kampagne ,Football Unites, Racism Divides' aus Sheffield einen Grabstein.

Phil Vasili versucht in *The First Black Footballer. Arthur Wharton 1865–1930* die Ursachen für diese Geschichtsamnesie zu beantworten. Er zeigt, dass einerseits der rassistische Dünkel in der Blütezeit des britischen Empire unvereinbar mit der Anerkennung und Memorierung von Erfolgen eines schwarzen *colonials* war und andererseits, wie das Beispiel des aus Indien stammenden Cricket-Stars Ranjitsinhji belegt, die soziale Klassenzugehörigkeit einen ebenso gewichtigen Grund darstellte. „Ranji", ein Zeitgenosse von Wharton, wurde damals ebenfalls als *coloured* kategorisiert, aber aufgrund seines *upper class*-Umfelds in den Pantheon des Cricket-Sports aufgenommen. Zudem wurde Ranjitsinhji gemäß der damaligen rassistischen Kategorisierungen als weniger barbarisch und kulturell höherstehend als der Afrikaner Wharton eingestuft.

5. Urbaner Widerstand und lokale Aneignung: Wie aus Fußball ein afrikanisches Spiel wurde

Das anfänglich elitäre und britisch kodierte Spiel wurde, wie das Beispiel Durban zeigt, allmählich afrikanisiert und entwickelte sich – wie im Europa der 1920er-Jahre – zum Spektakel urbaner Unterschichten. Auch die Aneignung und Redefinition der Wertigkeiten des ursprünglich englischen Spiels durch die Afrikaner ließ nicht lange auf sich warten. So war die Phase bis nach dem Zweiten Weltkrieg davon geprägt, die Kontrolle der Europäer über die Organisation von Fußball zu brechen. In einigen Fällen nahm die Auseinandersetzung zwischen den aufstrebenden indigenen Eliten und den kolonialen Sportadministratoren explizit anti-kolonialen Charakter an. In die Bestrebungen, das Spiel den weißen Kolonialisten abspenstig zu machen, waren auch spätere politische Führer involviert.

In der belgischen Kolonie Kongo war neben den Missionsschulen vor allem die berüchtigte Kolonialarmee (*force publique*) wesentlich an der Ausbreitung des Fußballs beteiligt. Die *force publique*, bestehend aus Afrikanern unter dem Kommando von belgischen Offizieren, ging so weit, europäischen Sport zum obligatorischen Element im Training der indigenen Soldaten zu machen. Bemerkenswerterweise war es gerade die repressive politische Kultur von Belgisch-Kongo – die weder indigene politische Autoritäten noch Vereinigungen mit politischem Charakter erlaubte –, die sportliche Aktivitäten, allen voran Fußball, beförderte. Kulturelle Vereinigungen und Fußballklubs boten den Afrikanern nicht-prohibitive Strukturen der Meinungsäußerung und der Selbstorganisation.

Paul Darby beschreibt in seinem Aufsatz *Football, Colonial Doctrine and Indigenous Resistance* die Funktion des Fußballs in Belgisch-Kongo als Arena antikolonialer Dissidenz:

> „An organizational infrastructure for African run football began to emerge during the 1920s and many of the locally formed football teams came to represent a focal point for the indigenous communities and one of the few arenas in which to criticize their colonial rulers and voice concerns about worsening socio-economic conditions brought about by the economic recession of the late 1920s and early 1930s." (Darby 2000b:68)

Nach dem Zweiten Weltkrieg wurde der Fußball in Belgisch-Kongo immer mehr zu einem Vehikel für nationalistische Tendenzen, die 1957 – drei Jahre vor der Unabhängigkeit – in die Aufstellung eines Nationalteams mündeten.

In Brazzaville formierten sich 1931 elf unabhängige Stadtteilteams. Zwischen den meisten lokalen Fußballvereinen und den Vertretern protonationalistischer Bewegungen bestanden enge Verbindungen. Die Reaktion der französischen Verwaltung gegenüber diesem Akt der Selbstorganisation bestand in der Schaffung einer „nativen" Sportföderation, die ab 1931 erfolgreich eine Verbandsmeisterschaft für Afrikaner durchführte. Doch die Befriedung war nur von begrenzter Dauer: Nachdem sich 1936 ein lokaler Spieler mit Namen Makossa ein Bein gebrochen hatte und daran verstarb, verordnete die koloniale Sportföderation, dass Einheimische fortan nur mehr barfuß spielen durften. Die Begründung dafür war: Schuhe würden afrikanische Spieler dazu ermutigen, ihr Können durch Brutalität zu ersetzen. In der Folge verweigerten afrikanische Fußballer die Teilnahme an Bewerben, was zur Auflösung der Sportföderation zwei Jahre später führte.

Im Gegensatz zur Goldküste, wo die Kontrolle über die regionalen Fußballverbände sowie den Dachverband in den Händen von Afrikanern lag, entbrannte in Nigeria mit der Dekolonisierungsbewegung auch ein Kampf um die Vorherrschaft im Fußball. Die Periode unmittelbar nach 1945 war geprägt von Streiks der Eisenbahner und Minenarbeiter sowie deren brutaler Niederschlagung durch die Briten. Konfrontiert mit dem Verlust der direkten Kontrolle und dem aufkeimenden Nationalismus, versuchten die Kolonialadministratoren, der sozialen Turbulenzen Herr zu werden. Eines der vielen angewandten Mittel war Sport. Wenn es schon gelang, über die Sporterziehung an den Public Schools und in Oxbridge loyale Kolonialbeamte zu produzieren, warum sollte dies mit den afrikanischen Eliten, die bald zu den Führern der neuen Staaten werden sollten, nicht gelingen?

Das organisierte Fußballgeschehen in Lagos war fest in der Hand von Briten aus der Mittelklasse, vorwiegend Kolonialbeamten und Händlern, die 1931 die Lagos District Amateur Football Association etablierten. 1945 wurde die Nigerian Football Association gegründet, deren weißer Präsident, Captain D. H. Holley, 1949 eine Tournee durch England organisierte. Der 18-Mann-Kader wurde weniger nach dem spielerischen Können zusammengestellt als nach der Eignung als zivilisatorische Botschafter des kolonialen Nigeria. Im „Mutterland" wollte man gute Figur machen und damit die Sinnhaftigkeit des kolonialen Engagements demonstrieren. So waren 14 der Spieler im Kolonialdienst beschäftigt und zwei als Lehrer.

Widerspruch gegen die Verbandspolitik kam von den afrikanischen Teams in Lagos, wie Muslim Eleven FC, Bombers, Spitfires, Hurricans und vor allem von Zik's Athletic Club (ZAC), dem ethnisch gemischten Verein des späteren nigerianischen Präsidenten Nnamdi Azikiwe.

Azikiwes pan-afrikanische Zeitung West African Pilot kritisierte vehement die Praxis von staatlichen Einrichtungen wie der Eisenbahn, der Marine oder des Post- und Telegraphenamts, öffentliche Ressourcen für Fußball zu verschwenden. So warben Klubs wie Railway FC regelmäßig die besten Spieler von Zik's Athletic Club oder Muslim Eleven FC mit Angeboten für nicht-manuelle Jobs ab. Auch die Missionsschulen als lohnendes Reservoir begabter Nachwuchsspieler blieben den Klubs, die von Nigerianern gemanagt wurden, verschlossen: Der Verband LDAFA verbot kurzerhand, dass Schüler Klubfußball spielen durften. Solche Verstöße gegen das sportliche Gleichheitsprinzip durch das britische Fußball-Establishment verurteilte Azikiwes West African Pilot auf das Schärfste:

> „Take heed and get out of the tentacles of these despoilers of the character of the youth of Africa. Oh, football, what despicable crimes are committed in thy name, in Lagos, even by those who claim to be paragons of perfection and repository of all knowledge … what they call ‚civilisation‘ and which I call barbarism!" (WAP 8. 2. 1945, zit. in Vasili 2000:77)

Das ursprünglich von den Imperialisten als Symbol ihrer zivilisatorischen Überlegenheit propagierte Sportethos wurde nun von Befreiungsnationalisten wie Nnamdi Azikiwe verwendet, um die Dekadenz der Kolonialisten und ihre Unfähigkeit als Herrscher zu illustrieren. Der Kampf um die Aneignung des Fußballs hatte damit durchaus Ähnlichkeit mit dem anti-kolonialen Kampf auf den Straßen und am Arbeitsplatz (Vasili 2000:72-86).

6. Dekolonisierung und postkoloniale Staatlichkeit

Die neuen afrikanischen Führer, welche die Kolonialherren beerbten, entdeckten rasch die Kraft des Fußballs für die Schaffung eines panafrikanischen Selbstbewusstseins und, was noch wichtiger war, zur Festigung der fragilen nationalen Einheit ihrer Länder.

Zentrale Bedeutung hatte in diesem Zusammenhang die Gründung einer panafrikanischen Fußball-Konföderation, der Confédération Africaine de Football (CAF), 1957 in Khartum. Die Initiative dazu ging vom 1956 unabhängig gewordenen Sudan aus. Zusammen mit Ägypten und Äthiopien wurde die CAF ins Leben gerufen, noch im selben Jahr startete in Khartum der erste African Cup of Nations. Europa sollte ein Jahr später mit der ersten Europameisterschaft folgen. Mitbegründer Südafrika weigerte sich, ein „rassisch" gemischtes Team zum Afrika-Cup zu entsenden, was die CAF 1961 zum formalen Ausschluss der ausschließlich aus Weißen bestehenden Football Association of South Africa (FASA) veranlasste – die FIFA setzte diesen Schritt erst zwei Jahre später. Südafrika blieb bis zur Niederringung der Apartheid ein sportlicher Paria. Die Aufnahme in die CAF und in den Weltverband FIFA war für die postkolonialen Staaten von vergleichbarer symbolischer Bedeutung wie der Beitritt zur OAU bzw. den Vereinten Nationen.

Einer, der das integrative Potenzial des Fußballs für die ethnisch fragmentierten postkolonialen Nationalstaaten frühzeitig erkannte, war Kwame Nkrumah. Der charismatische Präsident von Ghana startete nach der Unabhängigkeit seines Landes 1957 eine wahre Fußball-Revolution. Mit dem Auftrag, seine philosophisch-politischen Ideale nicht nur auf dem Spielfeld zu verwirklichen, formte Nkrumah 1959 die Nationalmannschaft Black Stars. In panafrikanischer Manier ging dieser Name auf die Schifffahrtslinie des Marcus Garvey zurück, der um die Repatriierung der Afro-Amerikaner auf ihren Mutterkontinent kämpfte. Die zur Verfügung gestellten Ressourcen produzierten den besten Fußball des Kontinents und bescherten Ghana die Titel beim Afrika-Cup 1963 und 1965. Das Teamfoto der erfolgreichen Black Stars mit Kwame Nkrumah in deren Mitte fand den Weg in die meisten ghanaischen Haushalte.

In den französischen Kolonialterritorien Nordafrikas nahm der Fußball eine zentrale Rolle im Dekolonisierungsprozess ein. Seit dem Start der Profi-Liga 1932 in Frankreich fungierten Fußball-Migranten aus Nordafrika als unverzichtbare Arbeitskräfte in den französischen Ligen: 1938 spielten bereits 147 Afrikaner, in der Mehrzahl aus dem Maghreb stammend, in den beiden höchsten Spielklassen (Darby 2001:222). Im Gegensatz zu England oder Portugal wurden Fußballer aus den Kolonien für die Nationalmannschaft nominiert. So trugen von 1945 bis zur Unabhängigkeit Algeriens 1962 acht Algerier und vier Marokkaner das französische Nationaltrikot. Darunter auch der aus Casablanca stammende Larbi Ben Barek, der im Jahre 1938 – nur vier Monate nach seinem Engagement bei Olympique Marseilles – in die Nationalmannschaft einberufen wurde und in der Folge zu einer französischen Fußball-Ikone aufstieg. Barek war auch der erste französische Spieler, der zu einem renommierten ausländischen Klub wechselte. Die eine Million Peseten, die Atlético Madrid zahlte, waren 1948 die höchste Ablösesumme in der spanischen Liga. Der erste Präsident des unabhängigen Algerien, Ahmed Ben Bella, spielte 1941 kurz im Profiteam von Olympique Marseilles.

Lanfranchi und Taylor (2001) erklären in ihrem Buch *Moving with the Ball* die Tatsache der raschen Integration der afrikanischen Spieler in Frankreich mit der besonderen Rolle des Fußballs in der französischen Gesellschaft:

> „In contrast with that of England, football never became an important element of the national character, an activity which helped to define the French of the Frenchness. The notions of a ‚French game‘ or ‚French style‘ were much later developments than elsewhere in Europe. As such, football could be shared with sons of the colonies and sons of immigrants without compromising the soul of the sport […] Racism may not have been absent but formal discrimination was rarely so evident as in other European countries." (Lanfranchi/Taylor 2001:171)

Aus diesem Grund, so Lanfranchi und Taylor, sei auch die Annahme abwegig, dass bei der Diffusion des Fußballs auf dem afrikanischen Kontinent die Briten erfolgreich gewesen wären und die Franzosen nicht. Die Bereitstellung des Zugangs zum professionellen Fußball-Arbeitsmarkt in Frankreich hatte eine wichtige Funktion bei der Popularisierung des Spiels in Afrika. Der britische Fußball zeigte im Gegensatz dazu bis zum Ende des 20. Jahrhunderts wenig Interesse an einer solchen Öffnung.

Mit dem Aufstand von 1954 und dem Beginn des algerischen Befreiungskriegs änderte sich allerdings die Position des Fußballs im Verhältnis Frankreichs zu seinen Übersee-Territorien. Ab 1956 nahmen algerische Vereine am französischen Cup-Bewerb teil.

Im Finale im Jahr darauf standen sich das algerische Amateurteam El Biar und Toulouse gegenüber, das mit zwei Algeriern in seinen Reihen aufwartete. Tragischer Höhepunkt des Finales war die Erschießung des Präsidenten der algerischen Nationalversammlung, einem erklärten Gegner der Unabhängigkeit. Angesichts der politischen Verhältnisse verließen acht Profi-Fußballer algerischer Herkunft im April 1958 ihre französischen Klubs, um sich dem Team der algerischen Unabhängigkeitsbewegung in Tunis anzuschließen.

Ein offizielles Kommuniqué der Front de Libération National (FLN) beschrieb die Spieler als „Patrioten, welche mehr als alles andere nach der Befreiung ihres Landes streben. Unsere Fußballer haben der Jugend Algeriens ein Beispiel für Mut, Rechtschaffenheit und Selbstlosigkeit gegeben." (Le Monde 17.4.1958, zit. nach Lanfranchi/Taylor 2001:174) Die rebellische algerische Elf, die umgehend von der FIFA geächtet wurde, tourte dann bis zum Ende des Kriegs 1962 als Botschafter der FLN erfolgreich durch weite Teile der Welt.

Die ehemaligen französischen Nationalspieler Rachid Mekhloufi von St. Etienne und Mustapha Zitouni von OGC Nizza sind seltene Beispiele für professionelle Fußballer, die sich direkt an politischen Kämpfen beteiligten. Allerdings handelte es sich bei einigen Spielern des Unabhängigkeitsteams um Revolutionäre auf Zeit. So migrierte Mekhloufi nach dem Ende des Befreiungskampfes wieder nach Frankreich und erhielt 1968 als Kapitän des Cupsiegerteams den Pokal aus den Händen De Gaulles überreicht.

7. Zur ungleichen Partizipation auf globaler Ebene

Der erste Auftritt eines afrikanischen Teams bei einer Weltmeisterschaft fällt in das Jahr 1970, sieht man von der Teilnahme des britisch dominierten Ägypten 1934 ab. Die FIFA brauchte 40 Jahre, um dem Kontinent einen eigenen Startplatz zu gewähren und damit anzuerkennen, dass dort Fußball gespielt wird. Dies, obwohl im Jahr 1968 bereits 37 nationale Verbände aus Afrika Mitglied der FIFA waren.

Vor 1970 musste sich die CAF mit der asiatischen Föderation AFC einen einzigen Startplatz teilen. Zur asiatischen Konföderation gehörte damals auch Israel, was Ägypten und den Sudan dazu bewogen, die WM-Qualifikationen 1958 und 1962 zu boykottieren.

Die offensichtliche Diskriminierung der gerade unabhängig gewordenen afrikanischen Staaten bei der Teilnahme an der Weltmeisterschaft evozierte heftigen Widerstand gegen die europäische und südamerikanische Dominanz in der FIFA. Initiiert von Kwame Nkrumah lancierte die CAF eine Kampagne zum Boykott der WM-Endrunde 1966 in England.

Das CAF Exekutivkomitee beschreibt die Repräsentation Afrikas bei der WM als „outrageously unfair" und informierte die FIFA 1964, dass sich sämtliche nationalen Verbände von der Qualifikation zurückziehen würden. Die Asian Football Federation (AFC) folgte unverzüglich dem Boykott. Die FIFA reagierte mit der Verhängung von 5000 Schweizer Franken Strafgeld für die dissidenten Verbände, lenkte aber im Hinblick auf die WM-Qualifikation 1970 ein (Darby 2000a:81).

Das Team von Marokko qualifizierte sich schließlich für die WM in Mexiko 1970, verlor gegen Deutschland nur knapp mit 1:2 und erreichte gegen Bulgarien ein Unentschieden. Mit Ausnahme des desaströsen Gastspiels von Zaire 1974 in Deutschland fuhren afrikanische Teams in der Folge nie ohne Punkte von einer WM nach Hause. Der Viertelfinaleinzug von Kamerun in Italien 1990 erscheint damit kaum als Zufall.

Der sportliche Kurzauftritt der zairischen Mannschaft bei der WM 1974 in Deutschland (0:9 gegen Jugoslawien und Niederlagen gegen Schottland und Brasilien) amüsierte damals die Journalisten. In der deutschen Presse sah man krude Rassentheorien bestätigt: Afrikaner wären zwar fähig, lange Distanzen zu laufen, nur hätten sie nicht die leiseste Ahnung von Teamsport, und ihr Verständnis für Taktik und Disziplin würde dem von Wilden gleichen (vgl. Kuper 1996:100-11). Noch 1990 durfte ein deutscher Fernsehreporter dem Team von Kamerun ungeniert „Nur Mut, ihr schwarzen Freunde" zurufen. Der paternalistische Exotismus war aber zu dieser Zeit aufgrund der starken internationalen Performance des afrikanischen Fußballs bereits im Abflauen begriffen.

Mit der Wahl des Brasilianers João Havelange 1974 zum FIFA-Präsidenten folgte eine Phase der zögerlichen De-Europäisierung des Weltverbands, die sich in der Erhöhung der WM-Startplätze, der Einführung von Nachwuchsweltmeisterschaften und der Schaffung von Entwicklungsprogrammen manifestierte.

8. „African Response": Vermarktung und Aufbau einer afrikanischen Fußball-Ökonomie

Südafrikanische Firmen, Fußballfans und Arbeitslose zeigten sich unmittelbar nach der dubiosen Vergabe der WM 2006 an Deutschland gleichermaßen geschockt. Noch am Tag vor dem Votum befanden sich die an der Johannesburger Börse notierten Bauunternehmen angesichts der zu erwartenden 1,8 Milliarden Euro direkter Investitionen im Höhenflug, der Rand gewann in den beiden Wochen vor der Entscheidung gegenüber dem Dollar 15 Prozent an Wert, und auch die fast 40 Prozent Arbeitslosen durften mit 130.000 neuen Jobs rechnen. Doch die afrikanischen Fans und die Business-Community müssen wohl noch zumindest bis 2010 auf die erste Fußball-Weltmeisterschaft auf dem afrikanischen Kontinent warten (Stoddard 2000).

Dabei argumentierte die südafrikanische Bewerbungskampagne in erster Linie marktwirtschaftlich: „Es geht", so der Bewerbungskoordinator Danny Jordaan, „um die Universalität des Fußballs und um den Eintritt Afrikas in den globalen Fußballmarkt". Vom jährlichen Umsatz der globalen Fußball-Industrie von 200 Milliarden Dollar würde für Afrika laut Jordaan nur ein mageres Prozent abfallen. Sponsorship Research International (SRI) bezifferte für 1999 die weltweiten Sponsoring-Ausgaben im Sportbereich auf 15 Milliarden Dollar, in Afrika beläuft sich das Sponsoring im mit Abstand populärsten Sport Fußball auf gerade einmal etwas mehr als 60 Millionen Dollar. Doch das Argument der Erschließung neuer Fußball-Märkte, welches noch bei der Vergabe der WM 1994 und 2002 an die fußballerischen Entwicklungsländer USA bzw. Japan und Südkorea Gültigkeit besaß, fand beim FIFA-Exekutivkomitee vorerst keinen Anklang.

Die dominierenden Schlagworte im afrikanischen Fußball lauten heute nicht mehr so sehr nationale Ehre und afrikanische Einheit, sondern Professionalisierung und Marketing des Produkts Fußball.

In den Teamcamps der Spitzenmannschaften wie Kamerun, Nigeria oder Ghana, in deren Reihen meist kein einziger in der heimischen Liga tätiger Spieler mehr steht, regiert seit den 1990er-Jahren der Konflikt um Gagen und Prämien. Die Öffentlichkeit in den jeweiligen Ländern interpretiert dies oft als Verrat an der Heimat und als negative Folge der Europäisierung. Man kann darin aber genauso gut eine Emanzipation der fußballerischen Arbeitskraft von den mitunter korrupten Verbandsführungen und Sportministern sehen. Keiner der modernen Stars will wie die Generation um Roger Milla enden: über alle Maßen berühmt und geliebt, aber arm (vgl. Wachter 2000). Die ökonomische und politische Krise, die sich in den meisten afrikanischen Staaten nach nunmehr 40 Jahren Unabhängigkeit festgesetzt hat, lässt die patriotischen Gefühle schrumpfen.

Fußball afrikanischer Provenienz ist in Zeiten, in denen die Mehrzahl der Volkswirtschaften Afrikas sich am Rande des totalen Kollapses bewegt, eines der wenigen „Produkte", nach denen Nachfrage seitens internationaler TV-Stationen und Sponsoren besteht. Wesentlicher Motor dieser Entwicklung ist die Verbindung zwischen dem in Kairo ansässigen Kontinentalverband Confédération Africaine de Football (CAF) und dem französischen Sportvermarkter Groupe Jean-Claude Darmon, der auch die TV-Rechte für die WM in Frankreich 1998 innehatte.

1994 sicherte sich die Darmon-Gruppe die TV-Rechte für das bedeutendste Sportereignis auf dem Kontinent, den African Cup of Nations, kurz Afrika-Cup, sowie die Werbe- und TV-Rechte für die kontinentalen Klubwettbewerbe der CAF. Der umtriebige Afrika-Manager der Groupe Darmon, Idriss Akki, rückblickend dazu: „Wir hatten das Gefühl, dass die CAF ihre Bewerbe nicht richtig anpackt, wir fühlten uns im Stande, den afrikanischen Fußball – der ja einer der besten ist, die man auf der Welt zu sehen bekommt – besser zu vermarkten und zu kommerzialisieren." (Persönliches Interview, August 2000)

Der Afrika-Cup 2000 in Ghana und Nigeria wurde bereits weltweit in 180 Ländern übertragen, was einer deutlichen Steigerung gegenüber den 127 Ländern beim Afrika-Cup 1998 in Burkina Faso entspricht. In einer Zeit (Februar), in der im Norden der Fußball größtenteils ruht, sind auch immer mehr europäische TV-KonsumentInnen gewillt, die afrikanischen Stars von Arsenal oder Bayern München zu sehen.

Während afrikanische Nationalteams – wie die Olympiasiege von Nigeria und Kamerun zeigen – international durchwegs konkurrenzfähig sind, bietet sich im Klubfußball ein gänzlich anderes Bild. Mit der Ausnahme von Ägypten, Tunesien, Marokko und Südafrika existieren auf dem Kontinent keine funktionierenden Profiligen. Die Spitzenvereine in klassischen Fußball-Ländern wie Kamerun, Ghana oder Nigeria erreichen selten Etats von deutschen Regionalligisten.

Der Verkauf von jungen Spieler nach Italien, Belgien, in die Türkei oder in arabische Länder ist für viele Klubs die einzige substanzielle Einnahmequelle. Die Abwesenheit der besten Arbeitskräfte schlägt sich jedoch nachteilig auf das Niveau und die Attraktivität der nationalen Ligen nieder. Der nigerianische Verband setzte daher auf Exportbeschränkungen: Für jeden Spieler der außer Landes transferiert wird, beträgt die Mindestablöse 150.000 US-Dollar – der Spieler-Exodus konnte damit allerdings nicht gestoppt werden.

Herbert Mensah, der junge Präsident des traditionsreichen Kumasi Asante Kotoko FC aus Ghana, repräsentiert einen neuen, marketingorientierten Typ von Fußballmanager. „Sponsoring", sagt Mensah, „wurde in den anglo-afrikanischen Ländern nie wirklich ernst genommen, weil sich auch die Administratoren des Spiels hier billig verkaufen". Mensah ist stolz, dass er mit dem Mobilfunkbetreiber Mobitel ein Sponsoringpaket über

knapp 90.000 Euro ausverhandelt hat. Das entspricht zwar nur einem Zehntel der anvi-
sierten Ausgaben, ist aber für ghanaische Verhältnisse rekordverdächtig. Der Premier-
League-Namenssponsor Achimota Breweries zahlt den 15 Ligateams bescheidene 74.000
Euro. TV-Gelder werden in Ghana keine bezahlt. Bei Eintrittspreisen zwischen umgerechnet 0,8 und 2,6 Euro stammen 28 Prozent der Einnahmen von Asante Kotoko aus
dem Ticketverkauf. Für die Saison 2000/2001 wurden 255.000 Euro in elf neue Spieler
investiert. Mensah startete deshalb eine Reihe von kreativen Aktionen wie die Herausgabe eines offiziellen Klubmagazins, ein Rubbellos-Gewinnspiel und die Eröffnung eines Merchandising-Shops. Dazu kommen Mitgliedsbeiträge von den zahlreichen im
ganzen Land verteilten „Kotoko Supporters Circles" (Kotoko Today 2000).

    Mit Bewunderung wird auf die benachbarte Elfenbeinküste geblickt: Dort kann der
Spitzenklub von Abidjan, ASEC Mimosa, mit einem Vielfachen an Sponsoring aufwar-
ten. ASEC investiert seit 1993 in eine eigene Fußball-Akademie für talentierte Jugend-
spieler, wobei AS Monaco anfangs bei der Finanzierung behilflich war. Ergebnis der
professionellen Struktur bei ASEC Mimosa war 1998 der Gewinn der afrikanischen
Champions League.

    Die Einführung der CAF Champions League im Jahr 1997, die wie in Europa den
Meistercup ablöste, stellte einen Quantensprung in der Vermarktung des Vereinsfußballs
dar. Für die acht qualifizierten Landesmeister, die in zwei Gruppen um den Finaleinzug
spielen, ist erstmals beachtliches Geld zu verdienen. Für die Qualifikation erhält jedes
Team 150.000 Dollar, die Finalisten streifen 225.000 Dollar ein (für die Teilnahme an
der FIFA-Klub-WM winken dem CAF-Vertreter noch weit höhere Summen). Die Darmon-Gruppe, die an der Entwicklung des neuen Formats beteiligt war, garantiert dem
Kontinentalverband CAF pro Saison ein Minimum von drei Millionen Dollar aus TV-
und Werberechten. Die Satelliten-Live-Übertragung in 45 afrikanischen Ländern, Zu-
sammenfassungen auf Canal Plus, dem Medienpartner von Darmon, sowie Highlights
auf südamerikanischen Sportsendern machen den Bewerb auch für Sponsoren interessant. Diese (unter ihnen Mobil Oil, Visa Card, Alcatel und LG Electronics) zahlen bis zu
700.000 Dollar, um bei der afrikanischen Champions League sichtbar zu sein.

    In den CAF-Klubbewerben dominieren bislang klar die nordafrikanischen Länder,
die über die wesentlich solideren Ligen verfügen als ihre westafrikanischen oder gar
ostafrikanischen Rivalen. So stehen den 16 Teams der marokkanischen Liga immerhin
Budgets zwischen 500.000 und 1.2 Millionen Dollar zur Verfügung; Spieler können mit
Monatsgehältern von 1000 bis 2500 Dollar gut leben. TV- und Werbegelder fließen über
einen Vertrag mit der Darmon-Gruppe, die auch – so wie in Kamerun und der Elfen-
beinküste – für die Übertragung der Ligaspiele sorgt (Obayiuwana/Versi 1998).

    Noch günstigere ökonomische Bedingungen findet man im südafrikanischen Fuß-
ball vor, der im Hinblick auf Marktvolumen und strukturelle Voraussetzungen eine Ausnahme bildet. Die South African Football Association (SAFA) allein verfügt über ein
Jahresbudget von 44 Millionen DM, ein 1999 mit Adidas abgeschlossener Ausrüster-
vertrag bringt jährlich 5,9 Millionen DM.

    Fußball ist der Sport der schwarzen Mehrheit und erlebte in den nunmehr zehn
Jahren seit dem Ende der Apartheid einen gewaltigen Boom. Bei der WM 1998 verfolg-
ten mehr als zehn Millionen südafrikanische TV-KonsumentInnen ihre *bafana bafana*
(„Jungs") gegen den späteren Weltmeister Frankreich.

Großklubs wie Orlando Pirates und Kaizer Chiefs, beide aus Soweto, zahlen ihren Spielern monatliche Fixgagen von 6600 Euro und sind damit in der Lage, die Talente im Land zu halten. Die Hälfte der sieben Millionen deklarierten südafrikanischen Fußballfans zählt sich zum Anhang der Kaizer Chiefs, und mit einem Schnitt von 29.000 Besuchern pro Match weisen sie auch den höchsten Zuschauerschnitt der Liga auf. Der Umsatz aus Sponsoring, Stadioneintritt, Merchandising und Mitgliedsbeiträgen betrug 1999 7,3 Millionen Euro. Im vergangenen Jahr kaufte sich das börsennotierte Medien- und Unterhaltungsunternehmen Primedia in den Klub ein, um damit in den immer wichtiger werdenden Markt der schwarzen KonsumentInnen vorzudringen.

Sportarenen wie das noch in Zeiten der Apartheid 1989 eröffnete First National Bank Stadion befinden sich baulich auf hohem Niveau. Das Stadion, auf halbem Weg zwischen Johannesburg und Soweto gelegen, fasst 85.000 ZuschauerInnen. Geplant ist, die Kapazität auf 112.000 Sitzplätze zu erhöhen, also genug Platz für ein Finale der Weltmeisterschaft 2010.

9. Multikulturalität im Zeitalter der globalisierten Apartheid

Spätestens im globalisierten Fußball-Markt der 1990er-Jahre bekommen afrikanische Teams und die „Legionäre" in den europäischen Ligen verstärkt die Rolle als Produzenten von multikulturellem Mehrwert zugewiesen.

So begründete der Vorstandsvorsitzende des 1. FC Kaiserslautern die Verpflichtung des nigerianischen Nationalspielers Taribo West mit der Erhöhung des Spaßfaktors: „Wir sind Unterhalter und müssen Woche für Woche unseren Fans etwas bieten. Fußballerische Einheitssauce bringt uns da nicht weiter" (FASZ 2001:17). Wests extravagante Haartracht („Teufelchen") sollte dabei kein Nachteil sein.

Dem zuletzt bei der WM in Frankreich massiv zur Schau gestellten universalistischen Gestus von FIFA, Medien und Sponsoren ist natürlich zu misstrauen. Afrikanischer Fußball wird dabei in einer postkolonialen und postrassistischen Variante konstruiert, als farbenfrohe Bereicherung eines von Vereinheitlichung bedrohten Metropolenfußballs. Der multikulturalistische Pseudo-Universalismus vermag die Kontinuität von ungleichen Machtverhältnissen in den Fußballbeziehungen zwischen Europa und den Ex-Kolonien nur schwer zu überdecken.

Der Mythos einer farbenblinden Fußball-Weltfamilie mit Afrika als neuem, gleichberechtigtem Partner ist mit der dubiosen Vergabe der WM an Deutschland einmal mehr bloßgelegt worden.

Südafrikas Präsident Thabo Mbeki nannte die Vergabe der WM 2006 durch die FIFA eine „Globalisierung von Apartheid". Er warf die zentrale Frage auf, wann Europa sich endlich dazu durchringe, in Afrika nicht länger ein irrelevantes Anhängsel zu sehen, dessen zunehmende Marginalisierung man einfach in Kauf nimmt. Die (süd)afrikanische Bewerbung führte immer wieder den Beitrag ihrer Starspieler zum Aufbau der prosperierenden Fußball-Ökonomie in Europa an und wies darauf hin, dass nun endlich die Zeit gekommen sei, Afrika in diese globalisierte Ökonomie zu integrieren. Und zwar nicht nur als Lieferanten von fußballerischem Rohstoff und als multikulturellen Farbtupfer in den FIFA-Gremien und den europäischen Ligen, sondern als wirklich gleichberechtigten Teilhaber. Dieser egalitären Vision hat der Fußball-Weltverband mit der Vergabe der Weltmeisterschaft 2006 an Deutschland wohl auf Jahre hinaus eine Absage erteilt.

Literatur

Apraku, Eva/Hesselmann, Markus (1998): Schwarze Sterne und Pharaonen. Der Aufstieg des afrikanischen Fußballs. Göttingen: Die Werkstatt

Baker, W. J./Mangan, J., Hg. (1987): Sport in Africa: Essays in Social History. New York/London: Holmes & Meier

Bayart, Jean-François (1993): The State in Africa: The Politics of the Belly. London/New York: Longman

Broere, Marc/van der Drift, Roy (1997): Football Africa! Oxford: WorldView Publishing

Couzens, Tim (1983): An Introduction to the History of Football in South Africa. In: Town and Countryside in the Transvaal, Hg. Belinda Bozzoli. Johannesburg: Ravan Press: 199-214

Darby, Paul (2000a): Africa's Place in FIFA's Global Order: A Theoretical Framework. In: Soccer and Society 1/2: 36-61

Darby, Paul (2000b): Football, Colonial Doctrine and Indigenous Resistance: Mapping the Political Persona of FIFA's African Constituency. In: Culture, Sport and Society 3/1: 61-87

Darby, Paul (2001): The New Scramble for Africa: African Football Labour Migration. In: The European Sports History Review 3: 217-244

Fanizadeh, Michael/Wachter, Kurt (Hg.) (1997): Fußballkultur in Europa, Globalisierung und Rassismus. Reader zum Wiener Symposium vom 10.–11. November 1997. Wien: VIDC Eigenverlag

FASZ - Frankfurter Allgemeine Sonntagszeitung (2001): Gestrauchelte Paradiesvögel, 25/47: 47

FIFA (1999): For the Good of the Game. Zürich: FIFA

Kirkham-Greene, Anthony (1987): Imperial Administration and the Athletic Imperative: The Case of the District Officer in Africa. In: Baker / Mangan (eds.) 1987: 138-71

Kotoko Today (2000): Herbert Mensah Interview. In: Kotoko Today Nr. 77:7

Kuper, Simon (1996): Football Against the Enemy. London: Phoenix

Lanfranchi, Pierre/Taylor, Matthew (2001): Moving with the Ball. The Migration of Professional Footballers. Oxford/New York: Berg

Mamdani, Mahmood (1996): Citizen and Subject. Contemporary Africa and the Legacy of Late Colonialism. London u.a.: James Currey

Nauright, John (1997): Sport, Cultures and Identities in South Africa. Cape Town/Johannesburg: David Philip

Obayiuwana, Osasu / Versi, Anver (1998): The Economics of Football. In: African Business (June 1998)

Schulze-Marmeling, Dietrich (2000): Fußball. Zur Geschichte eines globalen Sports. Göttingen: Die Werkstatt

Stoddard, Ed (2000): South Africa Soccer Fans, Markets Watch World Cup Vote. In: Reuters Limited (6 Juli 2002)

Terray, Emmanuel (1987): L'Etat contemporain en Afrique. Paris: L'Harmattan

Vasili, Phil (1998): The First Black Footballer, Arthur Wharton 1865–1930: An Absence of Memory. London: Frank Cass

Vasili, Phil (2000): Colouring Over the White Line. The History of Black Footballers in Britain. Edinburgh/London: Mainstream

Wachter, Kurt (2000): Geld statt Ehre (Sport und Identität). In: Zeitschrift für Kulturaustausch 50/1: 67-69

Wolfram Manzenreiter

Japan und der Fußball im Zeitalter
der technischen Reproduzierbarkeit:
Die J.League zwischen Lokalpolitik und Globalkultur

Nicht Zentrum, nicht Peripherie:
Japan in der Geographie des Weltfußballs

Japans Position auf der internationalen Landkarte des Weltsports Fußball ist ebenso
obskur wie seine Stellung im Coca-Cola Football Ranking, wo Japan Anfang des Jahres
2002 auf Platz 35, hinter Trinidad und Tobago und vor Marokko, lag. Zwar befindet sich
der am östlichen Rand des eurasischen Kontinents gelegene Archipelstaat nahezu im
Zentrum des FIFA-Logos. Die prominente Lage im Schnittbereich der beiden mit der
Wabenstruktur des Fußballs ornamentierten Erdkugelhälften kann kaum darüber hin-
wegtäuschen, dass Japan, nicht anders als der gesamte asiatische Raum, zur Peripherie
des Weltfußballs zählt. Anders als in den traditionellen Zentren Europa und Südamerika, in denen Fußball die unangefochtene Nummer Eins darstellt, konkurriert das runde
Leder in Japan, Korea oder China mit vielen anderen Sportarten, allen voran Baseball,
um die Gunst der Zuschauer, Medien und Sponsoren (vgl. Manzenreiter/Horne 2002).
In zumindest einer Hinsicht, in der Spieler-Export/Import-Bilanz, stört Japan allerdings
das herkömmliche Verständnis des Abhängigkeitsverhältnisses von Zentrum und Peripherie. Während in der Regel die Peripherien Spieler in die Hochburgen des Sports
exportieren, sind japanische Legionäre derzeit noch ein ausgesprochen seltenes, jedenfalls quantitativ zu vernachlässigendes Phänomen. In den 1990er-Jahren etablierte sich
Japan hingegen als neuer Magnet für die internationalen Migrationsströme des Profi-
Fußballs. Die überaus lukrativen Verträge, mit denen internationale Spitzenspieler wie
Zico, Dunga, Pierre Littbarski, Gary Lineker, Salvatore Schillaci oder Dragan Stojkovic
ihre zweiten oder dritten Karrieren in Japan absicherten, sorgten in der Mitte der 90er-
Jahre für beträchtliche mediale Aufregung. Der neue Spielermarkt für Fußballer aus
Asien, Europa und vor allem Brasilien zog die Blicke der Welt auf den gerade erst
einsetzenden Profi-Fußballbetrieb in Japan, die so genannte J.League.

Die Geburtsstunde des Profi-Fußballs fiel in eine Zeit des wirtschaftlichen Abschwungs,
der nahezu übergangslos in die größte und längste Krise der japanischen Wirtschaft im
20. Jahrhundert mündete. Die gigantische Wertvernichtung, die dem Platzen der Bubble-

Wirtschaft folgte, setzte eine in dem Ausmaß bislang unbekannte Konkurs- und Arbeits-
losenwelle in Gang, erodierte das Finanzsystem und die Konsumkraft der privaten und
öffentlichen Haushalte. Von den Auswirkungen blieb, wie wir später sehen werden, auch
der Profi-Fußball nicht verschont. Das etablierte Herrschaftssystem, ein Dreieck von Politik, Bürokratie und Wirtschaft, das Japan erfolgreich durch die Jahre des Wiederaufbaus,
der Hochkonjunktur und der Restrukturierung nach der Ölkrise der 70er-Jahre gesteuert
hatte, sollte sich nie wieder von dem Schock erholen. Die Krise des Staats war allerdings
kein ausschließlich japanisches Phänomen. Vielmehr wurde sie gerade in den 1990er-
Jahren als symptomatisch für einen weltumfassenden Prozess identifiziert, in dem auf
politischer wie wirtschaftlicher und kultureller Ebene das Rearrangement der vom Zu-
sammenbruch des Sowjetregimes in Mitleidenschaft gezogenen Hegemonialordnung auf
der Tagesordnung stand. Die „Entdeckung der Globalisierung" führte schlagartig zu einer
Neuformulierung gesellschaftspolitischer Standpunkte und sozialwissenschaftlicher
Diskursfelder, jedoch ohne dass sie dort paradigmatischen Status erreichen konnte. Vielmehr erlitt das „G-Wort" durch undifferenzierte Verwendung, Überdeterminierung und
konzeptionelle Unschärfe das gleiche Schicksal wie das „P-Wort" (Postmoderne), das
sich zuvor als „Grand Narrative" des postfordistischen Zeitalters etablieren wollte – ein
Schicksal, das bereits einer der frühen Proponenten der Globalisierungstheorie, Roland
Robertson, vorhergesehen hatte (1990:19).

Globalisierung, Fußball, Weltsport

Globalisierung ist keineswegs ein Produkt des ausgehenden 20. Jahrhunderts. Vielmehr
ist sie ein essenzieller Bestandteil der Moderne, wie Anthony Giddens (1996) mit Quer-
verweisen auf die Reflexivität moderner Institutionen und die Lösung sozialer Beziehungen von ortsgebundenen Interaktionszusammenhängen argumentierte. Breite Aufmerksamkeit erlangten Globalisierungsprozesse erst in den vergangenen Jahrzehnten,
im Soge der Neustrukturierung der Weltwirtschaft, der Computervernetzung und der
Kompression von Raum und Zeit (Wright 1999:268). Der globale Kapitalismus ist in
den Augen seiner kritischen Beobachter durch die Beschleunigung globaler Produktions-
prozesse, eine neue internationale Arbeitsteilung, internationale Marketingstrategien und
die ökonomische Dominanz der Finanzwirtschaft gekennzeichnet; all diese Aspekte haben
auch den Fußball tiefgreifend beeinträchtigt. Im Gegensatz zum Soziologen, der die
Dynamik in der Dialektik von Sozialstruktur und reflexiv agierenden Individuen verortet,
interpretieren Vertreter der (neo-)marxistischen und/oder weltsystemanalytischen Tradition Produktionsbedingungen und Verwertungsinteressen als Triebkraft einer Globalisierung, die als integraler Bestandteil des Kapitalismus zeitloser Natur ist (vgl. Harvey
1989; Novy/Parnreiter/Fischer1999). Ungeachtet aller Unterschiede in den Ansätzen
heben sich diese von Theorien überwiegend neoliberaler Prägung ab, die erstens Globalisierung als begrüßenswerten und vorläufig letzten Entwicklungsschritt einer sich
selbst überlassenen Marktwirtschaft betrachten und zweitens in diesem Schritt höchstens Elemente intendierten Handelns anerkennen, im Großen und Ganzen aber eher auf
Wirkungszusammenhänge verweisen, die sich quasi automatisch, jedenfalls außerhalb
der Einflusssphäre des Einzelnen, des Staates oder ganzer Ökonomien, abspielen. Ein-

mischung ist im Prinzip unerwünscht, da die Kräfte des Marktes an sich schon für eine Umverteilungsgerechtigkeit sorgen würden.

Die kulturelle Qualität der Globalisierung lässt sich vereinfacht auf die Auffassung reduzieren, dass in einer zunehmend vernetzten Welt lokalen, regionalen und nationalen Elementen nur noch in Abhängigkeit zum Gesamtsystem Bedeutung zugeschrieben werden kann (Friedman 1994:196-201). Dabei geht es schon lange nicht mehr um uni-direktional verlaufende Prozesse wie „Amerikanisierung" oder „McDonaldisierung" in der Tradition des „kulturellen Imperialismus" (vgl. Guttmann 1996). In der globalen kulturellen Ökonomie sind herkömmliche Zentrum-Peripherie-Modelle überholt und ohne Aussagekraft. Zwar sind Homogenisierung und Standardisierung charakteristische Erscheinungen der kulturellen Globalisierung, aber sie treffen nicht nur auf Heterogeni-tät, sondern evozieren diese auch: Partikularismen und Universalismen treten gegenein-ander an, heben sich auf, vermischen sich und führen zu neuen Kulturhybriden (Appadurai 1996:32-42). In der deterritorialisierten Zeichenökonomie kann nicht mehr anders als „glokal" gedacht werden.

Sport ist auf vielfältige Weise in den Globalisierungsprozess verwoben: als Wirt-schaftsfaktor, als Konsumgut und als kulturelles Phänomen (Wright 1999). Gerade Fuß-ball etablierte sich in den 1990er-Jahren als Paradebeispiel einer globalen Kulturindustrie, die astronomische Geldmengen in Bewegung setzt und weltweit eine wachsende Zahl von Fans und Konsumenten anzieht. Während der WM 1994 etwa besuchten über 3,5 Millio-nen Zuschauer die Spiele in den Stadien, und ein kumuliertes Fernsehpublikum von mehr als 30 Milliarden verfolgte diese von zu Hause aus. Den direkten Zugang zum Konsumen-ten und exklusive Werberechte auf dem Weltmarkt ließen sich vierzig multinationale Un-ternehmen insgesamt 400 Millionen Dollar kosten. Vier Jahre später steigerte die WM in Frankreich diese Superlative weiter: Allein zum Finale zwischen Frankreich und Brasilien (oder dem Entscheidungsspiel zwischen den jeweiligen Ausrüstern und Hauptsponsoren Adidas und Nike; vgl. Hare 1999; Spitaler/Wieselberg in diesem Band) schalteten sich 1,7 Milliarden Zuschauer ein. Glaubt man den Prognosen von HBS (Host Broadcasting Ser-vices), der KirchMedia-Tochter, der die technische Abwicklung der Fernsehübertragun-gen in Japan und Korea unterliegt, wird der Superlativ von 37 Milliarden Gesamtzuschauern der WM in Frankreich noch einmal auf 41 Milliarden gesteigert. Nachdem China sich erstmals für eine WM qualifizieren konnte, ist diese Erwartung keineswegs überzogen: Bereits 1990 soll die Hälfte aller Zuschauer, die im Fernsehen die Endrundenspiele der WM in Italien verfolgten, in Asien beheimatet gewesen sein (Miller u.a. 2001:64). Mit den Erfolgen der jeweiligen Nationalmannschaften hat Fußball schlagartig zur Spitze der populärsten Sportarten im ostasiatischen Raum aufgeschlossen.

Die Expansion in den populations- und konsumentenstärksten Kontinent entspricht der Logik des global agierenden Kapitals, die sich etwa in der Marlboro League, Chinas erster Profi-Fußball-Liga von 1994, oder in der finanziellen Beteiligung der internatio-nal führenden Sportagentur IMG am Yokohama FC niederschlägt. Wie sich am Beispiel der J.League, Japans professioneller Fußball-Liga, und ihrer Entwicklung zeigt, ist das Phänomen Fußball in Japan aber nur in der Dialektik globaler u n d lokaler Prozesse adäquat zu verstehen. Eine Analyse der J.League, die sich nur auf ihr Objekt und den Zeitraum ab ihrer Einrichtung beschränkt, würde daher zu kurz greifen. Vielmehr muss der Fußball einerseits im Kontext der japanischen Sportlandschaft, der Sportpolitik und

des globalen Profisports untersucht werden, andererseits muss in diachronischer Perspektive der Position Japans unter den Ländern der Welt Rechnung getragen werden.

Phönix aus der Asche? Back to Zero

Als am 15. Mai 1993 der offizielle Anpfiff zur J.League erfolgte, waren nahezu 60.000
Zuschauer in das Nationalstadion in Tokyo geströmt, um dem Eröffnungsspiel von Yokohama Marinos und Verdy Kawasaki beizuwohnen. Millionen verfolgten das Spiel
von zu Hause aus und sorgten für eine der höchsten jemals in Japan gemessenen Zu-
schauerquote eines Sportevents (32,4 Prozent). Die praktisch über Nacht materialisierte
nationale Fußballbegeisterung überstieg alle Erwartungen. Das 1989 vom Japanischen
Fußballbund (JFA) eingesetzte Planungskomitee hatte für den Spielbetrieb im ersten
Jahr auf zwei Millionen Zuschauer gehofft. Diese Prognose wurde auf Anhieb mühelos
um das Doppelte überschritten. Auch in der folgenden Saison blieb das Unterfangen auf
Wachstumskurs: Jedes Match wurde im Schnitt vor knapp 20.000 Fußballfans ausgetragen, also praktisch vor ausverkauftem Haus (vgl. Abb.1). Für besonders populäre Klubs
wie Shimizu S-Pulse, Verdy Kawasaki oder die Yokohama Marinos mussten Karten auf
Monate im Vorverkauf erstanden werden. Allein die beschränkten Kapazitäten in den
neu gebauten Stadien hinderten die Klubs daran, bereits in den ersten Jahren den *break
even* zu erreichen. Bedenkt man, dass bis Anfang der 1990er-Jahre in ganz Japan nur ein
einziges Fußballstadion existierte und die Spiele der Amateur-Liga (Japan Soccer
League), die 1965 auf Anregung von Dettmar Cramer, Coach der japanischen Nationalmannschaft zwischen 1960 und 1965, gegründet wurde, in ihrer 27-jährigen Laufzeit
etwa so viele Zuschauer anzogen wie die J.League in ihren ersten zwei Jahren, wird
deutlich, dass die japanische Fußball-Liga eine der größten und wohl auch erfolgreichsten Neugründungen in der Geschichte des Sportmarketings darstellt.

   Der wirtschaftliche Erfolg des Unternehmens J.League war Grund genug für den
bislang in der Gunst des Publikums unangefochten führenden Zuschauersport Baseball,
nervös zu werden. Im ersten Jahr, als die J.League allein an den Stadionkassen 11 Milliarden Yen einnahm, setzten die Baseballligen um sechs Prozent weniger an Karten ab.
Fußballklubs und ihre Sponsoren, Medienunternehmen, Gebietskörperschaften und
Konsumenten trugen mit ihren Ausgaben zur Schaffung eines Markts bei, der in seinem
ersten Jahr ein Volumen von ca. 210 Milliarden Yen (bei damaligem Wechselkurs ca.
1,5 Milliarden Euro; Ubukata 1994:181) bewegte. Wie hoch überhaupt die Startinvestitionen gewesen sind, darüber lässt sich nur spekulieren: Manche Beobachter gehen
von astronomischen Summen in der Höhe von 30 bis 35 Milliarden Euro aus (Horne/
Bleakley 2002). Ein Unterfangen in der Größenordnung wäre ohne die konzertierten
Anstrengungen von Wirtschaft, nationaler Politik und regionaler Bürokratie genauso
wenig möglich gewesen wie ohne eine sorgfältige Sondierung des Marktpotenzials.

   Der Fußballsport wurde natürlich nicht erst in diesen 90er-Jahren entdeckt oder
eingeführt. Vielmehr geht seine Geschichte bis in die frühen Jahre der Modernisierung
Japans und des im 19. Jahrhundert massiv einsetzenden Kulturaustauschs mit dem Westen zurück. Die Verbreitung des Fußballs und anderer westlicher Sportarten könnte durchaus als kulturimperialistischer Akt gelesen werden, in dem der politisch wie wirtschaft-

Abb. 1: Die Klubs der J-League 1993

Verein	Vorgängerklub	Hometown & Präfektur	Hauptsponsoren	Slogan
Verdy Kawasaki	Yomiuri Club	(1993) Kawasaki, (2001) Tokyo	(1993) Yomiuri, (2001) NTV	com a bola no pe
(F.) Marinos*	Nissan	Yokohama, Kanagawa	Nissan	sail on to victory
AS Yokohama Flugels*		(1993) Yokohama	(1993) ANA, Satō Kōgyō	take to the skies
Kashima Antlers	Sumitomo	Kashima, Ibaraki	Sumitomo Kinzoku, Kashima	dashing beauty
JEF United	Furukawa Electric	Ichihara, Chiba	JR East, Furukawa Denkō	the mighty front
Urawa Red Diamonds	Mitsubishi Heavy Industries	Urawa, Saitama	Mitsubishi Car	red in Urawa
Sanfrecce Hiroshima	Toyo Industrials	Hiroshima, Hiroshima	Mazda, Hiroshima	pour the heat on
Osaka Gamba	Matsushita Denki	Osaka, Osaka	Matsushita Electric („Panasonic")	the swift attack
Shimizu S-Pulse	Honda	Shimizu, Shizuoka	(1993) TV Shizuoka, (2001) JAL	pulsing with excitement
Grampus Eight Nagoya	Toyota	Nagoya, Aichi	Toyota, Tōkai Bank	here we go

*Klubs fusionierten 1998, nachdem einer der beiden Hauptsponsoren von Flugels das Engagement kündigte. Ansonsten spielen alle auch 2001 noch in der ersten Division.

lich Unterlegene auch dem kulturellen Diktat der dominanten Nation unterworfen ist. Allerdings war Japan das Kolonialjoch des Westens erspart geblieben, wenngleich es in der politökonomischen Hierarchie des spätviktorianischen Zeitalters deutlich unter den Nationen rangierte, mit denen es sich in den 1860er-Jahren vertraglich zur Öffnung seiner Häfen und zur Einbindung in den internationalen Handel verpflichtet hatte. Zur Korrektur des Ungleichgewichts mussten schnellstmöglich eine wirtschaftliche Infrastruktur und ein politisches System entsprechend den Vorgaben der Weltmächte geschaffen werden. Für den gerade erst neu geschaffenen japanischen Nationalstaat standen bei dem Großprojekt nichts weniger als Zollhoheit und die nationale Souveränität auf dem Spiel. Die von der Meiji-Regierung als Berater eingestellten ausländischen Experten – Wissenschaftler, Techniker, Ingenieure, Juristen und Militäroffiziere – und die in den Ausländerenklaven angesiedelten Vertreter der Handelsgesellschaften brachten Japan auch mit zahlreichen neuartigen kulturellen Praktiken in Kontakt. Vor allem die Oberschicht, die den modernen japanischen Staat plante, und wenig später auch die neu entstandene Mittelschicht, die für die Verwaltung in den neuen Institutionen benötigt wurde, entdeckten in vorauseilendem Gehorsam ihre Begeisterung für westliche Kleidung, Sprachen, Umgangsformen und Lebensstile, so auch für den Sport. Der japanische Fall scheint also eher für die Hegemonialthese zu sprechen, die von weniger starren Herrschaftsverhältnissen ausgeht und auch den schwächeren Akteuren ein Recht auf Selbstbestimmung einräumt: Wenn ihre Entscheidungen den Interessen der dominanten Eliten entsprachen, dann zumeist aus Opportunitätsgründen (vgl. Hargreaves 1986).

Sport blieb allerdings, abgesehen vom Turnen, das zur Körperertüchtigung schon in den 1870er-Jahren ins Pflichtschulprogramm aufgenommen worden war, bis in die Mitte des 20. Jahrhunderts ein urbanes Phänomen, Mittelklasseattribut und Prärogativ der Jungen, Gebildeten und Wohlhabenden. Für den überwiegend in ärmlichen Verhältnissen auf dem Land lebenden Großteil der Bevölkerung gab es keine Gelegenheit und wohl auch Bedürfnis, aktiv Sport zu betreiben. Auch das städtische Proletariat kam lediglich passiv, als Zuschauer, in direkten Kontakt mit dem Sport. Dieser verbreitete sich zunächst über die höheren Einrichtungen des modernen Bildungssystems, wurde schon Anfang des 20. Jahrhunderts als Spektakel inszeniert, von Tageszeitungen, Kaufhäusern und Privateisenbahnen kommerzialisiert und spätestens ab den 20er-Jahren auch für die nationalistischen Interessen des Staats instrumentalisiert (vgl. Kōzu 1980; Sakaue 1998). Fußball spielte in dieser Konstellation eine vernachlässigbare Rolle: Seit Anbeginn stand er im Schatten des amerikanischen Baseball, das bereits kurz nach der Jahrhundertwende Zehntausende in den Ballpark lockte und bald zum heimlichen Nationalsport avancierte.

Die japanische Fußballchronik beginnt mit dem Jahr 1873, als englische Seeleute sich im Hafen von Yokohama mit dem Spiel die Zeit vertrieben. Auch im Universitätsbereich wurde der Fußballsport ab der Zeit propagiert, natürlich ebenfalls von Engländern. Die oft als Geburtsstätte des Fußballs titulierte Nation war auch maßgeblich an der Errichtung eines regelmäßigen Spielbetriebs in Japan beteiligt. Auf Anregung des englischen Vize-Konsuls William Haig stiftete die britische Football Association zur Förderung des Sports im Fernen Osten einen silbernen Pokal, der mangels einer adäquaten Organisation vom Präsidenten des Japanischen Sportdachverbands und Mitglied des Japanischen Olympischen Komitees, Kanō Jigorō, in Empfang genommen wurde. Zwei

Jahre später richtete der 1921 mit 65 Mitgliedervereinen ins Leben gerufene JFA einen ersten Cup-Wettbewerb aus. Als Zuschauersport entwickelten sich Baseball und Fußball in erster Linie im Kontext klassischer Schulfehden und Lokalrivalitäten. Wie in den USA zählten (und zählen) High School- und Universitätsturniere zu den landesweit populärsten Sportevents, und einzelne Privatinstitutionen setzten bereits damals auf den Werbeeffekt, den ihnen ein Sieg bei den Turnieren bescherte. Vor allem die Region um Kobe entwickelte sich zu einer Machtzentrale des heimischen Fußballs: Zwei ihrer Schulen holten 16-mal zwischen 1918 und 1940 den Interhigh-Pokal heim. Aus den Reihen der Schulkicker wurde auch die Nationalmannschaft rekrutiert, die den japanischen Fußball bei den Fernöstlichen Spielen, einem regionalen Pendant der Olympischen Spiele, und in internationalen Freundschaftsspielen vertrat; meistens allerdings wenig überzeugend. Das „Wunder von Berlin", in dem Japan während der Olympischen Spiele 1936 einen Halbzeitrückstand von 0:2 gegen Schweden noch in einen 3:2-Sieg umwandeln konnte, bildete eine seltene Ausnahme, die mit der unmittelbar darauf folgenden Niederlage gegen Italien auch sofort relativiert wurde.

Fußball meets Kapitalismus:
Semi-Professionalisierung der Firmenamateure

Auch nach dem Krieg blieb die soziale Praxis des Sports maßgeblich auf den Bereich des Erziehungssystems beschränkt, wenngleich die amerikanische Besatzungsmacht generell die Verbreitung des Sports als pädagogisches Instrument für die Vermittlung demokratischer Werte zu fördern suchte. Das Sportangebot der Pflichtschulen und höheren Bildungseinrichtungen nahm nicht nur in den Lehrplänen zu, sondern auch in den relativ autonom geführten, extrakurrikulären Schul- und Universitätsklubs. In diesen Schulvereinen kristallisierten sich die Leistungsdoktrin des Bildungssystems und das Hierarchiemodell der Gesellschaft. Eine Mitgliedschaft war zwar nicht vorgeschrieben, wurde aber innerhalb des Sozialsystems Schule als quasi obligatorisch verstanden. Mit dem rasch zunehmenden Bevölkerungsanteil im schulpflichtigen Alter und dem ständig steigenden Bildungsgrad wurden ganze Jahrgänge in den Sport sozialisiert. Schon in den 70er-Jahren, als rund ein Drittel der japanischen Bevölkerung jünger als 15 Jahre war, wurde der Oberschulabschluss zur alle Schichten verbindenden kulturellen Norm. Für olympische Ideale – dabei sein ist alles – war in der Rangordnung in und unter den Schulen kein Platz, eher noch in der paternalistischen Wohlfahrtspolitik der Großbetriebe.

Der Firmensport war für die Sportlandschaft von doppelter Bedeutung: Erstens boten die Freizeitangebote der Unternehmen eine der raren Optionen für Erwachsene, auch nach der Schullaufbahn noch sportlich aktiv zu bleiben. Zweitens entdeckten die Unternehmen den Sport als Werbeträger. Erfolge der Firmenmannschaften auf dem Spielfeld sollten zudem zur sozialen Integration innerhalb der Konzerne beitragen und es ihren Belegschaften erleichtern, sich mit dem „Klassenfeind" und den Unternehmenszielen zu identifizieren. Spätere Weltkonzerne wie Nissan, Hitachi, Mitsubishi, Honda und Toyota statteten sich in dieser Zeit mit eigenen Fußballmannschaften aus. Für diese Zwecke rekrutierten die Personalabteilungen Absolventen, die bereits zu Universitätszeiten auf ihr fußballerisches Talent aufmerksam gemacht hatten. Vom reinen Profitum unterschied sich diese Praxis durch den formellen Status der Spieler. Alle wurden als Firmenangestellte geführt und bezahlt, nicht als Sportler. Unprofessionell war auch die Organisationsstruktur. In allen Fragen des Managements, der Finanzen und Personalführung waren die Klubs von den Entscheidungen der Unternehmensleitung abhängig. Anders als die jedes Jahr mit wechselnder Besetzung konfrontierten Studentenmannschaften konnten die semi-professionellen Firmenteams auf Kontinuität setzen. Daher sollten die am ehesten den osteuropäischen Staatsamateuren entsprechenden „Firmenamateure" bald die „Universitätsamateure" als „Center of Excellence" ablösen: Mit Tōkyō Kōgyō erreichte 1954 erstmals ein Firmenteam das Cup-Endspiel; gleiches gelang Yawata Steel 1956 und 1958, und 1960 schließlich gewann Furukawa Denkō den begehrten Kaiser-Pokal. Der ab 1965 alljährlich durchgeführte Ligabewerb wurde nur mehr unter Firmenmannschaften ausgetragen, weil der Spielplan nicht mit dem akademischen Jahr in Übereinstimmung zu bringen war.

Ungeachtet der zaghaften Ansätze zur Professionalisierung stand die japanische Fußball-Liga in markantem Kontrast zum Baseball, das seine dominante Position als Zuschauersport bereits in der Besatzungszeit wieder ausbauen konnte. Baseballklubs wie die Yomiuri Giants oder Hanshin Tigers befanden sich zwar ebenfalls im Besitz von Wirtschaftskonzernen. Die Klubs und ihre als professionelle Spieler beschäftigten Angestellten wurden aber von einem eigenen Stab gemanagt und waren weitaus stärker betriebswirtschaftlichen Zwängen unterworfen. Die kulturelle Orientierung an der US-amerikanischen Siegermacht dürfte ihren Teil zur Popularität des Baseballs beigetragen haben. Größer war wohl der Einfluss der Medien: Für Printmedien, Hörfunk und Fernsehen, das ab 1953 ausgestrahlt wurde, stellte Sport – insbesondere Baseball, aber auch Sumō, Pferderennen und Pro-Wrestling – einen wesentlichen und preiswerten Content-Füller dar. Der Absatz von Fernsehgeräten stieg im Vorfeld der Olympischen Spiele von Tokyo (1964) dramatisch an: Bis 1959, als die Hochzeit des Kronprinzen dem damaligen staatlichen Rundfunkmonopolisten NHK einen ersten Boom bescherte, standen gerade 2 Millionen Haushalte unter Vertrag. Bis 1964 aber waren über 16 Millionen Verträge abgeschlossen worden (Hashimoto 1992:279). Die Olympischen Spiele waren ein gewaltiges Prestigeobjekt, mit dem Japan sich selbst endgültig von den sozialen Wirren der Nachkriegs- und Wiederaufbauzeit verabschiedete. Gleichzeitig stellte Japan, erstmals via Satellitenfernsehen, sich und der internationalen Staatengemeinschaft die Rückkehr in deren Mitte unter Beweis.

Die Errichtung der Fußballamateur-Liga 1965 muss im Kontext der boomenden Wirtschaft und der Erstarkung des nationalen Selbstbewusstseins gesehen werden. Die Wachstumspolitik des „Einkommensverdoppelungsplans" wurde von den Firmen bereitwillig unterstützt und viel schneller als erwartet auch umgesetzt. Die anhaltende Hochkonjunktur erlaubte den Firmen die Finanzierung des Firmensports, den sie im Vorfeld der Olympischen Spiele in den Dienst der nationalen Sache stellten. Mit dem Zeitpunkt der Bewerbung wurde die gesamte Sportstruktur des Landes auf das Ziel ausgerichtet, möglichst viele Erfolge für Japan zu produzieren. Im Fußball bediente man sich der schon vor einem Jahrhundert bewährten Technik, ausländische Spezialisten für die Aufholjagd zur Weltspitze zu gewinnen. Der international erfolgreiche Fußballtrainer Dettmar Cramer wurde als Coach für die Nationalelf verpflichtet. Immerhin erreichte die japanische Elf unter ihm mit dem Einzug ins Viertelfinale das bislang zweitbeste Ergebnis bei einer internationalen

Großveranstaltung, das nur noch von der Bronzemedaille in Mexiko vier Jahre später übertroffen wurde. Auch wenn auf internationaler Ebene von Nachhaltigkeit keine Spur war, sollte in Japan das Erbe der Ära Cramer – Rasenplätze und der Ligabetrieb – zumindest für bessere Spielbedingungen und eine kontinuierliche Wettkampfsituation sorgen. Anfangs besuchten im Schnitt bis zu 7.000 Zuschauer ein Spiel der JSL. Die Begeisterung verflachte aber bald wieder, zumal Japan sich knapp 30 Jahre lang für keine überregionale Großveranstaltung mehr qualifizieren konnte (JFA 1996:236ff).

Mitte der 1980er-Jahre setzte sich die Einsicht durch, dass ohne eine grundlegende Reorganisation des Fußballbetriebs der Anschluss an die Sporteliten der Welt endgültig verloren sei. Das war allerdings kein fußballspezifisches Phänomen. Der Verlust der Wettbewerbsfähigkeit wurde nahezu allen Sparten des Olympischen Sports attestiert. Seit München 1972 sanken die Erfolgsquoten japanischer Vertreter bei Sportgroßveranstaltungen; auch die Zuschüsse der öffentlichen Hand an die Sportverbände flossen spärlicher und leiteten eine längst fällige Diskussion um die Trennung der administrativen Agenden von Spitzen- und Leistungssport ein. Mit der Aufhebung des Amateurparagraphen (1986), der Einrichtung eines eigenen Sportbüros mit zwei Abteilungen für Breiten- und Spitzensport (1988) sowie der Inkorporierung des Nationalen Olympischen Komitees (1989) wurde die Reorganisation besiegelt (Seki 1997:344-347; 379). Etwas früher bereits hatte die Professionalisierung durch die Hintertür Einzug gehalten. Japans erstem Legionär Okudera Yasuhiko, der neun Jahre lang in der deutschen Bundesliga für den 1. FC Köln und Werder Bremen gespielt hatte, wurde nach seiner Rückkehr 1986 der gerade erst eingeführte Status eines „Special Licensed Player" verliehen. Damit hatte der JFA seinen ersten Profi-Spieler, und die „Prolympisierung" des Sports (Donnelly 1996) hatte endgültig auch Japan erfasst.

Die Schaffung des Markts

Die Professionalisierung des Weltfußballs löste, wenn auch mit deutlicher Verzögerung, einen analogen Reflex im japanischen Fußball aus. Von Anfang an war die Stärkung der Nationalmannschaft ein erklärtes Ziel der J.League gewesen, ebenso wie die erfolgreiche Kandidatur um die Austragung der Fußball-Weltmeisterschaft 2002, die FIFA-Präsident João Havelange bereits Ende der 1980er-Jahre Asien zugesprochen hatte. Zu dem Zeitpunkt besaß Japan allerdings nur ein einziges Fußballstadion (Nishigaoka Stadion, Tokyo). Die für das Großereignis notwendige Infrastruktur aber wäre ohne den Aufbau einer professionellen Liga und die breite Unterstützung seitens der Bevölkerung und des offiziellen Japan ohne Aussicht auf Erfolg gewesen. Zur zentralen Figur der Organisation wurde Kawabuchi Saburō, ein ehemaliger Nationalspieler in Diensten von Furukawa Electric, seit 1988 Generalsekretär der Liga und treibendes Mitglied in den Planungsausschüssen. In der Anlaufphase knüpfte das Planungskomitee Allianzen in alle Richtungen, zu den Werksvereinen, der Sportbürokratie, den Gebietskörperschaften und auch zu Dentsū, Japans größter Marketingagentur. Das weltweit tätige Unternehmen wäre allein durch seine langjährige Erfahrung im internationalen Sportsponsoring und den gut etablierten Kontakten zum JFA bestens qualifiziert gewesen. Schließlich war Dentsū von Anfang an federführend an der „prolympischen" Entwicklung beteiligt, vor allem durch seine 49-Prozent-Beteiligung an der Gründung von ISL (International Sport and Leisure Marketing), der Sportagentur von Horst Dassler (Adidas). Der Pionier der internationalen Mehrwertschaffung des Sports verkannte aber das heimische Marktpotenzial. Offenbar war den Analysten von Dentsū entgangen, dass Fußball unter der männlichen Jugend bereits Baseball an Popularität überflügelt hatte und zum beherrschenden Thema in den sportspezifischen Genren der Populärkultur, vor allem in *manga* (Comics) und *anime* (Zeichentrickfilmen), geworden war. Oder ihnen fehlte die visionäre Kraft, den Sport losgelöst von seinen unattraktiven Bedingungen (*low budget*, geringe Löhne, kein Prestige) zu erfassen und ihn als hippes Konsumgut, als Ausdruck der regionalen Verbundenheit und als Teil eines urbanen Lebensgefühls neu zu erfinden. Genau das aber tat der größte inländische Konkurrent, der nun zum Zug kam. Allein in der Vorbereitungsphase stellte die Agentur Hakuhōdō, angeblich kostenlos, einen vielköpfigen Planungsstab für Marktforschung, Rechtsfragen, strategische Planung, Management, Buchhaltung und Personalwesen zur Verfügung (Ubukata 1994:20). Langfristig machte sich die Investition freilich bezahlt, da Hakuhōdō kräftig an allen Sponsorenverträgen mitverdiente. Erst nach den Boomjahren 1993–1995 vermochte Dentsū mit der Vermittlung der Fernsehrechte wieder Fuß im Fußballgeschäft zu fassen.

Als 1989 die Öffentlichkeit über die Zulassungsmodalitäten zu der neuen Profi-Liga informiert wurde, war dies der erste Schritt einer genau durchgeplanten Marketingstrategie, die sich über Jahre hinweg zog. In der ersten Phase, in die auch die Inkorporierung der Profi-Liga (1991) fiel, sollte vor allem der Markenname der J.League popularisiert, aber auch die finanzielle Basis des Unterfangens abgesichert werden. Erstmals in der Geschichte des japanischen Sportmarketings wurde von Hakuhōdō eine großformatige Marktanalyse durchgeführt, die das Potenzial eines professionellen Sportbetriebs ermitteln sollte. Mit den erfolgsverheißenden Ergebnissen konnten die zunächst zweifelnd abwartenden Unternehmen als Sponsoren gewonnen werden. Ganz im Stil des „Olympia-Programms" wurden Exklusivverträge mit Hauptsponsoren für das Unternehmen J.League und Offiziellen Sponsoren für die Veranstaltungen, also die Liga- und Cup-Bewerbe, abgeschlossen. Die neuen Partnerschaften wurden natürlich medienwirksam inszeniert. Das Interesse der Medien wurde aber erst in der nächsten Runde wirklich geweckt.

Phase 2 begann mit der Vorstellung der nominierten Teams und ihrer Trikots in der Öffentlichkeit. Von Anfang an setzte Hakuhōdō auf die Kaufkraft einer Klientel, die traditionell weniger mit Fußball zu tun hatte, aber als Trendsetter unersetzlich schien. Junge Frauen in den Zwanzigern mit einem eigenen Einkommen, aber ohne fixe Ausgaben, weil sie zumeist noch im elterlichen Haushalt leben, hatten bereits beim Sumō und bei Pferderennen ihre Fähigkeit unter Beweis gestellt, neue Freizeitmärkte zu kreieren. Hakuhōdō gewann Sony Creative Products als Exklusivpartner für die Gestaltung der Klublogos, niedlicher Maskottchen und die Komposition von Team-Songs und eingängiger Slogans, die den weiblichen Fans die Identifikation mit dem Sport oder den Teams erleichtern sollten. Die J.League forderte in ihrer eigenen Werbekampagne die Fans auf, entsprechend dem Motto „Sei der zwölfte Spieler im Stadion" zum erfolgreichen Abschneiden der jeweiligen Heimmannschaft und des wirtschaftlichen Unterfangens der J.League beizutragen. Das Merchandising, also die Vermarktung der Maskottchen, Spielerdressen und aller anderen Fan-Artikel, die mit den Logos und Symbolen der

J.League und ihrer Klubmannschaften versehen waren, blieb der J.League-Zentrale vorbehalten.

Die Vermarktung des Profi-Fußballs setzte vor allem auf seine Fremd- und Neuartigkeit, die in Abgrenzung zum „essenziell Japanischen" des Baseballs in der Internationalität des Fußballs ihren Ausdruck fanden. Legionäre waren zwar auch im Baseball präsent, spielten aber eine ganz andere Rolle. Während von den Baseball-Spielern implizit erwartet wurde, dass sie sich den Gepflogenheiten des Gastgebers anpassen, sollten sich die Fußballspieler eher den Gästen angleichen. So wirkten auch die japanischen Spieler mit ihrem Auftreten und Aussehen internationaler als die Baseballprofis. Shimizu S-Pulse-Verteidiger Katō Hisashi meinte zu dem Medienrummel um die jungen Wilden, „wir Fußballer wären die ersten professionellen Sportler, denen man erlaubte, ihre Persönlichkeit zum Ausdruck zu bringen" (Watts 1998:185). Die Spieler und ihre Klubs traten in der dritten Phase erstmals in Aktion. Im Rahmen eines Cup-Bewerbs, der als Pilot-Event ein halbes Jahr vor dem offiziellen Start der Liga ausgetragen wurde, wurden die eigentlichen Stars der Öffentlichkeit in Aktion präsentiert. Gleichzeitig wurde die gesamte Nation in grundlegenden Fußballregeln unterrichtet, wofür die anteilsmäßig zunehmende Fußballberichterstattung in allen Medien sorgte.

Das Spiel selber entsprach natürlich den FIFA-Regeln, wurde aber in einigen Punkten dem Geschmack des japanischen Publikums entsprechend modifiziert. Beispielsweise sollte kein Spiel mit einem Unentschieden enden, wie es auch im Baseball kaum vorkommt. War nach einer halbstündigen Verlängerung noch immer kein Sieger ermittelt, folgte deshalb ein Elfmeterschießen. Was europäische Fußballfans irritierte, war die Darbietung im Fernsehen, wo die Sportredaktionen vor allem den Rhythmus des Baseballs und des Sumō gewohnt waren. Die Sender wollten weder auf ihre regelmäßigen Werbeeinschaltungen verzichten noch waren sie bereit, Spiele länger als die regulär geplante Spielzeit zu übertragen, so dass die Übertragungen oft endeten, bevor das Spiel entschieden war. Als Zugeständnis an die internationale Spielweise wurde 1999 das Unentschieden eingeführt: Erstmals werden nun drei Punkte für einen Sieg in der regulären Spielzeit vergeben, zwei für einen Sieg nach *sudden death* in der Überspielzeit und einen für ein Unentschieden. Als eine weitere Abweichung, die sich an dem System der amerikanischen Profi-Ligen orientierte, wurde 1993 das Play-off-Verfahren eingeführt, in dem am Ende einer Saison der Titel zwischen den Frühjahrs- und Herbstmeistern ausgespielt wird. Dabei gewinnt nicht immer die punktestärkste Mannschaft. Beispielsweise verlor Shimizu S-Pulse 1999 im Play-off gegen den Lokalrivalen Jubilo Iwata, der nach einer sehr schwachen Vorstellung in der zweiten Ligahälfte eigentlich nur Gesamtsechster war. Im folgenden Jahr nahm die punktestärkste Mannschaft Kashiwa Reysol nicht einmal am Play-off teil, das zwischen Yokohama Marinos und Kashima Antlers ausgetragen wurde. Auch 2001 setzte sich Kashima im entscheidenden Spiel gegen Iwata durch, obwohl dieser Klub im Verlauf der Saison 17 Punkte mehr angesammelt hatte. Diese Regel wird die J.League noch länger begleiten, zumindest bis sie ein anders lautendes Votum ihrer Besucher erhält. Alle bisher vorgenommenen Regeländerungen sind mit Zuschauerbefragungen eingeleitet und in Abstimmung mit den so ermittelten Präferenzen durchgeführt worden.

Die Erfindung des Rads? Das Grand Design der J.League

Im modernen Profisportgeschäft ist der Zuschauer längst nicht der alleinige Adressat der Marketingstrategien. Zur optimalen Vermarktung des Produkts J.League musste eine Organisationsform gefunden werden, die den Interessen der Sponsoren entsprach und weitestgehend mit den Vorstellungen der Sportpolitik in Japan harmonisiert werden konnte. Das Modell, auf das sich der Gründungsausschuss einigte, hatte dann auch wenig mit der etablierten Sportstruktur des Landes zu tun. Die 1991 als gemeinnützige Organisation (*shadan hōjin*) anerkannte Profi-Liga ist vielmehr ein hybrides Konstrukt, das maßgeblich von der Vereinsidee der deutschen Bundesliga, dem amerikanischen Franchise-System und der Marketingstruktur der Olympischen Spiele geprägt war. Die J.League selber operiert als eigenständiges, aber nicht profitorientiertes Unternehmen „zum Zwecke der Förderung der Sportkultur und des Fußballs im Besonderen". Ebenso wie die Klubs, die als Franchise-Partner der J.League auftreten, steht die Liga unter der Oberhoheit des JFA, der auch das Verbindungsglied zum Weltverband des Fußballs darstellt. Finanziert wird die J.League aus den Einkünften, die sie aus den alleinigen Vermarktungsrechten für das Gesamtprodukt J.League erzielt. Erst nach Abzug der zur Deckung der operativen Kosten benötigten Summen werden die Überschüsse aus den Verträgen mit den offiziellen Partnern und offiziellen Sponsoren aus dem Merchandising und dem Verkauf der Fernsehrechte unter den Mitgliedsvereinen verteilt.

Der ursprüngliche Plan ging von einem Startkontingent von sechs Vereinen aus, allein schon wegen der beschränkten Kapazitäten an befähigten Spielern. Tatsächlich reichten 20 Vereine einen Aufnahmeantrag ein. In einem strengen Auswahlverfahren wurden schließlich zehn ausgewählt. Von Anfang an war geplant gewesen, die Liga schrittweise auf 16 oder 18 Vereine auszuweiten; ebenso sollte mit der Zeit eine zweite Division und ein Auf- und Abstiegssystem eingerichtet werden. Davor waren die Vereine in der Anfangszeit durch die fehlende Konkurrenz und das Franchise-System geschützt, das sie zu beteiligten Partnern des Unternehmens J.League machte. Für die übrig gebliebenen Vereine wie auch alle anderen Interessenten blieb der mühsame Weg durch die Instanzen: Vereine, die in der Profi-Liga spielen wollten, mussten sich zunächst in regionalen und überregionalen Ligen für die Teilnahme in der landesweiten Amateur-Liga qualifizieren; frühestens dann konnte die Aufnahme beantragt werden. Kandidaten wurden mit einem formalen Ansuchen und der Zahlung einer Gebühr von 100 Millionen Yen als assoziiertes Mitglied anerkannt. Aber erst mit einem ersten oder zweiten Platz in der Amateur-Liga erhielten sie das Ticket für den Aufstieg in die Königsklasse. Diese rein sportlichen Vorgaben basieren auf einem herkömmlichen Pyramidenmodell von Breiten- und Spitzensport und sollten dem Spielniveau in der Königsklasse des japanischen Fußballs einen Mindeststandard sichern. Zusätzlich mussten die Anwärter einen mehrfachen Punktekatalog an zumeist organisatorischen Anforderungen erfüllen (vgl. Schütte/Ciarlante 1998:221ff):

Professionalisierung
Jeder Verein musste einen Kader von mindestens 18 professionellen Spielern haben, die bei ihm unter Vertrag stehen. Trainer sollten ebenfalls auf regulärer Basis angestellt werden und über die entsprechenden Trainerlizenzen verfügen.

Wirtschaftliche Unabhängigkeit

Jeder Mitgliedsverein musste als eigenständiges Wirtschaftsunternehmen registriert sein. Mit dieser Forderung nach einem eigenständigen Management sollte die weitgehende Unabhängigkeit der Klubs garantiert und der Fußball vor der kommerziellen Verwertung zum Zwecke der Unternehmensbewerbung bewahrt werden. In den Eigentümerverhältnissen sollten sich in gesundem Ausmaß die Interessen der Region, der Heimatstädte und der Sponsoren widerspiegeln.

Regionale Verankerung

Um sich von der gängigen Praxis im Baseball, aber auch von den Firmenamateuren der Vergangenheit deutlich abzugrenzen, wurde der regionalen Verwurzelung besondere Aufmerksamkeit geschenkt. Das Home-Town-Prinzip sollte den Fußballfans der Region als Anknüpfungspunkt für ihre Solidarität mit dem lokalen Klub dienen und gleichzeitig den Einfluss der Sponsoren, die für den Aufbau der Vereine dringend benötigt wurden, begrenzen. Die regionale Verbundenheit wurde demonstrativ mit Vereinsnamen zur Schau gestellt, in denen der Ortsname mit einem exotisch klingenden Element verknüpft wurde. Sponsoren sollten möglichst gar nicht, spätestens aber nach einer Übergangszeit von fünf Jahren nicht mehr in den Namen aufgeführt werden. So wurden die Amateure von Toyo Industrials zum Profi Sanfrecce Hiroshima, Matsushita Denki zu Gamba Osaka und Mitsubishi Heavy Industries zu Urawa Red Diamonds (vgl. Abb.1). Die Vereine mussten sich zudem verpflichten, mit speziellen Aktionen zur Popularisierung des Fußballs in ihrer Region beizutragen. Außerdem sollten auch von Seiten der Region deutliche Signale für die Partnerschaft kommen, und zwar in Form finanzieller Zusagen: 20 Milliarden Yen als Startpaket und weitere zehn Milliarden verteilt über die folgenden zehn Jahre (Watts 1998:189).

Nachwuchsförderung

Jeder Verein sollte über mindestens vier Teams in verschiedenen Alters- und Spielklassen verfügen: neben dem ersten Team der Profis ein Reserveteam, eine U16- und eine U12-Mannschaft. Mit diesem Verfahren sollte ein den Vereinen der deutschen Bundesliga entsprechendes System für alle Altersgruppen und möglichst viele Sportarten aufgebaut werden. Ein solches System gab es in Japan bislang nur selten und in rudimentärer Form. In den 70er-Jahren etwa bauten zunächst der Yomiuri Klub (später Verdy Kawasaki, und nach dem Umzug ins neue Stadion in Tobitakyū: Verdy Tokyo) und Nissan (Yokohama Marinos, nach dem Merger mit AS Flugels nunmehr F. Marinos) ein für alle Altersstufen offenes System auf. Im Gegensatz zu diesen Klubs hatten Klubs wie Kōfu Kurabu und Kyoto Murasaki keine Firmenunterstützung im Rücken, sondern sich von Anfang an als regionale Vereine für die lokale Bevölkerung, verschiedenste Sportrichtungen und Altersgruppen etabliert. Aus der Fußballabteilung des Sportvereins von Kyoto, die ab den 70er-Jahren in der nationalen Amateur-Liga spielte, entstand der spätere Profiklub Purple Sanga Kyoto.

Infrastruktur

Auch die fünfte Auflage ist eng mit dem Home-Town-Prinzip verbunden: Jeder J.League-Verein benötigt ein eigenes Stadion oder Zutritt zu einem Stadion, in dem mindestens

80 Prozent der Heimspiele ausgetragen werden können und 15.000 Zuschauer Platz
finden. Damit eine möglichst hohe Auslastung der Stadien gewährleistet ist, wurde eine
Bevölkerungsgröße von mindestens 100.000 als Peilwert für die Anerkennung als Home-
Town angesetzt. Die einzige Ausnahme wurde Kashima zuteil, einer kleinen Industrie-
stadt mit 45.000 Einwohnern, die rund 100 Kilometer nordöstlich von Tokyo entfernt in
der Präfektur Ibaraki liegt. Obwohl der lokale Werksverein von Sumitomo Metal noch
nicht einmal in der ersten Division der Amateure gespielt hatte, vermochten eine massive Unterschriftenaktion der Stadtbevölkerung und die konzertierte Aktion von Lokal-
politikern, Industrievertretern und regionalen Fußballfans den Planungsstab der J.League
vom regionalen Engagement zu überzeugen.

Der Fall Kashima

Dem Antrag des Fußballzwergs war ursprünglich eine Chance von 0,1 Prozent eingeräumt und nur unter der Bedingung stattgegeben worden, dass in der Kleinstadt ein
komplett überdachtes Stadion für 15.000 Zuschauer erbaut wird (Takahashi/Suzuki
1994:419). Was im Prinzip einer Absage gleichkam, wurde in der Region als Rettungs-
strohhalm aufgenommen. Wie viele andere Städte und Gemeinden in der Peripherie litt
Kashima an den Spätfolgen einer verfehlten Raumplanungspolitik.
    Bis in die 60er-Jahre lebten in dem Landbezirk rund 25.000 Menschen, zumeist von
Einnahmen aus Landwirtschaft und Fischerei. Mit der Designation der küstennahen,
flachen Region als Sonderwirtschaftszone veränderte sich das Gesicht der Landschaft
in den 60er-Jahren radikal. Zusammen mit dem Sumitomo-Stahlwerk kamen zehn Zu-
lieferbetriebe in die Region, und in den 70er-Jahren beherbergte der Standort 160 neue
Unternehmen und einen eigenen Hafen; unzählige Wohnblöcke waren für die Fabrikar-
beiter aus dem Boden gestampft worden. Die Infrastruktur vermochte mit dem rasanten
Wachstum der Bevölkerung, die sich innerhalb weniger Jahre verdoppelt hatte, nicht
Schritt zu halten. Die wenig attraktive Lage, das fehlende Unterhaltungsangebot und
die auf weiteres Anwachsen der Industriezone setzende Bodenpreisspekulation sorgten
schon während der Blütephase der Schwerindustrie dafür, dass Sumitomo, das Asahi
Glaswerk und andere Konzerne Schwierigkeiten hatten, Arbeitskräfte in die Region zu
locken. Mit dem Strukturwandel der späten 70er-Jahre intensivierten sich die Probleme.
Weder wollten Firmenmitarbeiter sich langfristig in der Gegend niederlassen, noch konnte
die Jugend in der Region gehalten werden. Der Einstieg in die J.League erschien als
Rettungsanker, um der Landflucht der jungen Generation und der Kluft zwischen Alt-
eingesessenen und Neuankömmlingen entgegenzuwirken.
    Ohne Back-up des kapitalstarken Stahlwerks hätte die J.League das Ansuchen der
nicht einmal als Stadt registrierten Landgemeinde bedenkenlos abgeschmettert. Nach anfänglichen Zweifeln des Stammkonzerns erhielt das Zweigwerk grünes Licht für den Plan
und wurde zum Motor der lokalen Initiative. Der ehemalige Manager des Werkvereins
holte Unterstützungserklärungen der umliegenden Gemeinden und unzähliger Betriebe
der Region ein und bewegte die Präfektur dazu, 80 Prozent der Kosten des Stadionneubaus
(ca. zehn Milliarden Yen) zu übernehmen (Kubotani 1994:50). Zusätzliche Mittel der öffentlichen Hand flossen in den Umbau des Güterbahnhofs in einen Personenbahnhof – ein

mehr als 20 Jahre lang gehegter Wunsch –, in die Verlegung eines Nebengleises für den Hochgeschwindigkeitszug, der Tokyo mit dem Nordosten verbindet, in die Anlage von Parkplätzen und sanitären Einrichtungen sowie in die lokale Tourismusindustrie (Koiwai 1994:62ff). Fünf Gebietskörperschaften zeichneten neben Sumitomo Stahl und 40 weiteren Unternehmen als Aktionäre des inkorporierten Klubs. Aus den Mitteln des Hauptaktionärs wurden nicht nur die Verluste, die mit dem Aufbau des Teams (und dem Einkauf des Superstars Zico) verbunden waren, gedeckt. Der Konzern zahlte auch den Bau des Trainingsgeländes und des Klubhauses. Die Kosten von ca. 1,9 Milliarden Yen wurden als Werbeausgaben für ein kaum sichtbares Logo am Trikotärmel abgeschrieben (Ubukata 1994:52ff;113f). Zumindest auf sportlicher Seite rechneten sich die Investitionen: Die Antlers starteten als Überraschungssieger in die erste Halbzeit hinein und holten im November 2001 ihren vierten Meisterschaftstitel. Im Sog der rasch einsetzenden Popularitätswelle wuchs die Mitgliederstärke im offiziellen Antlers-Fanklub in kürzester Zeit von drei auf 3000 an. Auch auf einer weiteren Ebene waren Zeichen gesetzt worden: Der Name Kashima wurde quasi über Nacht landesweit bekannt, die Kleinstadt selber zum Mekka der Lokalpolitiker und Vorzeigeobjekt der Raumplaner.

Der Fall Shimizu

Anders als Kashima, das seine Liebe zum Fußball erst entdecken musste, lebte die Stadt Shimizu seit den 50er-Jahren mit und für den Fußball. Bereits 1956 begann in der Stadt ein regelmäßiger Turnierwettbewerb, zunächst auf Grundschulniveau, später auch in den höheren Schulstufen und im Umkreis der Stadt. Die gesamte Präfektur Shizuoka etablierte sich seither als Kaderschmiede des heimischen Fußballnachwuchses. Einige der Schulteams, die für ihr gutes Abschneiden beim Interhigh, dem Fußball-Pokalbewerb der Highschools, berühmt sind, stammen aus dieser Region. Kein Präfekturverband hat mehr Spieler registriert als Shizuoka, wo 13 Prozent aller Fußballspieler und -spielerinnen aus Japan leben. Die Tradition spiegelt sich auch in der Herkunft der Profi-Fußballer wider: 1994 stammten 20 von 42 Nationalteamspielern und 35 der 402 J.League-Profis aus dieser Region (Ōnishi 1994:10). Das Fußball-Zentrum der Präfektur wiederum ist Shimizu: 30.000 der 240.000 Einwohner sind aktive Mitglieder im Präfekturverband. Nahezu in jedem J.League-Team spielte Ende des Jahrzehnts mindestens ein Absolvent einer Schule der Stadt, und neun der 22 japanischen Teamspieler bei der WM 1998 kamen ursprünglich aus Shimizu (Birchall 2000:25). Da all diese Erfolge mit lokalem Engagement und ohne den finanziellen Rückhalt eines Großkonzerns erreicht worden waren, konnte sich die Stadt Shimizu, wiederum anders als Kashima, von Anbeginn an der Unterstützung des JFA sicher sein: Sie diente dem Fußballbund sogar als Paradebeispiel für das gewünschte Pyramidenmodell eines regionalen Sportvereins. Wenn irgendwo in Japan Fußball als Teil der gelebten Kultur existieren konnte, dann hier.

Die Initiative in Shimizu übernahmen die Stadtverwaltung und der regionale Fußballverband. Mit dem Hinweis auf Sport als *content* der Zukunft und Quotengarant für die kommende Zeit des Satellitenfernsehens konnte der regionale Fernsehsender Shizuoka TV als Hauptsponsor gewonnen werden. Mit dem finanziellen Back-up des Fuji TV-Netzwerks, zu dem der lokale Sender gehört, wäre der Aufbau einer professionellen

Mannschaft leicht möglich gewesen. Aber in der Stadt war der Widerstand gegen eine Vereinnahmung durch einen Konzern zu groß. Eine Kooperation mit den Werkskickern von Yamaha (später Jubilo Iwata) wurde deswegen auch abgebrochen, bevor sie richtig begonnen hatte. Am ehesten kam eine Ausgründung als Aktienunternehmen den Interessen der Region entgegen. Das dickste Paket übernahm der Hauptsponsor Shizuoka TV mit 18 Prozent, 2,3 Prozent die Stadt Shimizu. Weitere 56,1 Prozent gingen an verschiedene Körperschaften der Region, und die restlichen 23,6 Prozent landeten im Streubesitz privater Anleger, die nahezu ausnahmslos aus der Region stammten: 2.400 Fußballfans erwarben Anteile in Höhe von mindestens 100.000 Yen. Die Nachfrage aus der Region fiel so hoch aus, dass die Erstemission die anvisierte Milliarde um 600 Millionen Yen überschritt (Ubukata 1994:83). Auch die Aktivitäten der lokalen Unterstützungsvereinigung (*oendan*, manchmal auch als altmodischer Terminus für „Fanklub" verwendet) verdeutlichen, wie groß die Identifikation mit dem Fußball ist. Mehr als 20.000 Mitglieder waren bis 1994 der Vereinigung beigetreten, die eine wichtige Finanzierungsquelle des Vereins darstellt. Sämtliche Einnahmen aus den vergleichsweise hohen Mitgliedsbeiträgen und verschiedenen Werbeaktionen werden direkt an das Klubmanagement weitergeleitet. Aufgrund der großen Verbundenheit zwischen Team und Lokalbevölkerung wurden in Shimizu mehr Karten im Abonnement verkauft als in vielen anderen Fällen, wo die Sponsorenfirmen blockweise Tickets zur Verfügung gestellt bekamen.

Der Kartenverkauf, der eine der wichtigsten Einnahmenquellen für die Teams der J.League darstellt, wurde auch in Shimizu nicht für die Rückzahlung der Baukosten des Heimatstadions verwendet. Erst 1991 hatte die Stadt einen Stadionneubau fertig gestellt. Das Nihondaira-Stadion mit Baukosten von 2,3 Milliarden Yen bot aber nur 13.000 Zuschauern Platz. Im Zuge der unvermeidlichen Kapazitätserweiterung wurden drei Viertel der Anlage umgebaut – ein Projekt, das die Stadt etwa 300 Millionen Yen kostete und nur deshalb realisiert werden konnte, weil der Staat mittelfristig auf die Rückzahlung des Darlehens für den Neubau verzichtete (Ubukata 1994:167).

Als erstes Team der J.League konnte Shimizu S-Pulse einen lukrativen Vertrag mit einem Trikot-Sponsor abschließen. Auf drei Jahre erkaufte sich Japan Airlines für einen Betrag von 100 Millionen Yen pro Jahr das Recht, auf Rück- und Vorderseite der Trikots zu werben; als weitere Sponsoren konnten Ezaki Glico und Hōnen Corporation gewonnen werden. Für den Aufbau der Mannschaft wurde nicht nur der heimische Nachwuchs bemüht. Shimizu S-Pulse setzte vor allem auf brasilianische Fußballkunst: Aus Brasilien kamen die ersten Cheftrainer, und diese brachten ihre Landsmänner mit. Von 17 Legionären, die bis 1996 verpflichtet wurden, stammten 16 aus Brasilien (Birchall 2000:29). Über die Hälfte aller Ausländer, die jemals in der J.League einen Auftritt hatten, waren Brasilianer (130). Brasilien war allerdings in Fußballangelegenheiten schon seit den 60er-Jahren eng mit Japan verbunden gewesen. Bereits ab 1967 spielten Brasilianer in den Werkteams der Amateur-Liga. Die ersten Spieler wie Nelson Yoshimura und George Kobayashi, die bei Yanmar (heute in der J1 als Cerezo Osaka immer noch „brasilianisiert") *latin style football* einführten, verfügten über familiäre Wurzeln in diesem Land, aus dem ihre Vorfahren Anfang des 20. Jahrhunderts nach Südamerika emigriert waren. Viele, die später in Brasilien gescoutet wurden, hatten zwar diese Wurzeln nicht, spielten aber dennoch eine tragende Rolle in der J.League und in einigen spektakulären Naturalisierungsfällen auch in der Nationalmannschaft.

Erfolg und Misserfolg: Die Innenperspektive

Der erfolgreiche Start der J.League war der sorgfältigen Analyse, Beobachtung und Bearbeitung des Marktes zu verdanken. Der Erfolg war aber auch auf Pump erkauft worden. Kein Team war in der Lage gewesen, ohne logistischen und finanziellen Back-up aus der Region eigenständig in das Profi-Zeitalter zu starten. Kawabuchi und seine Mitarbeiter im Planungsstab waren sich sehr wohl bewusst, dass der Erfolg der Produktplatzierung in hohem Maße von der wirtschaftlichen Disziplin ihrer Franchise-Partner abhängen würde: Budgetäre Transparenz war daher eine Forderung an die Klubs, eine zweite lautete Haushaltsdisziplin und strikte Einhaltung des Schuldenlimits. In der zehnjährigen Anlaufphase war für die Deckung der exorbitanten Startkosten die Unterstützung von Firmensponsoren unerlässlich, die in der Rohplanung, aber auch in der Praxis etwa 50 Prozent der Klubeinnahmen ausmachte. Um den potenziellen Kandidaten das Sponsorgeschäft so schmackhaft wie möglich zu machen, bezeichnete Kawabuchi die „uneigennützigen Unterstützer des Spitzensports" als „Mäzene", deren Engagement nicht einmal wie beim Eventsponsoring (Coca-Cola-Cup, Nabisco-Cup oder Suntory-Liga) im Namen des Teams zum Ausdruck kommt. Tatsächlich werden aber die Ausgaben, nicht anders als beim Eventsponsoring, als Werbeausgaben abgeschrieben. Der Automobilproduzent Mitsubishi, Hauptsponsor von Urawa Reds, steckte Mitte der 1990er-Jahre jährlich eine Milliarde Yen in den Klub, etwa im gleichen Ausmaß subventionierte Sumitomo die Kashima Antlers; diese Summen entsprachen den Vorstellungen der J.League zur Obergrenze der maximal tolerierbaren Defizitfinanzierung (Katō 1997:4ff).

Wie die Einnahmenentwicklung der ersten neun Jahre verdeutlicht, ist die Abhängigkeit der Klubs von ihren Sponsoren in den letzten Jahren eher größer geworden (vgl. Abb. 2). Die steigenden Einnahmen durch Werbung gehen vor allem auf das Engagement der Teamsponsoren zurück (Okada 2000). Vor allem das Merchandising fiel nach

Abb.2: Durchschnittseinkommen der Klubs in der J-League (in Million Yen)

Einkommen aus:	1993	1994	1995	1996	1997	1998	1999	2000	2001 (geschätzt) (nur 1. Liga – J1)
Kartenverkauf	840	1.481	1.530	886	580	533	456	393	572
J.League-Budget	601	679	475	346	275	237	241	230	205
Preisgelder	48	24	36	59	48	43	41	33	12
Merchandising	251	253	138	88	32	20	13	7	10
Fernsehrechte	54	172	138	87	134	114	137	103	131
Startgeld	248	229	183	112	70	60	50	88	52
Zuschauer/Spieltag	17.976	19.598	16.922	13.353	10.131	11.982	11.658	11.065	17.454*
Anzahl d. Heimspiele	18	22	26	15	16	17	15	15	15
Anzahl der J-Teams	10	12	14	16	17	18	16	16	16

Angaben zum Einkommen aus den J.League Newsletters Nr. 56 (August 1999), Nr. 64 (November 2000) und Nr. 73 (Juni 2001)
Alle anderen Daten aus dem J-League Yearbook 2001 oder aus anderen Informationen, die von der J.League über ihre offizielle Website http://www.j-league.or.jp bekannt gegeben werden.
* Zahlen für die 1. Saison; *Hōchi Shinbun*, 23.07.2001

dem Boom des ersten Jahres in eine tiefe Absatzkrise. Sony Creative Products gab 1998 das Merchandising an die eigens für diesen Zweck gegründete J.League Enterprise ab. Aber auch die Einnahmen an den Kartenschaltern, eine der wichtigsten eigenständigen Finanzquellen der Teams, die Mitte des Jahrzehnts etwa ein Drittel der Klubeinnahmen ausmachten, flossen spärlicher. Viele der Zuschauer mochten sich, nachdem der Reiz des Neuen verflogen war, neuen Attraktionen zugewendet haben. Manche Beobachter sahen in der rasanten Zunahme der Profimannschaften auch einen Grund für den Qualitäts- und Popularitätsverlust. Tatsächlich nahm die Anzahl an Spielen pro Klub mit der Expansion der Liga ab. Wurden ursprünglich noch vier Spiele gegen jede Mannschaft in einer Saison ausgespielt, so waren es ab 1996 nur noch zwei. Als 1999 eine zweite Division und das Relegationssystem eingeführt wurden, organisierten sich die verbliebenen Amateurteams in einer neuen Liga, die eine de facto dritte Division darstellt. Diese organisatorischen Aspekte der Liga beeinträchtigten wiederum die Einnahmenstruktur der Klubs. So schrumpften auch die Einnahmen aus dem Verkauf der lokalen Fernsehrechte (drei bis fünf Millionen Yen/Spiel) und die Zuschüsse aus dem Fernsehtopf der J.League, der aus den Einnahmen aus dem Verkauf der landesweiten Fernsehrechte gefüllt wurde. Selbst nachdem der Anfangserfolg die J.League ermuntert hatte, den ursprünglich als viel zu hoch kritisierten Preis für die Übertragung eines Spiels auf 20 Millionen Yen zu verdoppeln, bildeten Einnahmen aus den Fernsehrechten nur 4,1 Prozent der Klubeinnahmen. Mit dem nachlassenden Publikumsinteresse, das von Spitzenwerten um die 30 Prozent auf Quoten von fünf bis sieben Prozent abfiel, zogen sich auch die Sender zurück. Kaum ein Spiel wurde noch in der Prime Time übertragen, und zum wichtigsten Medienpartner wurden die Lokalsender (Okada 2000).

Die Rolle des Unternehmenskapitals war im Laufe der Jahre nicht schwächer geworden, im Gegenteil: Da der sportliche Erfolg und die Präsenz attraktiver, zumeist ausländischer Starspieler ein wesentlicher Faktor in der Publikumsgunst waren, nahm der Anteil ausländischer Starspieler und Trainer weiterhin zu, bis die Ausgabenlast die Geduld der Sponsoren überstrapaziert hatte. Über die Hälfte der Ausgaben wurde von den Gehältern in Anspruch genommen, die im Schnitt 1,74 Milliarden Yen pro Verein betrugen; besonders hoch waren die Kosten für die Legionäre, deren Gehälter im Schnitt das Dreifache ihrer japanischen Kollegen ausmachten. 1999 kündigte der Medienkonzern Yomiuri an, sich aus dem Fußball zurückzuziehen: Die Subventionierung des schwer defizitären Vereins Verdy Tokyo, die zum Schluss rund zwei Milliarden Yen im Jahr erforderte, übernahm der zweite Hauptsponsor, Yomiuris Fernsehsender Nihon Terebi. Allerdings wurde der Profikader deutlich von 41 auf 25 Spielern reduziert und das Schwergewicht wieder auf junge Talente aus dem eigenen Nachwuchs gelegt.

Um die prekäre Situation der Fußballklubs zu entschärfen, ordnete die J.League 1998 an, ein Gehaltsklassensystem mit Obergrenzen einzuführen und die Anzahl ausländischer Spieler auf drei pro Mannschaft zu reduzieren; zuvor waren es maximal drei pro Spielaufstellung gewesen. Dennoch ereignete sich in dem rezessionsgeplagten Klima auch der erste Kollaps in der J.League, als der Baukonzern Satō seinen Verpflichtungen nicht mehr nachkommen konnte. Der zweite Sponsor ANA war nicht in der Lage, unter 130 angesprochenen Firmen einen interessierten oder akzeptablen Co-Sponsor zu finden, und so war das Ende des AS Yokohama Flugels besiegelt. Im Oktober 1998 fand eine Fusion mit dem Lokalrivalen Yokohama Marinos statt, der die nicht zur Deckung der Verbindlichkeiten verkauften Spieler und Einrichtungen übernahm. Diese Handlung rief erbitterte Kritik der Fans hervor, die nicht so einfach bereit waren, ihre Loyalitäten preiszugeben. Es folgte eine faszinierende Geschichte des Widerstands, der kulturellen Autonomie und lokalen Kreativität, die mit dem unbeugsamen Willen der Fans, dem Know-how des Neutrainers und ehemaligen J.League-Spielers Pierre Littbarski und dem Kapital von Mark McCormacks IMG zur Entstehung eines neuen Vereins in Yokohama führte. In nur zwei Jahren schaffte der Klub Yokohama FC den Durchmarsch durch alle Instanzen, um bei entsprechendem Erfolg in der J2 ab 2003 wieder in der ersten Division der J.League mitzuspielen.

Fußball als Wachstumsmaschine

Die Einrichtung von quasi-öffentlichen Sportvereinen und einer professionellen Sportliga wäre niemals von den Gebietskörperschaften im Alleingang zu bewältigen gewesen; ohne sie aber ging es genauso wenig. Wie bereits in den Fallbeispielen Kashima und Shimizu deutlich wurde, erfüllte die öffentliche Verwaltung einen wichtigen Part in der Bereitstellung der Infrastruktur und anderer Rahmenbedingungen. Dieses Engagement wurde mit dem Hinweis auf die Regionalinteressen legitimiert, wobei die enge Zusammenarbeit von Wirtschaft, Politik und Bürokratie in Japan nichts Ungewöhnliches ist. Als erfolgreiches Modell der Wirtschaftsentwicklung hat sie sich mit öffentlich-privaten Joint Ventures im sogenannten „Dritten Sektor" quasi institutionalisiert. Mit der Erschließung von Schwerindustriezonen und später von High-Tech-Zentren hat sich die enge Koordination von privaten und öffentlichen Interessen vielfach bewährt, dabei aber eine eher unerfreuliche Eigendynamik entwickelt. Die Präfekturen und die ihnen untergeordneten Verwaltungsinstanzen verfügen kaum über eigene Einnahmen und sind in ihrer Budgetgestaltung von der Mittelvergabe der Zentralregierung im weit entfernten Tokyo abhängig. Die Abgeordneten ihrerseits benötigen die Unterstützung ihrer Wahlkreise, deren Verbundenheit sie sich mit der Zuteilung von Bau- und Infrastrukturprojekten zu sichern trachten. Dank dieser Politik sind in der Vergangenheit gewaltige Summen in unsinnige Projekte geflossen, die nur kurzfristig die Regionalwirtschaft belebten, aber sehr bald verpufften oder sogar Folgekosten zu Ungunsten der Stadt- oder Gemeindekassen hinterließen. Der lokalen Bauwirtschaft sicherte die „Pork Barrel"-Politik der gegenseitigen Vorteilsnahme Aufträge, den Wahlkreisen Beschäftigung und Umsätze, den Politikern das Amt und der rechtskonservativen LDP über nahezu die gesamte Nachkriegszeit stabile Mehrheitsverhältnisse, die erst in den 1990er-Jahren ins Wanken gerieten.

Auch im Vierten Nationalen Entwicklungsplan von 1987, der die Förderung von Dienstleistungsindustrien und die Stimulierung der Inlandsnachfrage propagierte, setzten die Wirtschaftsplaner auf die Kraft des privaten oder eben des Dritten Sektors. Dieser Ansatz entsprach in Theorie und Praxis jener Wirtschafts- und Strukturpolitik, die seit den 1980er-Jahren den Ton angab. Um den völlig überschuldeten Staatshaushalt, der zudem unter der Last der explodierenden Sozialausgaben litt, zu entlasten, implementierte die Nakasone-Administration eine neoliberale Politik, die auf den Rückzug des Staats aus der Sozialpolitik und die Belebung privatwirtschaftlicher Initiativen setzte. Als besonders geeignet zur Revitalisierung strukturschwacher und an der Überalterung leidender Landstriche bewertete der Entwicklungsplan Freizeit-, Sport- und Unterhaltungsangebote. Ein eigens zu diesem Zweck erlassenes Gesetz vom gleichen Jahr stellte die Grundlage für einen Bauboom dar, der sich quer durch den Archipel erstreckt hätte. Zur Bewilligung von Fördermitteln wurden in den ersten zwei Jahren 850 Anträge, die knapp 20 Prozent der japanischen Landfläche umgestaltet hätten, eingereicht (Satō 1990:98) und auch bewilligt. Steueranreize, niedrig verzinste Kredite und andere Anreize in Form von Übernahme peripherer Infrastrukturprojekte hatten die Begehrlichkeit geweckt.

Aber selbst mehr als zehn Jahre später waren die wenigsten Projekte realisiert worden, und diese meist auch nur unter massiver Förderung durch die öffentliche Hand; in den meisten Fällen war es erst gar nicht zum Baubeginn gekommen, da die luftigen Pläne zusammen mit der Bubble-Wirtschaft zerplatzt waren. In vielen Fällen hatten sich die Partner verspekuliert: Die wertlos gewordenen Grundstücke deckten die aufgenommenen Kredite nicht ab und zwangen die Privatunternehmen entweder vor den Konkursrichter oder zum Rückzug aus der Partnerschaft. Zurück blieben die Bauruinen, die leeren Kassen der Kommunen und die geprellten Steuerzahler (Funck 1999:336ff).

Im Kontext des Sportstättenbaus ist die Situation ähnlich, aber komplizierter, zumal die politische Verantwortung diffuser ist und vielfältigere Interessen auf dem Spiel stehen. So konkurrierten vor der großen Regierungsreform (2000) gleich zwölf Ministerien um die Kompetenz in Sportangelegenheiten. Zumindest die Rahmenbedingungen waren ähnlicher Natur: In den Boomjahren der späten 80er waren die Kriegskassen der Unternehmen prall gefüllt, die öffentlichen Haushalte leidlich saniert und stark an Projekten interessiert, die der Landflucht und der Überkonzentration in den Metropolen entgegen wirken sollten. Neu war aber das Ausmaß, in dem Sport und Fußball im Besonderen als Wachstumsmotor in den kommunalen und regionalen Haushaltsplänen aufschienen – ein Phänomen, das eher aus den USA bekannt ist. Sport wurde zur Wachstumsbranche des 21. Jahrhunderts designiert, die der Staat auf unterschiedliche Weise fördern sollte.

Die rein sportbezogenen Posten im Regierungsbudget waren allerdings seit 1982 kontinuierlich zurückgegangen (Uchiumi 1994:25ff). Was dagegen in auffälligem Ausmaß zunahm, war der Hunger des Bausektors, der den Löwenanteil des Sportbudgets verschlang. Seit Mitte der 1980er-Jahre flossen zwischen 65 und 80 Prozent der jährlichen sportbezogenen Ausgaben allein in Bauprojekte. Ein Drittel des Sportbudgets wurde gleich direkt an das damalige Ministerium für Bauangelegenheiten weitergeleitet; aber auch die früheren Ministerien für Erziehung (20,9 Prozent) und Soziales (15,5 Prozent) investierten ihre Sportmittel zum Teil in den Unterhalt ihrer Einrichtungen. Da oftmals die Kommunen im Besitz der Sportstätten sind, wird der Großteil der Bauinvestitionen nicht direkt von der Zentralregierung getätigt, sondern erfolgt im Auftrag der lokalen Verwaltung, deren Kassen aber sehr stark von der Mittelvergabe der Zentralregierung abhängig sind (Ikeda/Yamaguchi/Chogahara 2001:16). Auf der untersten Ebene, wo der wirtschaftliche Strukturwandel am deutlichsten verspürt wird, scheint das blinde Vertrauen in die wirtschaftlichen Spin-off-Effekte von Sportanlagen, die über Infrastrukturausbau, Tourismusausgaben, Geschäftsgründungen und neue Jobs langfristig den kommunalen Kassen zugute kommen, am stärksten ausgeprägt zu sein.

Trotz aller Initiativen entspricht der Sportstättenbau bei weitem nicht der Nachfrage. Die Finanzierungsfrage der seit Jahrzehnten versprochenen Anpassungsmaßnahmen blieb auch in den beiden wichtigsten Entwicklungsplänen, die von den Ministerien für Erziehung (1988) und Wirtschaft (1989) vorgelegt wurden, ungeklärt. Daher gibt es außer den Schulsporteinrichtungen, die mehr als 50 Prozent stellen, auch heute kaum öffentlich zugängliche Sportstätten in kommunalem Besitz. Der Anteil der öffentlichen Sportstätten, die von den Gemeinden oder Präfekturen unterhalten werden, hat sich seit 1970 zwar versechsfacht, trug 1995 aber nur mit 20 Prozent zum Gesamtbestand bei. Firmensportanlagen stellten bis in die 80er-Jahre des 20. Jahrhunderts hinein etwa 16 Prozent aller Sportstätten. Ihr Anteil ist aber mit dem Niedergang der paternalistischen Firmenideologie und den Rationalisierungszwängen kontinuierlich zurückgegangen. Als wachstumsstärkster Anbieter profilierte sich seither der privatwirtschaftliche Bereich. Vor allem kommerzielle Sport- und Fitnessklubs sowie profitorientierte Sportdienstleister spielten eine an Bedeutung zunehmende Rolle in der pluralistischen Sportlandschaft (SSF 1997:102f).

Dass die Tendenzen zur Privatisierung und Kommerzialisierung des Sportbetriebs in die Konzeption der J.League hineinspielten, wurde zwar nie direkt angesprochen, die Vermutung drängt sich aber auf. Wie die Fallbeispiele zeigten, passten sowohl das Modell der Sportvereine als auch das Beteiligungsmodell von öffentlichen und privaten Körperschaften recht gut in den allgemeinen Trend: Trotz reduzierter Ausgaben konnte ein höheres Sportinteresse geweckt werden, und für den Einzelnen nahmen die Zugangsmöglichkeiten zum Sport zu. Auch in das generelle Bestreben, regionale Disparitäten auszugleichen, fügte sich das System der J.League gut ein. Inwiefern die Designation als Home Town tatsächlich die Bevölkerungsabwanderung stoppen oder abflachen konnte, ist ungewiss, aber zumindest konnte als längerfristiger Erfolg die Integration verschiedener Bevölkerungsgruppen erreicht werden. Die wirtschaftlichen Auswirkungen auf die Regionen sind ebenfalls schwer einzuschätzen: Den Geldzuflüssen standen immer hohe Abgänge entgegen, die durch den Bau und die Erhaltung der Infrastruktur bewirkt wurden. Selbst Abgeordnete der erfolgreicheren Kommunen warnten schon während der Boomjahre vor überzogenen Erwartungen an den Moneymaker Fußball.

Fußball und das nationale Interesse

Wenn das nationale Prestige auf dem Spiel steht, wie etwa bei den Olympischen Winterspielen 1998 in Nagano oder bei der Fußball-WM 2002, scheinen wirtschaftliche Vernunft, klares Denken und die langfristige Wahrung öffentlicher Interessen auszusetzen. Während der Bewerbungsfrist überwogen in der Presse beider Länder optimistische bis überzogen hohe Gewinnerwartungen. Die Prognosen veränderten sich kurzfristig, als die Entscheidung für die gemeinsame Organisation fiel. Dieser Plan bedeutete nämlich für Japan wie für Korea die Verringerung der zu erwartenden Einnahmen bei gleichzeitig unveränderten Organisationskosten. Ein Bericht des japanischen Planungskommitees korrigierte dann auch die Einnahmenerwartungen um 50 Milliarden Yen nach unten (Asahi Shinbun 2.10.2006). Auch die unmittelbar von der FIFA nach Bekanntgabe der Entscheidung an die Organisationskomitees überwiesenen 100 Millionen Dollar (13,3 Mrd. Yen)

und die versprochenen Einnahmen aus dem Ticketverkauf, der zwar der größte in der
WM-Geschichte werden wird, aber dennoch nicht mehr als 100 Millionen Dollar einbringen dürfte, werden allein nicht in der Lage sein, die Gastgeber vor dem finanziellen Fias-
ko zu bewahren.

Die Gefahr ist nicht von der Hand zu weisen, dass auch nach der Fußball-WM die
Verteilung von Gewinnen und Verlusten ähnlich negativ wie in Nagano ausfallen wird.
Die Gewinne gingen an die Sponsoren und mit ihnen zum Teil aus dem Land, die öffentlichen Kassen blieben geplündert und verschuldet zurück. Die Stadt Nagano etwa sah
sich nach den Spielen im Besitz einer zehn Milliarden Yen teuren Rennrodelbahn, deren
Unterhalt sie jährlich 185 Millionen Yen kostet, die aber nur magere drei Millionen Yen
an Einnahmen abzuwerfen verspricht; die Halle mit der Eisschnelllaufbahn wurde bereits an ein Joint Venture übertragen, das 105 Millionen Yen von der Stadt für den Betrieb der Halle erhält (Asahi Shinbun, 18.11.1998). Für ein den FIFA-Kriterien entsprechendes Stadion („Big Swan") investierten die Stadt Niigata (17,5 Prozent) und das
Land Niigata (82,5 Prozent) insgesamt 33 Milliarden Yen; in Oita (Kyūshū) wurden
mehr als 50 Prozent der Baukosten des „Big Eye" (30 Milliarden Yen) durch Schuldver-
schreibungen aufgetrieben. In beiden Städten gibt es aber erst seit kurzer Zeit Fußball-
teams, die zudem nur in der mäßig populären zweiten Division spielen. Der Fußballstadien-
bau für die WM kostete die öffentliche Hand in den letzten Jahren des 20. Jahrhunderts
über 380 Milliarden Yen. Diese überwiegend als Multiplex-Stadien errichteten Sportarenen
sind übrigens nur zehn von insgesamt 68, die im Kontext der J.League und der FIFA-WM
zwischen 1992 und 2001 errichtet wurden, und die Baukosten sind etwa ein Fünftel der
Summe an öffentlichen Ausgaben (ca. zwei Billionen Yen) für Sportstätten in den vergangenen 15 Jahren. Ob und wie die mindestens 40.000 Zuschauer fassenden Weltklasse-
Arenen jemals wieder im vollen Ausmaß genutzt werden können, steht offen im Raum.
Klar ist zumindest, dass die auf Pump gebauten Stadien noch lange nicht abbezahlt sein
werden.

Klar ist auch, dass keine professionellen Nutzungsprogramme entwickelt worden sind.
Daher werden zusätzlich zu den Schulden noch die anfallenden operativen Kosten das
Budget der Kommunen belasten. Der Sapporo Dome etwa, eine Mehrzweckanlage auf
dem neuesten Stand der Technik, wird allein an Unterhaltskosten mindestens 2,6 Milliarden Yen pro Jahr benötigen. Trotz eines dicht gestaffelten Veranstaltungskalenders sind
aber noch 20 Prozent ungedeckt. Ungefähr im gleichen Ausmaß unterbilanziert präsentieren sich derzeit das Riesenstadion in Yokohama und die Arena in Nagai. Besser sieht es
allein in Shizuoka aus, Hauptstadt der gleichnamigen Präfektur, die mit Shimizu S-Pulse
und Jubilo Iwata gleich zwei J1-Teams beheimatet. Daher sind die Chancen, das Ecopa-
Stadion bald aus dem roten Bereich herauszuspielen, eher günstig. Schlechter sind die
Aussichten dagegen in Miyagi. Dort wurde die Lage für das Stadion so ungünstig gewählt, dass selbst das einheimische J2-Team Vegalta Sendai sich weigert, dort zu spielen.

Ungefähr mit 400 Millionen Yen hatten sich die zehn Austragungsstädte und fünf
weitere Kandidaten an der Kampagne für die FIFA-Bewerbung beteiligt. Die in Japan
äußerst unpopuläre Entscheidung zugunsten einer gemeinsamen Austragung bedeutete
für fünf Städtekandidaten den Totalverlust ihrer Startinvestitionen; daher verschärfte
sich der Wettbewerb bis zur endgültigen Auswahl, die das japanische Organisationskomitee vornahm. Die Eliminierung von Städten mit einer großen Fußballtradition wie

Hiroshima oder Nagoya, Heimatstadt von Grampus Eight und dessen Hauptsponsor Toyota, geschah nach Kriterien, die niemals voll aufgedeckt wurden. Hiroshima, das im Dezember 1996 noch vom Expräsidenten der FIFA, Havelange, als aussichtsreicher Kandidat bezeichnet wurde, hatte schon 1994 anlässlich der im japanischen Südwesten ausgetragenen Asienmeisterschaft ein neues Stadion („Big Arch") bekommen. Dagegen war die Heimatstadt des Toyota-Rivalen Nissan, der die Yokohama Marinos sponsert, mit dem Bau des Großraumstadions für das Endspiel zum Zuge gekommen. Vielleicht war die verlorene Bewerbung aber eine glückliche Fügung des Schicksals: Die erfolgreichen Kandidaten sahen sich Anfang 2001 nicht nur mit reduzierten Gewinnprognosen konfrontiert, sondern auch mit neuen Forderungen des Organisationskomitees, Zuschüsse zu liefern und auf Einnahmen aus der Vermietung an die FIFA zu verzichten (Nogawa/Mamiya 2002).

Ungeachtet aller Bedenken spielte sich Ende 2001 eine Neuauflage des „Bidding War" ab. Ursprünglich wollten zumindest 83 Kommunen als Trainingscamps für die Endrundenteilnehmer am FIFA-Kuchen mitnaschen. Die Stadt Tottori etwa stand seit Oktober 2001 mit dem ecuadorianischen Verband in Verhandlungen, der seine Zusage von einer Reihe von Faktoren abhängig machte, die den Ort mit 100 Millionen Yen belastet hätten. Dieser Fall ist weder extrem noch eine Ausnahme. Der nigerianische Fußballverband verhandelte über einen Agenten mit zwei Kommunen in Yamanashi: Laut Zeitungsberichten sollen allein die Forderungen für den Agenten 20 Millionen Yen betragen haben. Über die Medien wurden auch Fälle bekannt, in denen bereits Zahlungen geflossen oder Zahlungszusagen getroffen wurden. Izumo in der Präfektur Shimane hatte sich bereit erklärt, für Unterkunftsausgaben der irischen Nationalmannschaft in Höhe von 60 Millionen Yen aufzukommen; Matsumoto (Präfektur Nagano) beabsichtigte 80 Millionen Yen für die Bewirtung der Kicker aus Paraguay aufzubringen, und Kuriyama (Hokkaidō) hatte bereits 80 Millionen Yen in die Einladung der Mexikaner investiert (Asahi Shinbun, 22.12.2001). Doch ob der Plan aufgeht, ist ungewiss. Von der Zentralregierung waren jedenfalls keine Zuschüsse zu erwarten, so dass die Aussicht, 150 Millionen Yen ohne Garantie auf Rückflüsse vorzuschießen, manche Bewerber schon dazu bewogen hatte, ihr Ansuchen zurückzuziehen (Yomiuri Shinbun, 01.05.2001). Die drei hier aufgeführten Kommunen erwarteten auf der Einnahmenseite ein Plus von mehreren 100 Millionen Yen, das durch die sonstigen Ausgaben der Fußballer, ihrer Begleiter und Fans hereinströmen sollte. Sicher ist ihnen allerdings nur die Publicity, die ihnen als Gastgeber in der nationalen wie internationalen Presse zukommen wird. Die in der Geschichte der Fußball-WM eher unübliche Praxis, sich als Trainingscamp einzukaufen, zeugt jedenfalls von der ungebremsten Attraktivität der Wachstumsmaschine Fußball.

Schlusskommentar: Japanisierung und Internationalisierung

Die kurze und abwechslungsreiche Geschichte der J.League wurde von den internationalen Entwicklungen im Profisport ebenso geprägt wie von innerjapanischen und lokalen Faktoren. Viel hatte der japanische Fußball, wie er sich Ende des 20. Jahrhunderts ausformte, seiner Situierung in einem globalen Sportkomplex zu verdanken. Dies kam im Vermarktungssystem der J.League mit seinen zahlreichen Anleihen aus dem amerikanischen Sportbusiness ebenso zum Ausdruck wie im Versuch der regionalen Integration der

Sportklubs, wie sie aus Europa übernommen wurde. Die japanischen Fußballfans entwickelten aber auch eigene Strategien, sich des Sports anzunehmen: In den Fankurven herrscht eine eigentümliche Atmosphäre, die aus brasilianischen, europäischen und japanischen Traditionen des Anfeuerns und Mitgehens besteht. Gerade unter den Fans sind neue Formen der kulturellen Praxis und sozialen Solidarität entstanden, die durchaus auch einmal die Pläne der dominanten Kontrolleure des Fußballsports zu stören vermögen.

Auf eher struktureller, rational-bürokratischer Ebene hat sich die J.League für ein Modell entschieden, das auf langjährigen Erfahrungen basiert, die der professionelle Sport in verschiedenen Ländern gesammelt hat. Modelle funktionieren aber nur in ganz bestimmten Kontexten reibungslos. Das Vereinssystem basiert beispielsweise auf einer mehrheitsfähigen Annahme des Zusammenspiels von Staat und Zivilgesellschaft, das in der Regel historisch gewachsen ist. Ohne die Voraussetzungen der historischen Erfahrung der frühen Emanzipationskämpfe der Arbeiter- und Mittelschichten aber ist dieses System, das in Japan ja auch schon seit den 60er-Jahren immer wieder als vorbildlich dargestellt wird, schwer durchzusetzen. In dieser Hinsicht scheint dem Sport gegenwärtig der gesellschaftliche Trend entgegenzuwehen: Auch in Japan sind fortschreitende Desintegration und Entsolidarisierung Kennzeichen des sozialen Wandels.

Der Blick zurück verdeutlicht aber auch die Bedeutung lokaler Strategien und Konditionen. Hätte die Heisei-Rezession Japans Wirtschaft nur zwei, drei Jahre früher getroffen, wäre das Unternehmen J.League wohl niemals aus den Startlöchern herausgekommen. Auch wenn der Entwicklungsplan gut mit den regionalen Wirtschaftsplänen und der Sportpolitik harmonierte, so hätten weder die Kommunen noch die Sponsoren über die nötigen Mittel verfügt. Derzeit erscheint es ungewiss, ob sich der japanische Profi-Fußball fest etablieren kann. Die Professionalisierung war sicher notwendig, um mit der weltweiten Entwicklung Schritt halten zu können, hat aber etliche Probleme mit sich gebracht, die noch ihrer Lösung harren. Spätestens nach der Fußball-WM 2002, wenn die auf zehn Jahre ausgegebene Unterstützungsverpflichtung der Sponsoren und Kommunen sich dem Ende entgegen neigt, müsste der Sport wirtschaftlich auf eigenen Beinen stehen können. Eine logische Weiterentwicklung, um den Kapitalbedarf des Sports zu befriedigen, um neue Märkte und Sponsoren zu erschließen, wäre die asiatische Champions League, die bereits von führenden Fußballrepräsentanten aus der Region angedacht wurde. Die hohen Kosten der Professionalisierungsspirale unterminieren aber zugleich den Versuch, sich wirtschaftlich zu konsolidieren.

Wie im letzten Abschnitt beschrieben, hat der „japanische Traum, im Fußball die Anerkennung vor der Welt zu finden" (Nogawa/Maeda 1999:233) mit den gewaltigen Investitionen in den Stadienbau die Kommunen an den Rand des finanziellen Ruins gebracht. Lokalpolitiker der betroffenen Regionen waren daher auch die ersten, die ihre Zustimmung zu dem umstrittenen Fußball-Toto-Gesetz gaben. Die Einkünfte aus dem Fußball-Toto, das nach langen Debatten um die soziale Akzeptanz des staatlich sanktionierten Glücksspiels 2001 eingeführt wurde, sollen zwar der Förderung des Sports allgemein zugute kommen. Aber es steht zu befürchten, dass der Staat diese einmal eingenommenen Mittel wie auch andere „Sündensteuern" (*sin tax*, Abgaben auf Sportwetten, Alkohol) vorrangig für die Begleichung der Schulden aus den Bauprojekten und zur einseitigen Förderung des kommerziellen Sports aufwenden wird. Auf der Strecke blieben dabei der Breitensport und die „Artenvielfalt" des Sports an sich.

Literatur

Appadurai, Arjun (1996): Modernity at Large. Cultural Dimensions of Globalization. Minneapolis/ London: University of Minneapolis Press

Birchall, Jonathan (2000): Ultra Nippon. How Japan Reinvented Football. London: Headline

Donnelly, Peter (1996): Prolympism: Sport Monoculture as Crisis and Opportunity. In: Oest 48: 25-42

Friedman, Jonathan (1994): Cultural Identity and Global Process. London/Thousand Oaks/New Delhi: Sage

Funck, Carolin (1999): When the Bubble Burst: Planning and Reality in Japan's Resort Industry. In: Current Issues in Tourism 2/4: 333-353

Giddens, Anthony (1996): Konsequenzen der Moderne. Frankfurt a. M.: Suhrkamp

Guttmann, Allen (1996): Games & Empires. Modern Sports and Cultural Imperialism. New York: Columbia University Press

Hare, Geoff (1999): Get Your Kit on for the Lads: Adidas versus Nike, the Other World Cup, Sociology of Sport Online 2/2. Online http://www.brunel.ac.uk/depts/sps/sosol/v2i2a1.htm

Hargreaves, John (1986): Sport, Power and Culture. Cambridge: Polity Press

Harvey, David (1989): The Conditions of Postmodernity. Oxford: Blackwell

Hashimoto Kazuo (1992): Nihon hōsō shi [Geschichte des Sportrundfunks in Japan]. Tōkyō: Taishūkan Shoten

Horne, John/Bleakley, Derek (2002): Football in Japan. In: Japan, Korea and the 2002 World Cup, Hg. John Horne/Wolfram Manzenreiter. London: Routledge

Ikeda Masaru/Yamaguchi Yasuo/Chogahara Makoto (2001): Sport for All in Japan. Tōkyō: Sasakawa Sports Foundation

JFA (Japan Football Association) (1996): Nihon Sakkā Kyōkai 75 nen shi. Arigatō, soshite mirai e [75 Jahre Japanischer Fußballbund]. Tōkyō: Bêsubōru Magajin Sha

Katō Hisashi (1997): J.Riigu to „mesena", „firansoropii" [Die J.League, Mäzenatentum, Philanthropie]. In: Waseda Daigaku Taiikugaku Kenkyū Kiyō 29.

Koiwai Zenichi (1994): Sokkā ni yoru machizukuri [Stadtentwicklung durch Fußball]. In: Toshi Mondai 85/12: 59-69

Kōzu Masaru (1980): The Development of Sports in Japanese Agricultural Districts: From the 1920s to the 1930s. In: Hitotsubashi Journal of Arts and Sciences 21/1: 40-51

Kubotani Osamu (1994) Supōtsu shinkō ni yoru kiban seibi. Genjō to kadai [Erhaltung der Basis durch Sportpromotion]. In: Toshi Mondai 85/12: 43-57

Manzenreiter, Wolfram/Horne, John (2002): Global Governance in World Sport and the 2002 World Cup Korea/Japan. In: Japan, Korea and the 2002 World Cup, Hg. Wolfram Manzenreiter/John Horne. London: Routledge

Miller, Toby u.a. (2001): Globalization and Sport. Playing the World. London/Thousand Oaks/ New Delhi: Sage

Nogawa Haruo/Maeda Hiroko (1999): The Japanese Dream: Soccer Culture towards the New Millenium. In: Football Cultures and Identities, Hg. Gary Armstrong/Richard Giulianotti. Houndmills/London: Macmillan: 223-233

Nogawa Haruo/Mamiya Toshio (2002): Building Mega-Events: Critical Reflections on the 2002 World Cup Infrastructure. In: Japan, Korea and the 2002 World Cup, Hg. John Horne/Wolfram Manzenreiter. London: Routledge

Novy, Andreas/Parnreiter, Christof/Fischer, Karin (1999): Globalisierung und Peripherie. In: Globalisierung und Peripherie. Umstrukturierung in Lateinamerika, Afrika und Asien, Hg. Andreas Novy/Christof Parnreiter/Karin Fischer. Frankfurt a. M./Wien: Brandes&Apsel/Südwind: 9-33

Okada Takuya (2000): J.Rriigu no mesasu atarashii supōtsu bunka sōzō. Kigyō kara shimin e. Urawa rezzu no rei o chōshin ni [Die Kreation der neuen Sportkultur der J.League]. Unveröffentlichtes Seminarpaper an der Wirtschaftlichen Fakultät der Meiji Universität, Tokyo

Ōnishi Takashi (1994): Supōtsu to chiiki kasseika [Sport und Regionalbelebung]. In: Toshi Mondai 85/12: 3-14

Robertson, Roland (1990): Mapping the Global Condition: Globalization as the Central Concept. In: Theory, Culture and Society 7/2-3: 15-30

Sakaue Yasuhiro (1998): Kenryoku sōchi to shite no supōtsu. Teikoku Nippon no kokka senryaku [Sport als Machtinstrument. Staatliche Strategien im Kaiserlichen Japan]. Tōkyō: Kōdansha (= Kōdansha sensho mechie; 136)

SSF (Sasagawa Supōtsu Foundation) (1997), Hg.: Supōtsu hakusho. 2001 nen no supōtsu foa ōru ni mukete [Sportweißbuch. Auf dem Weg zum „Sport für alle" im Jahr 2001]. Tōkyō: SSF Sasagawa Supōtsu Zaidan

Satō, Makoto (1990): Rizōto rettō [Resort-Archipel]. Tōkyō: Iwanami Shoten

Schütte, Helmut/Ciarlante, Diana (1998): Consumer Behaviour in Asia. New York: New York University Press

Seki Harunami (1997): Sengo Nihon no supōtsu seisaku. Sono kōzō to tenkai [Sportpolitik in Japan nach 1945. Struktur und Ausblick]. Tōkyō: Taishūkan Shoten

Takahashi Jun/Suzuki Kazue (1994): Scoring Big with Soccer. In: Japan Quarterly 40/4: 418-425

Ubukata Yukio (1994): J.Riigu no keizaigaku [Die Wirtschaftsstruktur der J.League]. Tōkyō: Asahi Shinbun Sha

Uchiumi Kazuo (1994): Supōtsu gyōsei no genjō to kadai [Stand der Sportadministration und ihre Aufgaben]. In: Toshi Mondai Kenkyū 526: 16-35

Watts, Jonathan (1998) Soccer *Shinhatsubai*. What are the Japanese Consumers Making of the J.League? In: The Worlds of Japanese Popular Culture: Gender, Shifting Boundaries and Global Cultures, Hg. D.P. Martinez. Cambridge: Cambridge University Press: 181-201.

Wright, George (1999): The Impact of Globalisation. In: New Political Economy, 4/2: 268-272

Richard Giulianotti

Fußball in Südamerika:
Globalisierung, Neoliberalismus und
die Politik der Korruption

Seit den Tourneen englischer Fußballklubs nach Brasilien und Argentinien in der Zeit vor dem Ersten Weltkrieg ist Südamerikas Fußballkultur in Europa für ihre Intensität berühmt (vgl. Mason 1995; Archetti 1999). Die internationalen Erfolge südamerikanischer Klub- und Nationalmannschaften sind seit den Siegen Uruguays bei den Olympischen Spielen 1924 und 1928 fester Bestandteil der Fußball-Geschichtsschreibung. Die verschiedenen Facetten des südamerikanischen Fußballs (z.B. die Spielstile, Klubgeschichten, nationale Bewerbe, Fankulturen und Fußballpolitiken) bleiben ein beliebtes und faszinierendes Thema für viele Europäer. Doch trotz der transnationalen Entwicklung des heutigen Fußballs und seiner weitreichenden Globalisierung nehmen die zentralen Aspekte des südamerikanischen Fußballalltags sowohl in den europäischen Fußballdiskursen als auch im Bewusstsein der Fußballinteressierten weiterhin einen relativ beschränkten Platz ein. Beispielsweise könnten sicherlich die meisten europäischen Fußballkenner (vielleicht mit Ausnahme jener neuen Fußball-KonsumentInnen, die durch den derzeitigen modischen Status dieses Sports angezogen werden) mehr oder weniger genaue Beschreibungen der Klub-Rivalitäten in Mailand oder Madrid abliefern; ich bezweifle aber, dass ihnen Ähnliches für Montevideo oder Mar del Plata gelingen würde.

In diesem Beitrag werde ich daher versuchen, diesem Informationsdefizit zumindest teilweise Abhilfe zu schaffen, indem ich in groben Zügen eine soziologische Analyse des Fußballs in Südamerika präsentiere. Dabei möchte ich einen Überblick über die historischen, ökonomischen und politischen Dimensionen dieses Sports in Südamerika geben und besonderes Augenmerk auf jene strukturellen Rahmenbedingungen legen, in die er eingebettet ist. Ich bediene mich in diesem Zusammenhang einer eher konventionellen soziologischen Sichtweise und untersuche das Spiel im Hinblick auf seine relative Autonomie gegenüber den umgebenden Strukturen der Gesamtgesellschaft. In den südamerikanischen Gesellschaften gerät allerdings dieser Raum innerhalb des Fußballs oder der Populärkultur, relativ unabhängig von umfassenderen sozialen Strukturen zu agieren, durch die wachsenden Krisen der Gegenwart unter enormen Druck.

Zwangsläufig bleiben in diesem Text aus Platzmangel einige Themen oder Ereignisse ausgespart. Dies betrifft vor allem den Bereich der Spielstile, der hier nicht in der nötigen Ausführlichkeit behandelt werden könnte. Der empirische Schwerpunkt liegt auf den beiden größten Ländern Brasilien und Argentinien sowie, in etwas geringerem Maß, auf Uruguay und Kolumbien. Der Beitrag beginnt mit einer historischen Einordnung des südamerikanischen Fußballs, die sich auf Theorien des Globalisierungsprozesses, im Speziellen jener Roland Robertsons, stützt. Daran anschließend wird die politische Ökonomie dieses Sports in Südamerika im Kontext neoliberaler Strategien untersucht; weiters betrachtet werden die Themenfelder der Organisation und Steuerung bzw. der Gewalt im südamerikanischen Fußball sowie die Kultur der sozialen Beziehungen und Handlungsformen innerhalb dieses Sports, insbesondere Korruption und Klientelismus.

Die Geschichte Lateinamerikas: Grundzüge der Globalisierungstheorie von Roland Robertson

Globalisierungstheorien liefern einen äußerst nützlichen Ansatz zum Verständnis der Sozialgeschichte des Fußballs in Südamerika. Sie helfen uns, die weltweite Ausbreitung kultureller Formen wie eben des Fußballs zu verstehen. Das südamerikanische Spiel liefert dafür hervorragendes Anschauungsmaterial. Im Folgenden werde ich mich insbesondere jener Theorie von Globalisierung bedienen, die Roland Robertson (1990a; 1990b; 1992; 1995; 2001), mein zeitweiliger Koautor und derzeitiger Kollege am Department of Sociology der Universität Aberdeen, entwickelt hat.

Robertson (1992:58f) unterteilt den Globalisierungsprozess in fünf grobe chronologische Phasen, die hier kurz skizziert werden sollen, bevor wir ihre Anwendbarkeit auf die Entwicklung von Fußballkulturen in Südamerika untersuchen.

1. Die Keimphase (frühes 15. – Mitte des 18. Jahrhunderts): Während dieser Periode erleben wir die ersten Gehversuche nationaler Kollektive, die Expansion des Katholizismus als globales religiöses System, die Durchsetzung des heliozentrischen Weltbildes mit der damit einhergehenden beginnenden Kartierung der Welt. Gleichzeitig werden Ideen über das menschliche Individuum und die Menschheit in einem globalen Kontext formuliert.

2. Die Anfangsphase (Mitte des 18. Jahrhunderts – 1870er-Jahre): In dieser Zeit rücken einheitliche Nationalstaaten in den Mittelpunkt und werden zur Grundlage internationaler Beziehungen, die durch gemeinsame rechtliche Rahmenbedingungen unterstützt werden. Neue Kommunikationssysteme ermöglichen die schnellere und weitere Verbreitung von Informationen. Umfassendere Konzepte von Staatsbürgerschaft und Menschheit werden entwickelt, und die Frage des außereuropäischen Anteils an der „Weltgesellschaft" kommt auf die Tagesordnung. Die ersten internationalen Ausstellungen werden abgehalten.

3. Die Take-off-Phase (1870er-Jahre bis Mitte der 1920er-Jahre): In dieser Phase etablieren sich jene vier Elemente, die Robertson als „grundlegende Referenzpunkte" von Globalisierung bezeichnet: das Individuum, der Nationalstaat, das Weltsystem, und Vorstellungen von einer globalen Menschheit.

Es kommt zum Aufstieg nationaler und persönlicher (männlich dominierter) „Identitäten"; Ideen über das Wesen einer globalen Menschheit werden formuliert; die Erwartungen an nationale Gesellschaften standardisieren und verallgemeinern sich zunehmend; die weltweite Kommunikation nimmt deutlich zu; außereuropäische Gesellschaften erlangen Zugang zur „Weltgesellschaft", gleichzeitig kommt es überall zu Einwanderungsbeschränkungen; die ersten globalen (Sport-)Wettbewerbe werden abgehalten. In dieser Phase kristallisiert sich das Kardinalsproblem heraus, wie das Lokale mit dem Globalen bzw. „Universalismus" mit „Partikularismus" zu verbinden sei. Robertson benennt hier zwei Auswirkungen: Die „Partikularisierung des Universalismus" und die „Universalisierung von Partikularismus". Das erste Phänomen bezieht sich auf die Art und Weise, in der die Welt „sozio-politische Konkretheit" annimmt, indem etwa Zeitzonen nach nationalstaatlichen Grenzen gezogen werden. Der zweite Punkt meint die universellen Erwartungen, die im Hinblick auf Partikularität oder bestimmte Identitäten bestehen. Ein Beispiel wäre hier die allgemeine Annahme, dass Individuen über eine partikulare (in erster Linie nationale oder ethnische) Identität verfügen sollen.

4. Die Phase des Kampfs um die Hegemonie (1920er-Jahre bis späte 1960er-Jahre): In dieser Phase nehmen Spannungen und Kriege um die Verteilung globaler Macht zu, zunächst durch den Zweiten Weltkrieg, dann durch den Kalten Krieg. Der Abstieg der alten, erschöpften Kolonialmächte (insbesondere Großbritannien, Frankreich und Deutschland) deutet auf die Unabhängigkeit und den Aufstieg der Dritten Welt hin. Die Vereinten Nationen mit dem Prinzip nationaler Repräsentation stehen im Zentrum globaler Steuerung. Das Bewusstsein einer möglichen Bedrohung der Menschheit wird durch den Holocaust und nukleare Vernichtungspotenziale geweckt.

5. Die Phase der Unsicherheit (von den späten 1960er-Jahren bis heute): Diese Phase ist geprägt durch ein wachsendes globales Bewusstseins, etwa in Menschenrechts- und Umweltfragen, aber auch in Konzepten von Weltbürgerschaft und Multikulturalismus. Gleichzeitig gewinnen die Begriffe Identität und Differenz an Bedeutung. Der Kalte Krieg geht zu Ende, und die Strukturen des internationalen Systems werden fließender. Der Islam wird zum wichtigsten Träger „deglobalisierender" Impulse. Globale Mediensysteme, wenn auch oft in Konkurrenz zueinander, werden ebenso zu festen Einrichtungen wie eine steigende Zahl globaler Institutionen.

Zwangsläufig gibt es einige geringfügige zeitliche und empirische Differenzen zwischen diesem Modell und einer Periodisierung der Globalisierung von Fußball – aber Robertson (1992:59) selbst warnt davor, die Zeitrahmen und inhaltlichen Details seines Phasenmodells allzu eng auszulegen. Im Folgenden werde ich kurz darstellen, wie sehr sich dieses Modell auf Südamerika anwenden lässt, bevor ich ausführlicher auf die aktuelle Situation des südamerikanischen Fußballs eingehe.

Keimphase und Anfangsphase (Phase 1 und 2):

Die ersten beiden Phasen sind vor allem insofern relevant, als sie die Grundlagen für die spätere Verbreitung von Fußball schufen. Als Keimphase dieses Sports kann die Zeit zwischen dem 17. und frühen 19. Jahrhundert angesehen werden, in der Formen lokaler volkstümlicher Fußballspiele zunehmend zu einem etablierten Bestandteil des dörflichen und kleinstädtischen Lebens in Großbritannien wurden. Die Verwurzelung früher Varianten von Fußball in der Volkskultur wurde zur entscheidenden historischen Voraussetzung für die Blüte des modernen „Association Football" in den industriellen Zentren und Großstädten Großbritanniens. Zur gleichen Zeit kolonisierten spanische Siedler große Teile Südamerikas, etwa die Gebiete des heutigen Argentinien, Chile, Uruguay und Peru. Die Konquistadoren, ausgestattet mit der Ideologie des Katholizismus und raum-zeitlichen Rationalisierungstechniken wie Landkarten und dem heliozentrischen Weltbild, machten sich daran, die indigene Bevölkerung auszurotten.

Die daran anschließende Anfangsphase der Verbreitung von Fußball dauerte von den 1830er- bis in die 1870er-Jahre und fiel mit der Aneignung und Veränderung der volkstümlichen Fußballformen durch die englischen *public schools* und Universitäten zusammen. Gleichzeitig organisierten sich auch Handwerker und wohlhabendere Teile der neuen Arbeiterklasse in Fußballklubs und praktizierten unterschiedliche Versionen dieses Spiels. Die Regeln des „Association Football" wurden schließlich 1863 festgelegt und bildeten den gemeinsamen rechtlichen Rahmen, um die spezifische sportliche Identität des Spiels zu unterstützen und seine Verbreitung quer durch Kulturen und Nationen zu erleichtern. Der nun standardisierte Sport gewann große Popularität in der Arbeiterklasse, einerseits durch seine Wurzeln in der Volkskultur, andererseits aber auch durch die umfassenden gesellschaftlichen Transformationen jener Periode (etwa im Bereich der Medien und des Verkehrs), die die nationale Verbreitung von Fußballkenntnissen und -wettbewerben begünstigten. Ähnliche Entwicklungen im internationalen Verkehrswesen bildeten zusammen mit dem Wachstum zunehmend global orientierter Systeme der Politik und des Handels die Grundlage für jene weltweite Infrastruktur, die die folgende Verbreitung von Fußball in Südamerika ermöglichte. In den 1870er-Jahren fanden die ersten „Vorführungen" von Fußballtechnik durch britische Seeleute, Lehrer, Kaufleute oder Eisenbahn-Angestellte in Südamerika statt. So gesehen schloss die wachsende außereuropäische Partizipation an der Weltgesellschaft auch Südamerika ein.

Die Take-off-Phase (Phase 3):
Diese Phase dauerte von den 1870er- bis in die 1920er-Jahre. In diesem Zeitraum entwickelte sich der moderne Fußball zu einem globalen Spiel, und Südamerika wurde von diesem Prozess voll erfasst. Britische Matrosen und Kaufleute brachten den Fußball in südamerikanische Häfen. Gleichzeitig spielten ihre Landsleute auch eine zentrale Rolle bei der Entwicklung der Eisenbahnverbindungen in Brasilien, Argentinien und Uruguay, womit der Sport auch im Landesinneren Verbreitung fand. Einige wichtige südamerikanische Fußballpioniere europäischer Herkunft wie etwa Charles Miller und Oscar Cox in Brasilien erhielten ihre Schulbildung in Großbritannien und nahmen den Fußball von dort mit nach Hause, wo sie ihn den Einheimischen beibrachten. In der Zwischenzeit führte auch der britische Einfluss auf südamerikanische Schulen und Universitäten dazu, dass Kinder unterschiedlicher Herkunft die verschiedenen Regeln und grundlegenden Spieltechniken des Fußballs erlernten. Viele südamerikanische Spitzenklubs geben Zeugnis von dieser britischen Prägung: In Uruguay entstand Peñarol aus dem Central Uruguay Railway's Cricket Club, der von Briten geführt wurde; in Rosario wurden die Newell's Old Boys von den ehemaligen Schülern des gleichnamigen britischen Lehrers gegründet; in São Paulo riefen Einheimische die Corinthians ins Leben, nachdem sie die eindrucksvolle Vorstellung der britischen Corinthians bei ihrem Gastspiel in Brasilien miterlebt hatten; im Hafengebiet von Buenos Aires schließlich gründeten Engländer den Verein River Plate.

In dieser Phase kommen auch Robertsons „grundlegende Referenzpunkte" von Globalisierung ins Spiel: In Bezug auf Individuen bot Fußball den Spielern bestimmte Positionen auf dem Feld, einen vertraglichen Status, Verantwortlichkeiten sowie kulturelle Erwartungen hinsichtlich ihres Bedürfnisses, durch ihr Spiel zu beeindrucken. Nationale Identitäten spielten eine zentrale Rolle: Auswahlmannschaften wurden gebildet, um sich mit anderen Nationen zu messen; Länderspiele ermöglichten es, die Nation zu versinnbildlichen und durch eine Reihe von Riten und Symbolen dramatisch darzustellen. Beispiele dafür wären das Absingen der Nationalhymnen, die Flaggenparaden, die Anwesenheit der herrschenden Eliten, die massenmediale Verbreitung der Spiele durch Radio oder Wochenschau und die Verkörperung der Nation durch die Dressen des Teams und dessen spezifischen nationalen Spielstil. Gleichzeitig schlossen sich die für den nationalen Spielbetrieb zuständigen Fußballverbände zu einem internationalen Fußballsystem zusammen. Die Gründung der FIFA im Jahr 1904 dokumentierte die voranschreitende Institutionalisierung eines globalen Fußballsystems, dem sich die einzelnen Nationen anschlossen. Fußball erleichterte außerdem Vorstellungen von einer gemeinsamen Menschheit, stellte er doch eine allgemeine, potenziell universelle Sprache im Bereich der Körperkultur zur Verfügung, mit deren Hilfe Menschen unterschiedlichster Herkunft in kompetitive soziale Beziehungen zueinander treten konnten.

Wie manifestierte sich diese Entwicklung in Südamerika? Was die Akteure betraf, war Fußball im Wesentlichen eine männerdominierte Freizeitbeschäftigung, eine Arena für die Darstellung und Reproduktion hegemonialer maskuliner Normen und Verhaltensweisen (vgl. Archetti 1999). Fußball war außerdem – zumindest theoretisch – ein Spiel der weißen Eliten. So waren etwa in den wichtigsten brasilianischen Klubs Schwarze nicht zugelassen; trotzdem gab es nicht-weiße Teams, die Fußball spielten. Eine klassenspezifische, maskuline Norm bestand also darin, dass Fußball ein Spiel für Gentlemen-Amateure darstellte und Professionalismus dementsprechend verboten war. Diese Entwicklungen zeigten auch, auf welch direkte Weise die Verbindung zwischen Individuum und Gesellschaft hergestellt wurde. Fußball war in dieser Periode hinsichtlich Geschlecht, Ethnizität und Klasse in höchstem Maß ein Spiel spezifischer, privilegierter Teile der menschlichen Gemeinschaft.

Es gab allerdings zwei Hemmnisse für die Etablierung nationaler Fußballsysteme und nationaler Ideologien: Die geographische Ausdehnung dieser Staaten und ihre kulturelle „Hybridität", die sich aus vielfältigen Überschneidungen britischer, iberischer, italienischer, afrikanischer und indianischer Einflüsse zusammensetzte. Die indigenen Bevölkerungen waren in weiten Teilen des zentralen und östlichen Südamerika so gut wie ausgelöscht worden, während im Norden einige Völker entweder assimiliert oder weiter ins unwegsame Landesinnere vertrieben worden waren. Folgt man der richtungweisenden soziologischen Arbeit Gilberto Freyres (1959), wurde etwa die nationale Identität Brasiliens aus dem einmaligen Zusammentreffen dreier Zivilisationen geformt – der indigenen (weitgehend ausgelöscht), der afrikanischen (großteils versklavt) und der europäischen (in erster Linie portugiesisch). Die resultierende „lusotropische" Kultur brachte eine spezifische nationale Identität hervor, die sich auf eine gemeinsame (und blutige) Geschichte und ein überwältigendes geographisches Terrain gründete. Innerhalb eines fußballerischen Kontexts hatte dies zwei Auswirkungen: Zwar halfen die Erfolge des Nationalteams, die nationale Identität zu festigen, zugleich aber macht es die geograpische Ausdehnung des Landes bis heute schwierig, eine komplette nationale Liga zu installieren. Stattdessen dominierten eher städtische und regionale Ligen, etwa jene in São Paulo (gegründet 1901) und Rio (1905), denen bis 1914 noch fünf weitere im Norden, in den mittleren Bundesstaaten und im Süden folgen sollten (vgl. Lever 1983:56). In anderen südamerikanischen Staaten wie Uruguay und Argentinien spielten die Hauptstädte für die Verbreitung und Kultivierung des Fußballs eine weit wichtigere Rolle, als dies in den meisten europäischen Ländern der Fall war (Österreich dürfte in dieser Hinsicht eine Ausnahme darstellen, vgl. Horak 1992). Aber sowohl in Uruguay als auch in Argentinien ermöglichte der Fußball die Integration von Immigranten. Seit der Gründung des „Lipton Cups" im Jahr 1902 dienten die sportlichen Auseinandersetzungen zwischen den beiden Nachbarstaaten am Rio de la Plata mit ihrer Darstellung von Differenz und Rivalität der Förderung nationaler Einheit und Identifikation in beiden Ländern. Dies, obwohl auf beiden Seiten der Grenze Menschen lebten, die Herkunft, Sprache und Lebensumstände teilten, und von denen viele nur zufällig in unterschiedlichen Häfen von Bord des Auswandererschiffs gegangen waren (vgl. Archetti 1999:57).

Die südamerikanischen Klubs können selbst als Beispiel der vielfältigen ethnischen Ursprünge und der hybriden Basis dieser nationalen Identitäten herangezogen werden. Wie bereits oben erwähnt, war der britische Einfluss bei vielen Vereinen zu Beginn ganz offensichtlich. Andere Klubs wie etwa Palmeiras in São Paulo und später Peñarol in Montevideo wiesen enge Verbindungen zu den großen italienischen *communities* auf, die sich in Südamerika herausbildeten. Gleichzeitig spiegelte die offizielle englische Namensgebung der nationalen Fußballverbände den anhaltenden britischen Einfluss wider. Die Argentine Football Association hispanisierte ihren Namen beispielsweise erst im Jahr 1912.

Was das Weltsystem betrifft, so wurde Südamerika mit dem Beitritt Argentiniens (im Jahr 1912), Chiles (1912), Uruguays (1923) und Brasiliens (1926) in die Strukturen der FIFA einbezogen. Diese Tatsache reflektiert auch die wachsende „sozio-politische Konkretheit" des Weltfußballs bzw. die von Robertson angesprochene „Partikularisierung von Universalismus", da sich Nationen auf diese Weise zu einer globalen Körperschaft zusammenschlossen. Südamerika war als Ganzes insofern wegweisend, als man 1916 den ersten kontinentalen Fußballverband (CONMEBOL) bildete, der Turniere organisierte, politischen Dialog ermöglichte und kontinentale Interessen auf globaler Ebene vertrat. Gleichzeitig manifestierte sich die „Universalisierung von Partikularismus" in der steigenden Erwartung, dass Fußballnationen sich in ihren Spielweisen oder der Art und Weise, in der sie das „Schauspiel Fußball" organisierten, unterscheiden würden. Ganz generell erwies sich die Austragung eines Fußballbewerbs bei den Olympischen Spielen 1908 und 1912 als wichtiger Schritt zur Schaffung eines Weltsystems in diesem Sport. Im Großen und Ganzen war Fußball am Ende dieser Phase, zu Beginn der 1920er-Jahre, als Spiel der gesamten Menschheit etabliert und bot auf diese Weise südamerikanischen Spielern und Nationen die Möglichkeit, sich durch hervorragende Leistungen in diesem relativ neuen Sport auf einer globalen Bühne kulturell zu artikulieren.

Die Phase des Kampfs um die Hegemonie (Phase 4)

Diese Phase beginnt in den 1920er- und dauert bis in die 1960er-Jahre. An anderem Ort habe ich einmal argumentiert, dass aus fußballerischer Perspektive die Veränderung der Abseits-Regel im Jahr 1925 einen entscheidenden Moment für den Beginn dieser Phase

darstellte, mussten doch alle Fußballnationen auf die dadurch entstehenden neuen taktischen Gegebenheiten reagieren (vgl. Giulianotti 1999). Dieser Schritt war einerseits
Ausdruck zunehmender Reflexion über das Spiel selbst, andererseits deutete er auf das
Vorhandensein eines Bewusstseins hin, dass Fußball spektakulärer werden musste, um
hohe Zuschauerzahlen zu erzielen (vgl. Giulianotti/Robertson 2001). Zwar war diese
Regeländerung auch in Südamerika von Bedeutung, doch der Charakter des Spiels veränderte sich hier in dieser Zeit vor allem durch lokale und kulturelle Kräfte: Dies betrifft
zum einen die Verschiebung der (klassenzentrierten) sozio-ökonomischen Hegemonie
innerhalb des Spiels, zum anderen die Ausbildung eines klareren Verständnisses darüber, welchen Stellenwert Südamerika in einem hierarchischen globalen Fußball- und,
allgemeiner, Gesellschaftssystem hatte.

Eine Schlüsselrolle im Kampf um Klassenhegemonie und Klassenstruktur innerhalb des Fußballs spielte die Frage des Amateurismus, nützte doch die weiße Oberschicht das Verbot des Professionalismus im Sport dazu, um das Eindringen von Arbeitern und nicht-weißen Bevölkerungsschichten in diesen Bereich zu verhindern. Das beste Beispiel für den Kampf um diese Bestimmungen bietet Brasilien: Hier war der
Amateurismus gegen Ende der 1920er-Jahre in eine Krise geraten. Viele der führenden
Vereine hatten sich auf „Scheinamateurismus" verlegt und Wege gefunden, um den Spielern Prämien für ihre Leistungen zu bezahlen. Auf diese Weise wurden die Fußballer zu
besseren Leistungen angespornt und vor Verdienstausfällen (da sie „spielten" statt zu
arbeiten) bewahrt. Das einschneidendste Ereignis war der Sieg von Vasco da Gama in
der Rio-Liga des Jahres 1923: Der Verein hatte die Spieler aus der Arbeiterschaft (aus
allen ethnischen Gruppen) rekrutiert und finanzierte ihren Unterhalt und ihre Unterbrin-
gung in Trainingslagern (vgl. Leite Lopes 1997:60ff). Andere Klubs waren gezwungen,
diesem Beispiel zu folgen, und gingen schrittweise zum Professionalismus über.

In dieser Zeit bildeten sich die klassischen Muster von Vereinsidentität und -rivalität
heraus: Die größten Klubs in den großen Städten Südamerikas entwickelten sich zu den
wichtigsten Akteuren in den regionalen oder nationalen Bewerben. In Rio haben wir es
mit den vier Teams von Fluminense, Flamengo, Vasco und Botafogo zu tun. In Buenos
Aires haben sich San Lorenzo, Independiente, Racing, River Plate und Boca Juniors als
die großen Fünf etabliert, wobei in der jüngeren Vergangenheit noch Veléz Sarsfield in
diesen Rang aufsteigen konnte. In Montevideo gibt es das Duell zwischen Nacional und
Peñarol. All diese Vereine wurden zwar schon vor dieser vierten Phase gegründet, dennoch wurden in diesem Zeitraum jene sozialen Bedeutungen festgelegt, durch die sie
seither charakterisiert sind: In Buenos Aires beispielsweise gründen sich die identitären
Zuschreibungen auf bezirksweise Unterscheidungen (Racing, Independiente, San Lorenzo) oder auf unterschiedliche Klassenzugehörigkeit (Boca, River). In Rio sind es die
Kategorien Klasse (Fluminense, Flamengo), Bezirk (Botafogo) oder Ethnizität (Vasco).
In Montevideo schließlich sind es Ethnizität und Klasse, die den eher italienisch codier-
ten Arbeiterverein Peñarol von Nacional trennt, der als Verein der Wohlhabenderen gilt
und ältere uruguayische Zuschreibungen trägt.

Im Fußball gelang es den südamerikanischen Nationen besser als in allen anderen
Formen globalen Wettbewerbs, weltweites Ansehen zu erlangen. Das früheste Beispiel
dieses Prozesses bietet Uruguay, Sieger der olympischen Fußballturniere der Jahre 1924
und 1928, das einige höchst erfolgreiche Europatourneen unternahm, im Jahr 1930

schließlich die Weltmeisterschaft ausrichtete und diese durch einen Sieg gegen Argentinien auch gewann. Zu diesem Zeitpunkt hatte das Land weniger als zwei Millionen Einwohner und in der Terminologie Wallersteins (1986) gerade semiperipheren Status innerhalb des ökonomischen und politischen Weltsystem erlangt. Trotzdem konnte Uruguay seine zentrale Bedeutung in der weltweit populärsten kulturellen Form demonstrieren. Der Erfolg von 1930 und die epische *maracanaza* im Jahr 1950, als man durch einen Sieg über Brasilien die Weltmeisterschaft ein zweites Mal gewann, schuf Uruguay als Nation. Diese Ereignisse wurden zum nationalen Gründungsmythos, den Uruguayer unterschiedlicher ethnischer Herkunft einander über sich selber erzählen konnten, um so, im Sinne Geertz', zu einem singulären Volk zu werden (vgl. Giulianotti 2000; Krotee 1979). Doch Uruguays hegemoniale Position im Fußball konnte nicht andauern. Eine Reihe von Spielern aus Uruguay und Argentinien mit mehr oder weniger starken italienischen Wurzeln wurden vom italienischen Nationalteam in den 1930er-Jahren als so genannte *rimpatriati* (bzw. nach dem Krieg als so genannte *oriundi*) rekrutiert, um bei diversen WM-Endrunden anzutreten. Allgemein wurde in ganz Südamerika den Weltmeisterschaften als wichtigstem Wettbewerb zunehmende Bedeutung beigemessen. Im Falle Brasiliens wurde die Schmach der Niederlage im Jahr 1950 zumindest teilweise durch die folgenden Weltmeistertitel getilgt. Argentinien musste in den 1950er-Jahren einen ähnlichen Rückschlag verkraften, als man bei der WM 1958 versagte und dabei von der Tschechoslowakei gedemütigt wurde. Obwohl Südamerika in vieler Hinsicht zur „Dritten Welt" hätte gezählt werden können, wurde sein globales Ansehen durch die Austragung des weltweit wichtigsten Turniers in den Jahren 1930, 1950 und 1962 sicherlich gesteigert. Dieser Stellenwert wurde noch weiter gehoben, als verbesserte Transportverbindungen ab dem Jahr 1960 das alljährliche interkontinentale Endspiel zwischen dem besten europäischen und dem besten südamerikanischen Klub um den inoffiziellen Titel des „Klubweltmeisters" ermöglichten.

All dies spielte sich vor dem Hintergrund nationalistisch gefärbter politischer Hegemoniebestrebungen ab: Zwischen den 1930er- und späten 1950er-Jahren herrschten im Großteil Südamerikas populistische Politikmodelle vor, in denen charismatische Führer mit faschistischen Tendenzen eine Allianz mit der organisierten Arbeiterschaft bildeten. Dem Sport, und speziell dem Fußball, schrieb man eine zentrale Bedeutung für das nationale Selbstwertgefühl zu. Ein klassisches Beispiel für diese Entwicklung stellte das Argentinien Perons dar, doch auch Stroessner in Paraguay wurden sportliche Vorlieben nachgesagt (vgl. Scher/Palomino 1988).

In dieser vierten Phase wurde die steigende Bedeutung der vier von Robertson identifizierten Referenzpunkte auch im Fußball deutlich, was sich am besten am Beispiel Brasiliens darstellen lässt: Im Hinblick auf die einzelnen Individuen lässt sich der Aufstieg einiger Spieler – allen voran Pelé – in die neue Kategorie der Stars bzw. zu globalen Superstars feststellen. Was die Nation betraf, so konzentrierte sich das Interesse der Brasilianer jenseits aller Klubpräferenzen auf das Nationalteam. Indem seine Erfolge die soziale Integration und nationale Identifikation verstärkten, trugen sie, so Janet Lever (1983), dazu bei, Brasilien zu einer nationalen Einheit werden zu lassen. Im Rahmen des internationalen Systems war Brasilien mit Sicherheit ein Global Player, von dessen dominierender Rolle bei den Weltmeisterschaftsendrunden sich das weltweite Fernsehpublikum ein immer besseres Bild machen konnte. In Bezug auf die globale Menschheit schließlich repräsentierte der brasilianische Spielstil („das schöne Spiel") eine Art von weltweiter Fußballästhetik, bei der alle Fußballkulturen eingeladen waren, sich mit ihr zu identifizieren und sie nachzuahmen.

Phase der Unsicherheit (Phase 5):
Diese Phase beginnt in den späten 1960er-Jahren und dauert bis heute an. Auch wenn ich einige der Themen, die mit dieser Phase verbunden sind, erst weiter unten ausführlich behandeln werde, möchte ich an dieser Stelle zumindest einen Überblick über die wichtigsten Punkte geben: Linke politische Strömungen, ökonomischer Niedergang und unruhige Militärs führten zu erheblichen politischen und sozialen Unruhen bzw. in der Folge zu Militärdiktaturen. Den Beginn machte dabei Stroessners Regime in Paraguay, dem ähnliche Entwicklungen in Brasilien, Uruguay, Argentinien und Chile folgen sollten. Todesschwadronen säuberten die Städte von angeblich subversiven Elementen, während die USA und einige transnationale Konzerne diese Hardliner-Regime als Bollwerk gegen den Kommunismus stützten. Diese Militärregime gingen noch vor dem Ende des Kalten Krieges unter, doch der anhaltende Einfluss der USA auf die „liberaldemokratischen" Strukturen Südamerikas begünstigte Herrschaftsmodelle (z.B. wie das von Menem in Argentinien, Fujimori in Peru oder sogar des ehemaligen Soziologen Cardoso in Brasilien), die sich auf charismatische, rechts von der Mitte angesiedelte Politiker und eine neoliberale Wirtschaftspolitik stützten. Diese Modelle gingen einher mit neoliberalen Reformen im Bereich der Wirtschafts- und Sozialpolitik, steigender Arbeitslosigkeit, wachsender Verschuldung bei internationalen Institutionen, einer Vergrößerung der sozialen Ungleichheiten und somit wachsender „Unsicherheit" über die Zukunft des Kontinents als solchem. In letzter Zeit wuchs in Südamerika das soziale und kulturelle Bewusstsein gegenüber den möglichen Gefahren von Globalisierung, besonders in ihrer neoliberalen Spielart, die aufgrund des Einflusses globaler Finanzinstitutionen wie des IWF und der Launen ausländischer Investoren politische Mandate zunehmend entwertete.

Die internationale Fußballpolitik war in der fünften Phase durch die Beteiligung und den größeren Einfluss südamerikanischer Eliten gekennzeichnet. Die offensichtlichste Veränderung auf dieser Ebene war der Sturz von Stanley Rous als Präsident der FIFA durch den brasilianischen Rechtsanwalt und ehemaligen Olympioniken João Havelange im Jahr 1974. Havelanges Wahl war Ausdruck des wachsenden politischen und kulturellen Einflusses nichteuropäischer Fußballnationen in den 1960er- und frühen 1970er-Jahren und signalisierte zugleich den Übergang zu einer stärker kommerziellen, neoliberalen und global orientierten Management-Kultur des Fußballs. Diese globale Orientierung nahm auch im Bewusstsein von Fans, Spielern, Funktionären und Geschäftsleuten deutlich zu. Die Welt wird seither immer stärker als einheitlicher Raum begriffen, in dem Spiele ausgetragen werden, in dem sich Spieler und Spielervermittler bewegen, um ihrer jeweiligen Arbeit nachzugehen, und den transnationale Konzerne als Sponsoren betreten. Die südamerikanischen Klubs sind in dieses System auf vielfältigste Weise eingebunden, am offensichtlichsten über den globalen Spielermarkt. Eine wachsende Zahl von Fußballern spielt in Europa, vor allem in Spanien, Portugal und Italien, wo die kulturellen Unterschiede vergleichsweise geringer sind und mögliche europäische Wurzeln ihre Integration erleichtern. Diese Spielermigration ist nun durch weltweite Kontakte und Verträge südamerikanischer Spielervermittler wie Paco Casal oder Juan Figger fest institutionalisiert. Dabei spielt die Möglichkeit, europäischen Fußball in Südamerika via Pay-TV rezipieren zu können, ebenso eine Rolle wie die Investitionen europäischer Klubs in den südamerikanischen Fußball (das beste Beispiel bietet diesbezüglich der italienische Lebensmittelkonzern Parmalat, Besitzer des AC Parma, der sich in mehrere südamerikanische Klubs wie z.B. Palmeiras und São Paulo in Brasilien oder River Plate in Argentinien eingekauft hat). Im Gegenzug wuchs in den letzten zehn Jahren das weltweite Wissen über den südamerikanischen Fußball durch die Ausbreitung von Satelliten- und Kabelfernsehen. Die wachsende Bedeutung von Menschenrechtsfragen trat deutlich zu Tage: So protestierten südamerikanische Spieler mit einem Streik gegen Gewalt auf den Rängen und Skandale innerhalb des Sports, während Topstars wie Ronaldo oder Rivaldo auf globaler Ebene den Weltfußball als „FIFA-Botschafter" bei Friedensmissionen im ehemaligen Jugoslawien oder in zerrütteten afrikanischen Staaten vertreten. Multikulturelle Bestrebungen und identitätspolitische Anliegen wurden ebenfalls gefördert, etwa durch Anti-Rassismus- und Anti-Sexismuskampagnen der FIFA, die bis auf die Ebene der einzelnen Konföderationen (inklusive der CONMEBOL) gelangten. Frauenfußball erhielt ebenfalls im letzten Jahrzehnt größere offizielle Unterstützung, eine bessere organisatorische Infrastruktur und stärkere Medienpräsenz. Gleichzeitig intensivierte der Einstieg transnationaler Konzerne die Globalisierung des südamerikanischen Fußballs (man denke etwa an den Namen des wichtigsten Klubbewerbs, der Copa Toyota Libertadores), was zu Diskussionen über den Einfluss dieser Unternehmen auf die Struktur und die Symbole des Spiels führte.

Ganz augenscheinlich hilft uns Robertsons fünfphasiges Modell, die Geschichte und den momentanen Zustand des südamerikanischen Fußballs aus einer globalisierungstheoretischen Perspektive zu betrachten. So scheinen die beschriebenen Spezifika der Phase der Unsicherheit tatsächlich auf die gegenwärtigen Rahmenbedingungen dieses Sports in Südamerika zuzutreffen, wie ich im Folgenden ausführlicher darstellen werde.

Die politische Ökonomie Südamerikas und globale Spielermärkte

Die Staaten Lateinamerikas haben einen extremen Zustand politischer und ökonomischer Unsicherheit erreicht. Sie agieren innerhalb unnachgiebiger globaler Finanzstrukturen und sind in hohem Maß auf die Unterstützung durch Internationalen Währungsfonds (IWF) und Weltbank angewiesen. Die meisten nationalen Ökonomien Lateinamerikas sind stark exportabhängig, wobei der Preis ihrer wichtigsten Produkte (mit Ausnahme von Erdöl) seit 1996 um 20 Prozent gesunken ist. Darüber hinaus wirkten sich die Ereignisse des 11. September 2001 auf Brasilien und Argentinien, die beiden größten Wirtschaftsmächte des Kontinents, besonders gravierend aus.

Ende September 2001 erlebte Brasilien die 40prozentige Abwertung der Landeswährung sowie ein Budgetdefizit von 27 Milliarden Dollar (vgl. Guardian vom 24.9. 2001). Diese aktuellen wirtschaftlichen Probleme haben die strukturellen Ungleichheiten in Brasilien – ohnehin die extremsten in ganz Südamerika – nur verschlimmert. In einigem Gegensatz dazu hat sich Argentinien, was Küche, Architektur und Mentalität betraf, lange als ausgesprochen moderne und europäische Nation präsentiert. Die breite argentinische Mittelschicht erfreute sich seit den 1940er-Jahren eines Lebensstandards, der jenem in Europa vergleichbar war. Doch die aktuelle nationale Misere legt nahe, dass das Land sich in einer äußerst dramatischen wirtschaftlichen Abwärtsbewegung befindet. Beamte wie Fußballspieler mussten sich mittlerweile daran gewöhnen, in ihrer monatlichen Lohntüte nur Schuldscheine vorzufinden. Für viele Menschen in dieser Einwanderungsgesellschaft hieß eine mögliche Lösung, sich auf den Weg zurück in die Länder ihrer Vorfahren zu begeben, vor allem nach Spanien und Italien.

Wie manifestieren sich diese schwerwiegenden strukturellen Probleme im Kontext des Fußballs? Die Klubs sehen sich unvermeidlich einer wachsenden Verschuldung ausgesetzt, während sie Gelder von ihren verarmten Fans zu lukrieren versuchen. Gleichzeitig können die reicheren Vereine aus Europa, Japan oder den USA diese globalen Ungleichheiten zu ihrem Vorteil ausnützen. Ein argentinischer Klub wie River Plate (ironischerweise traditionell Los Millonarios genannt) weist Schulden von über 40 Millionen Dollar auf, während der Konkurrent Boca Juniors Verbindlichkeiten von über 35 Millionen Dollar hat. Der spektakulärste Fall betraf den bankrotten Racing Club, der vor dem Konkurs stand und nur durch die Intervention Präsident Menems vor den Gerichtsvollziehern gerettet wurde. Die Lösung war im Endeffekt neoliberal: Der Verein wurde in die Hände der privaten Blanquiceleste S.A.-Gesellschaft übergeben, die sich verpflichtete, die Spielergehälter zu bezahlen und den Klub langfristig finanziell abzusichern. Allgemein waren es die Spieler, die durch den finanziellen Kollaps des Sports die größten Verluste hinnehmen mussten. In Argentinien sahen sie sich zum Streik gezwungen, um jene Gelder zu erhalten (an die 100 Millionen Dollar), die ihnen die Klubs schuldeten. Der argentinische Verband konnte schließlich den Streik mit dem Angebot beenden, rund 35 Prozent der ausständigen Gehälter zu bezahlen – doch zum vereinbarten Zeitpunkt floss wieder kein Geld.

Im globalen Vergleich können die südamerikanischen Vereine nicht auf jene sekundären Einnahmequellen zurückgreifen, die europäischen Klubs in zunehmendem Maße zur Verfügung stehen. Der Bevölkerung bleibt wenig Geld, um es für teure Fußball-Artikel auszugeben, von denen die Vereine und die Fußballwirtschaft als solche profitieren würden. Stattdessen gibt es einen riesigen Schwarzmarkt mit gefälschten Fanartikeln, dessen Umsätze den Klubs jedoch entgehen. Die Bildung einer solchen „informellen Ökonomie" wird durch die Auswirkungen des makroökonomischen Niedergangs noch verstärkt: Tausende Menschen in den Städten haben ihre Arbeit verloren und müssen, um überleben zu können, grundlegende unternehmerische Fähigkeiten entwickeln (inklusive der Erzeugung und des Straßenverkaufs von Fußball-Artikeln). Eine vielleicht noch wesentlichere Rolle spielt der Umstand, dass die genannten strukturellen Probleme das Wachstum der virtuellen Ökonomie innerhalb des südamerikanischen Klubfußballs verlangsamen: So können etwa die Subskriptionen für Satellitenfernsehen und die daraus erwirtschafteten Gelder nicht mit jenen in den großen europäischen Fußballnationen konkurrieren. Auch hinsichtlich der Einkünfte aus Eintrittsgeldern können südamerikanische Vereine nicht mithalten. Nicht einmal die Einnahmen eines mittelgroßen europäischen Klubs wie Celtic Glasgow, der aus den drei Heimspielen der ersten Champions League-Gruppenphase mindestens 4,5 Millionen £ erwarten kann, lassen sich in einer Wirtschaft erzielen, die sich wie jene Argentiniens und Brasiliens in einer tiefen Rezession befindet. In Argentinien erwarb beispielsweise die Satelliten-TV-

Gesellschaft DirecTV die Fernsehrechte für die Weltmeisterschaften 2002 und 2006, um sie in Paketen zu 80 Pesos pro Monat an die Konsumenten zu bringen – ein Preis, den sich der größte Teil der Bevölkerung keinesfalls leisten kann.

Zwangsläufig kommt die engere finanzielle Partnerschaft zwischen Fußball und Fernsehgesellschaften vor allem den größten Klubs zugute, was wiederum den Wettbewerb innerhalb der Ligen schwächt. Auch wenn die nationalen Fußballverbände immer schon die reichsten Klubs bevorzugt haben, gibt es jetzt überdies finanzielle Anreize, die weiteren Erfolge dieser Mannschaften sicherzustellen. So hat das führende argentinische Fernsehunternehmen Torneos y Competencias mit dem nationalen Fußballverband Verträge ausverhandelt, in denen River Plate und Boca Juniors die größten Anteile der Fernsehgelder für die Live-Übertragung von Spielen erhalten.

Die Verschuldung der südamerikanischen Vereine und ihrer Verbände sowie die in Zeiten des Neoliberalismus reduzierte Rolle des Staats im Sportbereich haben auch zum traurigen Verfall der wichtigsten Infrastruktur des Fußballs geführt, besonders augenfällig am Beispiel des Maracanã-Stadions in Rio. Hatten hier im Jahr 1950 noch 200.000 Fans das Finale der WM miterlebt, so findet nach Sanierungsarbeiten nicht einmal mehr die Hälfte dieser Zahl Platz. Buenos Aires rühmt sich, die weltweit größte Anzahl von Stadien in einer Stadt (36) zu besitzen, doch viele von ihnen sind baufällig. Die Anlage von Racing Club wurde beispielsweise für drei Jahre wegen diverser Mängel geschlossen, und ihre anschließende Wiedereröffnung hatte wenig mit Renovierungsarbeiten zu tun.

In der Zwischenzeit haben die krisengeschüttelten südamerikanischen Staaten den Fußball entdeckt, um Einkünfte im Kampf gegen die nationalen Schuldenberge zu erzielen: Eine Mehrwertsteuer auf Fußball-Artikel ist nur ein Beispiel, das direkt auf Klubs und Fußball-KonsumentInnen abzielt. In Argentinien wurde eine Steuer im Ausmaß von 21 Prozent auf Eintrittspreise im Sport eingeführt. In Zeiten schwerster wirtschaftlicher Rezession und sozialer Krisen dürfte diese Maßnahme allerdings erhebliche Langzeitwirkungen auf den Besuch und die Einkünfte im Fußball haben.

Die übliche Antwort der Klubs besteht darin, den finanziellen Druck teilweise durch den Verkauf ihres wertvollsten Besitzes, der besten Spieler, zu lindern. So hat River Plate Fußballer wie den Jungstar Saviola (für 26 Millionen Dollar an Barcelona), Pablo Aimar (für 20 Millionen Dollar an Valencia) und Juan Pablo Angel (für 14 Millionen Dollar an Aston Villa) verkauft. Von der Quantität her weist Brasilien die höchsten Zahlen auf: 658 Spieler gingen im Jahr 1999 ins Ausland, und nicht weniger als 52 Brasilianer hatten die Spielerlaubnis für die UEFA Champions-League in der Saison 2001/2. In Pro-Kopf-Zahlen führt Uruguay: Bei einer Einwohnerzahl von rund 3,25 Millionen spielen über 400 Profis im Ausland.

Auch wenn die Abwanderung von Spitzenspielern in ausländische Ligen offenbar weiter zunimmt, muss sie dennoch vor dem Hintergrund historischer Entwicklungen gesehen werden. Wie bereits erwähnt, ist der Export südamerikanischer Fußballer kein neues Phänomen, verließen doch die *rimpatriati* bereits in den 1930er-Jahren Argentinien oder Uruguay, um zu „italienischen" Spielern zu werden. Weiters darf nicht vergessen werden, dass es auch innerhalb Südamerikas eine Tradition wirtschaftlicher Abhängigkeitsverhältnisse gibt, die in der argentinischen und brasilianischen Dominanz der „Copa Libertadores", dem wichtigsten Klubbewerb des Kontinents, ihren Ausdruck fand. Diese wohlhabenderen Fußballnationen konnten immer auf die größten Talente der Region, vor allem aus Paraguay, Chile oder (in den letzten Jahren) Uruguay zurückgreifen. So spielte etwa der große Arsenio Erico kaum in seinem Herkunftsland Paraguay, sondern verbrachte seine besten zwölf Jahre von 1934 bis 1946 bei Independiente in Argentinien. Auch einer der besten chilenischen Spieler, Figuerola, verbrachte den erfolgreichsten Teil seiner Karriere in den 1970er-Jahren bei Peñarol in Uruguay und dann bei Internacional Pôrto Alegre in Brasilien. In jüngerer Vergangenheit genoss der uruguayische Internationale Francescoli viele Jahre Heldenstatus bei River Plate in Buenos Aires, bevor er in Frankreich und Italien spielte.

Trotzdem gibt es eindeutige Anzeichen dafür, dass der Verkauf von Spielern nach Übersee in den letzten Jahren eine neue Dimension erreicht hat. Südamerikanische Stars verlassen ihre Heimatländer in steigender Zahl und in zunehmend jüngeren Jahren, um bei europäischen Klubs zu unterschreiben. Im Fall Argentiniens könnten wir die Beispiele Saviola (Barcelona) und Cambiasso (Real Madrid) anführen, die schon als Teenager nach Spanien gingen, Letzterer bereits im Alter von nur 15 Jahren; im Fall Paraguays den talentierten Roque Santa Cruz, der mit 17 Jahren für 5,5 Millionen Dollar von Bayern München gekauft wurde. Besonders auffallend ist die neue Heterogenität der Zielländer dieser Spieler. Hätten Brasilianer bei ihren Auslandsengagements früher in erster Linie in Südamerika (vor allem Argentinien), oder, auf europäischem Boden, in Italien, Spanien und Portugal gespielt, findet man sie heute auf allen Kontinenten, inklusive der vormals kommunistischen Staaten wie Russland und China sowie in Afrika, Südostasien und Australien. In der Vergangenheit waren südamerikanische Spieler von europäischen Vereinen vor allem aufgrund kultureller Stereotypisierungen verpflichtet worden: Man sagte ihnen intuitive technische – eben genuin „südamerikanische" – Fähigkeiten nach, die in Italien, Spanien oder England nicht zu finden wären. Heute werden diese südamerikanischen Spieler statt dessen aus streng instrumentellen und rationalen Gründen geholt: Sie können auf allen Positionen spielen, und zwar auf einem technischen Level, das jenes der im gleichen Preissegment erhältlichen europäischen Spieler oft überschreitet.

Die Struktur der südamerikanischen Vereine ist zunehmend auf diese Exportfunktion hin ausgerichtet. Die Kader der argentinischen Klubs wurden für die Saison 2001/2 drastisch reduziert. Diego Maradonas erster Verein, Argentinos Juniors, verkleinerte die Mannschaft von 38 auf 25 Spieler (darunter 16 unter 21 Jahren), Lanus entfernte 26 Spieler aus dem Kader, wobei das Durchschnittsalter des verbleibenden Teams 21 Jahre betrug. Sogar Independiente, einer der großen fünf Klubs, hat seine Gehaltsausgaben drastisch herabgesetzt und die Mannschaft um beinahe die Hälfte verkleinert. Diese Reduzierung der Kadergrößen war überfällig, haben doch auch viele europäische Spitzenklubs weniger als 30 Profis auf der Gehaltsliste. Auch Brasilien scheint diesem Trend zu folgen – die führenden Vereine bemühen sich, ihre Mannschaften von über 80 (im Fall von Flamengo) auf an die 30 Spieler zu verkleinern. Bei den übrig gebliebenen Spielern in Argentinien spielte das Alter eine wesentliche Rolle, ist es doch das Ziel, junge, niedrig bezahlte Talente zu produzieren, um sie an einen größeren Verein im Inland oder an einen europäischen Klub zu verkaufen.

Strukturell betrachtet, drückt sich im südamerikanischen Spielermarkt eine Kultur der Abhängigkeit gegenüber reicheren Märkten aus, die neoimperialistische Züge trägt. Südamerikanische Talente werden rekrutiert und vor dem Export in reichere Märkte

„weiterverarbeitet", wo sich dann ihr Wert multipliziert und sie uneingeschränkter „konsumiert" werden können. Der mittelmäßige Rest, bei dem es nicht zu einem solchen Transfer reicht, wird im Inland konsumiert. Spieler werden auf diese Weise zu *cash crops* wie Kaffee oder Bananen, die mit geringem tatsächlichen Gewinn für die eigene Volkswirtschaft auf fremden Märkten verkauft werden. Dieses System ist auch mit dem von Klein (1989) beschriebenen Export von Baseball-Talenten aus der Dominikanischen Republik nach Japan oder Nordamerika vergleichbar: Dabei errichten reiche Vereine aus Übersee sogar Trainingslager vor Ort, um lokale Talente weiterzuentwickeln, bevor ihr Wert abgeschätzt und entschieden wird, welche Produkte sich am gewinnbringendsten exportieren lassen. Es gibt Anzeichen dafür, dass derartige Aktivitäten auf lokaler Ebene auch im Fußball gesetzt werden könnten. So existieren schon jetzt Partnerschaften zwischen verschiedenen Klubs, etwa den Kashima Antlers aus Japan und dem Zico Football Club in Brasilien. Wie in Zentrum-Peripherie-Beziehungen üblich, landet ein Großteil jener Geldmittel, die in die ärmere Nation zurückfließen, in den Händen der lokalen Eliten. Im Fußball bedeutet dies unter anderem, dass ein großer Teil der von den europäischen Klubs gezahlten Transfersummen an die zahlreichen „parasitären" Figuren im südamerikanischen Fußball (Verbands- und Vereinsfunktionäre, Spielervermittler, verschiedenste „Berater" usw.) fließt, bevor der Rest des Geldes auf dem Bankkonto des betreffenden Vereins landet. So erhielt etwa River Plate in den letzten fünf Jahren Transfersummen in der Höhe von über 100 Millionen Dollar. Trotzdem betragen die Schulden des Vereins beinahe 50 Millionen Dollar.

Auf der Seite der unmittelbaren Akteure, der Spieler, stellen unterschiedliche Lohnniveaus die Hauptmotivation dar, die heimischen Ligen zu verlassen. So müssen in Brasilien 98 Prozent der Fußballer in einer elfmonatigen Saison mit einem durchschnittlichen Monatsgehalt von umgerechnet 145 Euro auskommen. Der Streik der argentinischen Spieler, der die Zahlung der ausstehenden Gehälter zum Ziel hatte, wurde bereits erwähnt. In Europa werden dagegen bei den 50 reichsten Klubs Gehälter von etwa eineinhalb Millionen Euro pro Jahr immer üblicher. Und selbst in kleineren Fußball-Ökonomien wie Finnland, der Tschechischen Republik oder Russland lassen sich ansehnliche Einkünfte erzielen, sofern relativ niedrige Hürden in den europäischen Bewerben übersprungen werden. Die starke Export-Infrastruktur des südamerikanischen Fußballs und die durch das Beispiel von Fußballstars geförderte Migrations-Kultur führen jedoch dazu, dass die Mehrheit der migrierenden Spieler Gefahr läuft, in Übersee katastrophale Erfahrungen zu machen. Wohl die Hälfte jener südamerikanischen Fußballer, die den Kontinent verlassen, kehren mit geringen finanziellen Gewinnen zurück. Entweder zerstritten sie sich mit Trainern, konnten sich nicht in der neuen Umgebung eingewöhnen oder sahen sich in komplexe kriminelle Machenschaften verstrickt (vom Passbetrug bis zur Annahme falscher Identitäten). Jene, die Erfolg haben, finden sich im Mittelpunkt eines transnationalen Nervenkriegs wieder: Während südamerikanische Nationalteams ihre Spitzenspieler zu entscheidenden Pflicht-, aber auch zu Freundschaftsspielen einberufen, sind die europäischen Vereine, in deren „Besitz" sich die Fußballer befinden, bestrebt, ihr „Anlagekapital" dadurch zu schützen, dass sie es an den anstrengenden Flügen zwischen Europa und Südamerika hindern.

Organisationsstrukturen des Fußballs:
Neoliberale Transformationen, *narcos* und Gewalt

Wenn die sozialen Auswirkungen wirtschaftlicher Organisation problematisch oder gar katastrophal sind, werden zwangsläufig alternative Formen politischer Ordnung als Lösung ins Spiel gebracht. Einerseits kann eine radikale und explizite Neuschaffung der politischen und wirtschaftlichen Strukturen vorgeschlagen werden, in der Hoffnung, die bestehenden kulturellen Praktiken und Überzeugungen würden sich an die neuen Realitäten anpassen. Andererseits aber können sich diese kulturellen Werte und Gewohnheiten auch als geeignet erweisen, die politischen und wirtschaftlichen Sphären in Gang zu halten – allerdings nicht mit den offiziell erwünschten Mitteln.

Im südamerikanischen Fußball liegt eine mögliche polit-ökonomische Lösung in der Schaffung neuer Strukturen auf Klubebene, um damit den Zufluss neuer Finanzmittel zu erleichtern. Denn an der Basis ist der südamerikanische Klubfußball auf den ersten Blick bisher bemerkenswert demokratisch, nämlich zumeist in Vereinsform organisiert. Diese Vereine befinden sich nicht im Eigentum reicher Einzelpersonen oder von Aktionären (wie es in Europa oft der Fall ist), sondern gehören den Vereinsmitgliedern (oder *socios*), die einen monatlichen oder jährlichen Mitgliedsbeitrag leisten. Dies führt theoretisch zu einer demokratischen Organisationsstruktur, wobei die *socios* die Vereinsführung wählen. In der Praxis wird dieser demokratische Rahmen aber zuweilen durch die korrupten Praktiken der Amtsinhaber eingeschränkt, mit denen sie sich ihre Machtbasis innerhalb der Fans schaffen. Noch häufiger stellt in ganz Südamerika das Engagement im Fußball für manche Kandidaten ein Sprungbrett in die Politik dar. So waren insbesondere in Uruguay während der Militärdiktatur Fußballklubs ein Übungsgelände für zukünftige politische Führer, die dort die Ankunft demokratischerer Zeiten abwarteten.

In der gegenwärtigen globalisierten Fußballwelt mit ihren Machtungleichgewichten, die Südamerika besonders benachteiligen, läuft die traditionelle Struktur der südamerikanischen Vereine auf eine Beschränkung jener finanziellen Mittel hinaus, die dem Klub von seinen „Eigentümern" zugeführt werden können. Die europäischen Konkurrenten verfügen oft über reiche Vereinspräsidenten (wie Moretti bei Internazionale, Berlusconi beim AC Milan oder Jack Walker bei den Blackburn Rovers), die teilweise riesige Summen privaten Vermögens in die Klubs investieren, um damit sowohl ihre Eigentümerschaft zu sichern als auch eine erfolgreiche und gut bezahlte Mannschaft aufzubauen. Dieser Zugang zu Investitionen ist im südamerikanischen Fußball kaum vorhanden. Gleichzeitig hindert das *socio*-Modell die Vereine daran, an die Börse zu gehen – für viele Klubs in Italien und England eine wichtige Quelle neuen Kapitals. Zugleich verleitet das Wahlverfahren die Kandidaten dazu, extravagante Investitionen in Spieler und Infrastruktur zu versprechen – Versprechen, die nicht eingelöst werden können, ohne den Verein in weitere Schulden zu stürzen. Eine bereits erwähnte Lösung dieses Problems ist der neoliberale Zugang, der dem in der gesamten Region hegemonialen Organisationsprinzip entspricht. Den südamerikanischen Vereinen wird nahe gelegt, sich zu „entkollektivieren" und in private Firmen umzuwandeln, um damit die Möglichkeit einer Übernahme durch einen reichen Geschäftsmann oder die eines Börsegangs zu schaffen. Theoretisch sollten diese beiden neuen Einnahmequellen die finanzielle Anziehungskraft Europas auf südamerikanische Spieler reduzieren und es auf diese Weise den Vereinen ermöglichen, auf globaler

Ebene erfolgreicher zu konkurrieren. Doch dieses allzu simple Modell stellt nicht in Rechnung, wie sehr die chronischen Probleme der südamerikanischen Staaten den erwünschten Effekt einer solchen „Entkollektivierungsstrategie" minimieren. In Argentinien wurde diese (*gerenciamiento* genannte) Politik von Vereinen wie San Lorenzo zurückgewiesen, wo Versuche der ISL-Agentur, Marketing- und Bildrechte zu erwerben, von einer Gruppe der Mitglieder abgeblockt wurden.

Wenn in Volkswirtschaften legale Mittel des Aufstiegs oder der Existenzsicherung verbaut sind, werden Bürger nach anderen Möglichkeiten suchen, um Einkünfte zu erzielen. Üblicherweise führen solche illegalen Überlebensstrategien zu einem Konflikt zwischen den Bürgern und dem Staat und stellen häufig das staatliche Gewaltmonopol in Frage. Der strukturelle Niedergang der südamerikanischen Staaten seit den 1970er-Jahren führte ebenfalls zu derartigen Formen politischer Instabilität und ökonomischer Innovation – mit konkreten Auswirkungen auf den Fußball. In Kolumbien entstanden seit den 1970er-Jahren mit dem Aufstieg der Drogenkartelle (*narcos*) für den Fußball neue Einnahmequellen und Organisationsformen. Dabei handelte es sich um eine spezifische kulturelle Antwort der Kolumbianer auf ein tiefgreifendes strukturelles Problem mit globalen Wurzeln. Die *narcos* schufen einen alternativen militärisch-industriellen Komplex, der in Konkurrenz zum geschwächten kolumbianischen Staat trat und diesen dadurch weiter unterminierte. Diese Entwicklung war zwar regionaler politischer Natur, stand aber in engem Zusammenhang mit dem Welthandel. Nach Castells (1998:197ff) fungierten die beiden kolumbianischen Städte Medellín und Cali traditionell als Zentren des Unternehmertums, wobei aber ihre Hauptindustriezweige (Zucker und Textilien) durch die harte internationale Konkurrenz sowie durch Exportquoten stark geschwächt wurden. Die Köpfe der Drogenkartelle – vor allem Pablo Escobar und die Rodriguez-Orejuelas-Familie – waren wichtige Mitglieder der lokalen Gesellschaft und stammten aus gebildeten Milieus. Die Grundlage ihrer Geschäfte, die sie mit Hilfe armer Bauern und verarmter Stadtbewohner aufbauten, bildeten Koka-Produktion und -Verarbeitung. Stillgelegte Drogentransportrouten in die USA aus der Zeit der Marihuana-Produktion in den 1950er-Jahren wurden reaktiviert, um die neuen Waren zu exportieren. Die Drogenbarone nützten die tief verwurzelten lokalen Kulturen der Gewalt, um ein faktisches Gewalt- und Besteuerungsmonopol in den von ihnen kontrollierten Gebieten durchzusetzen. Die lokalen Amtsträger des Staats – Politiker, Richter, Polizisten und Militärs – wurden entweder gekauft oder eliminiert. Auf diese Weise übernahmen die *narcos* eine Reihe von Funktionen, die normalerweise vom Staat ausgeübt werden: Aufrechterhaltung von „Recht und Ordnung" (Kontrolle über die Kleinkriminalität und Ausschaltung „unerwünschter" Figuren) oder die Bereitstellung sozialer Einrichtungen und Leistungen wie Schulen oder Wohnungen. Der entstehende Reichtum der Drogenbarone war so groß, dass sie mehrmals anboten, im Austausch gegen Immunität und Straffreiheit die enormen Schulden des kolumbianischen Staats zu übernehmen. Diese Vorschläge wurden von der kolumbianischen Regierung unter starkem Druck der US-Drogenbehörde DEA abgelehnt.

Die *narcos* hatten zwangsläufig erheblichen Einfluss auf den kolumbianischen Fußball. Spiele wurden häufig von kriminellen Figuren beeinflusst, die hohe Wettsummen auf bestimmte Matchresultate gesetzt hatten oder ihre Lieblingsteams fördern wollten. In mehreren Fällen wurden kolumbianische Schiedsrichter, um genehme Entscheidungen zu erzielen, entweder eingeschüchtert oder sogar ermordet. Üblicher war es, dass die Chefs der Drogenkartelle – als lokale Unternehmer mit Interesse am Fußball – enorme Summen in ihre Lieblingsmannschaften investierten, sei es aus persönlichem Vergnügen oder aus Status-Gründen. Jose Gonzalo Rodriguez Gacha pumpte Millionen von Dollars in die Millonarios aus Bogotá, Pablo Escobar war ein wichtiger Geldgeber von Atlético Nacional aus Medellín und Miguel Rodriguez Orejuela kümmerte sich um América aus Cali. Von ihm sagt man, dass er die Spielerrechte von wahrscheinlich mehreren hundert Fußballern – auch gegnerischer Teams – in Südamerika besaß und auf diese Weise Resultate beeinflussen konnte. Wie der Rest der Gesellschaft erfuhr der kolumbianische Fußball einen „inoffiziellen" finanziellen Boom durch die Drogengelder. Die Liga wurde von Drogen-Vereinen beherrscht, und Escobars Team Nacional gewann im Jahr 1988 mit einem Sieg über Olimpia aus Paraguay sogar die Copa Libertadores. Das Anwachsen von Finanzen und Selbstvertrauen schlug sich auch auf die Nationalmannschaft nieder, die sich 1990 und 1994 für die WM qualifizieren konnte. Doch die Kultur der Gewalt und Korruption holte schließlich die Spieler selber ein: Der Schütze des unglücklichen Eigentors gegen die USA, Verteidiger Andres Escobar, wurde bei seiner Rückkehr nach Kolumbien von Männern erschossen, die durch die Niederlage des Nationalteams Geld verloren hatten. Seit in den letzten Jahren viele Anführer der Drogenkartelle entweder ermordet oder vom Staat mit Unterstützung der USA hinter Gitter gebracht wurden, gingen die Investitionen in den kolumbianischen Fußball stark zurück.

Der kolumbianische Fall ist ein extremes Beispiel der politischen Gewaltkultur in Südamerika, doch dieses Phänomen suchte auch andere Staaten der Region heim, nicht zuletzt im Bereich des Fußballs. In der Zeit nach dem Zweiten Weltkrieg muss die Gewalt zwischen Fans und Polizei im Zusammenhang mit dem politischen Verhältnis zwischen herrschenden Eliten und den unteren sozialen Schichten verstanden werden. Die Techniken der Zuschauerkontrolle sind bis heute ein Abbild der enormen Ungleichheiten, die Fußballstadien eine räumliche Metapher dieser Antagonismen: Gräben und hohe Zäune trennen die Fans vom Spielfeld, Trupps von Polizisten – ausgestattet mit Hunden, verbeulten Metallschilden und Schlagstöcken – patrouillieren entlang der Absperrungen. Die Sicherheitskräfte betreten die Ränge nur mit großer Vorsicht und nie einzeln, da sie sonst von den Fans angegriffen würden. In Argentinien reflektiert die partielle Fokussierung der Zuschauergewalt auf die Polizei die sozialen Konsequenzen der Unterdrückung durch die bis 1983 herrschende Militärdiktatur, die die Folterung und das Verschwinden von zehntausenden Gegnern der Junta zu verantworten hatte (vgl. Archetti/Romero 1994). Die Spannungen zwischen Zusehern und staatlichen Ordnungskräften und die damit verbundenen kruden Kontrolltechniken führten zu mehreren Stadienkatastrophen, von denen sich die schrecklichste 1964 im nationalen Sportstadion von Lima ereignete, als während eines Länderspiels zwischen Peru und Argentinien 318 Fans getötet und über 500 verletzt wurden.

Das Problem des Fußball-Hooliganismus gewann in Südamerika seit den frühen 1980er-Jahren an Bedeutung, und auch diese Gewalt muss, wie der Aufstieg der *narcos* in Kolumbien, im Zusammenhang mit dem strukturellen Niedergang der Region verstanden werden. Das Armutsniveau auf dem Subkontinent steigt, und die zerrütteten Staaten kämpfen vor dem Hintergrund sozialen Zerfalls um die Durchsetzung ihrer Autorität gegenüber alltäglicher Gewalt. Ein extremes Beispiel bietet in dieser Hinsicht Brasilien: In den 1990er-Jahren wurden in diesem Land 350.000 Menschen ermordet, lediglich in zwei Prozent der Fälle konnten die Täter verurteilt werden. „Hooliganistische" Gewalt unter den Fans war sicher ein Hauptgrund für viele potenzielle BesucherInnen, die Stadien zu meiden – ein weiterer Faktor in der langjährigen „Krise" des brasilianischen Klubfußballs. Auch in Uruguay ergaben Umfragen aus der Mitte der 1990er-Jahre, dass Anhänger teilweise durch die Angst vor Gewalt zwischen rivalisierenden Fangruppen vom Matchbesuch abgeschreckt wurden. Das argentinische Beispiel zeigt wiederum am deutlichsten, dass Fan-Gewalt im Zusammenhang mit den sozialen Beziehungen zwischen einer Reihe von institutionellen Akteuren – eben nicht nur den Fans, sondern auch den Vereinsfunktionären, Politikern und Sicherheitskräften – betrachtet werden muss. Über 160 Anhänger fielen in Argentinien der Gewalt im Umfeld des Fußballs zum Opfer. Spieler traten wegen anhaltender Unruhen in Streik, und Gerichte setzten Spiele aus Sicherheitsgründen aus. Zwar wurden Rufe nach härteren Gesetzen gegen Hooliganismus laut – etwa in Form schärferer polizeilicher Verfolgung der Straftäter, der Aussprechung von Haftstrafen und der Verwendung von Videoaufnahmen als Beweismittel zur Überführung randalierender Fans –, doch diese Forderungen wurden vom Gesetzgeber zurückgewiesen. Man vermutet, dass die engen politischen und finanziellen Verbindungen zwischen militanten Fangruppen und Klubfunktionären Letztere davon abhalten, entschlossene Maßnahmen gegen gewalttätige Anhänger zu ergreifen. Diese Beziehungen können sich auch in die formale politische Sphäre erstrecken, in der politische Führer durch die Fanorganisationen mit den „Massen" (im peronistischen Stil) verbunden sind. Gleichzeitig hat der Staat Probleme, seinen Aufgaben nachzukommen, zumal er auf unterbezahlte und gewalttätige Polizeikräfte angewiesen ist, deren Handlungen jenen organisierter Bandenkriminalität ähneln. Jüngste Skandale deuten darauf hin, dass die Polizei von den Vereinen normalerweise überhöhte Preise für die während der Spiele garantierte „Sicherheit" verlangt. Zugleich heizen provozierende Maßnahmen der Polizei gegen Fans – etwa die willkürliche Konfiszierung von Fahnen oder der Einsatz gewalttätiger Taktiken gegen kleine Anhängergruppen – die Gewalt auf den Rängen weiter an und helfen auf diese Weise mit, die anhaltende Polizeipräsenz in den Stadien zu rechtfertigen.

Wie weit gewalttätige Fangruppen mit den Vereinen und den übrigen Anhängern organisch verbunden sind, ist umstritten. Zu den „militanten" Fans gehören die verschiedenen *torcida*-Gruppen in Brasilien oder die *barra brava* im spanischsprachigen Teil Südamerikas, doch per definitionem sind sie eigentlich keine „Hooligans" (terminologische Fragen sind in diesem Bereich ausgesprochen wichtig: Alle diese Gruppierungen würden sich gegen die Bezeichnung „Hooligan" wehren; die *barra brava* nennen sich selber *hinchas* oder *hinchadas*). Ihre Hauptfunktion liegt in der Durchführung spektakulärer Fanchoreographien für die eigene Mannschaft, der Organisation von Transportmitteln und Tickets für Auswärtsspiele sowie von anderen sozialen und kulturellen Vergünstigungen für ihre Mitglieder, etwa der Teilnahme an den jährlichen Karnevalswettbewerben in brasilianischen Städten.

Wie schon erwähnt, ermöglicht das Wahlsystem im südamerikanischen Fußball den Kandidaten, auf die kollektive Unterstützung durch militante Fangruppen zurückzugreifen. Dies bietet den Anführern der Fans aber auch die Möglichkeit, Vereinsfunktionäre unter Druck zu setzen oder zu erpressen, um Einfluss und Ressourcen zu erlangen. So übernahmen beispielsweise während der späten 1990er-Jahre die Fans bei Argentinos

Juniors de facto das Vermögen und die Einkünfte des Vereins. Sie zogen in die Klub-Zentrale ein und ließen die Zuschauereinnahmen in den eigenen Taschen verschwinden. Ein noch gravierenderer Fall ereignete sich bei den Boca Juniors, wo mehrere Anführer der organisierten Fans in den 1990er-Jahren wegen des Versuchs verurteilt wurden, von der Klubführung Geld zu erpressen. Andererseits sind dies aber Extrembeispiele, die die positive, funktionale und auf Wechselseitigkeit aufbauende Beziehung zwischen Fans, Spielern und Vereinsfunktionären nicht angemessen widerspiegeln. Die militanten Anhänger bieten dem Team konstante und leidenschaftliche Unterstützung bei Heim- und Auswärtsspielen und betrachten sich selbst ebenso als Teil des Klubs wie Spieler oder Funktionäre. Außerdem bieten sie der Mannschaft in feindlicher Umgebung Schutz. Um diese Funktionen effektiv erfüllen zu können und um die Wechselseitigkeit dieses Verhältnisses zu betonen (bzw. als symbolische Anerkennung durch den Verein), erwarten sich die Fans Freikarten oder Transportmöglichkeiten zu den Spielen. Bei den größten Vereinen wie den Boca Juniors kann dies Gratistickets für 250 Fans pro Spiel und Transportmittel für die gleiche Zahl von Anhängern bedeuten. Auf Europatourneen werden zuweilen bis zu 50 Anhänger auf Kosten der Spieler mitgenommen. Diese Praktiken sollten aber nicht unbedingt als kriminelle Form der Warenaneignung oder als Nötigung verstanden werden. Viel eher ist der Verein als institutionelles Zentrum eines Miniaturstaats zu betrachten, der Spieler, Fans und Funktionäre durch gemeinsame Symbole der Loyalität und Netzwerke sozialer Praxis aneinander bindet. Innerhalb dieses Staates wird Vermögen in Form von Geldflüssen umverteilt, die sowohl der Wettbewerbsfähigkeit des Klubs dienen als auch die interne Struktur (militante Fans, Vereinsmitglieder, Funktionäre und Spieler) absichern.

Das unmittelbare gesellschaftliche Verhältnis von Fans zu Klubfunktionären und Spielern wirft die prinzipielle Frage nach dem Einfluss traditioneller Kulturen und asymmetrischer Sozialstrukturen auf den südamerikanischen Fußball auf. „Korrupte" Praktiken erscheinen dem europäischen Beobachter als alltägliche und fixe Bestandteile des Fußballs auf diesem „fremden" Kontinent. Doch was nach manipulativen Beziehungen zwischen Einzelpersonen aussieht, beruht auf komplexen kulturellen, sozialen und wirtschaftlichen Verschränkungen: Wie wir gesehen haben, eignet sich der Fußball durch die vergleichsweise demokratischen Strukturen der Vereine – und unterstützt durch die traditionelle Bedeutung charismatischer politischer Führerschaft – als Bühne für politischen Populismus und als Sprungbrett für zukünftige Politiker. Soziologisch betrachtet stellt der Fußball eine Arena dar, in der diese potenziellen Führer klientelistische Patronage-Verhältnisse aufbauen können.

Die schwerwiegendsten Anschuldigungen bezüglich korrupter Praktiken, über die auch in Europa ausführlich berichtet wurde, betreffen die gegenseitigen Verbindungen und Abhängigkeiten zwischen den Machteliten im südamerikanischen Fußball. In Brasilien umfassen diese traditionell die weiße urbane Aristokratie und Bourgeoisie, die den brasilianischen Fußballverband (CBF) ebenso kontrollieren wie den so genannten „Klub der Dreizehn" (der die 20 führenden Vereine des Landes koordiniert) und die wichtigsten Fernsehgesellschaften (vor allem Globo). Eine Konsequenz dieser Kartellbildung ist der chaotische Spielplan, der permanent verändert wird, um den Programmwünschen der Fernsehstationen gerecht zu werden. Ein weiterer Punkt betrifft die Struktur der Ligen, die bezeichnenderweise so gestaltet und umgestaltet wird, dass die Spitzenklubs nicht in Abstiegsgefahr geraten und ihre Teilnahme an den wichtigen Bewerben maximiert wird. In jüngster Zeit sind die Eliten auch globale wirtschaftliche Partnerschaften mit führenden transnationalen Konzernen eingegangen, vor allem im Merchandising und Sponsoring. Das Ergebnis ist eine brasilianische Fußballversion dessen, was Sklair (1995: 61) die „transnationale Kapitalisten-Klasse" genannt hat: Eine privilegierte soziale Gruppe, die die Entscheidungträger der transnationalen Konzerne und ihre lokalen Partner, die „globalisierende staatliche Bürokratie" (in unserem Fall: den CBF), „kapitalistisch denkende Politiker und Manager" (die führenden Klubfunktionäre) und „Konsumentengruppen" (die wohlhabenden, überwiegend weißen Eliten, die die neuen Fußball-Produkte konsumieren) umfasst.

Das berüchtigtste Beispiel einer solchen Allianz ist die Verbindung zwischen Nike und dem brasilianischen Fußballverband CBF. Der im Jahr 1996 abgeschlossene 10-Jahres-Vertrag beinhaltete die Überweisung von 170 Millionen Dollar an den CBF und berechtigte Nike zur Organisation von mindestens 50 Spielen zwischen der brasilianischen Nationalmannschaft und Teams, die vom Unternehmen bestimmt werden konnten. Dies bedeutet unter anderem, dass die brasilianische Auswahl in der Vorbereitung für wichtige Bewerbsspiele gegen relativ ungeeignete Gegner wie Südkorea oder Japan (wo Nike über wachsende Wirtschaftsinteressen verfügt) oder gegen Klubmannschaften wie den FC Barcelona (von Nike gesponsert) antreten muss. Mindestens acht Nationalspieler sind außerdem verpflichtet, an von Nike gesponserten Freundschaftsspielen teilzunehmen, auch wenn diese am anderen Ende der Welt stattfinden – eine ermüdende Praxis für Spieler, die ohnehin permanent zwischen Südamerika und Europa zirkulieren, um ihren Aufgaben in Verein und Nationalmannschaft nachzukommen. Wurde in Brasilien von Anfang an öffentliche Besorgnis über den Nike-Vertrag geäußert, so ging nach der erschreckenden Leistung im WM-Finale 1998 (0:3 gegen Frankreich) ein Aufschrei durch das Land. Nur Stunden vor dem Spiel war der brasilianische Schlüsselspieler Ronaldo trotz eines Kollapses für fit erklärt worden, um dann eine ungewohnt schwache Leistung abzuliefern. Als der körperliche Zustand Ronaldos der Öffentlichkeit bekannt wurde, verdächtigte man rasch Nike, auf der Aufstellung ihrer globalen Fußball-Ikone bestanden zu haben. In der Folge wurde auf Druck brasilianischer Senatoren (vor allem des kommunistischen Politikers Aldo Rebelo) sogar ein parlamentarischer Untersuchungsausschuss eingesetzt, um Licht in die „Black Box des brasilianischen Fußballs" zu bringen. Bei der Beschreibung seiner Beweggründe griff Rebelo auf jene funktionalistischen Vorstellungen zurück, mit denen die dominanten Diskurse über Fußball in Brasilien so oft drapiert werden:

> „Fußball integriert alle Rassen, aus denen sich unser Land zusammensetzt. Er ist wie eine Religion und unsere Spieler sind seine Apostel. Er ist unser nationales Erbe, doch er wurde wie eine Ware behandelt. Auf diese Funktion darf der Fußball nicht reduziert werden, sonst ist das sein Tod. Das öffentliche Interesse verlangt daher eine Untersuchung." (The Guardian, 11.11.2000)

Trotz der Investitionen von Nike beliefen sich allerdings die Schulden des CBF auf rund 10 Millionen Dollar. Zwar überstand der Konzern die sechsmonatige Untersuchung relativ unbeschadet, aber bei 33 Personen, unter ihnen der brasilianische Verbandspräsident Teixeira, kam die Kommission zu dem Schluss, dass ausreichende Beweise für eine Anklage wegen Korruption vorlägen.

Abschließende Bemerkungen

In diesem Beitrag über Fußball in Südamerika wurden die wichtigsten historischen, ökonomischen, politischen und kulturellen Aspekte behandelt, die sich in diesem Zusammenhang ergeben: Globalisierungsprozesse haben zur zunehmenden universellen Verbreitung dieses Sports beigetragen. Historisch kann das Verhältnis des Fußballs zu allgemeineren politischen, kulturellen und ökonomischen Prozessen in fünf Phasen unterteilt werden, wobei für unser Thema vor allem die Take-off-Phase, der Kampf um Hegemonie und der derzeitige Zustand der Unsicherheit von Bedeutung sind. Die heutigen Konflikte im Fußball treten nirgendwo klarer zu Tage als in Südamerika. Die wirtschaftliche Entropie der Region und die damit verbundene Intensivierung neokolonialer Abhängigkeiten haben die Position des südamerikanischen Fußballs gegenüber Europa geschwächt. Der institutionalisierte Verkauf von Spielern auf reicheren Märkten symbolisiert diese Abhängigkeit und vergrößert die Unterschiede weiter. Der südamerikanische Fußball leidet außerdem an dem Versagen, seine administrativen Strukturen zu erneuern. Das dominierende Organisationsmodell der Fußballklubs ist zwar theoretisch demokratisch, ermöglicht in der Praxis aber Raum für kriminelle Machenschaften, speziell unter den Funktionären. Gleichzeitig werden durch die Gewaltkultur innerhalb des Sports – Ausdruck persönlicher Entrechtung und sozialer Konflikte in der Gesamtgesellschaft – mögliche Reformen untergraben. Eine kulturanthropologische Analyse des Fußballs in Südamerika könnte sich seiner Kontrolle durch Eliten widmen, die – wie im Extremfall Brasilien mit seiner zerklüfteten Gesellschaft – ausschließlich vom Eigeninteresse geleitet sind. Sicher können wir in diesem Zusammenhang nach wie vor vom alten südamerikanischen „Dilemma" zwischen traditionellen (informellen) und modernen (rational-bürokratischen) Ethiken sprechen (vgl. Da Matta 1991; Helal 1994). Doch je mehr diese Eliten marktorientierte Verhaltensweisen annehmen und instrumentelle Überlegungen in ihren Beziehungen zu den Vertretern transnationaler Wirtschaftsunternehmen anwenden, desto anachronistischer wird die Verwendung traditionalistischer Diskurse zur Kontrolle schwächerer Gruppen (wie etwa der Spieler). Demgegenüber sind es die Fans, die sich offenbar am stärksten der Aufrechterhaltung traditioneller Ethiken in der Auslegung ihrer eigenen Rolle verschrieben haben. Zu Unrecht wird ihnen oft vorgeworfen, korrupte Verbindungen zwischen sich und dem Verein zu etablieren, besteht doch ihr tatsächliches Anliegen in der Regel darin, ihre Identität als Schlüsselfiguren innerhalb der Klubkultur an sich zu behaupten.

Dieses Ringen um Identität und soziale Stellung innerhalb des südamerikanischen Fußballs wurzelt in den wirtschaftlichen Problemen und der politischen Entrechtung, die in der gesamten Region gegenwärtig um sich greifen. So wird es zunehmend schwieriger, kulturelle Freiräume aufrechtzuerhalten, wenn dieser kulturelle Bereich einerseits zunehmend warenförmigen Charakter annimmt (durch Gebühren für Satellitenfernsehen, höhere Eintrittspreise oder Fan-Artikel), andererseits die notwendigen materiellen Mittel, um in der neuen Fußball-Konsumgesellschaft Fuß fassen zu können, immer weniger vorhanden sind. Unter den südamerikanischen Fans steigt – wie in den Gesellschaften als solchen – das Bewusstsein über die gegenwärtigen Konsequenzen von Globalisierung. In der derzeitigen Situation kann dies nur zu einer weiteren Entfremdung gegenüber der Verfasstheit des internationalen Fußballsystems führen. Oder wie uruguayische Fuß-

ballfans neben mir im Stadion bemerkten, als Recoba während eines Meisterschaftsspiels im April 1997 ein wunderbares Tor für Nacional erzielte: „Das ist ein Europäer".
Sie wussten, dass er nicht lange in ihrer Mitte verbleiben würde, sondern für den Export
bestimmt war. Auch Fans sind sich zunehmend über jene Infrastruktur des globalen
Fußballs im Klaren, die Recoba zu Inter nach Mailand führte, lange bevor er seinen
spielerischen Höhepunkt erreicht hatte.

Auch wenn wir uns also, wie Robertson meint, tatsächlich in einer „Phase der Unsicherheit" im Verlauf der Globalisierung befinden, gibt es auch Gründe für Optimis-
mus, zumindest in Bezug auf die Reform des Fußballs. Die südamerikanische Fußballkultur ist so stark, dass sich die Anhänger nicht von ihrem Sport abwenden werden. Man
ist sich dessen bewusst, dass den elitären und oft korrupten Netzwerken politischer und
ökonomischer Patronage, die zwischen den zentralen Figuren im südamerikanischen
Fußball und den entscheidenden Instanzen in Übersee bestehen, alternative Formen sozialer Organisation entgegengesetzt werden müssen. Die Herausforderung für den südamerikanischen Fußball besteht darin, jene neoliberalen Wege der Kapitalzufuhr zu vermeiden, die die Fußball-Ökonomien der Region zu einer Art Simulation der nationalen
Ökonomien werden ließen und die das Abhängigkeitsverhältnis gegenüber den (fußball)-
ökonomischen Zentren in der nördlichen Hemisphäre weiter verstärkten. Ziel muss es
vielmehr sein, das demokratische Potenzial im Klubfußball weiter auszuloten, die Mit-
gliederkultur des socio-Modells aufrechtzuerhalten und zu artikulieren sowie eine ver-
antwortungsvollere Unternehmenskultur unter den bezahlten Funktionären durchzusetzen. Damit könnte die Kontrolle über einen Bereich gewonnen werden, der in weiten
Teilen des europäischen Fußballs nach Meinung vieler bereits überkommerzialisiert ist.
Außerdem könnte so die kulturelle Autonomie des Fußballs und der Populärkultur als
solcher gegenüber den beklagenswerten Trennlinien in der ökonomischen Basis der
Gesellschaft besser behauptet werden.

Mein Dank gilt Gastón Julián Gil für seine wichtigen Hinweise zur kulturellen Identität
der argentinischen *hinchadas*.

Übersetzung: Georg Spitaler/Gerald Hödl

Literatur

Archetti, Eduardo/Romero, Amílcar (1994): Death and Violence in Argentinian Football. In:
    Football Violence and Social Identity, Hg. Richard Giulianotti/Norman Bonney/Mike
    Hepworth. London: Routledge: 37-72
Archetti, Eduardo P. (1999): Masculinities: Football, Polo and the Tango in Argentina. Oxford:
    Berg
Castells, Manuel (1998): End of Millennium. Cambridge: Polity
Da Matta, Roberto (1991): Carnivals, Rogues, and Heroes: An Interpretation of the Brazilian
    Dilemma. Notre Dame, Ind.: University of Notre Dame Press
Freyre, Gilberto (1959): New World in the Tropics: the Culture of Modern Brazil. New York:
    Alfred A. Knopf
Giulianotti, Richard (1999): Football: a Sociology of the Global Game. Cambridge: Polity

Giulianotti, Richard (2000): Built by the Two Valeras: Football Culture and National Identity in Uruguay. In: Culture, Sport, Society 2/3: 134-154

Giulianotti, Richard/Robertson, Roland (2001): Die Globalisierung des Fußballs: „Glokalisierung", transnationale Konzerne und demokratische Regulierung. In: Fußballwelten: Zum Verhältnis von Sport, Politik, Ökonomie und Gesellschaft, Jahrbuch für Europa- und Nordamerika-Studien 5, Hg. Peter Lösche/Undine Ruge/Klaus Stolz. Opladen: Leske & Budrich: 219-251

Helal, Ronaldo G. (1994): The Brazilian Soccer Crisis as a Sociological Problem. Unveröffentlichte Dissertation, Department of Sociology, New York University

Horak, Roman (1992): Viennese Football Culture: Some Remarks on its History and Sociology. In: Innovation 5/4: 89-94

Klein, Alan M. (1989): Baseball as Underdevelopment: The Political Economy of Sport in the Dominican Republic. In: Sociology of Sport Journal 6: 95-112

Krotee, March L. (1979): The Rise and Demise of Sport: A Reflection of Uruguayan Society. In: American Academy of Political and Social Science Annals 445: 141-154

Leite Lopes, Jose Sergio (1997): Successes and Contradictions in „Multiracial" Brazilian Football. In: Entering the Field: New Perspectives on World Football, Hg. Gary Armstrong/Richard Giulianotti. Oxford: Berg: 53-86

Lever, Janet (1983): Soccer Madness. Chicago: University of Chicago Press

Mason, Tony (1995): Passion of the People? London: Verso

Robertson, Roland (1990a): After Nostalgia? Wilful Nostalgia and the Phases of Globalization. In: Theories of Modernity and Postmodernity, Hg. Bryan S. Turner. London: Sage: 45-61

Robertson, Roland (1990b): Mapping the Global Condition: Globalization as the Central Concept. In: Theory, Culture and Society 7: 15-30

Robertson, Roland (1992): Globalization: Social Theory and Global Culture. London: Sage

Robertson, Roland (1995): Glocalization: Time-Space and Homogeneity-Heterogeneity. In: Global Modernities, Hg. Mike Featherstone/Scott Lash/Roland Robertson. London: Sage: 25-44

Robertson, Roland (2001): Globalization Theory 2000+: Major Problematics. In: Handbook of Social Theory, Hg. George Ritzer/Barry Smart. London: Sage: 458-471

Scher, Ariel/Palomino, Hector (1988): Fútbol. Buenos Aires: CISEA

Sklair, Leslie (1995): Sociology of the Global System. Baltimore: Johns Hopkins University Press

The Guardian (11.11.2000): Inquiries put Brazilian football on the spot. Guardian Unlimited online Version http://www.guardian.co.uk/Archive/Article/0,4273,4089582,00.html

The Guardian (24.9.2001): Latin America hit by the aftermath. Guardian Unlimited online Version http://www.guardian.co.uk/Archive/Article/0,4273,4262955,00.html

Wallerstein, Immanuel (1986): Das moderne Weltsystem 1. Kapitalistische Landwirtschaft und die Entstehung der europäischen Weltwirtschaft im 16. Jahrhundert. Frankfurt a. M.: Syndikat

Georg Spitaler – Lukas Wieselberg

Think global, act local, kiss football
Das Medienereignis Fußball-WM und seine Sponsoren

Fußballweltmeisterschaften gelten am Beginn des 21. Jahrhunderts neben Olympischen Spielen als d i e globalen Medienereignisse der Gegenwart (vgl. Tomlinson 1996:583). Nicht zufällig dienten diese beiden Ereignisse daher häufig als Ausgangspunkt für weitere Überlegungen zu medialen Bedeutungsproduktionen innerhalb eines globalen Referenzsystems oder den verschränkten und komplexen Beziehungen zwischen globalen Texten und lokalen Kontextualisierungen. Entscheidend für unser Thema ist die Entstehung dessen, was Joseph Maguire (1999:144ff) als globalen Medien-Sport-Komplex bezeichnet hat, also das Zusammenspiel und Zusammenwachsen dreier sportlicher Schlüsselakteure: Sportorganisationen, Medien/Marketingorganisationen und trans- bzw. multinationale Unternehmen (ebd.:149).

Publikumssport findet heute in erster Linie als Mediensport statt, wobei in den meisten westlichen Ländern seit den 1960er-Jahren das Fernsehen die Rolle des Schlüsselmediums übernahm – in den Worten von David Rowe (1996:565): „sport and TV have become mutually and internationally indispensable". Auf diese Weise verändern sich auch Formen, Inhalte und Funktionen jener Sportdiskurse, die im 20. Jahrhundert entscheidend zur Bildung, Absicherung bzw. dem Kampf um nationale, ethnische, Klassen- oder Geschlechteridentitäten beigetragen haben (vgl. Blain/Boyle/O'Donnell 1993:15). Wichtigstes Bezugssystem dieser Diskurse bleibt dabei – trotz aller Einschränkungen und Überschreitungen, auf die in der Folge eingegangen werden soll – die imaginäre Nation. Denn die Medienbilder aus den Stadien des/der Veranstalterländer werden auf mehrfache Weise – etwa durch Bildauswahl oder Kommentar – in einen nationalen Medienraum überführt und mit spezifischen Bedeutungen belegt (vgl. Gebauer 1996; Bourdieu 1998:123).

Nach Angaben der FIFA verfügte die WM '98 über hochgerechnete ZuseherInnenzahlen von 33,4 Milliarden Menschen in 196 Ländern, wobei alleine das Finale von einer Milliarde verfolgt worden sein soll (vgl. FIFA Infoplus 03/00). Kein Wunder, dass sich *brands* wie Coca-Cola, McDonald's, Philips oder Adidas schon seit langem mit den Insignien „Offizieller Sponsor" des Weltfußballverbands zieren. In unserer Arbeit unterziehen wir einige ihrer Werbekampagnen einer genaueren Untersuchung und analysieren deren Ambivalenzen zwischen globaler Repräsentation und lokaler Bedeutungsproduktion, um auf diese Weise zu allgemeineren Aufschlüssen über die Spezifika des globalisierten Fußballs zu gelangen.

Denn der Blick auf Sport als „global culture industry par excellence" (Miller u.a. 2001:13), die wichtig genug ist, um „Globalisierung" nicht nur widerzuspiegeln, sondern unsere Verwendung des Begriffs auch mitkonstituiert, bietet einige wichtige Hinweise zum Verhältnis des Lokalen und Globalen: Globalisierung kann in dieser Sicht nicht als Totalität, sondern muss als Serie von Diskontinuitäten und Kontinuitäten verstanden werden. Der Nationalstaat hat seine Bedeutung und Relevanz nicht verloren, sollte aber in einem weiteren Bezugsrahmen analysiert werden. So bildet er zwar nach wie vor jenen Raum, in dem kulturelle Bedeutungen verhandelt werden, aber der permanente transnationale Bilderfluss beschränkt seine Macht und bedroht seine Legitimität (ebd.:23f). Das Verhältnis der beiden Felder lokal/global ist kein Gegensatz, sondern ein sich wechselseitig bedingendes Zusammenspiel von Abwehr, Aufnahme und Veränderung von Bedeutungen.

Da zum Zeitpunkt des Redaktionsschlusses dieses Buches (Jahreswechsel 2001/02) zwar schon die „Offiziellen Partner" der WM in Japan/Südkorea feststanden (Adidas, Budweiser, Fuji Xerox, Gillette, JVC, Mastercard, Philips, Toshiba, Avaya, Coca-Cola, Fuji Film, Hyundai, Korean Telecom/NTT, McDonald's, Yahoo), ihre konkreten Werbelinien zur Weltmeisterschaft allerdings nur rudimentär vorlagen, müssen wir uns im empirischen Teil des Textes weitgehend auf Material der vergangenen fußballerischen Großereignisse beziehen, das aber, so hoffen wir, dennoch aktuelle Trends vermitteln kann.

Circuits of Promotion

Fußball als globaler Sport und sein zentrales Medienereignis, die Weltmeisterschaft, gelten heute als höchst attraktive Bühne zur Vermarktung globaler Waren. Der Bekanntheitsgrad von Sportvereinen und der einiger Akteure ist höher als der von Markenartikelunternehmen wie z. B. Adidas oder Sony (vgl. Mohr 2001:6). Wie eine aktuelle Studie zur Vermarktung des Profisports belegt, hat etwa in Deutschland „die Marke FC Bayern München" bereits einen Bekanntheitsgrad von 95 Prozent erreicht (ebd.). Logisch, dass selbst große Brands daher in zunehmendem Maß die Nähe von Sportveranstaltungen, -vereinen oder -stars suchen.

Entscheidendes Moment dieser Entwicklung ist die Auflösung der Grenzen zwischen der Promotion von Sportarten (Fußball) und jener von anderen Produkten mit Hilfe von sportlichen Veranstaltungen (Weltmeisterschaften) oder Sportstars (vgl. Whitson 1998:57). Ob Nike und Michael Jordan den Wert der Marke NBA gesteigert haben oder umgekehrt, kann man nicht mehr klären. In den „circuits of promotion" heutigen Mediensports gibt es keinen Ausgangspunkt und Endpunkt, sondern rekursive und sich gegenseitig verstärkende öffentliche Texte, die mehr Sichtbarkeit und mehr Profit für alle Beteiligten generieren (ebd.:67).

Amerikanisierung, Kreolisierung

Gerade das Beispiel nordamerikanischer (Basketball-)Sportstars und ihrer weltweiten Bekanntheit sowie die Konzentration der Informationsflüsse auf einige wenige Medienkonglomerate wurden als Beleg für die Amerikanisierungs-/Homogenisierungsthese innerhalb des globalen Medien-Sport-Komplexes herangezogen (vgl. Maguire 1999:145f; für eine Zusammenfassung der Debatten vgl. Maguire 2000). Doch schon der Einwand, dass drei der vier zentralen US-Amerikanischen Sportarten (Football, Baseball, Eishockey) nach wie vor keineswegs mit der globalen Bedeutung von Fußball konkurrieren können (oder wollen?) (vgl. Miller u.a. 2001:18), deutet die komplexen Verhältnisse der heutigen Sportwelt an. So bedeutet Amerikanisierung im Fußball wohl in erster Linie die vorauseilende oder notwendige Anpassung an hegemoniale Modelle medialer Vermittlung (vgl. Maguire 1999:147f), die in Europa gerne mit dem Verweis auf Entwicklungen in den USA begründet werden.

Gegen die Behauptung von der ausschließlich homogenisierenden Wirkung globaler sportlicher Textangebote wenden sich vor allem jene AutorInnen, die sich auf die Entdeckung des/der kreativen KonsumentIn in den Cultural Studies beziehen.

Gerade aus einer ethnologischen bzw. ethnographischen Perspektive gewann so das auf Ulf Hannerz (1992:217ff) zurückgehende Konzept der Kreolisierung als (asymmetrischem) Interaktionsprozess bzw. *flows* zwischen globalen und lokalen Kulturen auch für die Beschäftigung mit globalem Sport an Bedeutung (vgl. Houlihan 1994; Giulianotti/ Finn 1999:256ff): „Lokale Partikularismen" entstünden erst vor dem Hintergrund eines globalen Referenzsystems (wie etwa der Fußball-Weltmeisterschaft): „Das Lokale ist nicht nur konstitutiver Teil des Globalen, sondern entsteht oft erst in ihm" (Breidenbach/Zukrigl 1998:89ff). Ob die Wahlmöglichkeiten der *creative consumers* an Zeichen und Bedeutungen tatsächlich derartig frei sind und die Austauschbeziehungen der *flows* auch wirklich neue Freiräume öffnen, erscheint uns allerdings fraglich.

Die Fußball-WM als zivilreligiöses Ritual

In der politikwissenschaftlichen Kulturforschung hat sich in den letzten Jahren die Einsicht durchgesetzt, dass ein erheblicher Teil jener „historisch gewachsenen, kollektiv geteilten Vorstellungen, die durch einzelne Bürger in Form von politischen Identitäten angeeignet und gelebt werden", also politischer Kultur(en) (Dörner 1998:543f), im Feld der Populärkultur hergestellt, abgesichert und definiert werden. „Politischer Sinn", so Andreas Dörner, wird „in der Gegenwartsgesellschaft zunehmend im Unterhaltungssegment der Medienkultur inszeniert und ausgehandelt" (ebd.). Der „sakrale Kern" solcher deutungskulturellen Vorstellungen, seine Symbole, Rituale und mythischen Erzählungen, können als Zivilreligion verstanden werden. Genau als solch ein bürgergesellschaftliches Ritual waren schon die modernen Olympischen Spiele in Anlehnung an Emile Durkheims Gesellschaftstheorien von ihrem Gründer Pierre de Coubertin gedacht gewesen (vgl. Alkemeyer 1996; Weis 1997).

Aus hegemonietheoretischer Perspektive muss auch Fußball, vor allem im Rahmen seiner großen Festspiele (z.B. Weltmeisterschaften) als gesellschaftliches Ritual verstanden werden, in dem Menschen Vorstellungen über sich selber und ihre Kultur(en) durch ihre Teilnahme bzw. den Konsum des (auf den ersten Blick: unpolitischen) fußballerischen Schauspiels ausdrücken (vgl. King 1996:16ff). Fußball und die rund um ihn geführten Diskurse erscheinen so als Arena des Kampfes um gesellschaftliche Definitionsmacht.

Unter den überdeterminierten Bedeutungsangeboten, die die fußballerischen Körper für die ZuseherInnen bereitstellen, dominieren im Rahmen der Fußball-Weltmeisterschaft noch immer die nationalen Repräsentationen: Spielstil oder Erfolg und Niederlage werden als Ausdruck nationaler Besonderheiten und Repräsentation interpretiert. Auch wenn Körper in Bewegung, so Stuart Hall (1997:231f), heute nicht gelesen werden können, ohne unterschiedliche Botschaften über „Rasse", Gender oder Sexualität in Gang zu setzen, bestehen mediale Spektakel wie Weltmeisterschaften oder Olympische Spiele, wie Miller u.a. (2001:71) festhalten, auf einer auf Nationalstaaten aufbauenden (ideologischen) Ordnung der Sportwelt. Zwar waren schon Coubertins Wettspiele das auf internationaler Ebene ausgetragene Kräftemessen nationaler, in seinen Grundzügen antimoderner, Anstrengungen: Je mehr aber heute die einzelstaatlichen politischen und ökonomischen Souveränitätsmomente verschwimmen, desto größer wird das Bedürfnis, eine „semiotisch starke" Nation zu konstruieren; der Medien-Sport-Komplex bietet dabei eines der wichtigsten Felder imaginärer nationaler Einheit (vgl. Rowe/McKay/Miller 1998:133; Blain/Boyle/O'Donnell 1993:35).

Repräsentation beschränkt sich allerdings auch im Fußball nicht auf Teams, sondern beinhaltet innerhalb der nationalen Klammer auch die Verkörperung unterschiedlicher sozialer Identitäten durch die einzelnen Spieler (vgl. Bromberger 1991:28). Die Logiken des Fernsehsports inkorporieren die Sportler dabei nach Whannel (1992:122) auf dreifache Weise in ihr System: Als Stars unterhalten sie; als Einzelpersonen genügen sie den Anforderungen von Individualisierung und Personalisierung; als Charaktere werden sie zu Handelnden sportlicher (moralischer) Narrative (vgl. ebd.). Zudem sind sie heute überdies zu eigenen Marken geworden.

Sportliche Repräsentation in der späten Moderne hat sich durchaus diversifiziert. Auch wenn dies für die Produktion von Geschlechterdifferenz im Fußball nur sehr begrenzt gilt (zwar wird heute der weibliche Fußballfan mitsamt dem ihm angeblich eigenen weiblichen Blick auf den Sportlerkörper entdeckt, und Frauenfußball boomt in manchen Ländern, doch die maskuline Codierung dieses Sports bleibt nach wie vor bestehen), stellen Miller u.a. (2001:59) mit Blick auf die britische Situation fest, dass der hegemoniale, (nationale) männliche Sportkörper des Viktorianischen Zeitalters durch Dekolonisierung, Kommerzialisierung und Migration „dezentriert" wurde. Das beste Beispiel in dieser Hinsicht wären die ausführlichen Diskussionen über das siegreiche französische Team als Vertreter der postkolonialen Nation bei der WM '98, dessen multiethnischer Charakter ebenso hervorgehoben wurde wie seine Stars – allen voran Adidas-Werbeträger Zinedine Zidane –, die zu globalen *role models* des Medien-Sport-Komplexes avancierten.

Die neue Fußballwerbung

Beschäftigt man sich mit der neuen Bedeutung von Sponsoring, aufkommenden jugendkulturellen Codes in der Fußballwerbesprache oder allgemeiner mit der globalen Vermarktung einzelner Fußballstars, muss dies mit dem Einstieg von Nike in den Fußball-Markt in Verbindung gebracht werden, der eine neue Stufe der „body commodification" in diesem Sport einleitete (Giulianotti 1999:89). Hatte sich der weltgrößte Sportartikelkonzern bis in die frühen 1990er-Jahre vor allem auf seine Partnerschaft mit Stars aus klassischen US-amerikanischen Kernsportarten (z.B. Michael Jordan, Basketball) verlassen und vielleicht erwartet, dass Basketball über kurz oder lang Fußball als globale Sportart Nummer 1 ablösen würde, so zeigte sich nach den Olympischen Spielen 1992 in Barcelona (mit dem Auftritt des „Dream Team"), dass diese Hoffnung verfrüht gewesen war. So investierte man nun auch in Fußball-Ikonen wie Ronaldo, der 1996 unter Vertrag genommen wurde (vgl. Giulianotti 1999:89f).

Am Beispiel Nikes, das zusammen mit seiner Stammwerbeagentur Wieden & Kennedy als Paradebeispiel der neuen „cultural economy of images" gilt (Goldman/Papson 1998:1), lassen sich einige allgemeinere Überlegungen zum Verhältnis von Sportartikelindustrie und globalem Medien-Sport-Komplex darstellen: Im Einklang mit soziologischen Überlegungen zur Entstehung neuer internationaler „Zeichenökonomien", in denen die Produktion symbolischer Waren an Bedeutung gewinnt (vgl. Lash/Urry 1994), belegen Goldman/Papson (1998) anschaulich, dass Nike keine „Produktionsfirma" im klassischen Sinn ist (bekanntlich findet diese Produktion in erster Linie in den Ländern des Südens statt). Vielmehr handelt es sich um ein Unternehmen, das im Rahmen einer „global commodity chain" in erster Linie für jene „symbolische Arbeit" zuständig ist, die den entscheidenden Mehrwert des ansonsten bedeutungslosen Sportartikels generiert (ebd.:7ff). Im Mittelpunkt steht so die Pflege der Marke bzw. des Logos (*swoosh*), oder es geht – in den Worten des globalisierungskritischen Manifests von Naomi Klein – um Sinnvermittlung statt Produktherstellung (Klein 2001:41).

Werbung und (Sport-)Marketing kommt dabei eine wichtige Rolle als Produktionsorten von Zeichen-Wert zu, wie Goldman/Papson an Hand ausgewählter Nike-Fernsehspots darstellen: Sie dienen als kultureller Raum, in dem Konkurrenten danach trachten, den Wert ihrer Logos in der stets fluktuierenden Zeichenökonomie zu steigern. Anzeigenkampagnen verleihen einer Marke Sichtbarkeit und Sinn und verknüpfen die Bedeutungen des Produkts mit jenen, die durch die Bilder hervorgerufen werden (Goldmann/Papson 1998:2).

Bedeutungselemente anderer Referenzsysteme werden aus ihrem ursprünglichen Kontext entfernt, in den Rahmen des werberischen Settings überführt und zu neuen Bedeutungsensembles arrangiert. Entscheidend dabei ist das Althusser'sche Moment der „Anrufung" (vgl. ebd.:35), das das Publikum als Subjekte/KonsumentInnen anspricht und dazu einlädt, als „individuelle" BeobachterInnen – mit bereits bestehenden eigenen ideologischen Annahmen und Identitätsmerkmalen – eine Position gegenüber den Erzählungen der Anzeige einzunehmen.

Die diesbezüglichen Strategien Nikes beinhalteten einige wichtige, stilbildende Besonderheiten: Nach Einbußen auf dem amerikanischen Markt in den frühen 1980er-Jahren, als man die Aerobic-Welle verschlafen hatte (vgl. Aaker/Joachimsthaler 2001: 182f), stellte man als einer der ersten Konzerne auf „neue" Werbestrategien um: Was Naomi Klein (2001:70f) als „die ersten Rockvideos über Sport" bezeichnet, lässt sich mit folgenden Stichworten zusammenfassen: Authentizität/Glaubwürdigkeit wurde gerade dadurch hergestellt, dass die üblichen Regeln des Werbegenres auf einer metakommunikativen Ebene thematisiert oder in Frage gestellt wurden (Goldman/Papson 1998:3); die KonsumentInnen werden als kluge und kreative Insider angesprochen, die die intertextuellen Querverweise, selbstreflexiven Anspielungen und Witze verstehen,

zu bestimmten Subkulturen gehören und/oder bestimmte Anliegen teilen (Goldmann/
Papson 1998:37f). Im Vergleich zu anderen Sportartikelkonzernen gelang es Nike durch
provokante Strategien (ein Schlüsselbegriff: Respektlosigkeit/*irreverence*), die Widersprüche heutigen KonsumentInnenlebens besser in die eigene Imagebildung einzubeziehen (ebd.:170): Durch den Aufbau einer eigenen Alltagsphilosophie (*Just Do it!*), die
Sprache der Selbstermächtigung („Ändern musst Du Dich selber") und die Eröffnung
moralischer Diskurse über bestimmte gesellschaftspolitische *issues*, entwickelte Nike
eine höchst erfolgreiche Markenästhetik, die durch die Einbeziehung hipper Kreativer
(auch und vor allem des schwarzen Amerikas, z.B. Spike Lee) ausgezeichnet wurde.

Kern dieser Linie war aber die Partnerschaft mit unzähligen Sportstars, die in den
Narrativen der Nike-Spots zwar unterschiedliche Charaktere zu verkörpern hatten (Hel-
den und Antiheldenfiguren), deren gemeinsames Merkmal aber die Authentizität ihres
Auftritts darstellte (ebd.:58). Berühmtestes Beispiel ist dabei mit Sicherheit Michael
Jordan, der seit 1984 mit Nike assoziiert ist. Als vielleicht erste tatsächlich globale
Sportikone wurden gerade an seinem Beispiel Überlegungen zum Verhältnis von transnationaler Populärkultur und regionalen Konsumformen der vorhandenen „commodity
signs" angestellt (vgl. z.B. Andrews u.a. 1996, die die unterschiedlichen Kontextualisierungen der Figur Jordan in Neuseeland, Polen und Großbritannien untersuchten).

Sign Wars: Die Fußball-WM 1998

Unter all den Wettkämpfen, die während der WM 1998 in Frankreich ausgetragen wurden, war nach Ansicht von John Sugden und Alan Tomlinson (1999) der „Krieg der
Sponsoren" – in erster Linie zwischen Adidas, dem offiziellen FIFA-Partner, und Nike,
dem Sponsor Brasiliens – der aufsehenerregendste (ebd.:55ff). Die prominente Katego-
rie der „Offiziellen FIFA-Sponsoren" wurde 1998 von Adidas, Budweiser, Canon, Coca-
Cola, FujiFilm, Gillette, JVC, MasterCard, McDonald's, Opel/General Motors, Philips
und Snickers gebildet, die zwischen 150 und 200 Millionen Franc (22,9 Mio.-30,5 Mio.
Euro) investiert hatten, um exklusive Rechte in ihrem Marktsegment zu erringen (vgl.
Hare 1999:126f). Diese umfassten etwa die Berechtigung, das WM-Logo in ihr eigenes
Firmensignet zu integrieren, fünf bis zehn Prozent der Sitzplätze in den Stadien reser-
viert zu bekommen und exklusive Werbebanden bei jedem Spiel und jeder Pressekonferenz zu erhalten. Laut FIFA sind seit 1982, als Marketing-Maßnahmen eingeführt wurden, die mit jenen von heute vergleichbar sind, nur vier Unternehmen bei allen Weltmeisterschaften offizielle Partner gewesen: Coca-Cola, FujiFilm, Gillette und JVC. Mit
fünf bzw. vier Partnerschaften ebenfalls sehr ‚treu' waren Philips, Canon und Budweiser,
während Marken wie Metaxa, Iveco, Alfa Romeo oder Cinzano Eintagsfliegen der
Sponsorenschaft blieben (vgl. FIFA Info Plus 10/01).

Auch wenn die kommerziellen Aspekte der Weltmeisterschaft gerade jene waren,
in denen das Veranstalterland der WM '98 den geringsten Einfluss nehmen konnte – für
Geoff Hare (1999:121) bedeutete eben dieses Faktum den Inbegriff globalisierten Fußballs – konnte das französische Organisationskomitee CFO zwei weitere Sponsoren-
Kategorien, nämlich „Offizieller Lieferant" bzw. „Offizielle Produkt- und Serviceunternehmen" vergeben, die ebenfalls das WM-Logo für ihre Produkte und Werbekampa-

gnen verwenden durften (ebd.:126). Zu diesen großteils französischen Konzernen und Marken zählten Crédit Agricole, Danone, EDS (Computer), France Télécom, Hewlett-Packard, La Poste, Manpower, Sybase (Software) (offizielle Lieferanten) sowie Air France, Cereal Partners Worldwide, Cyanamid, La Française des Jeux, Lavazza, Michelin und Total (offizielle Produkt- und Serviceunternehmen).

Der Weltfußballverband verfährt bei der Auswahl seiner offiziellen Partner ebenso wie andere große Sportinstitutionen oder -vereine prinzipiell nach dem Motto „Weniger ist mehr" und lässt nur erstklassige, bereits global agierende Unternehmen zu. „Fokussierte und hochklassige Partnerschaften (sind) die Voraussetzung für erfolgreiches Co-Branding, (was) die größten Anreize für die Sponsoren bietet" (Mohr 2001:23), meint eine Studie der Consulting-Firma Roland Berger, die 2001 die Zukunft der erfolgreichen Vermarktung von Profisportvereinen beleuchtete. „Gemeinsame Werbeauftritte und die Veranstaltung gemeinsamer Events" (ebd.) seien demzufolge die Schlüssel zum Werbeerfolg zweier starker Marken-Partner. „Nur durch die Beschränkung auf wenige Sponsoren kann dabei eine intensive, individuelle Betreuung gewährleistet werden" (ebd.).

Halbierte die FIFA schon in Frankreich die Zahl der Sponsoren im Vergleich zur WM 94 in den USA auf 45 Unternehmen, so kam man danach zu dem Schluss, dass neben den offiziellen Partnern noch immer zu viele weitere Marken in der einen oder anderen Form beteiligt waren (vgl. Schaffrath 1999:79). Um das „Weniger ist mehr"-Prinzip weiter zu verschärfen, versucht die FIFA in Japan/Südkorea die „zentrale Zeichenkontrolle" zu erlangen: Die Veranstalterkomitees sollen keine eigenen Sponsoringverträge mehr abschließen dürfen (Sugden/Tomlinson 1999:70).

Nike gegen Adidas: Das ist Brutalität

Mit den offiziellen Sponsoren war allerdings die Gruppe der werbenden Marken bei *France '98* nicht abgeschlossen, denn eine ganze Reihe von Unternehmen fungierte direkt als Unterstützer der einzelnen Nationalteams, und/oder bediente sich so genannter Ambush-Marketing Strategien (vgl. Hare 1999:126), um innerhalb des Medienereignisses Fußball-WM präsent zu sein: So spitzte sich die Konkurrenz der beiden größten Sportartikelmarken Adidas (Offizieller Sponsor, Ausrüster der WM und unter anderem Sponsor der französischen Nationalmannschaft) und Nike (Sponsor des brasilianischen Teams, Ambush-Fernsehspots mit den brasilianischen Spielern ohne direkte Bezugnahme auf die WM) schließlich bis zum dramatischen Finale zu, als die beiden „Werksteams" Brasilien und Frankreich aufeinander trafen, und die Adidas-Ikone Zidane mit seinen beiden Toren über Nikes Ronaldo triumphierte.

Gerade die Aufstellung des offenbar angeschlagenen brasilianischen Superstars in diesem Endspiel, für die weltweite Gerüchte nicht zuletzt Marktüberlegungen des amerikanischen Sponsors verantwortlich machten (Sugden/Tomlinson 1999:70; Maguire 1999:132f), führten zu breiten Diskussionen über die „Demaskierung" der (inter)nationalen Veranstaltung Fußball-WM (wo Spieler nur ihrer Nation und nicht ihrem Ausrüster verpflichtet sein sollen) als Schauplatz kommerzieller Strategien. Trotz (oder gerade wegen) der schlechten Publicity, die Nike rund um *France '98* einstecken musste, gelang es dem Unternehmen, ohne die Weltmeisterschaft tatsächlich gesponsert zu haben, in Europäischen Markt-Wiedererkennungs-Messungen (*awareness*) zur WM nur knapp hinter Adidas (35% zu 32%) an zweiter Stelle zu rangieren (vgl. Sugden/Tomlinson 1999:71).

Diese Ambush-Strategie entspricht der langjährigen Tradition Nikes, sich in seinen Kampagnen immer wieder von den großen Institutionen wie FIFA oder IOC und ihren „kommerziellen Interessen" zu distanzieren: Schon bei den Olympischen Spielen 1996 in Atlanta wurden in den USA „subversive" Fernsehspots zur Musik der Stooges („Search and Destroy") gesendet, die sich scharf gegen die offizielle NBC-Olympia-Berichterstattung abhoben (vgl. Goldman/Papson 1998:154f). Ebenso kritisierte man, als Anwalt der „echten AthletInnen", die Involvierung sportfremder Marken in die Vermarktung der Olympischen Spiele (ebd.:175).

Die ebenfalls herausgeforderte FIFA definiert Ambush-Marketing als „the unauthorized association of a business or an organization with the FIFA World Cup". Viele Firmen würden versuchen, einen „free ride" zu ergattern, ohne ihren Beitrag für die Veranstaltung und „den Fußball als solchen" zu leisten (FIFA 1/12/01). Um dieser „illegalen Verwendung des geistigen Eigentums der FIFA" zu begegnen, kündigte der Weltfußballverband für 2002 harte Maßnahmen an. Ein weltweites Rechtschutzprogramm wurde ins Leben gerufen und ein eigenes „Anti-Counterfeiting Committee (ACC)" gegründet. Selbstverständlich ausschließlich zum Nutzen der Fußballfans in aller Welt sollen bereits Produzenten von Produkten, die sich illegalerweise der WM-Logos oder Ähnlichem bedienen, verklagt und verhaftet worden sein (ebd.).

In der vor allem in Europa geführten Debatte über die unstatthafte Beeinflussung der WM 1998 durch Phil Knights Imperium schien sich aber der Unmut über die kommerzielle Vereinnahmung der Weltmeisterschaft auf ein Unternehmen zu konzentrieren. Der Konkurrent Adidas blieb davon verhältnismäßig verschont. Anders als der amerikanische Gegenspieler hat der deutsch/französische Adidas-Konzern eine lange Tradition in der Unterstützung der offiziellen internationalen Sportorganisationen sowie von Großveranstaltungen wie den Olympischen Spielen oder Fußball-Weltmeisterschaften (vgl. Aaker/Joachimsthaler 2001:177; Adidas bleibt auch offizieller Partner aller großen FIFA-Turniere bis zur Fußball-WM 2006 in Deutschland, inklusive der dazwischen liegenden Frauen- und Junioren-Bewerbe, und ist offizieller Ausrüster der UEFA Champions League). Diese an sich höchst erfolgreiche Marketingmaßnahme war aber auch immer wieder Ausgangspunkt journalistischer Recherchen über die undurchsichtigen und undemokratischen Entscheidungsstrukturen innerhalb von FIFA und IOC und die Verwicklung des Sportkonzerns in diese Aktivitäten (vgl. Kistner/Weinreich 1998).

Seit den 1980er-Jahren war die Marke allerdings unter Druck geraten. Neue „individualisierte" Sportarten (Jogging, Fitnesswelle etc.) entsprachen kaum den bisherigen Märkten, auf die Adidas seine Strategien aufgebaut hatte (vgl. Aaker/Joachimsthaler 2001:179). Nike konnte in dieser Hinsicht auf den europäischen Märkten weit besser punkten – seine Assoziierung mit den USA und coolen Straßen-Sportarten (vor allem Basketball) erwies sich als wichtiger Wettbewerbsvorteil: „Nikes provokative, direkte Art, verbunden mit der Underdog-Position im europäischen Markt, sprach insbesondere die Jugend an (…), die Nike teilweise deshalb für cool hielt, weil die Marke Respektlosigkeit akzeptabel erscheinen ließ – und sie sogar zelebrierte. (…) Adidas war der Schuh, den Vater und Großvater trugen" (ebd.:191).

Erst rund um das Jahr 1993 gelang es den neuen Eigentümern des Konzerns, der sich vom national verortbaren Familienunternehmen nun auch in einen Musterbetrieb der „economy of signs and space" verwandelt hatte, die Marke neu und erfolgreich zu positionieren: Das Ziel hieß nun, das Herz des „globalen Teenagers" zu erobern (Klein 2001:209). Auch wenn man betont, im Gegensatz zu Nike auf „Teams, Teamarbeit und Teamgeist", nicht so sehr auf „Individuen und Stars" zu setzen (Aaker/Joachimsthaler 2001:195) und weiterhin als Partner der großen offiziellen Sportwettkämpfe auftritt, hat sich die Ästhetik der Marke doch stark an die Linie des Konkurrenten angelehnt. Offenbar erfolgreich, denn gegen Ende der 1990er-Jahre erhielt Adidas in KonsumentInnen-Assoziationen genau jene Attribute verliehen, die man sich in dieser Hinsicht gewünscht hatte: schick, modern und cool (ebd.:202) – ein Faktum, zu dem wohl auch die zeitgleiche europäische Retro-Welle (Adidas und Puma als klassische Schuhe der 70er-Jahre) entscheidend beigetragen hat.

Fallbeispiel 1: Adidas „I Kiss Football"

So ist es nicht weiter verwunderlich, dass Adidas seit dem Herbst 2001 über eine eigene „Retro"-Geschäftsabteilung verfügt. So genannte „Original"-Produkte mit dem seit 1971 existierenden Kleeblatt-Logo sollen „ursprüngliche, vertrauenswürdige, ehrliche und wirkliche Werte verkörpern" (Adidas 2001:18). Interessanterweise, so die Adidas-Autoren überrascht, wurde dieses Logo von „underground consumer groups" (ebd.) als ein Zeichen von Authentizität und *street style* übernommen, ohne dabei bei den weniger trendbewussten Fußballfans seine Relevanz verloren zu haben.

Adidas scheint heute die Verbindung der beiden Welten – bewährte Tradition und jugendkulturelle Coolness – zu gelingen: auf der einen Seite die Firmengeschichte seit 1920, als Adolf Dassler in Herzogenaurach seine ersten Schuhe herstellte, damit verbunden die offiziellen Partnerschaften mit den großen Sportinstitutionen wie FIFA oder Internationales Olympisches Komitee; auf der anderen Seite die seit Mitte der 1990er-Jahre erfolgte Orientierung auch auf *street credibility* – das erste von Adidas veranstaltete Streetball-Event fand im Sommer 1992 in Berlin statt – und neue Marketingaktivitäten.

Eine davon ist die von der britischen Agentur Leagas Delaney entworfene Kampagne „I kiss football", die 2001 im Umfeld der Champions League lanciert wurde. Der Hauptprotagonist der Kampagne ist Sonny, ein Fußballfan aus Südafrika, der von Februar bis August quer um die Welt reiste, um sich Spiele und Stars aus der Nähe anzusehen. Vier Werbespots, eine eigene Website samt Tagebuch und ein Besucherforum widmeten sich dem vermeintlichen Grassroot-Helden Tschepo Mosipidi Ngwenya, wie der europaweit eingesetzte Werbeträger mit vollem Namen heißt.

Sonny, der sich nach eigenen Angaben als der „glücklichste Mensch der Welt" fühlt, präsentiert die scheinbar selbst organisierte Welt eines totalen Fußballfreaks. In Turin plaudert er mit Alessandro del Piero, in Manchester begleitet er David Beckham beim allabendlichen Videostudium, in Barcelona bekommt er ein Autogramm von Patrick Kluivert. Nach offizieller Darstellung entdeckt Adidas auf Hinweis von Zinedine Zidane erst im April 2001 die Website von Sonny, um sie danach unter die eigenen Fittiche zu nehmen und eigene Fußball-Spots zu drehen. In den Spots sieht man, wie Sonny von

„Zizou" Eintrittskarten erhascht, wie er sich mit del Piero anfreundet, wie er im Pariser Stade de France den Anstoß von Frankreich-Japan vornimmt, und wie er bei einer Pressekonferenz David Beckham die unvermeidliche Frage „Do you kiss football?" stellt.

Höhepunkt ist der letzte Spot, bei dem er seine neuen Freunde von Adidas überredet, in seiner Heimat ein Match gegen seinen Lieblingsclub, die Mofolo Colts, zu spielen. „Zizou", „Becks", Raùl, Kluivert, del Piero und Barthez treffen auf dem Spielfeld - der Krautacker, den man erwartet - ein und gehen flugs mit 1:0 in Führung. Die gegnerischen Spieler erweisen sich in gewisser Weise als Bloßfüßige: Zwar tragen sie Schuhe, aber eben keine von Adidas. Nichtsdestotrotz kommt es zum Happy-End: Als der Schiedsrichter (natürlich: Sonny) einen Elfmeter wegen eines von Barthez absichtlich verursachten Elfmeters pfeift, tritt Ali Khan, der „Stammeshäuptling", in Aktion und verwandelt zum 1:1-Ausgleich.

Globales Denken, lokales Handeln, nationale Klischees

Sonny ist der Prototyp eines global einsetzbaren Werbeträgers, der Werte wie Authentizität und Glaubwürdigkeit vertreten soll. Von den rassistischen Tendenzen der Kampagne abgesehen (stets grinsender Afrikaner, der die Überlegenheit der Europäer bewundert), kommt Sonny dem etwa von Nick Hornby (1992) beschriebenen Aficionado, dem ein Fußballspiel schon einmal wichtiger sein kann als eine Verabredung mit einer Frau, sehr nahe. War Hornbys Held in *Fever Pitch* noch ein lokaler, dem FC Arsenal höriger Fußball-Verrückter, so soll Sonny diesen Typus auf globaler oder zumindest internationaler Ebene verkörpern.

Die Rekontextualisierung in nationale Belange, in diesem Falle Klischees, ergibt sich bei der „I kiss football"-Kampagne schon durch die Übersetzung des Claims selbst. Die in fünf Sprachen existierende Website verfährt mit ihm nämlich höchst unterschiedlich: Während die Engländer den Fußball als Erfinder desselben „zum Küssen" finden, verehren die Spanier bzw. Spanischsprechenden den Fußball („Adoro el fútbol"). Bei den Italienern gibt's nichts als die anglophone Wiederholung von „I kiss football" und die Franzosen, möglicherweise durch ihr laizistisches Wesen etwas aus der Bahn geworfen, sind „verrückt nach Fußball" („je suis un fou de football"). Die Deutschen schließlich in ihrer bellizistischen und auf den Tod ausgerichteten Tradition sagen wiederum: „Ich würde sterben für Fußball".

Abseits dieser nationalen Zuschreibungen mündet die kontinentweite Kampagne in den Versuch, den Konsumenten maximale Individualisierung anzubieten. Auf seiner Welttournee des Fußballs trifft Sonny im Juli in Leverkusen auf die brandneue Marketing-Idee von Adidas, das Motto „Think global, act local": „mi adidas" soll die „Zukunft des individualisierten Schuhwerks" darstellen und jedem Konsumenten das persönliche, passend zugeschnittene und einzigartige Werkzeug zur Verfügung stellen, das Sonny in seiner Art bereits ist. Dabei werden die Füße gescannt, die genauen Proportionen ermittelt und mit den restlichen Körperdaten der ideale Fußballschuh errechnet. Farbe und Styling des Schuhs können ebenso individuell gewählt und der Wunschname auf die Zunge aufgedruckt werden. Selbstverständlich trägt nicht nur David Beckham ein derartiges Modell mit dem eingravierten Namen seines Sohns Brooklyn, sondern auch Sonny ist stolzer Besitzer eines einzigartigen Paares der neuen „Predator"-Reihe.

Ausgezahlt hat sich die doppelte Strategie Tradition und neue Glaubwürdigkeit von Adidas auf jeden Fall. Nicht erst seit der Fusion zur Adidas-Salomon-Aktiengesellschaft 1998 ging es in den Betriebsergebnissen bergauf. Im Jahr 2000 machte die AG mit ihren Marken Adidas, Salomon, Mavic (Fahrradkomponenten), Bonfire (Snowboards), Enima (Winterbekleidung) und Taylormade (Golf) einen Umsatz von 5,8 Milliarden Euro. Die 13.300 Mitarbeiter erwirtschafteten in diesem Jahr einen Gewinn vor Steuern von 347 Millionen Euro. Das Unternehmen mit Sitz in Herzogenaurach ist mit 15 Prozent Marktanteil nach Nike der zweitgrößte Sportartikelhersteller der Welt. Ein großer Teil der Firmenaufwendungen 2000 entfiel nach eigenen Angaben auf Werbung, etwa um Adidas bei den Olympischen Sommerspielen von Sydney oder bei der Fußball-EM zu positionieren. In offiziellen Presseerklärungen ist Adidas stolz, dass bei der Fußball-EM 25,8 Prozent aller Tore mit dem „Equipment Predator Precision"-Fußballschuh und „bis zum heutigen Tag alle Tore bei großen Fußballspielen" mit Adidas-Bällen erzielt worden sind. Und auch in Sachen Produktionsbedingungen kommt Adidas in der öffentlichen Meinung besser weg als Hauptkonkurrent Nike. Dennoch wurde auch Adidas wegen unzumutbaren Bedingungen in seinen Zulieferbetrieben kritisiert (Werner/Weiss 2001: 193; Klein 2001:492f).

Für die WM in Japan bastelte Adidas Werbeagentur Leagas Delaney zu Redaktionsschluss gerade an einer neuen Kampagne. Neben den bekannten Stars wie Zidane, Beckham, del Piero oder Barthez soll dabei erstmals eine Figur eingesetzt werden, die ansonsten als eher wenig werbeträchtig gilt: ein Schiedsrichter. Konkret soll es sich um Pierluigi Colina handeln, den italienischen Referee mit der signifikanten Glatze. Es ist zu erwarten, dass die Kampagne wieder jene globale Sprache sprechen wird wie im Fall von „I kiss football". Denn, so Philippe Margraff, der Fußballverantwortliche der Bankrott gegangenen FIFA-Vermarktungsagentur ISL: „Adidas spricht diese einzig wahre globale Sprache so gut, dass Fußball und Adidas zu einer Einheit geworden sind." (Vetten 2001:42)

Warum Sportsponsoring?

Erscheint das Engagement der großen Sportartikelmarken bei der Fußball-WM noch ziemlich nahe liegend, sind die Beweggründe für andere, prinzipiell mit dem Medien-Sport-Komplex nicht direkt verbundene Unternehmen, auf den ersten Blick nicht völlig evident. Allgemein gelten die großen internationalen Sportwettkämpfe unter dem Gesichtspunkt der *cultural flows* (Hannerz 1992) jedenfalls als ideale Vehikel für die Eroberung globaler Märkte (vgl. Harvey/Houle 1994:346). Siegermarken, so die Sprache der Werber, haben eine globale Perspektive: Daher gälte es, die Brands „märkte- und länderübergreifend zu betreuen, um Synergien, Effizienz und strategische Klarheit zu erzielen" (Aaker/Joachimsthaler 2001:22).

Diese globale Präsenz (etwa im Falle Nikes: „one management, one theme, one value, one ethic around the world", Goldman/Papson 1998:4), wäre aber nur eine von mehreren Assoziationen, „nach denen Marken häufig streben, die für sie aber nur schwer erzielbar wären" und die (Sport)Sponsoring bei bestimmten Zielgruppen hervorrufen sollte: „Führung (demonstrieren), global sein, lokal sein und sozial involviert sein (Aaker/ Joachimsthaler 2001:218ff).

Das beste Schmiermittel dazu ist die „emotionale Aufladung" der Marken mit sportiven Werten oder Assoziationen. „Emotion ist der Motor der Marke", schreibt Stefan Mohr in seiner Studie zur Vermarktung im Profisport. „Hohe Emotionalisierung lässt sich vor allem durch sportliche Erfolge erreichen. Aber auch durch gezielte Einbindung sportlicher Helden aus vergangenen Tagen in die Markenstrategie kann der Emotionalisierungsgrad gesteigert werden. Ein ähnlicher Effekt kann durch die Heranbildung eines an der Zielgruppe ausgerichteten Images (Leistungsstärke, Heimatverbundenheit, etc.) erzielt werden" (Mohr 2001:14). Als hervorragendes Beispiel für ein glückliches Gelingen dieser Strategie kann die amerikanische Basketball-Liga NBA dienen. In ihr seien zusammen mit den „Sponsoren ein mehrdimensionales ‚Brand-Net' aufgebaut" worden, das es ermöglicht, „Marken über ‚Basketball' emotional aufzuladen". Im Gegenzug wirken die Sponsoren an der „Image- und Markenbildung der NBA und deren Klubs durch ihre darauf abgestimmten Werbekampagnen kräftig mit. Coca-Cola und Nike werden mit Leidenschaft assoziiert und können sich als Marken positionieren, die eine ‚Thrill and Fun'-Gesellschaft ansprechen. Die Synergieeffekte eines Multiplikatorennetzwerkes werden nutzbar" (ebd.:15).

Selbstverständlich profitiert auch der Fußball, als vielleicht wichtigster Teil des Medien-Sport-Komplexes, von derartigen Synergieeffekten: Der Aufstieg der FIFA zu einem *global player* wäre ohne die Partnerschaft und finanzielle Unterstützung verschiedener Marken und Konzerne (aus dem nichtsportlichen Bereich etwa Coca-Cola) und die damit einhergehende Botschaft des weltweiten Konsumerismus kaum möglich gewesen (vgl. Sugden/Tomlinson 1998:229f). Diese globale Mission, so die beiden britischen Fußball-Soziologen, hat den internationalen Fußballverband allerdings zunehmend abhängig von Partnern außerhalb des Sports gemacht (ebd.:230).

Wie Naomi Klein (2001) am Beispiel des hybriden Kulturmixes Ricky Martins, Interpret des offiziellen WM-Songs von 1998 (*La Copa de la Vida/The Cup of Life*) darlegt, könnte „Vielfalt" heute mit einer einzigen Kampagne gleich an alle Märkte geliefert werden: „Globales Marketing bedeutet heute nicht mehr, Amerika an die Welt zu verkaufen, sondern weltweit eine Art Markt-Mischmasch anzubieten" (ebd.:133). Die „euphorische Marketingsprache des Global Village" würde so eine „postnationale Vision" beschwören, in der globale Teenager in einer multiethnischen gemeinsamen Welt friedlich konsumieren (ebd.:16f). Bestes Beispiel ist ein TV-Spot von Coca-Cola für die Fußball-WM '98, in dem sich anonyme, aber eindeutig aus allen Kontinenten stammende Fußballfans in ihren jeweiligen Stadien zur Musik eines alten Blondie-Klassikers dem gemeinsamen Lebenszweck – Fußball schauen und Cola trinken – widmen.

Der werberische Mehrwert der Fußball-WM, so Miller u.a. (2001) ergibt sich für die beteiligten Marken jedenfalls aus der unschätzbaren Möglichkeit, den „Zeichenwert" der Nation zu nützen – „something that continued to appeal beyond the brand loyalty of capitalism" (ebd.:30). So kann es nicht überraschen, wenn Werbeexperten etwa über die Möglichkeiten philosophieren, Fan-Bindungen auch auf nichtsportliche Waren übertragen zu können: („Bei jedem gesponserten Ereignis, Team oder was auch immer gibt es eine Gruppe von Menschen, die stark involviert sind. (…) Diese Emotion kann eine wichtige Triebfeder sein, um eine Bindung zwischen einer Person und einem gesponserten Ereignis herzustellen. (...) Ein derartiger Effekt könnte äußerst lohnend sein"; im Bezug auf Mitarbeitermotivation: „Um zu verdeutlichen, wie wichtig ein solcher emotionaler Vorteil sein kann, sollten Sie sich einmal die Auswirkungen vorstellen, wenn Sie das intensive Interesse eines Bayern-München-Fans an seinem Verein Ihrem Markenteam einimpfen könnten" Aaker/Joachimsthaler 2001:227, 214f). Die Autoren geben drei Ziele an, die üblicherweise an Sponsoring-Aktivitäten geknüpft wären: die Erlangung höherer Präsenz/Bekanntheit, die Herstellung von Marken-Assoziationen und/ oder Bindungen zu Zielgruppen (ebd.:233).

Am Beispiel von McDonald's – ebenfalls einem offiziellen WM-Sponsor – demonstrieren Aaker/Joachimsthaler (2001) einen Lösungsansatz für die Schwierigkeiten globaler werberischer Aktivitäten: Obwohl man darauf stolz wäre, „eine Weltmarke zu besitzen, die auf allgemein gültigen Werten basiert und die in jedem einzelnen Markt von großer Bedeutung ist", waren die Werbekampagnen immer länderspezifisch konzipiert worden (ebd.:312).

Trotzdem wurde von McDonald's in den 1990er-Jahren sowohl in Europa als auch den USA versucht, eine „globale Markenessenz" (familienfreundlich, bekömmliches und schmackhaftes Essen, schnelle Bedienung, Spaß, Freunde, denen man traut etc.) zu definieren, die von der betreffenden Werbeagentur dann in länderspezifische Kampagnen übersetzt wurde (ebd.:312). Dies führt die Werbeexperten zu einem Ratschlag beim Aufbau von Weltmarken: „Die Priorität sollte nicht auf der Entwicklung globaler Marken liegen (...) sondern auf der Entwicklung von Siegermarken auf der ganzen Welt – das heißt von starken Marken für alle Märkte, die von einer wirkungsvollen, aktiven, weltweiten Markenpflege unterstützt werden." (ebd.:317)

McDonald's setzte dies in seinen TV-Spots zur WM '98 dann auch um: Das geographisch nicht näher spezifizierte Fußball-Fanvolk war dabei zu sehen, wie es in den Pausen eines Spiels in Scharen in die nächste McDonald's-Filiale strömte. Die nationale Kontextualisierung erfolgte über den Kommentar aus dem Off: im österreichischen Fernsehen eine an einen bekannten Sportreporter gemahnende Stimme. Der Automobil-Gigant Ford, über Opel/General Motors ebenfalls offizieller FIFA-Partner, ging den Weg globaler Markenpflege via lokaler Verankerung noch einen Schritt weiter, als er 1998 die immer beliebter werdenden Video-Großeinwände – weithin sichtbare Zeichen der gesellschaftlichen Bedeutung von König Fußball – in den Bundeshauptstädten Österreichs sponserte. Ebenso versuchte Coca-Cola soziale Kompetenz zu beweisen, indem bei einem Gewinnspiel der kreativste Fan des Landes („Coca-Cola Fan-WM") gekürt wurde.

Fallbeispiel 2: Eurocard-MasterCard
„Es gibt Dinge, die kann man nicht kaufen"

Kreditkarten gehören zu jenen Marken, die besonders stark auf globale Markenstrategien angewiesen sind, zählen sie doch zu jenen wenigen Produkten, „die wirklich auf der ganzen Welt genutzt werden" (Aaker/Joachimsthaler 2001:207f). Seit der Weltmeisterschaft 1994 in den USA nützt MasterCard in dieser Hinsicht die Fußball-Bühne als

offizieller Sponsor dieser (und zahlreicher kleinerer FIFA-) Veranstaltungen (ihre europäische Schwesterorganisation Eurocard unterstützte parallel dazu in den 1990er-Jah-
ren sowohl Europameisterschaften als auch die UEFA Champions League).

Die Entscheidung für Fußball dürfte dabei vor allem zwei Gründe gehabt haben:
Einerseits eine strategische Positionierung gegenüber der Hauptkonkurrenzmarke Visa,
die seit den 1980er-Jahren als Partner der Olympischen Spiele fungiert, andererseits die
Möglichkeit, „globale Assoziationen" durch die eigene Marke herzustellen (Aaker/
Joachimsthaler 2001:207f).

Eine Internetsite des europäischen Partnerunternehmens Europay (gedacht für regionale europäische Büros und Mitgliedsbanken) beschreibt in dieser Hinsicht die Zielsetzungen des eigenen Sportsponsorings: Ziel müsse es sein, die mit dem Sportereignis
verbundene Begeisterung und Passion für die eigene Marke zu nutzen: Untersuchungen
hätten ergeben, dass ZuseherInnen sportlicher Veranstaltungen diese Emotionen auch
auf die „sponsoring brand names" übertragen würden. „We see sponsorship as ‚the tie
that binds' – binding consumers to your brand through affinity and differentiation."
(Eurocard-MasterCard Sponsorship Services)

Fernsehen gilt dabei als Schlüsselmedium („a unique opportunity to communicate
with an enormous audience") und Fußball als sein weltweit beliebtester Sportinhalt
(„attracts larger viewing audiences than any other form of television entertainment").
So bewirbt Europay Fußballsponsoring als eine der effektivsten Möglichkeiten, Mar-
ken- und Firmenimage zu fördern:

> „Sponsorship benefits from the public's emotional involvement in the sports event. This
> adds a highly positive dimension to your bank's brand by association. It offers a highly
> unified and consistent marketing platform. Sponsorship travels across diverse regions
> and cultures. It provides multiple points of interaction with consumers outside traditional
> media" (ebd.).

Sollte all dies die nationalen Partner noch nicht überzeugt haben, bietet ein Sponsorship
Newsletter (Europay 1999) ausgesprochen verführerische Argumente – als Zitat eines
Daily Telegraph-Artikels: „… what has really changed is that football has replaced Hol-
lywood and the movies as the opium of mass entertainment" (ebd.:1).

Besonders interessant sind die konkreten Strategien, die MasterCard/Eurocard an-
wendete, um ihr Sponsoring der Fußball-Weltmeisterschaften und Europameisterschaften global zu nutzen: Aaker/Joachimsthaler (2001) beschreiben die diesbezüglichen
Unternehmungen rund um die WM 1994 in den USA:

> „Da das Sponsoring der Fußballweltmeisterschaft eine globale Angelegenheit war, ver-
> suchte MasterCard seine Partner auf der ganzen Welt zu ermutigen, Vorteile daraus zu
> ziehen. Anlässlich der Weltmeisterschaft wurde eine Werbekampagne vorbereitet, zu
> der auch ein Fernsehwerbespot mit Pelé gehörte, der in über 40 Ländern gezeigt wurde.
> Diese weltweiten Kampagnen wurden auch durch Newsletter, Hinweise zur Ausfüh-
> rung von Promotion, Handbücher zum Sponsoring, Werbevideos, Pelé-Fotos, Einladun-
> gen des Unternehmens und Begrüßungsgeschenke unterstützt. Die meisten Aktionen
> fanden in den Ländern statt, wo Fußball ein beliebter Sport ist und deren Nationalmann-
> schaften an der Weltmeisterschaft teilnahmen." (ebd.:210)

Sicherheitshalber wurden auch amerikanische Werbefachleute nach Europa geschickt,
um die Partner jenseits des Atlantiks zu unterstützen und die Umsetzung der Strategien

sicherzustellen. Der Bekanntheitsgrad der Marke stieg vor allem in Ländern an, wo Fußball zu den nationalen Sportarten zählt (Frankreich, Deutschland, Großbritannien, Argentinien, Brasilien), Imageverbesserungen fanden vor allem in Lateinamerika (Brasilien, Mexiko, Argentinien) statt (ebd.:211).

Den gleichen „zentralen" (in diesem Fall: europäischen) Ansatz verfolgte Eurocard-MasterCard im Rahmen der Europameisterschaft 2000 (und auch in der Vorbereitung für die Kampagne zur WM 2002 in Japan/Südkorea): Neben diversen Fanprodukten wurde den verschiedenen Partnerunternehmen eine auf Fernsehspots und Plakatwerbung aufbauende Kampagne („Priceless") von Europay zur lokalen Adaption zur Verfügung gestellt. Nach eingehenden Marktstudien wurden zwei TV-Spots gestaltet, die sowohl für die Fußball-EM als auch die Champions League Verwendung finden sollten und schließlich in zwölf europäischen Ländern sowie transnationalen Medien (Eurosport, MTV, Euro News) zum Einsatz kamen (vgl. Europay 2000; 2001).

Die inhaltliche Ausrichtung dieser Kampagne – „our key message is that Eurocard-MasterCard is the best way to pay for everything that matters in your life – especially when it comes to football" (Europay 2000:11) – kann als Kern der angestrebten Verbindung zwischen den Marken Eurocard/MasterCard und Fußball gelesen werden, wie sie auch für das Engagement im Rahmen der Weltmeisterschaft 2002 weiterhin gültig ist. Dass es allerdings für eine Kreditkarte nicht unbedingt leicht ist, diese Assoziationen zu erreichen, ohne gleichzeitig Vorwürfen über den Verkauf des populären Vergnügens Fußball an d i e zentrale Instanz der Warenwelt (Geld, Banken) ausgesetzt zu sein, lässt sich an Hand einiger konkreter Beispiele darstellen:

Der ideale Fan

Offenbar um die Gefahr negativer Codierungen des Kaufakts – gerade in den Diskursen um die Veränderungen von Fußball in den 1990er-Jahren – zu verhindern, versucht MasterCard seine „human values" im Bereich des Sponsorings hervorzuheben: Besucht man etwa die MasterCard-Homepage, werden hier alle diesbezüglichen Aktivitäten (im Bereich von Baseball, Eishockey, Motorsport, Fußball, Golf) unter das Motto „Priceless Sponsorships" gestellt. Der/die BesucherIn der Seite wird direkt angesprochen:

> „What matters to you... A gravity defying bicycle kick. A winning goal. Cheering for your favorite team. Priceless moments in soccer brought to you by MasterCard. (...) For millions of soccer fans around the globe, nothing matters more than watching your team score the winning goal! (...) MasterCard brings you the excitement of World Championship Soccer, culminating in the most watched sporting event on the planet; the 2002 FIFA World Cup." (ebd.)

MasterCard ermögliche den Fans und Karteninhabern den Zugang zum herbeigesehnten Ereignis („offering cardholders exclusive and highly attractive ways to get closer to their teams with initiatives ranging from sweepstakes for match tickets to affinity cards"; Eurocard-MasterCard 1999). Vor allem der angesprochene Zugang zu Tickets (etwa durch den Erwerb via Internet oder durch spezielle Gewinnspiele) steht dabei im Mittelpunkt.

Die Zielgruppe dieser Strategien – sozusagen der ideale Fan mit Markenbindung an MasterCard – wären junge, einkommensstarke Männer, wie Geoff Hare (1999) am Beispiel der WM 1998 anführt (vgl. Haare 1999:126f). Dieser neue europäische Fußball-Konsument der 1990er-Jahre (vgl. King 1996:193ff) hat, so könnte man argumentieren, ein ambivalentes Verhältnis zum Kauf seines Sports: Einerseits schätzt er den Komfort des neuen Fußballs: Stadien mutierten zu multifunktionalen Erlebniswelten mit Fan-Mega-stores und Schnellrestaurants, High-Tech Fernsehfußball (oft nur via Pay-TV) und Internet-Bestellmöglichkeiten erfüllen alle Bedürfnisse. Auf der anderen Seite existieren nach wie vor Stimmen, die die vollständige Inkorporierung dieses Sports in den kommerziellen Medien-Sport-Komplex kritisieren. Gerade der Sport-Konsument der 1990er-Jahre war immer auch auf der Suche nach dem mythischen „echten, unverfälschten" Fußball.

Genau an diesem Spannungsverhältnis orientiert sich der bereits erwähnte und für die EM 2000 entwickelte „Priceless"-TV-Spot: Ein kleiner Bub schreitet an der Hand seines Vaters die Stufen zu den Zuschauerrängen des hell erleuchteten Stadions hinauf: Eine Stimme aus dem Off zählt die Zahlungen auf, die bis zu diesem Moment notwendig waren. „Sein Lieblingstrikot 40 Euro, seine Fußballschuhe 59 Euro. Zwei Tickets für das große Spiel: 80 Euro". Schließlich endet der Kommentar (während man in die leuchtenden Augen von Vater und Sohn blickt): „Ihm etwas versprechen und es halten – unbezahlbar. Es gibt Dinge, die kann man nicht kaufen. Für alles andere gibt es Eurocard".

Die Kreditkarte ermöglicht den Zugang zum Fußballereignis. Darüber hinaus schafft sie aber auch transzendente Werte: eine glückliche Beziehung zwischen Vater und Sohn. Nicht zufällig beschreibt auch Nick Hornby (1992), die zentrale Figur des britischen „New Football Writing" der 1990er-Jahre, eine ähnliche maskuline Initiationsszene aus seiner Kindheit (der erste Besuch im Stadion an der Hand des Vaters): Die Konstruktion von Tradition (wie bin ich Fan geworden? Fußball als individuelle oder kollektive Kindheitserinnerung der 1960er- und 1970er-Jahre) zählt zu den wichtigsten Elementen der Diskurse der neuen Fußballfans (vgl. King 1996:180ff): Genau hier setzt der Eurocard-Spot an: „Research indicated that this spot is right in the heartland of ‚Priceless', evoking both emotions and memories" (Europay 2000:11).

Die Fußball-Legende

Seit 1994 fungiert Pelé, brasilianischer Held der Fußball-Weltmeisterschaften 1958 bis 1970, dreifacher Weltmeister – und neben Franz Beckenbauer und Diego Maradona wahrscheinlich bekanntester lebender Fußballer – als offizieller Sprecher und Werbeträger des Eurocard-MasterCard Fußballsponsorings (sein niederländischer Kollege Johan Cruyff wird dieselbe Funktion bei der WM 2002 übrigens für Hyundai ausüben). Auch seine Verpflichtung erweist sich als kluger Schachzug in dem Versuch, dem eigenen Fußball-Engagement Glaubwürdigkeit zu verleihen. Pelé gilt als Fachmann und Anwalt des „wahren Fußballs". Seinen Aufstieg vom schwarzen Straßenfußballer aus dem Schwellenland Brasilien zum „King of Soccer" (MasterCard) verdankt er seiner Genialität und seinem fußballerischen Können. Der Fußballstar transformierte sein symbolisches Kapital schon früh in eine nachsportliche Karriere als Medienpersönlichkeit und verwandelte sich so in eine der ersten Fußballmarken, die im Medien-Sport-Komplex für Co-Branding-Aktivitäten (als Kommentator, als Werbeträger etc.) gebucht werden kann – oder in den Worten von Europay (2001):

„The world's greatest soccer name is always a powerful asset to any marketing campaign. Pelé's Official Spokesperson status allows us to offer his name, likeness and signature for use by our members in the lead-up to the World Cup." (ebd.:8)

Das Beispiel der Funktion Pelés innerhalb des globalen Medien-Sport-Komplexes erscheint uns als guter Abschluss dieses Textes. Denn trotz seiner Inkorporierung in die Mechanismen des neuen Fußballs könnte er für jene, die sie sehen wollen, weiterhin eine mögliche altmodische Essenz dieses Sports verkörpern: eben Spiel, Genialität, Authentizität, die sich manchmal den Mächtigen des Fußballs zu entziehen vermögen. Allerdings gilt auch hier, was Stuart Hall (1981:234f) einmal im Zusammenhang mit den Kämpfen im Feld der Populärkultur angemerkt hat: „This year's radical symbol (…) will be neutralised into next year's fashion". Bedeutungen sind nicht festgeschrieben, weder in der Mode noch im Fußball.

Literatur

Aaker, David A./Joachimsthaler, Erich (2001): Brand Leadership. Die Strategie für Siegermarken. München u.a.: Financial Times Prentice Hall

Adidas (2001): „Brand Strategy", Download via http://www.adidas-salomon.com/en/ir/download/ pdf/annual_reports/gb2000_brand_strategy.pdf.

Alkemeyer, Thomas (1996): Die Wiederbegründung der Olympischen Spiele als Fest einer Bürgerreligion. In: Olympische Spiele – die andere Utopie der Moderne. Olympia zwischen Kult und Droge, Hg. Gunter Gebauer. Frankfurt a. M.: Suhrkamp: 65-100

Andrews, David L. u.a. (1996): Jordanscapes: A Preliminary Analysis of the Global Popular. In: Sociology of Sport Journal 13: 428-457

Blain, Neil/Boyle, Raymond/O'Donnell, Hugh (1993): Sport and National Identity in the European Media. Leicester/London/New York: Leicester University Press

Bourdieu, Pierre (1998): Über das Fernsehen. Frankfurt a. M.: Suhrkamp

Breidenbach, Joana/Zukrigl, Ina (1998): Tanz der Kulturen. Kulturelle Identität in einer globalisierten Welt. München: Kunstmann

Bromberger, Christian (1991): Die Stadt im Stadion. Olympique als Spiegel der kulturellen und sozialen Topographie Marseilles. In: Die Kanten des runden Leders. Beiträge zur europäischen Fußballkultur, Hg. Roman Horak/Wolfgang Reiter. Wien: Promedia: 23-33

Dörner, Andreas (1998): Zivilreligion als politisches Drama. Politisch-kulturelle Tradition in der populären Medienkultur der USA. In: Inszenierungsgesellschaft. Ein einführendes Handbuch, Hg. Herbert Willems/Martin Jurga. Opladen: Westdeutscher Verlag: 543-564

Eurocard-MasterCard News Release (15.2.1999): online Version, download via www.eurocard. com/press

Eurocard-MasterCard Sponsorship Services: What Can Sponsorship Achieve? Online Version, www.eurocard.com/services/sponsorship, Aufruf 26.9.2001

Europay Sponsorship Newsletter (1999): online Version, download via www.eurocard.com/ services/sponsorship

Europay Sponsorship Newsletter (2000): online Version, download via www.eurocard.com/ services/sponsorship

Europay Sponsorship Newsletter (2001): online Version, download via www.eurocard.com/ services/sponsorship

FIFA Info Plus (03/00): download im FIFA Online Service Center unter http://www.fifa.com/ service/IP_E.html oder direkt unter http://a1801.g.akamai.net/f/1801/2004/3d/www.fifa.com/infoplus/IP-401-D-TV.pdf

FIFA Info Plus (10/01): download im FIFA Online Service Center unter http://www.fifa.com/service/IP_E.html oder direkt unter http://a1801.g.akamai.net/f/1801/2004/3d/www.fifa.com/infoplus/IP-250a-D-partners.pdf

FIFA (1/12/01): Media Information, download via http://www.fifa.com/Service/MR_M/32590_E.html

Gebauer, Gunter (1996): Der neue Nationalismus im Sport. In: Olympische Spiele – die andere Utopie der Moderne. Olympia zwischen Kult und Droge, Hg. Ders. Frankfurt a. M.: Suhrkamp: 264-269

Giulianotti, Richard (1999): Football. A Sociology of the Global Game. Cambridge/Oxford: Polity Press

Giulianotti, Richard/Finn, Gerry P.T. (1999): Old Visions, Old Issues: New Horizons, New Openings? Change, Continuity and Other Contradictions in World Football. In: Football Culture. Local Contests, Global Visions, Hg. Dies. London/Portland: Frank Cass: 256-282

Goldman, Robert/Papson, Stephen (1998): Nike Culture. The Sign of the Swoosh. London/Thousand Oaks/New Delhi: Sage

Hall, Stuart (1981): Notes on Deconstructing ‚the Popular‘. In: People's History and Socialist Theory, Hg. Samuel Raphael. London: Routledge: 227-240

Hall, Stuart (1997): The Spectacle of the ‚Other‘. In: Representation. Cultural Representations and Signifying Practices, Hg. ders. London/Thousand Oaks/New Delhi: Sage: 223-279

Hannerz, Ulf (1992): Cultural Complexity. Studies in the Social Organization of Meaning. New York: Columbia University Press

Hare, Geoff (1999): Buying and Selling the World Cup. In: France and the 1998 World Cup. The National Impact of a World Sporting Event, Hg. Hugh Dauncey/Geoff Hare. London/Portland: Frank Cass: 121-144

Harvey, Jean/Houle, François (1994): Sport, World Economy, Global Culture, and New Social Movements. In: Sociology of Sport Journal 11: 337-355

Hornby, Nick (1992): Fever Pitch. London: Victor Gollancz

Houlihan, Barrie (1994): Homogenization, Americanization, and Creolization of Sport: Varieties of Globalization. In: Sociology of Sport Journal 11: 356-375

King, Anthony (1996): The End of the Terraces. The Transformation of English Football in the 1990s. London/New York: Leicester University Press

Kistner, Thomas/Weinreich, Jens (1998): Das Milliardenspiel. Fußball, Geld und Medien. Frankfurt a. M.: Fischer Taschenbuch

Klein, Naomi (2001): No logo! Der Kampf der Global Players um Markenmacht. München: Riemann

Lash, Scott/Urry, John (1994): Economies of Signs and Space. London/Thousand Oaks/New Delhi: Sage

Maguire, Joseph (1999): Global Sport. Identities, Societies, Civilizations. Cambridge/Oxford: Polity Press

Maguire, Joseph (2000): Sport and Globalization. In: Handbook of Sports, Hg. Jay Coakley/Eric Dunning. London/Thousand Oaks/New Delhi: Sage Publications: 356-369

MasterCard: Priceless Sponsorships, online via (www.mastercardintl.com/sponsor/) Aufruf Herbst 2001

Miller, Toby u.a. (2001): Globalization and Sport. Playing the World. London/Thousand Oaks/New Delhi: Sage Publications

Mohr, Stefan (2001): Neue Regeln für ein neues Spiel. Die zentralen Stellhebel erfolgreicher Vermarktung von Profisportvereinen. Studie für Roland Berger-Strategy Consultants. München

Rowe, David (1996): The Global Love-Match: Sport and Television. In: Media, Culture & Society 18: 565-582

Rowe, David/McKay, Jim/Miller, Toby (1998): Come Together: Sport, Nationalism, and the Media Image. In: MediaSport, Hg. Lawrence A. Wenner. London/New York: Routledge: 119-133

Schaffrath, Michael (1999): Fußball-WM '98. Analyse, Akzeptanz, Akquise: LIT-Verlag

Sugden, John/Tomlinson, Alan (1998): FIFA and the Contest for World Football. Who Rules the Peoples' Game? Cambridge/Oxford: Polity Press

Sugden, John/Tomlinson, Alan (1999): Great Balls of Fire. How Big Money Is Hijacking World Football. Edinburgh/London: Mainstream Publishing

Tomlinson, Alan (1996): Olympic Spectacle: Opening Ceremonies and Some Paradoxes of Globalization. In: Media, Culture & Society 18: 583-602

Vetten, Detlef (2001): Ballaballa. In: Horizont Sport Business 12/01: 40-42

Weis, Kurt (1997): Die Priester der Muskelkraft. Über die Olympischen Spiele als Religionsersatz. In: Sportphilosophie, Hg. Volker Caysa. Leipzig: Reclam: 318-326

Werner, Klaus/Weiss, Hans (2001): Schwarzbuch Markenfirmen. Die Machenschaften der Weltkonzerne: Verlag Deuticke

Whannel, Garry (1992): Fields in Vision. Television Sport and Cultural Transformation. London/New York: Routledge

Whitson, David (1998): Circuits of Promotion: Media, Marketing and the Globalization of Sport. In: MediaSport, Hg. Lawrence A. Wenner. London/New York: Routledge: 57-72

Rosa Diketmüller

Frauenfußball in Zeiten der Globalisierung – Chancen und Risiken

1. Einleitung

Fußball ist endgültig zu einer weltweit dominierenden Sportart geworden und hat sich zu einer „globalen Angelegenheit" entwickelt:

> „Wenn ein Spiel rund um den Globus Millionen Menschen mobilisiert, dann hört es auf, nur ein Spiel zu sein. Fußball ist niemals nur Fußball. Fußball zählt zu den großen kulturellen Institutionen, die rund um den Globus nationale Identitäten formten und zementierten. Fußball besitzt die Kapazität und bietet die Bühne, um die kulturelle Identität und Mentalität eines Dorfes, einer Stadt, einer Region, eines Landes oder sogar eines Kontinents zu definieren und zu zelebrieren." (Schulze-Marmeling 2000:9)

Wie kaum eine andere Sportart ist der Fußballsport aber auch von politischen und ökonomischen Interessen beeinflusst und wird durch seine Medialisierung und Kommerzialisierung sogar schon als anschauliches Untersuchungsobjekt der Globalisierung, ihrer Wirkungen und Auswirkungen herangezogen.

Wenn jedoch vom Fußballsport die Rede ist, dann denkt kaum jemand an den von Frauen gespielten Fußball: In den zahllosen Überblicksbänden zum Fußballsport wird der Frauenfußball oft nicht einmal erwähnt oder nur mit einigen wenigen Worten abgetan. Dieses Bild hat sich offenbar in den Köpfen von Frauen und Männern festgesetzt und bestimmt in weiten Teilen der Welt eine geschlechtsspezifische Konnotierung: „Wirklicher Fußball ist männlicher Fußball" (zit. nach Marschik/Eder 1996:323).

Der vorliegende Beitrag verfolgt daher das Ziel, den Fokus auf den häufig übersehenen Frauenfußball zu richten.

Der übliche Zugang zum Thema über die Sichtung von Analysen und Literatur zum Status quo des Frauenfußballs war allerdings kaum möglich: Dort, wo im (Männer-)Fußball die Flut an Büchern, Zeitschriften, wissenschaftlichen Studien und Medienberichten beinahe unüberschaubar ist, klafft im Frauenfußball insgesamt eine große Lücke. Nur wenige Studien haben sich bisher mit dem Frauenfußball auseinander gesetzt (u.a. Naul 1987; Lopez 1997; Pfister/Fasting/Scraton/Vazquez 1999; Caudwell 1999; Cox/Thompson 2000; Marschik 1998a, 2000) und auch medial ist der Frauenfußball nicht nur in Österreich de facto nicht sichtbar. Der Blick über die Länder- und Kontinentgrenzen hinweg zeigt jedoch deutliche Differenzen. Der Globalisierung kam im Prozess der In-

formationsbeschaffung insoferne Bedeutung zu, da moderne weltumfassende Kommunikationsmedien wie das Internet hilfreiche Dienste geleistet und viel „graue Literatur" ans Licht gebracht haben. Informationen, an denen im (Männer-)Fußball nicht einmal Uninteressierte vorbeikommen, sind im Frauenfußball viel mühsamer über
Internetrecherchen, Homepageanalysen, persönliche Gespräche usw. in Erfahrung zu
bringen, da sie in den täglichen Sportberichten (zumindest in Österreich) „konkurrenz-
bedingt" keinen Platz finden.

Von dieser Marginalisierung ist jedoch nicht nur der Frauenfußball betroffen, sondern auch andere Sportarten, in denen Mädchen und Frauen aktiv sind. Nicht selten
wird der Sport als eine der „letzten" männlichen Domänen bezeichnet (Diketmüller
2000), in der in besonderer Weise Geschlechterhierarchien reproduziert und zementiert
werden (Klein 1983, 1990; Rose 1995; Volkwein 1997; Abraham 1998; Pfister 1999c;
Shelton 2001). Auch in den Zukunfts- und Globalisierungsdiskursen, so wie sie bisher
geführt wurden, blieb das Geschlechterverhältnis zumeist ausgeblendet. Es besteht jedoch die Notwendigkeit, gesellschaftliche Veränderungen unter Einbeziehung ge-
schlechtsdifferenzierender Fragestellungen zu analysieren und Frauen nicht nur als Be-
troffene, sondern auch als Gestaltende und Akteurinnen dieser Prozesse zu berücksichtigen (Sturm/Schachtner/Rausch/Maltry 2001:8). Im Zentrum dieser Arbeit steht eine
Auseinandersetzung mit Gender-Konstruktionen am Beispiel weltweiter wie regional-
spezifischer Entwicklungen des Frauenfußballs.

In einem ersten Schritt werden trotz der vergleichsweise geringen Anzahl an Doku-
mentationen Entwicklung und Status quo des Frauenfußballs in Österreich aufgezeigt
(Kap. 2). Dabei liegt der Schwerpunkt auf den zum Teil sehr unterschiedlichen Argu-
mentationsweisen, mit denen Frauen vom Fußball abgehalten werden sollten. Warum
auch heute noch (mit regionalen Unterschieden) vergleichsweise wenige Frauen im
Fußball engagiert sind, wird vor dem Hintergrund verschiedener Ansätze der Frauen-
und Genderforschung diskutiert (Kap. 3). Im Gegensatz dazu soll am Beispiel der USA
verdeutlicht werden, unter welchen Rahmenbedingungen Professionalisierung und
Medialisierung im Frauenfußball möglich wurden und wie die Sportart auch für Frauen
attraktiv werden konnte (Kap. 4). Insgesamt weist der von Frauen gespielte Fußball jedoch einige Besonderheiten auf, die unter anderem aus dem Umgang mit den erschwerten
Zugangsbedingungen resultieren und die die Anwendung anderer Strategien im Kampf
um Anerkennung und finanzielle Mittel erforderlich machten und machen (Kap 5). Zusammenfassend werden Entwicklungsansätze für den (österreichischen) Frauenfußball formuliert (Kap. 6) sowie die Auswirkungen der Globalisierung insbesondere im Hinblick
auf Chancen und Gefahren für den Frauenfußball nachgezeichnet und diskutiert. Abschließend gilt es zumindest reißbrettartig Visionen für ein (gendered) global play zu entwer-
fen, das Frauen und Mädchen in aller Welt in gleicher Weise wie den Männern und
Jungen die Freude am Erleben vielfältigster HandlungsSpielRäume ermöglichen soll.

2. Der Frauenfußball in Österreich: „nicht einmal ignoriert"

„Was den Frauenfußball angeht, so wird dieser in Österreich nicht einmal ignoriert."
(Pero 2001). Dieser Kommentar beschreibt sehr treffend die derzeitige Situation des

Frauenfußballs in Österreich zumindest aus der Sicht seiner medialen Präsenz. Der „Frauenkick" wird offenbar nur bei internationalen Großereignissen (EM, WM, Olympia) als berichtenswert erachtet.

Während in vielen anderen Ländern Fußball zunehmend auch als Frauensportart Akzeptanz gewonnen hat, weisen die Zahlen zum Status quo, die Berichte spielender Mädchen und Frauen sowie das mediale Desinteresse darauf hin, dass der Frauenfußball in Österreich weitgehend „in der Bedeutungslosigkeit gehalten werde" (Marschik/Eder 1996). Fußball ist hier nach wie vor eine männliche Domäne.

Angesichts des geringen Stellenwerts, den der Frauenfußball im österreichischen Sportgeschehen derzeit einnimmt, ist es erstaunlich, dass der Frauenfußball zunächst schon in den frühen 20er-Jahren des vergangenen Jahrhunderts seinen Ursprung hatte. „Fußball ist demnach kein postfeministisches Phänomen, das sich aus den Fortschritten der Frauenbewegung in den letzten 30 Jahren entwickelt hat, sondern Fußball hat auch für Frauen eine lange Tradition." (Pfister 1999c:262)

Erst in den letzten Jahren wurde vermehrt versucht, diese Forschungslücke zu schließen und aus vereinzelt auffindbaren Quellen und Dokumenten einen ersten Abriss der Entwicklung des Frauenfußballs in Österreich nachzuzeichnen (u.a. Marschik 1998 a, b, 1999, 2000; Marschik/Eder 1996; Eder 1994; Weiser 1995; Leibetseder 1997).

Die folgenden Ausführungen erheben jedoch nicht den Anspruch einer umfassenden historischen Aufarbeitung, sondern beleuchten schlaglichtartig die je unterschiedlichen Argumentationen, mit denen Frauen bislang vom Fußballsport weitgehend abgehalten wurden und durch die der Fußball (nicht nur) in Österreich als männliche Domäne und Nationalsportart derart unumstritten bleiben konnte (u.a. Fischer 2000; Marschik 1998 a, b; Thurner 2000).

2.1. Die Anfänge des österreichischen Frauenfußballs: ÖsterreicherInnen im Kampf gegen die drohende Frauenfußballeuphorie

Schon im 19. Jahrhundert nahm der Frauenfußball von England und Schottland aus seinen Ausgang (Marschik/Eder 1996; Pfister 1999a,b; Pfister/Fasting/Scraton/Vazquez 1999; Fischer 2000; Schulze-Marmeling 2000). Nachdem bereits 1894 in England die ersten Frauenfußballklubs gegründet wurden, forcierten die Kriegsjahre (Erster Weltkrieg) diese Entwicklung aufgrund der Abwesenheit der Männer und der damit verbundenen Aufweichung der klassischen Rollenverteilung (Marschik/Eder 1996:318). Und während in England in der „goldenen Zeit" des Frauenfußballs die Spiele der „Dick Kerr's Ladies" gegen die „St. Helen's Ladies" schon mehr als 53.000 ZuschauerInnen anzogen (Fechtig 1995:17ff), wurde in Österreich 1919 noch immer die Grundsatzfrage diskutiert: „Sollen Frauen Fußball spielen?".

In einem Artikel vom 17. März 1919 wurde mit dieser Fragestellung die von England „drohende" Fußballeuphorie der Frauen aufgegriffen und – gemäß den Vorgaben jener Zeit – diskutiert:

> „Weshalb – so wird mancher fragen – soll das Fußballspiel nicht auch von Mädchen und Frauen ausgeübt werden? Weshalb sollen die Frauen, die jetzt das Wahlrecht erhalten haben, nicht auch frei den Sport wählen dürfen, der ihnen paßt? Warum soll die Gleichberechtigung der Frau, die ihr neben der Politik auch auf so vielen Gebieten eingeräumt wird, nicht auch auf den Sport ausgedehnt werden?" (Schmal 1919:5)

Sosehr diese Fragen auf den ersten Blick Weltoffenheit vermuten lassen, sosehr verweisen die gegebenen Antworten die Frauen jedoch wieder auf ihre angestammte gesellschaftliche Position: Man war sich darüber einig, dass Fußball zwar ein ausgezeichnetes Spiel für Männer sei, sich aber als Frauensport nicht eigne. Es sei, trotz der sonst (für Männer) so wertvollen Eigenschaften, wenig dazu angetan, „die weibliche Anmut hervorzuheben".

Neben ästhetischen Gründen wurden vor allem aber die körperlichen Grenzen ins Treffen geführt, die Frauen vom Fußballspiel abhalten sollten:

„Seien wir uns doch klar darüber, daß die Konstitution der Frau eine andere ist als die des Mannes, und daß die Beschränkung körperlicher Fähigkeiten durch die Beschaffenheit des weiblichen Körpers gegeben erscheint". Vor allem aber sollten Frauen „auf ihre vornehmste Aufgabe, auf die Mutterschaft, Rücksicht nehmen" (Schmal 1919:5).

Auch „Der Montag mit dem Sport-Montag" meldete in den 1920er-Jahren Bedenken gegen das Fußballspiel der Frauen an: Dieses weite zwar die Lungen und verschöne den Teint, andererseits sei das Laufen, Treiben des Balles, Springen und plötzliche Umwenden für die Bildung der inneren Organe schädlich und entwickle außerdem die Fußknöchel in einer Weise, „die sie unschön erscheinen lassen" (zit. n. Schmidt 1985:56). Zudem zögen die Anstrengungen des Spiels Verzerrungen des Gesichts sowie Runzeln und hässliche Linien nach sich, die alleine schon Grund genug wären, jeder Dame zu raten, das Fußballspiel abzulehnen. Sport für Frauen war offenbar nur innerhalb der (von Männern) festgelegten Grenzen gestattet (Weiser 1995:48) und durfte keinesfalls die gängigen Weiblichkeits- und Schönheitsideale sowie die „Natur" der Frauen gefährden.

Es gab aber auch andere Stellungnahmen zum Fußballspiel der Frauen, wie z.B. im Sporttagblatt vom 6. Jänner 1922 nachzulesen ist: Ein anonymer Autor (oder war es gar eine Autorin?) kritisiert das 1921 in England verhängte Verbot für Damenfußballspiele, das die Football Association mit der Aufforderung an die Vereine, Frauenfußballspiele nicht mehr zu unterstützen, verhängte – obwohl diese während der Kriegszeit derart populär gewesen waren. Sie waren aber offenbar nur deshalb toleriert worden, weil sich die Männer im Krieg befanden, und Frauenfußballspiele häufig zu Wohltätigkeitszwecken veranstaltet wurden.

Nach dem Krieg sollte wieder zur „Normalisierung des Lebens" zurückgekehrt werden und die Männer forderten quasi die „alte" Geschlechterordnung wieder ein (Pfister 1999a:3). Einen Weg dorthin sah man in der Wiederverdrängung der Frauen aus dem Fußballsport, der ein wichtiges Instrument im Prozess der Herstellung und Sicherung männlicher Geschlechtsidentität darstellte (Klein 1983:18). Die Frauen wollten sich jedoch ihre während der Kriegszeit erarbeiteten Rechte nicht kampflos nehmen lassen und gründeten ihren eigenen Damenfußballverband.

Doch nur wenige griffen in der Diskussion um den Frauenfußball die unterschiedliche Bewegungssozialisation sowie die völlig unzureichenden Rahmenbedingungen der Mädchen und Frauen auf, denn wenn „… die Mädels lernen würden, wie man einen Ball behandelt, wie man mit der Innenseite des Fußes schießt und noch hundert andere Einzelheiten, die zusammen den vollendeten Spieler ausmachen, dann wird ihr Spiel des Ansehens Wert sein" (Sport-Tagblatt 6.1.1922:3).

Vorschläge wie diese waren jedoch weitgehend in der Minderheit und die Gründe, Frauen vom Fußballspiel gänzlich auszugrenzen, wurden immer absurder: Das ansteigende Interesse der Frauen, als Zuseherinnen an Fußballveranstaltungen teilzunehmen, musste sogar als Grund für das sich negativ verändernde Verhalten der männlichen Zuschauer bei Fußballspielen herhalten:

> „So lange keine oder nur sehr wenige Vertreterinnen des weiblichen Geschlechts Fußballwettkämpfen beiwohnten, ging es bei aller Lebhaftigkeit der Zuschauer immer sehr anständig zu. Pfui-Rufe und wüste Schimpfereien gehörten zu den Seltenheiten, Raufereien und Insultierungen von Schiedsrichtern und Spielern kamen überhaupt nicht vor. Seitdem aber die holde Weiblichkeit ein ansehnliches Kontingent der Besucher von Fußballmatches bildet, gerät der männliche Teil der Zuschauer nur zu häufig außer Rand und Band." (Sport-Tagblatt 4.2.1922:6)

Die Entgegnung einer Frau in Form eines LeserInnenbriefs macht deutlich, wie sehr die Frauen sich letztlich doch von den Einschüchterungsversuchen der Männer beeinflussen ließen und auch deren Blick auf und Standards über sporttreibende Frauen verinnerlicht hatten: Sie wies zwar die Unterstellung des schlechten Einflusses zurück, die die Zuschauerinnen angeblich auf die männlichen Fußballfans ausübten, hielt aber zugleich fest, dass die Wiener Frauen im Gegensatz zu den Engländerinnen keine Lust hätten, als Zielscheibe für Witzbolde zu dienen: „Nur keine Angst vor Damenteams; ich glaube, wir werden lieber Theoretikerinnen bleiben, als zum Spott und Gelächter der anderen zu werden!" (Sport-Tagblatt 11.2.1922:3)

Einige Aktivitäten zur Etablierung des Frauenfußballs in Österreich hatten aber auch durchaus Chancen auf Erfolg, da sie nicht zuletzt von Männern gebilligt und unterstützt wurden: Dem Aufruf der Zeitung „Der Montag mit dem Sport Montag" an seine Leserinnen, Fußball zu spielen, folgten dermaßen viele Mädchen und Frauen, dass man fast schon wieder gezwungen war, den Bemühungen der Frauen Halbherzigkeit zu unterstellen sowie sie vor der Unästhetik eines Fußballerinnenbeins zu warnen:

> „Wir sind doch unter uns, Du kannst also ruhig zugestehen, dass Dich das Spiel an sich nur zur Hälfte reizt, zur anderen, besseren Hälfte reizt Dich Dein Reiz auf die Zuschauer. Nun, da mußt Du Dir darüber klar sein, daß ein Fuß im Fußballschuh anders aussieht als im Pariser Schucherl." (Der Montag mit dem Sport-Montag 17.12.1923:11)

Dies hielt die Frauen jedoch nicht von der Gründung des „Ersten Wiener Damenfußballklubs Diana" unter der Leitung des Internationalen Ferdinand Swatosch 1924 ab. Dennoch verstummte ab diesem Zeitpunkt die Berichterstattung über den so „aufstrebenden" und „so stark geförderten" Frauenfußball, der dann erst wieder 1936 thematisiert werden sollte (Weiser 1995:57f). Konkret war das Spiel des D.F.C. Wien gegen Vindobona am 23.3.1936 der Zeitung wiederum einen Kommentar wert, da trotz des gleichzeitig stattfindenden Länderspiels der Herren 3000 Menschen das Spiel der Frauen besuchten.

Als dann noch der Radrennfahrer Ferry Dusika als Konditionstrainer engagiert wurde, war der Zulauf zum Frauenfußballsport in Österreich so rege, dass in der Saison 1936/37 noch eine eigene Meisterschaft durchgeführt wurde, an der sich neun Vereine beteiligten (Kurier 14.6.2000:33).

Dieses unerwartet große Interesse der Frauen am Fußball war jedoch nicht im Sinne des österreichischen Fußballbundes und führte zu einem Zerwürfnis mit dem Damenfußballbund (Schmidt 1985:58). An die Stelle individueller Vorhaltungen traten nun vermehrt organisatorische Behinderungen:

Noch im März 1936 verbot der Fußballbund seinen MitarbeiterInnen, Sportplätze für „Damenwettspiele" oder Schiedsrichter zur Verfügung zu stellen oder Funktionen in der „Österreichischen Damenfußballunion" zu bekleiden. Auch die Sport- und Turnfront des Österreichischen Fußballbundes erklärte, „dass Frauenfußball kein eigenständiger Sportzweig sei" (Marschik/Eder 1996:318; Eder 1994:71). Trotz aller Widerstände hatte der Frauenfußball noch weiterhin Bestand. Da die Damenfußballunion aber über keine eigenen Mittel verfügte, bewirkten die vielen Verbote dann doch das Ende des öffentlichen Frauenfußballs. Behördlich aufgelöst wurde die Damenfußballunion letztlich mit dem „Anschluss" Österreichs an Deutschland im März 1938 (Marschik/Eder 1996:319). Während des Zweiten Weltkrieges war der Frauenfußball ohnedies verboten und widersprach dem nationalsozialistischen Frauenbild. Aber auch in den Nachkriegsjahren bis in die späten 60er-Jahre war der Frauenfußball kein Thema für Frauen in Österreich.

2.2. Der Wiederbeginn des Frauenfußballs nach 1967
Erst ab 1967 findet der Frauenfußball wieder Erwähnung in den österreichischen Medien. Nicht unbeeinflusst von der englischen und der bundesdeutschen Entwicklung sowie der Konstituierung der Confederation of Independent European Female Football (FIFEF) im November 1969 spielten die österreichischen Frauen bereits 1970 in der Vorrunde der Weltturniere („Mundialito") in Italien mit (Schulze-Marmeling 2000:99) und trugen 1973 die erste Meisterschaft aus (Weiser 1995:59ff). In den Folgejahren entwickelte sich eine beständige innerösterreichische Wettkampfszene, seit 1982/83 gibt es eine vom Fußballverband anerkannte Damenliga. Es sollte allerdings noch bis 1990 dauern, bis der ÖFB ein Frauennationalteam zuließ. Bis dahin wurde die Forderung der Fußballerinnen mit dem Argument „zu teuer" abgetan. Im europäischen und im internationalen Feld scheinen Österreichs Fußballerinnen noch nicht mit nennenswerten Erfolgen auf, was angesichts ihrer späten Zulassung und der bis dahin erfahrenen Verhinderungspolitik auch nicht weiter verwunderlich ist (Marschik/Eder 1996:319, Ratzeburg 1986). Seit 1990 (Stand 12/ 2001) wurden insgesamt erst 48 Länderspiele ausgetragen.

2.3. Status quo des Frauenfußballs in Österreich
2.3.1. Organisierter Frauenfußball im Aufwind
Seit dem Wiederbeginn 1970 kann der vereinsorganisierte Mädchen- und Frauenfußball in Österreich auf eine positive Entwicklung zurückblicken. Rund 6.000 Frauen spielen vereinsmäßig Fußball (Informationen vom ÖFB, Stand: 12/2001) – verglichen mit den 700.000 deutschen Fußballerinnen oder den 7 Millionen US-amerikanischen Spielerinnen jedoch eine verschwindend kleine Zahl. Sepp Pösinger, der Frauenreferent im ÖFB ortet die Schwierigkeiten in der fehlenden Anerkennung durch die Männervereine und die Medien.

Auf der Homepage des ÖFB wird die Situation des österreichischen Frauenfußballs so beschrieben:

> „In Österreich spielen zur Zeit 70 Vereine eine geregelte Meisterschaft im Rahmen der Frauenfußballbundesliga (2 Divisionen) und Landesligen. Alle Jahre wird auch ein Cupbewerb durchgeführt, an dem alle Landesmeister und die Bundesligavereine teilnehmen. Über zwei Jahre wird nun auch eine Bundesländermeisterschaft mit den neun Länderauswahlen gespielt. Vier Bundesländer haben bereits auch eine U16-Auswahl,

mit denen sie Freundschaftsspiele austragen. In Wien und Vorarlberg gibt es bereits eigene Nachwuchsmeisterschaften. In allen Bundesländern spielen bereits viele Mädchen bis zum 14. Lebensjahr mit den Buben in gemischten Mannschaften. Seit 1991 gibt es eine Frauennationalmannschaft, die ab diesem Jahr bereits das dritte Mal an den Qualifikationsspielen für die Europameisterschaften (35 Länder) teilnimmt. In unserer Qualifikationsgruppe spielen Wales, Schottland und Belgien. Für die U19 Nationalmannschaft werden laufend Sichtungen in allen neun Bundesländern durchgeführt. Daß der Mädchen- und Frauenfußball auch bei uns eine immer stärker werdende Entwicklung nimmt, zeigt auch, daß über 300 Hobbymannschaften mit Begeisterung Fußball spielen." (Pösinger 2001)

Mit der Installation einer Frauenkommission hat der ÖFB nach außen hin die längst überfällige Thematisierung des Frauenfußballs in Österreich aufgegriffen. Dennoch wird Kritik vor allem daran geäußert, dass die Bereiche Betreuung, Training und Verwaltung im ÖFB auch beim Frauenfußball nach wie vor nur mit Männern besetzt sind. Der Frauenfußball und seine nachhaltige Nichtbeachtung setzt in Österreich zunehmend Verantwortliche aus der Sportpolitik und dem Fußballverband unter Druck wie z.B. parlamentarische Anfragen über die Situation und konkrete Maßnahmen für den Frauenfußball belegen. Offenbar brauchte es bis ins Zeitalter des Gender-Mainstreamings, um Sensibilität dafür zu wecken, dass derart eklatante Geschlechterdifferenzen in der global so bedeutenden Sportart Fußball nicht mehr tolerierbar seien, da sie auch als Indiz für den gesellschaftlichen und kulturellen Status der gesamten Nation gewertet werden könnten (Marschik 2000).

2.3.2. Fußball: kein Freizeitsport der Österreicherinnen

Auch die offiziellen statistischen Daten zur Sportausübung der Österreicherinnen und Österreicher (Statistik Austria 2001:57 und 269ff) belegen, dass Fußball nach wie vor eine Domäne der Männer ist. Demnach spielen 21% aller männlichen Österreicher Fußball, etwa die Hälfte davon regelmäßig. Bei den Frauen beläuft sich dieser Wert auf insgesamt 2%. Der Blick hinter die 2%-Statistik-Marke lohnt jedoch, da er nähere (soziodemographische) Informationen über die fußballspielenden Frauen in Österreich preisgibt:

Auffallend ist vor allem der hohe Anteil an Universitäts- und Hochschulabsolventinnen unter den fußballspielenden Frauen, während bei den fußballspielenden Männern jene ohne Schulabschluss die größte Gruppe bilden. Marschik/Eder (1996:320) erklären in ihrer Studie den hohen Anteil fußballspielender Frauen aus der oberen Mittelschicht auch damit, dass diese sich weitgehend selbstbestimmt für das Fußballspiel entscheiden. Eine kritische Auseinandersetzung mit den zum Teil widrigen Hindernissen und Vorurteilen ermöglicht zudem einen souveräneren Umgang damit.

In einer Serie über Fußball in Österreich werden vor allem Einsatzbereitschaft und Trainingswillen der Studentinnen und Akademikerinnen im Wiener Universitätssport hervorgehoben und mit „Frauen-Fußball vom Feinsten" betitelt. Was laut Trainer den Frauenfußball vom Männerfußball unterscheidet, ist die Betonung des Spielgedankens und des Fair Play: „Sie spielen sehr fair, manchmal vielleicht etwas zu fair!" (Kurier 14.6.2000:33)

Zusammenfassend kann die Entwicklung des Frauenfußballs in Österreich auch als Geschichte der vielfältigen Verhinderungs- und Abhaltungsstrategien von Frauen in die

Männerdomäne Fußball gelesen werden. Die dabei vorgebrachten Argumentationsmuster spiegeln durchaus jene wider, die gegen den Frauensport generell ins Treffen geführt wurden und teilweise auch heute noch in offener oder subtiler Form wirken. Auch wenn in den vergangenen zwei Dekaden ein zunehmendes Interesse am Frauenfußball zu verzeichnen ist, ist es nicht gelungen, den Frauenfußball in Österreich im selben Ausmaß wie beispielsweise in Norwegen, Deutschland oder der USA zu etablieren. Hier engagieren sich insgesamt nur wenige Mädchen und Frauen im Fußballsport, nach wie vor gibt es keine hauptamtliche Trainerin und selbst die Frauenagenden sind immer noch den Männern überantwortet. Warum dies so ist, soll im folgenden Abschnitt aufgegriffen werden.

3. Erklärungsansätze zur Situation des österreichischen Frauenfußballs

Auch in (anderen) Sportvereinen sind Mädchen und Frauen unterrepräsentiert. Dabei fällt auf, dass die Mädchen zwischen dem elften und 13. Schuljahr die Sportvereine verlassen. Auch das Interesse an Sportarten differiert geschlechtsspezifisch sehr deutlich: Während die Mädchen ihre Interessen auf einem breiten Sportartenspektrum zu verwirklichen versuchen, die Sportart früher und häufiger wechseln, spielen die Jungen in allen Altersklassen primär Fußball (Zinnecker 1989:140f). Auch die österreichischen Daten zum Sporttreiben der Jugendlichen belegen, dass 57 Prozent der Burschen, aber nur sieben Prozent der Mädchen Fußball spielen (Bässler 1995). Nicht umsonst titelt ein Bericht über die Österreichische Jugendstudie „Die Wuchtl ist Nummer eins bei der [männlichen, Hervorh. d. Verf.] Jugend" (Standard 9./10.9.2000).

Die Gründe für die geringe Beteiligung der Mädchen und Frauen im Fußball liegen auf verschiedensten Ebenen, eine davon dürfte in der geschlechtsspezifischen Sozialisation zu finden sein.

3.1. Geschlechtsspezifische Bewegungssozialisation

Der familiären Sportsozialisation kommt im Zusammenhang mit der geschlechtsspezifischen Bewegungssozialisation besondere Bedeutung zu. Schon in den ersten Lebenswochen koppeln die Eltern (unbewusst) eine geschlechtsdifferierende Erwartungshaltung hinsichtlich des Bewegungsverhaltens an das biologische Geschlecht des Kindes (Klein 1983). Da Kinder jedoch wesentlich stärker durch Fremdwahrnehmung und -beurteilung beeinflussbar sind als Erwachsene, die bereits eine soziale Identität und damit Rollendistanz erworben haben, ist davon auszugehen, dass die Erwartungshaltung der Eltern die Selbstwahrnehmung der Kinder wesentlich beeinflusst (Voss 1998:29f). Nicht selten präsentieren die stolzen Väter ihre neugeborenen Stammhalter als künftige Fußballstars und auch die Werbung greift in verklärender Weise das Image der fußballspielenden Jungs auf, auch wenn sie noch Windeln tragen und kaum laufen können (vgl. Titelblatt des Fanmagazins „11Freunde" 2001/8:1).

Die Unterschiede im Bewegungsverhalten zwischen den Geschlechtern sind jedoch nicht a priori in Fähigkeiten und Fertigkeiten zu suchen, sondern vielmehr in den Möglichkeiten und Grenzen, die ihnen bei der Erfahrung ihres Lebensraumes gesteckt werden. Das geschlechtsspezifische Aufsichtsverhalten erhält unter dieser Prämisse große

Bedeutung für die primäre Bewegungssozialisation: Mädchen werden stärker dazu angehalten, sich in der Nähe des elterlichen Hauses bzw. unter Aufsicht von verantwortlichen Erwachsenen aufzuhalten, während Jungen häufig unbeaufsichtigt in einiger Entfernung des elterlichen Hauses umherstreifen (Scheffel 1991:31ff; Nissen 2001). Dabei ist das beschützende Verhalten den Mädchen gegenüber primär durch Angst vor Gewalt motiviert.

Der größere Aktionsradius der Jungen führt u.a. dazu, dass Jungen bzw. Jungengruppen viel eher öffentliche Räume erobern und weiträumige sowie großflächige Bewegungsspiele erfahren. Mädchen entwickeln hingegen Spielformen, die in der räumlichen Nähe der elterlichen Umgebung realisiert werden können. Während Mädchen eher zu informellen Sportaktivitäten ohne Vereinsbindung angeregt werden, wird Jungen hingegen häufig der Vereinssport nahe gelegt, und viele entscheiden sich für den Fußballsport. Dieser stellt offenbar insbesondere für Männer einen hohen Anreizcharakter dar.

3.2. „Männerbund" Fußball
In der Literatur wird daher der Fußball auch als eine Art Männlichkeitsritual in einem männerbündischen System bezeichnet (u.a. Armstrong/Giulianotti 1999, Fischer 2000, Marschik 1997, Pfister 1999c, Sabo/Panepinto 1990), das sich gerade dadurch konstituiert, dass es sich vom „Weiblichen" abgrenzt.

In psychoanalytischen und historischen Studien wird die These vertreten, dass Ausschluss und Abwertung des Weiblichen (bzw. des weiblichen Körpers) immer auch mit männlicher Angstabwehr verknüpft ist (Sexualängste, Verweiblichungsangst, latente Homosexualität, etc.) (Thurner 2000:118). Es wird argumentiert, dass das Interesse der Frauen an diesem Sport für viele Männer die Gefahr der Abwertung ihres vermeintlichen Männersports und einer wichtigen Bezugsquelle für männliche Identität birgt. Fußball ist offenbar mehr als nur ein Spiel (Horak/Maderthaner 1997) und die oben genannten Ängste haben eine lange Tradition: Ähnlich wie im Jahre 1922 – „Ach, wenn sich einmal die Weiber auch schon für den Fußball interessieren, dann ist es um diesen Sport geschehen, dann wird er versumpfen" (Sport-Tagblatt 11.2.1922:5) – wird auch noch am Ende des 20. Jahrhunderts argumentiert, wenn das ehemalige Fußballidol Paul Breitner unumwunden zugibt, dass der Frauenfußball „den Fußball kaputt macht" und dass Fußball spielende Frauen unästhetisch seien (Caracho 1986/1:23). Wenn der Frauenfußball es trotz aller Verhinderungsstrategien doch geschafft hat, sich einigermaßen zu etablieren oder international erfolgreich zu sein (wie die Beispiele in den nachfolgenden Kapiteln zeigen), dann wird dies vor allem dem Grad der Emanzipation der Frauen zugeschrieben (womit indirekt belegt scheint, dass dieses Feld nicht freiwillig „abgegeben" wird, sondern von den Frauen schon „erkämpft" werden muss).

3.3. Fußball für Mädchen und Frauen: ein Randthema in der Ausbildung
Zu den sozialisationsbedingten Gründen für die geringe Fußballbegeisterung kommt in Österreich verstärkend hinzu, dass Leibesübungen für Mädchen ab dem zehnten Lebensjahr normalerweise geschlechterhomogen unterrichtet werden und dabei eher seltener Fußball gespielt wird. Bedingt ist dies dadurch, dass Fußball kein Ausbildungsgegenstand für Leibeserzieherinnen ist. Dabei wäre der nicht-koedukative Unterricht ein idealer Rahmen (quasi „geschützter" Raum), in dem auf Basis der konkreten Bewegungserfahrungen der

Mädchen durch das Fußballspiel die Möglichkeit zur Erfahrung von raumnehmendem Verhalten sowie Durchsetzungsfähigkeit im spielerischen Tun geboten werden kann.

Die bei den Burschen österreichweit organisierten Schülerligen existieren für Mädchen derzeit nur in Wien und laufen auch hier Gefahr, den Sparmaßnahmen der Schulen zum Opfer zu fallen. Damit würde ein wichtiger Ansatz der Nachwuchsarbeit für den Frauenfußball sowie eine zentrale Rekrutierungsmöglichkeit für die Vereine wegfallen.

3.4. Vorurteile und mangelhafte Bedingungen

Die Vorurteile, die dem Frauenfußball entgegengebracht werden, sind vielfältig und zielen vor allem auf eine Geringschätzung der Leistungen von Frauen ab (Hutterova zit.n. Diketmüller 1999). Wie schon im kurzen Abriss der Entwicklung des österreichischen Frauenfußballs angedeutet, reichen die Argumente von der allgemeinen Unfähigkeit von Frauen im Sport generell und im Fußballsport im Besonderen, über die Annahme, dass der Fußball für Frauen gesundheitsschädlich sei und der Natur der Frau nicht entspräche, dass Frauenfußball langweilig und nicht schön anzusehen sei, dass der Frauenfußball der schlechtere Fußball sei, dass Fußballerinnen vermännlichten oder Lesben seien, dass Fußballerinnen die Plätze (aufgrund ihres Unvermögens, Fußball zu spielen) zerstören, dass es kein mediales Publikum für den Frauenfußball gäbe, dass selbst Frauen keine weiblichen Trainerinnen wollen und Schiedsrichterinnen kein Männerspiel pfeifen können usw. (u.a. Fechtig 1995; Kempler 1991; Linsen 1997; Pfister 1999 a, b, c; Weiser 1995). Ohne die Anerkennung als gleichwertige Sportart bzw. als gleichwertige Sportlerinnen kann eine Weiterentwicklung des Frauenfußballs jedoch kaum gelingen.

Olga Hutterova, die derzeitige Vizetrainerin des österreichischen Damen-Nationalteams beklagt vor allem die schwierigen Rahmenbedingungen, unter denen die Frauenteams ihre Trainings und Spiele absolvieren. Nahezu unisono äußern sich Spielerinnen wie Trainerinnen über fehlende oder von Männern vorab besetzte Spiel- und Trainingsplätze (Männerfußball geht vor, vgl. Linsen 1997:255; Hutterova 2000), für die Fußballerinnen bleiben oft nur ungünstige Termine oder schlechte Ausweichplätze.

3.5. Fehlende Vorbilder: wo sind die Superstars und Trainerinnen?

Ein zentrales Problem sind sicherlich die fehlenden weiblichen Vorbilder. Nicht, dass es nicht tolle Fußballerinnen gäbe: In den USA ist beispielsweise Mia Hamm mit Abstand die beliebteste Sportlerin unter den amerikanischen Teenagern, die Chinesin Sun Wen wurde als erste Frau für den Award des „Asian player of the year" nominiert und „entthronte" damit ihren männlichen Gegenspieler Nakata (Rimati 2001). Auch aus Österreichs Frauennationalteam spielen bereits fünf Spielerinnen bei deutschen Vereinen, aber ohne mediale Unterstützung wird es wohl kaum gelingen, erfolgreiche Fußballerinnen der Bevölkerung auch nur bekannt zu machen.

In Österreich mangelt es aber auch an Trainerinnen. So war es beispielsweise der Kronen Zeitung 1991 noch eine ganze Seite wert, über die erste Frau mit Fußballtrainerinnenlizenz wie über eine seltene Spezies zu berichten. Natürlich nicht ohne entsprechenden Kommentar mit dem Titel „Und ewig lockt das Weib" sowie einer Kopie des Zeugnisses, damit man das auch wirklich glauben kann (Kurier 6.10.1991). Dennoch gibt es heute noch immer keine hauptamtliche Fußballtrainerin und auch im Jahr 2000 hat keine einzige Frau diese Ausbildung absolviert (im Vergleich zu 63 Männern).

Wie sehr Geschlechterverhältnisse im (Fußball-)Sport dominant sind, wird auch an den Reaktionen ersichtlich, wenn männliche Fußballer plötzlich von einer Trainerin trainiert werden sollen. Sogar die Times in London (23.7.1999) berichtete über Italiens Entsetzen, dass Carolina Morace, eine der weltbesten Fußballspielerinnen, Trainerin des Drittligisten US Viterbese werden sollte. Man hätte zwar weibliche Pilotinnen, Soldatinnen und Ministerinnen akzeptiert, „but the idea of a female football coach could be a step too far ... this punctures the last male taboo in Italy". Es ist offenbar kein Problem, die fußballerische Kompetenz von Frauen aufgrund der Tatsache, dass sie Frauen sind, öffentlich anzuzweifeln. Es ist daher auch nicht verwunderlich, wenn Frauen freiwillig darauf verzichten, sich als Trainerinnen in einem derart männlich dominierten Feld zu engagieren.

3.6. Keine Anerkennung, keine mediale Präsenz, keine Sponsoren: das Kernproblem des österreichischen Frauenfußballs

Hutterova sieht gerade im Fehlen von Anerkennung, Medienpräsenz sowie Sponsoren das Kernproblem des (österreichischen) Frauenfußballs (u.a. Fanizadeh/Krings/Wachter 1998, Diketmüller 1999, Hutterova 2000). Wie auch das Beispiel um Morace zeigt, ist es vor allem die Art der Berichterstattung über den Frauenfußball, die junge Frauen nicht gerade enthusiastisch zu dieser Sportart strömen lässt: Denn nicht jede mediale Aufnahme bedeutet auch eine ernstgemeinte Unterstützung der Frauen. Im folgenden Zitat wird dies sichtbar, wo zwar einerseits die Gründe für die Absenz von Mädchen in Fußballvereinen angesprochen werden, auf der anderen Seite aber klar wird, welchem gesellschaftlichen Druck junge Frauen auch noch am Ende des 20. Jahrhunderts ausgesetzt sind, wenn sie eine Sportart ausüben (wollen), die nicht dem gängigen Geschlechterstereotyp entspricht:

> „Die Kader sind eng. Mittel- oder Hauptschülerinnen, vor allem aber Verkäuferinnen bilden das Reservoir. Meist handelt es sich um Töchter fußballbegeisterter Väter, die die Rollen fehlender Söhne ausfüllen. Die Euphorie endet meistens, wenn die Liebe zu blühen beginnt. Dann stellt der Freund, entsetzt über den Anti-Frauen-Sport, die Gretchenfrage." (Die Presse 24.6.1997)

Auch im internationalen Frauenfußball werden die weiblichen Superstars immer noch ignoriert. So beklagte z.B. das Internetforum Womens Soccer World, dass BBC World Television sowie Fox Sports World (Sky Sport-News) zwar ausführlichst über den Welt-Award für den besten Fußballer und sogar den „men's fair play award" berichtet haben; die beste Spielerin des Jahres, Mia Hamm, wurde jedoch ebenso wie die beiden anderen Finalistinnen Sun Wen und Milbrett völlig ignoriert:

> „In terms of attitude to women in soccer and sports in the English media again confirmed our previous comments, and can be safely grouped with the Italians with their Neanderthal views of women in sports" (http://www.womensoccer.com/refs/comment-refs, 17.12. 2001).

Aufgrund der nicht vorhandenen Medienpräsenz bleiben die Sponsoren weitgehend aus. Aber auch von Verbandsseite kann (ohne Kampf und Engagement für die Frauen) kaum Unterstützung erwartet werden. Selbst Anreisen zu Bundesligaspielen stellen ein finanzielles Problem dar, während die Männer derselben Spielklasse eher um Millionenbeträge in ihren Verträgen pokern. Der österreichische Frauenfußball wurde beispielswei-

se im Jahr 2000 mit einem Betrag von lediglich 14.535 € unterstützt, weit entfernt von
dem im Männerfußball üblichen Prämiensystem (vgl. Kap. 5). Trotz harter Qualifika-
tionen zur EM-Endrunde gibt es keinerlei Prämien – und somit auch keinerlei finanzielle Anreize für den Frauenfußball.

Zusammenfassend lassen sich viele Gründe für die geringe Beteiligung von Mädchen und Frauen im Fußball festmachen. Zum einen können bewegungs-/sozialisatorische
Erklärungsmodelle herangezogen werden, zum anderen sind es vielfach tradierte Stereotype und Vorurteile, aber auch konkrete, z.T. absichtsvolle Ungleichbehandlungen
und Diskriminierungen. Die Trainerin Olga Hutterova (2000) schreibt in ihrer Analyse
zur Situation des österreichischen Frauenfußballs, dass die häufig genannten schlechten
Rahmenbedingungen in vielen Fällen behebbar wären und dass es aus ihrer Sicht unbedingt notwendig ist, engagiert für eine Beseitigung erschwerter Verhältnisse zu kämpfen und Verbesserungen couragiert und selbstbewusst einzufordern.

4. Ein Blick über die Grenzen: Die „Weltmacht" USA

„Die Geschichte von Soccer in den USA ist eine Geschichte der Fehlschläge". So beginnt die Beschreibung des Stellenwerts des Fußballs in den USA von Markovits/Heller-
mann (1997:185ff). Sie lässt jedoch den Frauenfußball in den USA völlig außer Acht
und bezieht sich, wie viele andere FußballexpertInnen auch, auf den von Männern betriebenen Fußballsport. Dabei stellen die USA die derzeitigen Weltmeisterinnen (1999)
und Vizeolympiasiegerinnen (2000) und zeichnen verantwortlich für eine beispiellose
Erfolgsgeschichte des Women's Soccer.

Diese begann in den USA in den 1970er-Jahren, als die erste ernst zu nehmende
Profi-Liga NASL bei den Männern gegründet wurde. Nachdem 1972 in den USA der
Artikel IX des „US Education Act" beschlossen wurde, in dem Frauen und Mädchen
völlige Gleichberechtigung in den Erziehungsinstitutionen garantiert wird (u.a. Shelton
2001), stieg die Beteiligung am schulorganisierten Mädchenfußball innerhalb nur eines
Jahrzehntes von 700 auf 75.000 Spielerinnen an (Federmair 2001:11). Diese Vielzahl an
Spielerinnen stellt auch ein nahezu unerschöpfliches Potenzial für den Fußball als
Mädchensportart dar. Interessant ist dabei jedoch das Image, das der Fußball in den USA
innehat:

Während in Europa der Frauenfußball von männlichen Traditionalisten z.T. noch
immer als Verstoß gegen die weibliche Natur betrachtet wurde, sahen dies viele ihrer
amerikanischen GeschlechtsgenossInnen ganz anders: Fußball wird dort nicht nur als
„Whimp sport" bezeichnet (ein Sport für Weichlinge), sondern auch mit „weibisch"
denunziert (Schulze-Marmeling 2000:100). Ein Sport also, der für Mädchen geeignet
ist, den Männern jedoch kein Renommee bringt, denn: „Harte Burschen spielen Football".

Tatsächlich dürfte das zwiespältige Verhältnis von Soccer zu American Football
mitverantwortlich für die Popularität von Fußball bei den US-Frauen gewesen sein
(Federmair 2001:11). Während Football seit seiner Entstehung im 19. Jahrhundert immer männerdominiert war, hat der Fußballsport in den USA seit seinem fulminanten
Spätstart in den 70ern in hohem Maße die (weiße) weibliche Bevölkerung angesprochen und gilt dort – anders als bei uns – als der ideale Familiensport.

„Mütter spielen mit ihren Söhnen und Töchtern und besuchen oft häufiger als die immer noch stark footballfixierten Väter die Spiele ihrer Kinder. Auch die amerikanischen Fußball-stadien werden in viel höherem Ausmaß von Frauen besucht als das etwa in Mitteleuropa der Fall ist. Viele US-Familien haben in den letzten Jahren Soccer als familienfreundliche Alternative zum martialischen Football entdeckt." (Federmair 2001:11)

Verglichen mit den Ergebnissen der Männer ist der Frauenfußball in den USA äußerst populär. Rund neun Millionen oder 39 Prozent aller beim nationalen Verband United States Soccer Federation registrierten Kicker sind Frauen. Frauenfußball findet hier unter ideologisch anderen Vorzeichen als in England oder Deutschland statt. Hinzu kommt, dass sich der amerikanische Frauenfußball nicht mit dem Ballast einer großen männli-chen Fußballtradition auseinander setzen musste und der Frauenkick eine für amerika-nische Bedingungen wichtige Voraussetzung erfüllt:

„Während die Männer international nur als höchstens zweitklassig eingestuft wurden – was im eklatanten Widerspruch zum Selbstverständnis der Weltmacht Nr. 1 stand – gehör-ten die Kickerinnen stets zu den Weltbesten. Ein Großteil der US-Öffentlichkeit liebt auf internationalen Bühnen die eigenen Sportler nur als Sieger." (Schulze-Marmeling 2000:100)

Der Frauenfußball sollte zunächst jedoch das verhaltene US-Publikum für den „richtigen" World Cup 1994 mobilisieren. Im bekannten Buch von Blickensdörfer/Reiber (1994): „Ein Ball fliegt um die Welt. Vom Zauber des Fußballs" wird sichtbar, welche Rolle dem Frauenfußball dabei zugedacht wurde: die der „US-Girls als Schrittmacher" für den „wah-ren" Fußball „im Jahre Zwei vor dem World Cup '94". Die Frauen erfüllten ihre ihnen zugedachte Rolle auch bravourös: 1991 wurden die US-Fußballerinnen in China die er-sten Weltmeisterinnen. Nicht uninteressant dabei war, dass die Massenmedien für den Erfolg der Kickerinnen aus dem „Fußballentwicklungsland" USA vor allem die fortge-schrittene Emanzipation ins Treffen führten. 1995 bewarben sich bereits 56 Nationen für den Women's World Cup in Schweden, wo Norwegen vor Deutschland und den USA gewann. Ein Jahr später war der Frauenfußball erstmals olympisch und dies wurde zu einem vollen Erfolg für den Frauenfußball: Das Finalspiel, in dem die USA China mit 2:1 bezwangen, verfolgten 76.481 ZuschauerInnen (Schulze-Marmeling 2000:101).

Der ganz große Durchbruch gelang aber 1999, als der Women's World Cup in den USA veranstaltet wurde. Am 10. Juli 1999 gewannen die USA die dritte Fußball-WM in einem packenden Finale nach Elfmeterschießen gegen China. Nicht nur Amerika schaute gebannt zu; dieses Spiel war für einige europäische und asiatische TV-Sender Anlass, erstmals den Frauenfußball medial aufzugreifen.

„Nicht ein einziger Sitz blieb leer in der Rose Bowl, dem legendärsten Footballstadion des Landes. Die offizielle Zuschauerzahl war 90.185, die größte Kulisse, die jemals ein Frauensportereignis gesehen hat. 40 Millionen saßen vor den Fernsehgeräten" (Gaouyer/ Federmair 2001:10), darunter auch Bill Clinton. Dies waren deutlich mehr als eine Woche zuvor das Finale der National Basketball Association mitverfolgt hatten.

„Drei Wochen Women's World Cup leisteten hinsichtlich der Verbreitung von Soccer in den USA einen wirkungsvolleren Beitrag als alle vorausgegangenen (männlichen) Bemühungen." (Schulze-Marmeling 2000:101)

Eine der bedeutendsten Sportzeitungen in den USA, die Sports Illustrated wählte daraufhin Hamm & Co zu den Sportlerinnen des Jahres 1999. In der Woche nach dem Titelgewinn war das Team am Cover der wichtigsten Magazine wie Newsweek, Time,

Sports Illustrated und People. Frauenfußball war in den USA schlichtweg das bestimmende Thema zu dieser Zeit.

Im Jahr 2000 errangen die Spielerinnen der USA bei den olympischen Spielen in Sydney Silber: In einem dramatischen Finale ging der Sieg durch das erste Golden Goal in der olympischen Frauen-Geschichte durch Dagny Mellgren zum 3:2 an Norwegen. (Fitschen 2000).

4.1. Gründung der Women's United Soccer Association (WUSA)

Was für den heimischen Frauenfußball noch undenkbar scheint, schafften die US-Fußballerinnen mit der Gründung einer eigenen Fußballprofi-Liga. Zeitgleich mit dem WM-Titel 1999 wurde die erste professionelle Frauenfußball-Liga gegründet, die Women's United Soccer Association (WUSA). Als deren Eigentümer engagierten sich vorwiegend große Kabel-TV-Gesellschaften, die einen neuen Markt heranwachsen sahen. Für europäische FußballtraditionalistInnen mutet eine derartige „Reißbrett"aufteilung des Frauenfußball-Marktes in acht Teilmärkte sonderbar an (Gaouyer/Federmair 2001:10). Dennoch wurden im Mai 2000 20 Spielerinnen des US-Nationalteamkaders auf diese acht Klubs aufgeteilt. Kurz darauf verpflichtete die Liga 16 ausländische Stars (v.a. aus Norwegen und Deutschland) und verkündete die Namen der einzelnen Klubs sowie die dazu gehörenden Logos und Stadien. In einem ersten Player Draft wählen die Klubs der Reihe nach die von der WUSA verpflichteten Spielerinnen aus.

Angesichts der Eigentümerstruktur der WUSA fällt die Einschätzung der Zukunft zwiespältig aus, denn die Einschaltquoten mit einer halben Million ZuseherInnen liegen derzeit noch hinter den Erwartungen zurück. Dafür ist die Zahl von durchschnittlich 8.000 ZuschauerInnen (wobei zwei von acht Stadien nur 7000 ZuschauerInnen fassen) auch im Vergleich zu österreichischen Verhältnissen erstaunlich hoch. Nach anfänglichen Problemen erhöhte sich das allgemeine Spielniveau, da nicht zuletzt alle guten Spielerinnen des Weltmeisters '99 sowie einige ausländische Superstars verpflichtet werden konnten (Fitschen 2000). Trotz der internationalen Erfolge und der positivst bewerteten Nachwuchsarbeit steht der Frauenfußball in Konkurrenz zu den anderen Frauenligen wie z.B. der Women's National Basketball Association, die ganz wesentlich von der gigantischen Marketingmaschinerie der NBA profitieren kann.

Im US-Sportveranstaltungskalender kann der Frauenfußball jedoch eine gute Nische nützen: „Women's Soccer könnte das weibliche Pendant zum fast ausschließlich von Männern gespielten American Football werden" (Gaouyer/Federmair 2001:11). Denn in den High Schools und Colleges ist Football der einzige Sport, der keine Frauensparte hat. Alle anderen Sportarten werden von beiden Geschlechtern gleichermaßen betrieben: Basketball, Volleyball, Tennis, Golf, (Männer)Baseball/Frauen Softball usw. Football, der größte Zuschauersport steht jedoch isoliert da. Hierin sehen die AutorInnen die große Chance für den Frauenfußball in den USA.

Die WUSA-Topstars verdienen derzeit etwa 80.000 $ pro Jahr, womit sie als deutlich unterbezahlt gelten. Andererseits können Frauen sonst kaum auf der Welt ihren Lebensunterhalt mit Fußball verdienen. Sollte die WUSA tatsächlich längerfristig überleben, dann könnten die USA wieder eine Vorreiterrolle übernehmen und als Vorbild für künftige Frauenligen in Europa dienen. Nachahmer hat sie bereits im europäischen Frauenfußball gefunden. So unterstützt der Multimilliardär Mohammed al-Fayed, bereits Besitzer des FC

Fulham, auch die Etablierung der ersten Frauen-Profielf in England aus Anlass seiner Begeisterung bei der WM 1999 in den USA (Die Zeit 10.1.2002:55).

„Was für eine paradoxe Vorstellung, dass gerade die USA frischen Wind in die Sportart bringen könnten, die weltweit die beliebteste ist! Weltweit, außer in den USA." (Gaouyer/Federmair 2001:11).

Zusammenfassend ist festzuhalten, dass der Frauenfußball in den USA vor allem für weiße Oberschichtfrauen ein Feld zur Betätigung und Anerkennung geworden ist. Gerade weil die Männer andere Sportspiele als „ihre" Nationalsportarten besetzt haben, konnten sich Frauen in dieser Sportart positionieren (Foley 1990). Deutlich wird am Beispiel des Frauenfußballs in den USA aber auch, dass Professionalisierung und mediale Unterstützung bedeutende Faktoren für den internationalen Erfolg eines Teams sind. Dass dies jedoch möglich wurde, ist nicht unabhängig von den besonderen gesellschaftlichen Wertehaltungen sowie kulturellen Besonderheiten dieser Gesellschaft zu sehen.

5. Spezifische Entwicklungsbedingungen des Frauenfußballs

5.1. Marktprinzipien versus Gender-Mainstreaming: das Beispiel Norwegen

Norwegen ist eine der führenden Nationen im Frauenfußball. 70.000 Spielerinnen stellen die größte Frauensportorganisation Norwegens (bei einer GesamteinwohnerInnenzahl von 4,4 Mio.) und das Nationalteam gewann olympisches Gold 2000 in Sydney sowie die Weltmeisterschaft von 1995. Gemessen an den internationalen Erfolgen wies Norwegens Frauennationalteam bislang immer bessere Platzierungen auf als das der Männer.

Und obwohl Norwegens Frauenfußball aufgrund seiner Top-Ergebnisse an der Grenze zur Professionalisierung steht, liegen immer noch Welten zwischen den Prämien, die Männer und Frauen für Teilnahme bzw. Siege an Spielen bei internationalen Großereignissen (wie WM und EM) vom norwegischen Fußballbund erhalten.

In der Studie von Hovden (2000:3ff) über den Wert von Gender in „globalisierten" Sportsystemen wird deutlich, dass für den Frauensport wie für den Frauenfußball nicht der „Erfolg" zählt, sondern dessen erwartbares massenmediales Verwertungspotenzial im Vergleich zur a priori qua Geschlecht höher gewerteten Männerleistung.

I. Männer:
Individuelle Prämien:
WM 1998 (gerundet in €):

a) Basis-Spiele:	Sieg:	3.761 €	
	Niederlage:	1.881 €	
b) Qualifikation Achtelfinale:		11.284 €	
c)	Sieg	Niederlage (11-Meter)	Niederlage
1/8:	15.672 €	6.269 €	2.507 €
1/4:	18.807 €	7.523 €	3.135 €
1/2:	25.076 €	9.403 €	3.761 €
Bronze:	25.076 €	12.538 €	5.767 €
Finale:	59.556 €	21.942 €	12.538 €

Qualifikation für die Europameisterschaft 2000:

a) Auswärtsspiele:	Niederlage: 1.128 €, Sieg: 3.636 €
Heimspiele:	Sieg: 2.508 €

II. Frauen:
Individualprämien:
Qualifikation und Finalspiel bei EM/WM und Olympischen Spielen:
                          Sieg: 251 €,
                          Niederlage im Finale: 125 €

Extra Team-Prämie für Medaillen:
Bronze: 6.269 €, Silber: 15.673 €, Gold: 37.614 €.

Im Wissen, dass Norwegen als eines der Länder bekannt ist, in dem Frauenförderung besonders gut verankert ist, erstaunen diese großen Unterschiede im Prämiensystem doch sehr. Ausgearbeitet und beschlossen wurde dieses Belohnungssystem vom *executive board* der Norwegian Football Federation, einem politisch agierenden und demokratisch gewählten Organ, das gleichzeitig auch für die Umsetzung der Gleichberechtigungsmaßnahmen verantwortlich zeichnet. Auf die Frage, warum gleiche und sogar geringere Leistungen der Männer um das zehn- bis 20fache höher honoriert werden als die ihrer weiblichen Kolleginnen, wird interessanterweise mit der Abhängigkeit von globalen Marktmechanismen geantwortet. Dabei werden angenommene Geschlechterdifferenzen in Abhängigkeit zu den Marktanforderungen grob geschätzt und es wird davon ausgegangen, wie der Markt theoretisch die Leistung von den Männern und Frauen bewerten würde.

Diese Fakten eröffnen Fragen nach den politischen Konsequenzen, die diese monetäre Bewertung von Gender im Spitzensport auslösen müsste. Es bleibt aber Skepsis dahingehend, wie eine Politik, die von Marktmechanismen und wirtschaftlichen Kalkulationen geleitet ist und Gender quasi „bewertet", gleichzeitig Gleichberechtigung fördern soll. Dieses Belohnungssystem verdeutlicht, dass Sportorganisationen offenbar weniger an der Entwicklung und Umsetzung konkreter gesellschaftspolitischer Zielsetzungen arbeiten, als dass sie vielmehr in ihren Überlegungen a priori von den Mechanismen des Marktes ausgehen und diese als eigene Instrumente ihrer Politik einsetzen.

5.2. Der zusätzliche „Marktwert" von Frauen: Nacktheit als Publicitychance

Nicht nur vor Sportgroßereignissen (z.B. Olympia 2000) scheint es zunehmend Sitte geworden zu sein, dass Frauen (und vereinzelt auch Männer) sich und ihre Körper in den Dienst der Sportart bzw. die Vermarktung des Frauenfußballs stellen.

Ein Beispiel aus Norwegen kolportiert, dass die Kapitänin des norwegischen Frauenfußballteams für die Präsentation eines Nacktphotos mit schlichter „Dekoration" durch einen Fußball mehr als das doppelte an Geldern erhalten haben soll als sie als Fußballerin für den Sieg der Weltmeisterschaft 1999 erhalten hätte (der Sieg hätte einer Frau 4.076 € eingespielt, ein Mann hätte hingegen 59.556 € erhalten).
Eine Teamkollegin kommentierte dies folgendermaßen:

> „In many ways it is necessary for female football players to expose their sexual attributes … they succeed more in this way. In most cases will an attractive appearance represent the difference between being attractive for the media or remain anonymous. This is one of the only opportunities for female football players to be focused on – to get some attention. The male players are spared for this kind of exposure … And I notice that it was the smartest and most attractive players, who were chosen." (Nordly, 7.7.1997 zit.n. Hovden 2000:7f)

Dass sich diese Praxis jedoch nicht nur im Spitzenbereich immer mehr verbreitet, sondern auch in den niedrigeren Regionalklassen – und auch in Österreich – belegt die Information über die Werbung des Kalenders soccerART 2002 in den Salzburger Nachrichten vom 13.12.2001.

Bemerkenswert ist dabei vor allem die Tatsache, dass sich der für Frauenfußball üblicherweise unzugängliche, weil knappe und kostbare Raum in den Printmedien, öffnet. Eine viertel Seite war es wert, um unter dem Titel „Nackte Fußballerinnen" auf die Misere eines Mühlviertler Frauenfußballteams aufmerksam zu machen, dem es nicht gelungen war, Sponsoren für die nötigen Winter- und Sommerdressen zu gewinnen. Die Herausgabe eines soccer-Kalenders brächte die hüllenlosen und nur mit „Kicker-Utensilien" dekorierten Fußballerinnen „verdienstmäßig in die Champions League". Ein Vorgeschmack auf die Inhalte wurde selbstverständlich mit zwei Kalendermotiven gegeben, die durchaus den Eindruck junger selbstbewusster Frauen vermittelten, die sich nicht zu scheuen brauchen, ihre schönen und athletischen Körper einem breiten Publikum zu zeigen. Anstelle einer kritischen Diskussion der Situation des Frauenfußballs in Österreich mit einer Analyse der Ursachen für Hemmnisse und Barrieren lässt man jedoch den Fotokünstler des Kalenders zu Wort kommen: „Ich verwende eine Doppelbelichtung, die die sportlichen Frauenkörper reizvoll mit dem Thema Fußball verbindet".

Gerade in dieser Aussage wird die Ambivalenz sehr deutlich, in der sich die Fußballerinnen, aber auch Sportlerinnen in anderen männerdominierten Sportarten befinden: Sportlerinnen werden offenbar nach wie vor daran gemessen, inwieweit ihr Sporttreiben mit dem Frausein vereinbar ist (Abraham 1998; Diketmüller 2000; Kugelmann 1996). Gerade das Vorurteil, dass Fußballerinnen „keine Frauen" seien, durchzog die gesamte Geschichte des Frauenfußballs: „Das Klischee vom unweiblich ausschauenden Fußballtrampel hielt sich beharrlich in den Köpfen der sich verweigernden Zuschauer" und beeinflusste auch noch in den 80er-Jahren ihr Image (Fechtig 1995:40). Diese Art der Lächerlichmachung und die Absprache des Frauseins verfehlte in den seltensten Fällen ihre Wirkung und hielt bzw. hält auch heute noch viele Frauen vom Fußball ab.

Aber nicht nur in Österreich, auch in jenen europäischen Ländern, in denen die Anzahl der kickenden Frauen stark im Steigen ist und (bald) schon jene der Männer übertreffen wird (z.B. Norwegen), leidet der Frauenfußball unter medialer Nichtbeachtung (Skogvang 2000; Thurner 2000:121):

„Die Medien übersehen den Frauenfußball (mit Ausnahme großer Ereignisse wie etwa Welt- und Europameisterschaften) fast völlig oder stellen die Spiele eher als Kuriositäten oder ‚Schönheitskonkurrenz' dar." (Marschik/Eder 1996:323) Bachmann (1997) führt am Beispiel einer Analyse der österreichischen Sportberichterstattung sehr deutlich vor Augen, wie unterschiedlich sporttreibende Frauen und Männer im Sport dargestellt werden und Geschlechterhierarchien über den medial vermittelten Sport immer wieder hergestellt und konstruiert werden (*doing gender*).

5.3. „*Abseits*" in virtuellen Räumen: Frauenfußball im Internet
Da die den Männern vorbehaltenen Zugänge zu den Medien für Frauen vielfach versperrt bleiben, müssen sie andere Strategien der Außendarstellung nützen. Dem Frauenfußball bleiben da oft nur die virtuellen Räume (Sturm 2001). Gerade in Zeiten der Globalisierung kommt dem Internet große Bedeutung zu. Für diese Arbeit war es ein

grundlegendes Medium, um sich ein Bild über die aktuelle Situation im Frauenfußball weltweit zu machen. Darin liegen aber auch ungeahnte Chancen für den Frauenfußball und die Möglichkeit, dass Frauen selbstbestimmt ihren Fußball präsentieren und der Öffentlichkeit mitteilen können. Unzählige Homepages der Top-Spielerinnen und Spitzenvereine verdeutlichen diesen Trend und ermöglichen einen weltweiten Einblick und Zugang zu Informationen. Dieses Medium trägt somit zur Medialisierung (auf „Alternativwegen") und Personalisierung des Frauenfußballs bei (Schulze-Marmeling 2000:221).

Indem durch dieses Kommunikationsmedium auch einzelne (periphere) Regionen und Länder weltweit die Gelegenheit haben, auf ihre spezifischen Situationen im Frauenfußball aufmerksam zu machen, können Prozesse der Marginalisierung von fußballspielenden Frauen insgesamt eine höhere Transparenz erfahren. Das Internet bietet aber auch eine Plattform für internationalen Austausch und weltweite Solidarität, wodurch u.a. auch hilfreiche Interventionen und Unterstützungen initiiert werden können, wie am Beispiel der Mathare Youth Sports Association (MYSA) in Kenya sichtbar wird, die den Ansatz des Mädchen- und Frauenempowering über das Medium Fußball verfolgt. International wird dieses Projekt sogar als „example of good practice" im Zusammenhang mit Entwicklungsländern gewürdigt (Shelton 2001:12; Boit 2000).

Die neuen Kommunikationsmedien bieten auch einen wichtigen Informationspool für Stellenangebote und stellen somit eine notwendige Basis für die zunehmende Mobilität von Fußballerinnen und Trainerinnen dar. So gesehen verblüffte die Information über die Suche des Iranischen Frauenfußballbundes nach einer Trainerin nicht nur Frauen und Männer gleichermaßen auf der ganzen Welt, sondern bot gleichzeitig auch einen Einblick in Realität und Aufschwung des iranischen Frauenfußballs (Rimati 2001).

5.4. Mobilität und Transfers im Frauenfußball: eine Chance für sozialen Aufstieg?
Der Fußballsport wird nicht zuletzt auch deshalb als *global play* bezeichnet, da die Transfers der „Ware" Fußballer („Rohstoffe aus Deutschland", Spitzengagen etc., vgl. Schulze-Marmeling 2000:188ff.) im großen Stil zunehmende internationale marktwirtschaftliche Bedeutung erhalten. Der Frauenfußball ist an diesem Globalisierungsprozess sehr unterschiedlich beteiligt: Während in den USA das gesamte Spielsystem der Frauenfußballprofi-Liga auf dem Zukauf der besten europäischen Spielerinnen aufgebaut ist (vgl. WUSA, siehe oben), freut man sich in der so genannten „Peripherie" des Frauenfußballs schon über kleinere Transfers mit oft höchst bescheidenen finanziellen Abgeltungen. Der Transfer der ÖFB-Teamspielerin Birgitt Hufnagl vermittelt sogar Aufbruchstimmung im gesamten österreichischen Frauenfußball. Als einer der wenigen Frauen gelang es ihr, im Sommer 2001 ihre Profikarriere beim MSV Duisburg in der deutschen Bundesliga zu starten und sie wurde als Fußballerin sogar zur niederösterreichischen Sportlerin des Jahres 2001 gewählt (NÖ-Nachrichten, Dezember 2001).

Da liest sich die Geschichte der ersten österreichischen Fußball-Legionärin Elke Scheubmayr von 1994 noch ganz anders: Während sie werktags in Vorarlberg arbeitete, reiste sie am Wochenende nach Italien, um bei ihrem Verein FC Real Saliceta Modena Meisterschaftsspiele zu bestreiten. Von Profitum – wie bei den männlichen Fußballern auch in Österreich üblich – war jedoch keine Spur: „Legionärstum mit Idealismus gegen Spesenersatz für die 550 km Distanz Vorarlberg-Italien." (Weiser 1995:103)

Ob das Fußballspiel auch für Frauen die Möglichkeit „für soziale Mobilität in einer ansonsten weitgehend zementierten gesellschaftlichen Hierarchie" (Schulze-Marmeling 2000:240) in derselben Tragweite bietet wie für Männer, mag vorerst eher noch bezweifelt werden:

Abgesehen davon, dass bislang nur wenige Top-Spielerinnen weltweit in den Genuss einer finanziell „angemessenen" Abgeltung kommen, laufen Frauen sogar Gefahr, aufgrund der ablehnenden Haltung der Männer (und nicht selten auch der Frauen) noch stärker stigmatisiert und neuerlich ghettoisiert zu werden (Angerer 1995:181), „weil Frauen nun eben ihr neues Selbstbewusstsein offen ausleben und zur Schau stellen und die Herausforderung der Männerwelt öffentlicher und offensichtlicher gestalten" (Marschik/Eder 1996:325). Wie Fasting (1997, vgl. auch Caudwell 1999) im Rahmen einer internationalen Studie herausfand, führte die bloße Tatsache, dass Frauen Fußball spielen, bei vielen bereits a priori zur Annahme, dass sie lesbisch sein könnten: „In my community many believe that everyone who plays soccer in my club is a lesbian". Die Interviews mit norwegischen und schwedischen Spitzenfußballspielerinnen ergaben, dass alle befragten Fußballerinnen, unabhängig von der eigenen sexuellen Orientierung, diesbezüglich immer wieder negative Erfahrungen gemacht haben. Angesichts der weitgehend homophobisch/-negativ eingestellten Gesellschaft bedeutet diese latente Gefahr der Zuordnung keinesfalls eine gesellschaftliche Aufwertung, sondern intendiert die Gefahr der Stigmatisierung. Diese latente „Gefahr" und die ständigen Verdächtigungen haben in Schweden sogar schon zu Problemen bei der Rekrutierung des Fußballerinnennachwuchses geführt, da Eltern aus Angst davor ihre Töchter aus den Teams herausgenommen haben. (Bei Männern wird die Frage nach der sexuellen Orientierung aufgrund derselben Tatsache, dass sie Fußball spielen, a priori nicht gestellt). Besonders Frauen können dadurch in ihre Schranken gewiesen werden, wie Griffin folgert:

> „Homophobia is a powerful political weapon of sexism. The lesbian label is used to define the boundaries of acceptable female behavior in a patriarchal culture. When a women is called a lesbian, she knows she is out of bounds … Because women's sport has been labeled a lesbian activity, women in sport are particularly sensitive and vulnerable to the use of the lesbian label to intimidate them." (zit. n. Fasting 1997:1)

6. Entwicklungsansätze für den österreichischen Frauenfußball

Die folgenden Entwicklungsperspektiven gehen von der grundsätzlichen Annahme aus, dass eine vermehrte Einbindung von Mädchen und Frauen in den Fußballsport zum einen erweiterte Bewegungs- und Entwicklungsgelegenheiten für diese Gruppe bietet (vgl. Nissen 2001; Scheffel 1991; Schmitz/Neidhardt 2001). Zum anderen würde die Einbringung dieser „anderen" Erfahrungen auch dazu führen, dass sich der Fußballsport insgesamt sowie die darin z.T. zementierten Geschlechterverhältnisse ändern und weiterentwickeln.

Die Forderung nach erweiterten Zugangsmöglichkeiten für Frauen und Mädchen zum Fußball soll jedoch nicht fälschlicherweise als uneingeschränkte Zustimmung für ein Fußballsystem missverstanden werden, das durch Medialisierung und Professionalisierung auch viele kritische Aspekte aufweist (vgl. Fanizadeh/Krings/Wachter 1998), sondern als Ausdruck gleichberechtigter Möglichkeiten für Frauen und Männer.

Das Engagement im Fußballsport im Sinne einer selbstbestimmten Entscheidung von Frauen dürfte im Jahr 2002 meines Erachtens nicht mehr aufgrund geschlechtsrollen-stereotyper Diskriminierungen oder Behinderungen scheitern. Da die vorangegangenen Kapitel für den Frauenfußball jedoch noch eine andere Realität aufzeigen, halte ich eine bewusste Unterstützung der Interessen von Frauenanliegen im Fußballsport auch aus demokratiepolitischer Sicht für notwendig. Im Folgenden werden daher verschiedene Ansatzpunkte für eine Förderung des österreichischen Frauenfußballs aufgelistet und diskutiert.

Ein zentraler Aspekt, den Zugang der Mädchen zum Fußballspiel zu erleichtern, liegt in der schulischen Einbindung. Dabei könnte gerade das Fach Leibeserziehung für Mädchen einen idealen Rahmen für die je individuellen Erfahrungen der Mädchen bieten, wo raumnehmendes Verhalten sowie die Aneignung von Durchsetzungsfähigkeit im und durch das Fußballspiel vermittelt werden können. Ohne an dieser Stelle eine Lanze um eine Intensivierung schulsportlich-wettkampforientierter Aktivitäten vom Zaum brechen zu wollen, sollten zumindest schon aus Gründen der Chancengleichheit Mädchenschülerligen oder gemischt angebotene Teambewerbe österreichweit angeboten und ausgetragen werden können.

Dies erfordert eine profunde Ausbildung der Leibeserzieherinnen, damit sie Fußball mit Bedachtnahme auf die besonderen und z.T. sehr unterschiedlichen Sozialisations-bedingungen der Mädchen geschlechtergerecht vermitteln können. Aktivitäten müssen zudem im Bereich der TrainerInnenausbildung eingemahnt werden, zu der vor allem Mädchen und Frauen ermutigt und immer wieder aufgefordert werden sollten. Der Modellwirkung und Sichtbarmachung von Frauen kommt dabei besondere Bedeutung zu. Mehr weibliche Lehrbeauftragte als auch die Einbringung der Genderthematik wären wichtige Anreize für Frauen/Fußballerinnen, eine Trainerinnenfunktion (überhaupt) ins Auge zu fassen und diese Ausbildung zu absolvieren (Gieß-Stüber 2000).

Auch die Sportverbände sind aufgefordert, bessere Rahmenbedingungen dafür zu schaffen, damit sich Frauen gerne im Fußball betätigen und engagieren: Dazu gehört, dass Frauen zunehmend in Entscheidungen und Funktionen eingebunden werden und die Zukunft des Fußballs selbst mitgestalten können. Das beinhaltet ebenso den selbst-verständlichen Zugang zu den nötigen Trainingsplätzen, Unterstützungen, Sachmitteln, Aus- und Weiterbildungsplätzen usw.

Eine Änderung der Rollenklischees, dass Mädchen und Frauen selbstverständlich auch Fußballspielen können, wenn sie dies wollen, bedarf jedoch einer intensiven Unterstützung seitens der Medien. Hier gibt es großen Nachholbedarf und vor allem gilt es auch, Sensi-bilisierungsarbeit innerhalb der meist männlichen besetzten Sportredaktionen zu leisten.

Damit der Fußballsport zu einem selbstbestimmten Betätigungsfeld für Mädchen wird, reicht es jedoch nicht, dass Frauen darauf warten (und vertrauen können), dass sich ihre Situation durch das Wohlwollen der Männer verbessert. Auch wenn die Globalisierung die eine oder andere Falle für Frauen bereithält (von Werlhof 1999), so bietet sie andererseits auch erstmals und vermehrt Möglichkeiten für Frauen (Giddens 2001), sich weltweit für das Anliegen Frauenfußball zu solidarisieren und zu vernetzen (vgl. das Mytha Projekt in Afrika) und auf die zum Teil problematischen Rahmenbedingungen aufmerksam zu machen. Die modernen Kommunikationsmedien tun ein Übriges, um die Leistungen der Fußballerinnen zu dokumentieren und zu präsentieren. Insofern könnten Globalisierungsprozesse in Kombination mit Frauenförderung positive gesellschaftliche Entwicklungen in Gang setzen, die wiederum zu einer gendergerechteren Sportpraxis beitragen können.

7. ... und das Ergebnis?

Global gesehen hat der Frauenfußball seit den 1980er-Jahren einen phänomenalen Aufschwung erfahren:

> „Keine andere Sportart konnte seither derartige Wachstumsraten verzeichnen. 1990 gab es in England 80 Frauen-Teams. Zum Zeitpunkt des 3. Women's World Cup waren es rund 1000. Im bevölkerungsarmen Norwegen wurden sogar 1.830 Teams gezählt. Und in Japan erfolgte 1992 der Anpfiff zur ersten Profi-Liga im Frauenfußball. Ende der 1990er Jahre wurden weltweit über 30 Mio. Kickerinnen registriert und mehr als die Hälfte aller nationalen Fußballverbände organisierte Frauenwettbewerbe." (Schulze-Marmeling 2000:101).

So gesehen könnte man meinen, dass auch der Frauenfußball (im Schlepptau des Männerkicks) in Richtung *global play* unterwegs ist. Dennoch gibt es regional große Differenzen und erheblichen Widerstand, sodass sich Zukunftsszenarios des Frauenfußballs nur schwer und wenn, dann eher aus skeptischer Sicht zeichnen lassen.

Thurner (2000) geht in ihrem Szenario davon aus, dass der Männerfußball noch lange als Massen- und Schausport einen hohen Stellenwert beibehalten wird, denn als wichtiger ökonomischer Faktor wird er nicht ohne weiteres seine Bastionen aufgeben: Weder in Ländern, deren nationale Identifikation sich durch Neu-Konstellationen (EU-Identitäten und EU-Bürgerschaften) verändern, noch in Gesellschaften, in der eine Feminisierung der Öffentlichkeit voranschreitet. Marschik/Eder (1996:325) vermuten Veränderungen frühestens in der nächsten Generation von Spielerinnen. Für Thurner ist eine spürbare Aufwertung des Frauenfußballs vermutlich „nur" eine Frage der Zeit – und des langen Atems der Frauen.

> „Trotz derzeit veranstalteter Bremsmanöver und Entwicklungsverzögerungen durch schwere Hindernisse, werden die (westlichen, kapitalistischen) Gesellschaften auch den Frauenfußball ‚schlucken'. Solange die kickenden Damen nur ‚Gleiches' wollen und die Regeln der Brot-und-Spiele-Politik nicht verletzen, wird man(n) ihnen zukünftig – je nach Leistung und Nützlichkeit – sogar ab und an die Hauptschauplätze überlassen." (Thurner 2000:126)

Globalisierungsprozesse können den Frauenfußball in seiner Weiterentwicklung jedoch nur dann unterstützen, wenn gleichzeitig auch sportpolitische Willensbekundungen und konkrete Maßnahmen für eine geschlechtergerechtere Bewegungs- und Sportkultur und unter hohem Einsatz und Engagement der Frauen und Männer selbst gesetzt werden. Nur dann kann der offene und diskriminierungsfreie Zugang von Mädchen und Frauen zum Fußball zu einer selbstbestimmten, gleichberechtigten Erweiterung der je individuellen HandlungsSpielRäume für Frauen führen.

Literatur

Abraham, Anke (1998): „Geschlecht" als Strukturdimension sozialer Ungleichheit – auch im Sport. In: Sport und soziale Ungleichheit, Hg. Klaus Cachay/Ilse Hartmann-Tews. Stuttgart: Nagelschmidt: 27-48

Angerer, Marie-Luise (1995): „Rrrriot Girls and Angry Women". In: Jugend Kultur Annäherungen, Hg. Noraldine Bailer/Roman Horak. Wien: WUV

Armstrong, Gary/Giulianotti, Richard, Eds. (1999): Football Cultures and Identities. London: Macmillan Press Ltd

Bachmann, Andrea (1997): „Wie eine Katze schmiegt sie sich an, an die Hochsprunglatte" – Frauen in der Sportberichterstattung. Dissertation: Uni Salzburg

Bässler, Roland (1995): Sport im Grundschulalter. Textkommentar zur Studie: Sportaktivität und Motivation der österreichischen Kinder und Jugendlichen. Wien

Blickensdörfer, Hans/Reiber, Dieter, Hg. (1994): Ein Ball fliegt um die Welt. Vom Zauber des Fußballs. Stuttgart: DVA

Boit, Michael (2000): Using Sports in National Development. Online im Internet: http://ptg. netimage.dk/speeches/3rd_world/using_sport.html

Caracho. Das Magazin für Bewegungskultur (1986): Naturkatastrophe Fußball, Heft 1: 23

Caudwell, Jayne (1999): Women's Football in the United Kingdom: Theorizing Gender and Unpacking the Butch Lesbian Image. In: Journal of Sport & Social Issues 23/4: 390-402

Cox, Bartbara/Thompson, Shona (2000): Multiple Bodies: Sportswomen, Soccer and Sexuality. In: International Review for the Sociology of Sport 35/1: 5-20

Diketmüller, Rosa (1999): „Als nächsten Teamchef eine Frau!" – Fair Play, Fußball und die Plattform „Frauen im Sport". In: FairPlay Echo 1: 16–17

Diketmüller; Rosa (2000): Sport Macht Frauen(Bewegung) Raum: Ein feministischer Streifzug durch die „letzte" Männerdomäne. In: Frauensolidarität 3: 2-4

Eder, Christa Maria (1994): Motivations- und Einstellungsunterschiede von Frauen und Männern in und zum Sport unter besonderer Berücksichtigung des Fußballspiels. Diplomarbeit: Universität Wien

11Freunde. Magazin für Fußballkultur (2001): Die Leinwand ist rund, Bd. 8

Fanizadeh, Michael/Krings, Sabine/Wachter, Kurt, Red. (1998): Fußballkultur in Europa. Globalisierung und Rassismus. Wien: 72-80

Fasting, Kari (1997): Sexual Stereotypes in Sport – Experiences of Female Soccer Players. Online im Internet: http://www.play-the-game.org/articles/1997/culture/sexual.html

Fechtig, Beate (1995): Frauen und Fußball: Interviews, Portraits, Reportagen. Dortmund: Ed. Ebersbach im eFeF-Verlag

Federmair, Rudolf (2001): Die weibliche Antithese zu Football. In: Ballesterer 2:11

Fischer, Martin (2000): Männerbund Sport. In: Männlichkeit und Gewalt, Hg. Ingo Bieringer/Walter Buchacher/Edgar J. Forster. Opladen: Leske + Budrich: 228-240

Fitschen, Doris (2000): Bronze-Traum erfüllt: Fußball-Frauen einziges Medaillenteam. (28.0.2000). Online im Internet: http://www.dorisfitschen.de/html/extra/presse0900-1000oly.html

Foley, Douglas E. (1990): The Great American Football Ritual: Reproducing Race, Class and Gender Inequality. In: Sociology of Sport Journal 7/2: 111–135

Gaouyer, Sabine/Federmair, Klaus (2001): This is my game. This is my future. Watch me play! Wie amerikanische Fußballerinnen ein Projekt in Angriff genommen haben, an dem ihre Landsmänner seit drei Jahrzehnten radikal scheiterten. In: Ballesterer 2: 10-11

Giddens, Anthony (2001): Entfesselte Welt. Wie die Globalisierung unser Leben verändert, edition suhrkamp. Frankfurt a. M.: Suhrkamp

Gieß-Stüber, Petra (2000): Gleichberechtigte Partizipation im Sport? Ein Beitrag zur geschlechtsbezogenen Sportpädagogik. Butzbach-Griedel: Afra

Horak, Roman/Maderthaner, Wolfgang (1997): Mehr als ein Spiel. Fußball und populare Kulturen im Wien der Moderne. Wien

Hovden, Jorid (2000): The Value of Gender in the Globalized Sport System. In: Kunnskap om Idrett 1. Online im Internet: http://www.niko.no/kunnskap_om_idrett/1_2000

Hutterova, Olga (2000): Frauenfußball: Dornenreicher Weg zur öffentlichen Anerkennung. In: dieUniversität.at, Onlinejournal im Internet: http://www.univie.ac.at/dieuniversität/2000/fun/10000013.html

Kempler, Reinhild (1991): Zum Rollenverständnis von Schiedsrichterinnen im Fußball. In: Mädchen und Frauen im Sport: Natur- und Geisteswissenschaften im Dialog, Hg. Kerstin Behm/Kerstin Petzsche. Hamburg: Czwalina: 173–179

Klein, Michael (1983): Sport und Geschlecht. Zur Einführung. In: Sport und Geschlecht, Hg. Michael Klein. Hamburg: Reinbek: 7-28

Klein, Michael (1990): Sportbünde – Männerbünde? In: Männerbande – Männerbünde. Die Rolle des Mannes im Kulturvergleich, Hg. Gisela Völger/Karin von Welck. Köln: Rautenstrauch-Joest-Museum: 137-148

Kugelmann, Claudia (1996): Starke Mädchen, schöne Frauen. Der Weiblichkeitszwang in Sport und Alltag. Butzbach-Griedel: Afra

Leibetseder, Maria (1997): Frauenfußball: Eine qualitative Untersuchung der prägenden Einflußfaktoren auf die Wahl dieser Sportart. Diplomarbeit: Uni Wien

Linsen, Karin (1997): Frauen im Fußballsport – zwischen Anspruch und Wirklichkeit. In: Für eine andere Bewegungskultur, Hg. Ulrike Henkel/Gertrud Pfister. Pfaffenweiler: Centaurus: 245–260

Lopez, Sue (1997): Women on the Ball. A Guide to Women's Football. London: Scarlett Press

Markovits, Andrei S./Hellerman, Steven L. (1997): USA. In: Fußball, soccer, calcio. Ein englischer Sport auf seinem Weg um die Welt, Hg. Christine Eisenberg. München: dtv

Marschik, Matthias (1997): Vom Herrenspiel zum Männersport. Wien: Turia + Kant

Marschik, Matthias (1998a): „Offside." The Development of Women's Football in Austria. In: Occasional Papers in Football Studies 1/2: 69-88

Marschik, Matthias (1998b): Vom Nutzen der Unterhaltung: Der Wiener Fußball in der NS-Zeit: Zwischen Vereinnahmung und Resistenz. Wien: Turia + Kant

Marschik, Matthias (1999). Vom Idealismus zur Identität: Der Beitrag des Sports zum Nationalbewußtsein in Österreich (1945–1950). Wien: Turia + Kant

Marschik, Matthias (2000): Männliches Österreich. Das popularkulturelle Phänomen Sport als Perpetuierung von Maskulinität. Online im Internet: http://www.culturalstudies.at/project.asp

Marschik, Matthias/Eder, Christa M. (1996): Männerspiel – Frauenspiel? Die Männlichkeit des österreichischen Fußballs und die Versuche, Frauenfußball zu etablieren. In: SWS-Rundschau 36/3: 317-327

Naul, Roland (1987): Sportwissenschaftliche Analysen zum Frauenfußball. In: Beiträge und Analysen zum Fußballsport, Hg. Roland Naul. Hamburg: Czwalina: 38-60

Nissen, Ursula (2001): Geschlechtstypische Raumsozialisation von Kindern als Einübung in politische Partizipation. In: Zukunfts(t)räume. Geschlechterverhältnisse im Globalisierungsprozess, Hg. Gabriele Sturm/Christina Schachtner/Renate Rausch/Karola Maltry. Königsstein: Ulrike Helmer Verlag: 22-38

Pero (2001): Opium fürs Volk? Online im Internet: http://www.unet.univie.ac.at/~a9303718/KB51/Opium-fuers-Volk.htm

Pfister, Gertrud (1999a): Frauen und Fußball – Entwicklung, Barrieren, Chancen und Probleme. Unveröfftl. Vortragsmanuskript

Pfister, Gertrud (1999b): Müssen Frauen Fußball spielen? Frauenfußball gestern und heute. In: 100 Jahre Fußball im Westen, Hg. Westdeutscher Fußballverband. Kassel: 189-193

Pfister, Gertrud (1999c): Sport im Lebenszusammenhang von Frauen. Schriftenreihe des Bundesinstituts für Sportwissenschaft Bd. 104. Schorndorf: Hofmann

Pfister, Gertrud/Fasting, Kari/Scraton, Sheila/Vazquez, Benilde (1999): Women and Football – A Contradiction? The Beginning of Womens's Football in Four European Countries. In: The European Sports History Review 1/1: 1-26

Pösinger, Sepp (2001): Frauenfußball. Online im Internet: http://www.oefb.at/neudesign2001/teams/frauen.asp

Ratzeburg, Hannelore (1986): „Fußball ist Frauensport." Die Durchsetzung neuer Sportarten für Frauen. In: Frauen – Bewegung – Sport, Hg. Sylvia Schenk. Hamburg: Czwalina: 85–94

Rimati, Mario (2001): Iranian women search for a head coach. Online im Internet: http://www.womensoccer.com/refs/wsports.html

Rose, Lotte (1995): Sport – Männersache? Frauensache?, In: Fairplay für Mädchen und Frauen im Sport? Hg. Inge Berndt/Ursula Voigt. Frankfurt a. M.: 16-25

Sabo, Donald F./Panepinto, Joe (1990): Football Ritual and the Social Reproduction of Masculinity. In: Sport, Men, and the Gender Order: Critical Feminist Perspectives, Hg. Michael A. Messner/Donald F. Sabo. Champaign: Human Kinetics Books

Scheffel, Heidi (1991): „Ene, mene, muh, aus bist du?" Die Raumaneignung von Mädchen und Frauen durch Körper und Bewegung. In: Bewegungs(t)räume, Hg. Birgit Palzkill/Heidi Scheffel/Gabriele Sobiech. München: Frauenoffensive: 31-46

Schmal, Felix (27.3.1919): Sollen Frauen Fußball spielen? In: Neues Wiener Abendblatt 85:5

Schmidt, Ingeborg (1985): Die Entwicklung des Frauensports in Österreich 1918–1938. Hausarbeit: Universität Wien

Schmitz, Sigrid/Neidhardt, Eva (2001): Raumsozialisation von Mädchen und Jungen: Bestandsaufnahme und Möglichkeiten des Wandels. In: Zukunfts(t)räume. Geschlechterverhältnisse im Globalisierungsprozess, Hg. Gabriele Sturm/Christina Schachtner/Renate Rausch/Karola Maltry. Königsstein: Ulrike Helmer Verlag: 39–56

Schulze-Marmeling, Dietrich (2000): Fußball. Zur Geschichte eines globalen Sports. Göttingen: Verlag Die Werkstatt

Shelton, Christine M. (2001): Introduction. In: Women on Power. Leadership Redefined, Hg. Sue J.M. Freeman/Susan, C. Bourque/Christine M. Shelton. Boston, MA: Northeastern University Press

Skogvang, Bente Obedie (2000): The Culture in Norwegian Elite Football: Consequences for Female and Male Players. In: Kunnskap om Idrett 1. Online im Internet: http://www.niko.no/kunnskap_om_idrett/1_2000

Statistik Austria, Hg. (2001): Freizeitaktivitäten. Ergebnisse des Mikrozensus 1998. Wien

Sturm, Gabriele (2001). Schöner neuer Raum: Über Virtualisierung und Geschlechterordnung. In: Zukunfts(t)räume. Geschlechterverhältnisse im Globalisierungsprozess, Hg. Gabriele Sturm/Christina Schachtner/ Renate Rausch/ Karola Maltry. Königsstein: Ulrike Helmer Verlag: 57-81

Sturm, Gabriele/Schachtner, Christina/Rausch, Renate/Maltry, Karol, Hg. (2001): Zukunfts(t)räume. Geschlechterverhältnisse im Globalisierungsprozess. Königsstein: Ulrike Helmer Verlag

Thurner, Erika (2000): Nationale Identität und Geschlecht in Österreich nach 1945. Innsbruck/Wien/München: Studien-Verlag

Volkwein, Karin (1997): Der Sport als besonderes Thema einer kritischen Frauenforschung. In: Spectrum der Sportwissenschaften 9/1: 41-55

Voss, Anja (1998): Mädchen und junge Frauen im Vereinssport. In: Kölner Forum Frau und Hochschule 1:28-34

Weiser, Sonja (1995): Frauenfußball in Österreich. Diplomarbeit: Uni Wien

Werlhof, Claudia von (1999): Frauen und Globalisierung. In: Zukunftsfähige Gesellschaft, Hg. Helmut Creutz u.a. Aarau: Keller

Zinnecker, Jürgen (1989): Jugend, Körper und Sport im Zivilisationsprozess. In: Bewegungswelt von Kindern und Jugendlichen, Red. Wolf-Dietrich Brettschneider/Jürgen Baur/Michael Bräutigam. Schorndorf: Hofmann: 296-310

Jörg Zimmermann

Fußbälle aus Pakistan – der globalisierte Alltag
Hintergründe für Fußballfans,
die für Fair Play nicht nur auf dem Spielfeld sind

Auch wenn die pakistanische Nationalmannschaft bereits in der Qualifikation ausgeschieden ist, kommt einer der Hauptdarsteller der Fußball-Weltmeisterschaft 2002 (mit größter Wahrscheinlichkeit) aus Pakistan: der Ball selbst.

Warum er von dort kommt und unter welchen Bedingungen er hergestellt wird, soll der folgende Artikel erklären. Auf diese Weise ermöglicht er einen Einblick in das globale Produktions- und Distributionssystem der Sportartikelindustrie. Darauf aufbauend wird die Frage nach Alternativen zu den bestehenden Weltmarktstrukturen diskutiert.

1. Wie entsteht ein Fußball?

Der Fußball besteht aus einer Außenhülle, die heute in der Regel nicht mehr aus Leder, sondern aus Polyurethan (PU) hergestellt wird, und einer Gummiblase im Inneren. Die Verwendung des Kunststoffes PU hat für das Fußballspielen den Vorteil, dass der Ball absolut wasserdicht ist, seine Form kaum verändern kann und aufgrund der Rauheit des Materials die Steuerbarkeit des Balls im Gegensatz zu früheren „Plastikbällen" nicht gelitten hat. Die Herstellung von Fußbällen ist ein arbeits- und zeitintensiver Prozess in fünf Schritten.

a. Zunächst werden die Kunststoffbahnen zugeschnitten und auf der Rückseite, der späteren Innenseite des Balls, mit Hilfe von Latex mehrere Lagen von Baumwoll- oder Polyesterstoff aufgeklebt. Die fertigen Bahnen werden zum Trocknen auf „Wäscheleinen" in die Sonne gehängt. Zwei Arbeiter stellen pro Tag etwa 50 solcher Bahnen fertig, die als Vorprodukt für ca. 300 Bälle dienen. Das Textil-Innenfutter des Fußballs bewirkt, dass der Ball auch bei intensiver Beanspruchung seine runde Form behält. Qualitätsmerkmale eines Fußballs sind deshalb die unterschiedlichen PU-Sorten sowie die Anzahl und Qualität der Futterlagen.

b. Im zweiten Produktionsschritt werden mit einer elektrischen Stanzpresse aus den PU-Bahnen die fünf- bzw. sechseckigen Waben des Fußballs ausgestanzt. Gleichzeitig werden diese Waben am Rand mit feinen Schlitzen für die Naht versehen. Diese speziell für die Fußball-Produktion entwickelten Stanzpressen werden überwiegend von kleinen Maschinenfabrikanten in Gujrat, einer Nachbarstadt Sialkots im Nordosten des Punjab hergestellt. Pro Tag stanzt ein Arbeiter Einzelteile für etwa 300–400 Bälle.

c.   Der heute übliche Fußball besteht aus 20 sechseckigen und zwölf fünfeckigen Waben. Entsprechend diesen Vorgaben müssen diese Teile für die Näher sortiert werden. Die Gummiblasen werden in der Regel von spezialisierten Werkstätten aus importiertem Latex (Naturkautschuk) hergestellt. Nähgarn und Wachs wird den Nähern ebenfalls zur Verfügung gestellt und auf dem lokalen Markt eingekauft. Das Polyester-Garn wird vor dem Nähen mit dem Wachs eingerieben, damit der Ball auch an der Naht wasserdicht ist.

d.   Die Bälle werden in Fußballnäher-Werkstätten und in Heimarbeit per Hand mit einem Doppelstich zusammengenäht. Dies bedarf einiger Kraft und einer ordentlichen Portion Geschicklichkeit, da die Naht innen verläuft. Die letzten Stiche müssen mit großer Raffinesse angebracht werden, sodass ein Laie sie an dem fertigen Ball nicht mehr erkennen kann. Diese Näherwerkstätten befinden sich ganz überwiegend im ländlichen Umland der Stadt Sialkot, da dort niedrigere Löhne gezahlt werden können. Ein erfahrener Arbeiter näht etwa drei Fußbälle an einem Arbeitstag von acht bis neun Stunden. Am Ende der Woche liefert der Werkstattleiter die fertigen Bälle bei der Exportfirma ab. Die Entlohnung der Näher erfolgt nach der Anzahl der genähten Bälle. Deshalb gibt es in diesen Werkstätten keine vorgeschriebenen Arbeitszeiten.

e.   In der Sportartikel-Exportfirma werden die Bälle einer Qualitätskontrolle unterzogen und auf Rundheit, Gewicht und möglichen Luftverlust überprüft. Oft erfolgt erst danach das Anbringen der Markenlabel und des speziellen Designs entsprechend den Vorgaben der ausländischen Auftraggeber. Anschließend werden sie verpackt, bevor im binnenländischen Zollhafen Dryport Sambrial die Formalitäten für den Export erledigt werden.

2. Wie kommt die Fußball-Produktion nach Pakistan?

Der Ursprung der Fußball-Herstellung in Pakistan ist sehr viel älter als die letzten Globalisierungswellen der 1970er- oder 1990er-Jahre. Bereits seit 1860 wurden in Sialkot Sportartikel – zunächst Tennis-, Badminton-, Cricket- und Poloschläger – angefertigt, seit dem beginnenden 20. Jahrhundert auch Fußbälle. Abnehmer waren die Angehörigen der britischen Armee und der Verwaltung im britisch-indischen Kolonialreich. Schon 1880 wurden besonders verzierte Tennis- und Badmintonschläger aus Sialkot von einer europäischen (!) Firma auf der Weltausstellung in Melbourne präsentiert. Die Ausrichtung der Branche auf eine externe, kaufkräftige Nachfrage in Person der britischen Soldaten und Verwaltungsangehörigen wurde um das Exportgeschäft erweitert. Die Krise in der Landwirtschaft mit der Einführung des britischen Bodenrechts hatte zu einer hohen Verschuldung der Bauern geführt und die Zahl der Landlosen vervielfacht, die in der Stadt Arbeit suchten. Die besondere Ausstattung des Distrikts Sialkot mit erfahrenen Handwerkern und die enge Zusammenarbeit der Händler mit Vertretern der Kolonialverwaltung und der britischen Armee, die auch in Sialkot stationiert war, führten ins-

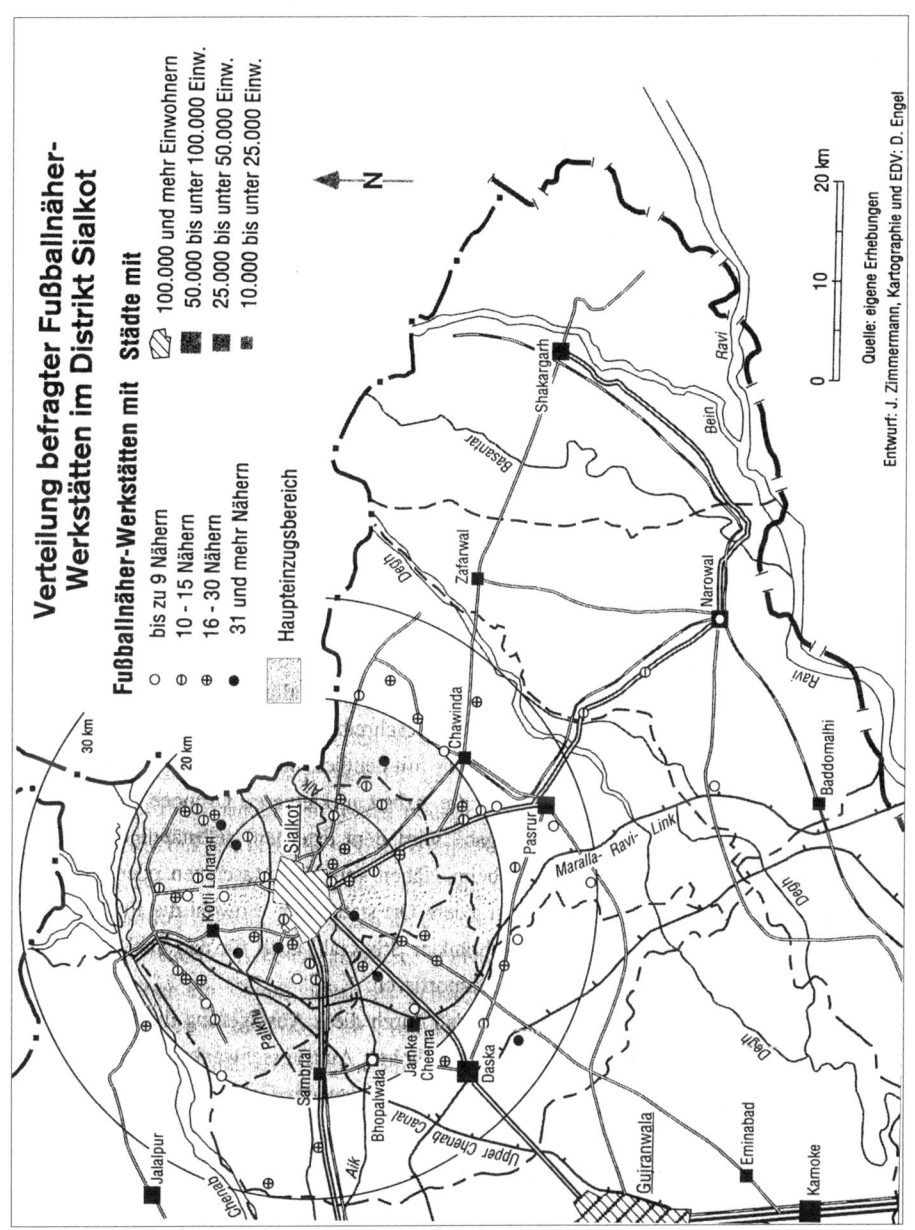

Verteilung befragter Fußballnäher-Werkstätten im Distrikt Sialkot

gesamt zur Entstehung erster manufakturähnlich strukturierter Großunternehmen. Sie wuchsen mit den vielen handwerklichen Kleinbetrieben zu einem Sportartikel-„Cluster" zusammen. Die heutige Globalisierung hat also ihre Vorläufer in einer kolonialen Produktionsweise, die nicht nur auf der Ausbeutung von Rohstoffen in den Kolonien basierte, sondern in Einzelfällen auch die Ausbeutung der billigen Arbeitskraft im handwerklich-industriellen Bereich umfasste.

Tabelle 1: Fußball-Produktion und Fußballnäher in Pakistan 1970/1–2000/1

	1970/71	1980/81	1990/91	2000/01
Anzahl der genähten Fußbälle	1,4 Mio.	5,2 Mio.	19,7 Mio.	40-43 Mio.[b]
Anzahl der Fußballnäher[a]	1,5-2 Tsd.	5-7 Tsd.	21-25 Tsd.	50-55 Tsd. (60-65 Tsd.[c])

[a] eigene Berechnung; [b] geschätzt; [c] nach Awan (1996:5).
Quellen: Zimmermann (1997:233), Government of Pakistan (2000).

Heute werden in Pakistan jährlich schätzungsweise etwa 40–43 Mio. Fußbälle hergestellt. Zur Fußball-Weltmeisterschaft 2002 könnte die bisherige Rekordproduktion von 55 Mio. Fußbällen (im Jahr vor der WM 1998) wieder erreicht und möglicherweise auch überboten werden. Mit einem Weltmarktanteil von geschätzten 80 Prozent ist Pakistan mit deutlichem Abstand der größte Produzent von Fußbällen. Im Rückblick auf die Entwicklung der letzten 30 Jahre (vgl. Tab. 1) zeigt sich, dass heute etwa 30-mal so viele Fußbälle in Pakistan hergestellt werden wie 1970 und auch die Anzahl der Fußballnäher sich von weniger als 2000 auf 55–65.000 erweitert hat. Damit sind in Sialkots Fußball-Produktion mehr Menschen beschäftigt als in den etablierten Industriebetrieben von Pakistans Maschinenbau mit insgesamt 41.581 Beschäftigten. Dabei bleibt die Fußball-Herstellung und Pakistans Sportartikelproduktion auf die Stadt Sialkot und ihr Umland konzentriert. Wie in Abbildung 1 zu sehen, verteilen sich die Fußballnäher-Werkstätten auf ein Gebiet im Umkreis der Stadt Sialkot von etwa 25–30 km.

3. Wie ist die Fußball-Produktion in Sialkot organisiert?

Charakteristisch für Pakistans Fußball-Industrie ist ein hoher Grad an Arbeitsteilung, die sich im Laufe der letzten 30 Jahre herausgebildet hat. Vier Faktoren waren dafür wesentlich: Erstens führten die veränderte Weltmarktnachfrage sowie Währungskursschwankungen in den 70er-Jahren zu Produktionseinbrüchen und deutlichen Einnahmeverlusten der Branche um bis zu 40 Prozent. Zum Zweiten waren insbesondere die städtischen Teile der Sportartikelindustrie von der Arbeits- und Sozialgesetzgebung der Regierung Z.A. Bhuttos (1971–77) betroffen. Sie wollte für die Arbeiter und Angestellten eine verbesserte soziale Absicherung im Alter und eine Anhebung der Alphabetenrate gewährleisten. Zum Dritten wurde die Sportartikelindustrie durch die Entwicklung neuer Werkstoffe in der Tennisschläger- und Fußball-Produktion vor neue technologische Herausforderungen gestellt. Die speziellen Beschaffungsstrategien der großen Sport-

artikel- und Kaufhauskonzerne, aber auch die Menschenrechtsdiskussion um Arbeitsbedingungen und Kinderarbeit in ihren Zulieferbetrieben (den auf Grund der schweißtreibenden Arbeitsbedingungen so genannten „Sweatshops") haben – viertens – in den
90er-Jahren zu Modifizierungen in der Arbeitsteilung geführt.

Alle diese Faktoren zusammen bewirkten einen enormen Rationalisierungsdruck, den
die Branche mit einer umfassenden Umstrukturierung der Arbeitsorganisation beantwortete. Als Ergebnis dieses Prozesses hat sich eine Struktur der Sportartikelbranche herausgebildet, die durch eine Konzentration des Exportgeschäfts gekennzeichnet ist. Zugleich
führte eine zunehmende Auslagerungen von Teilaufträgen zu einer wachsenden Zahl sehr
kleiner Betriebe und Werkstätten. Mit der Durchsetzung des Fußballs als mit Abstand
wichtigstem Produkt von Sialkots Sportartikelindustrie gewann als drittes Element die
Einbeziehung ländlicher Arbeitskräfte für die Näharbeiten immer stärkere Bedeutung. Diese
drei Grundelemente der Struktur der pakistanischen Fußball-Industrie und die Bedeutung
ihrer Verflechtung untereinander sollen im Folgenden genauer vorgestellt werden.

I. Der wirtschaftliche Erfolg eines Sportartikelunternehmens und der soziale Aufstieg
    seines Besitzers sind in Sialkot davon abhängig, inwieweit es gelingt, einen direkten Zugang zum Weltmarkt zu erlangen. Das Exportgeschäft ist aber in Sialkot auf
    eine kleine Gruppe von Sportartikelfirmen konzentriert, wobei es sich keineswegs
    ausschließlich um Filialen von Adidas, Nike, Reebok oder Puma handelt. Abgesehen von einem pakistanisch-britischen Joint Venture in der Hockeyproduktion treten die weltweit agierenden Sportartikelkonzerne – wie alle übrigen Importeure
    von Fußbällen oder anderen Sportartikeln – in Sialkot lediglich als Auftraggeber
    auf. Sie arbeiten mit unterschiedlichen pakistanischen Firmen zusammen und wechseln diese auch von Zeit zu Zeit.

Von den vielleicht 3000 Sportartikelfirmen in der Stadt Sialkot konzentriert sich
das Hauptgeschäft auf eine relativ geringe Zahl. Als Repräsentanten dieser Gruppe
von weltmarktintegrierten Sportartikelproduzenten können jene in Tabelle 2 erfassten
34 Firmen mit insgesamt über 4000 Beschäftigten innerhalb ihrer Werkanlagen gelten. Nur sie verfügen kontinuierlich über Exportaufträge und zugleich über solide
eigene Fertigungskapazitäten. Daneben gibt es eine Reihe von Exportfirmen, die nur
gelegentlich Auslandsaufträge einholen können. Eine sehr große Anzahl von
„Schreibtischexporteuren" besitzen gar keine eigenen Produktionsstätten. Sie lassen
ihre Aufträge komplett in den lokalen Kleinbetrieben und Werkstätten ausführen.
Mit durchschnittlich 124 Arbeitern und einem betrieblichen Jahresumsatz von 110
Mio. Rupien (Rs.) oder 2,45 Mio. € gehören die weltmarktintegrierten Sportartikelfirmen zu den Großbetrieben in Sialkot. Dabei entspricht ihr Umsatz nur knapp
jenen Einnahmen, die etwa der FC St. Pauli oder der 1. FC Köln allein von ihrem
Trikotsponsor beziehen (1. Bundesliga, Saison 2001/02). Der bis Mitte der 80er-
Jahre anhaltende Trend zur Verringerung der direkten Beschäftigung von knapp 70
bis auf 41 Arbeiter pro Unternehmen wurde in den letzten 15 Jahren umgekehrt.
Trotzdem bieten Sialkots Branchenführer lediglich für etwa 6 Prozent der pakistanischen Sportartikelarbeiter direkte Beschäftigungsmöglichkeiten. Das Outsourcing
arbeitsintensiver Produktionsschritte hat schon lange Einzug gehalten in Sialkots
Fußball-Industrie.

Tabelle 2: Die führenden weltmarktintegrierten Sportartikelbetriebe in Sialkot
*   (Pakistan)*

	1970/71	1980/81	1985/86	1990/91	1995/96
Anzahl der Betriebe	21	20	26	40[a]	34
Beschäftigte	1.443	1.119	1.068	ca. 8.000	4.213
Beschäftigung je Betrieb	68,7	50,9	41,1	ca. 200	123,9
Produktion (in Mio. Rupien, Rs.)	15,6	89,3	301,9	1.489	3.742,6
Produktion je Betrieb					
a. in Mio. Rs.	0,74	4,1	11,6	37,2	110,1
b. in Mio. €	0,32	0,63	0,91	1,34	2,45
c. Index (in €, 1980/81 = 100)	50,4	100	144	214	389
Anteil der Produktion an den gesamten pakistanischen Sportartikelexporten	47,8%	25,5%	29,3%	48,0%	44,7%

[a] geschätzt;
Quellen: Zimmermann (1997:83-84), Government of Pakistan (2000:App.87), UNIDO (2001:531-535), eigene Berechnungen.

Die Veränderungen der 90er-Jahre sind vorrangig dadurch zu erklären, dass die Unternehmen auch auf Grund des Drucks durch die US-amerikanischen und europäischen Sportartikelkonzerne größere Teile der Produktion direkt selber kontrollieren wollten.

Parallel dazu fand eine zunehmende Konzentration des Exportgeschäfts und damit des Branchenumsatzes statt. Die kleine Gruppe von vielleicht einem Prozent der Sialkoter Sportartikelbetriebe vereint etwa 45–48 Prozent des gesamten Sportartikelexports auf sich, vor 20 Jahren waren es erst 25 Prozent. Neben Fuß-, Hand- und Volleybällen werden in Sialkot vor allem Hockey-, Cricket- und Poloschläger hergestellt und exportiert. In den letzten zwanzig Jahren haben sie ihren Umsatz von durchschnittlich 630.000 € pro Betrieb auf über 2,4 Millionen € fast vervierfachen können. Damit verfügen sie in Sialkot über eine marktbeherrschende Position, die ihnen Zugang zur staatlichen Exportförderung verschafft und es ihnen ermöglicht, den Produktionsprozess in der gesamten Branche wesentlich mitzugestalten. Gemessen an einem Sportartikel-Multi wie Adidas sehen Sialkots Marktführer jedoch sehr klein aus. Ihr Produktionsumfang erreicht gerade mal 0,42 Promille vom Adidas-Umsatz in Höhe von 5,8 Mrd. € (vgl. Tabelle 6 in Abschnitt 7).

II.   Die etwa 2.500–3.000 städtischen Kleinbetriebe und Werkstätten bilden einen zweiten Betriebstyp in Sialkot. Sie führen vorrangig Auftragsarbeiten für die weltmarktintegrierten Großbetriebe in Sialkot aus, sie sind also faktisch binnenmarktorientierte Kleinunternehmen. Aufgrund der kontinuierlichen Außenverlagerung von Teilaufträgen arbeiten hier schätzungsweise 12–15.000 Arbeiter und damit gut dreimal so viele wie in den weltmarktintegrierten Sportartikelfirmen. Ihr Produktionsanteil innerhalb der Branche liegt mit etwa 20 Prozent aber deutlich niedriger als in der ersten Gruppe.

Die städtischen Kleinbetriebe sind jeweils auf einen Sportartikeltyp wie Fußbälle oder Hockeyschläger spezialisiert. Aber nur jeder sechste Kleinbetrieb verfügt über regelmäßige Aufträge und führt – mit Ausnahme des Nähens – sämtliche Produktionsschritte selber durch. Die meisten beschränken sich lediglich auf einen einzigen (!) Fertigungsschritt. Sie besitzen eine Stanzpresse oder haben sich mit zwei Arbeitern auf das Bekleben der PU-Bahnen mit dem Innenfutter spezialisiert. Obwohl hier im Durchschnitt nur vier Personen beschäftigt sind, können diese Betriebe als eine Art Mittelstand in Sialkots Sportartikelbranche angesehen werden. Einige dieser Werkstätten sind faktisch Ausgründungen von weltmarktintegrierten Sportartikelfirmen, die von ehemaligen Vorarbeitern geleitet werden. Bindet sich ein Kleinbetrieb eng an eine Exportfirma, so kann er mit regelmäßigen Aufträgen rechnen, ist aber in der Preisgestaltung stark abhängig. Der Großteil der städtischen Kleinunternehmen erkauft seine relative Unabhängigkeit mit unregelmäßigen Aufträgen und damit auch Einkommen.

Die Entstehung dieser großen Anzahl von Klein- und Kleinstbetrieben mit zwei bis zehn Beschäftigten lässt sich grundsätzlich aus drei Ursachenkomplexen erklären. Erstens erfordert der arbeitsintensive Charakter der Fußball-Herstellung nur einen geringen Maschineneinsatz. Um eine städtische Werkstatt zu eröffnen, ist daher nur wenig Startkapital nötig. Fast die Hälfte der Werkstätten mussten weniger als 750 € für Maschinen oder Produktionsgeräte investieren. Ein zweiter Einflussfaktor ist die hohe Konkurrenz der pakistanischen Sportartikelfirmen untereinander. Die globalen Sportartikelkonzerne können weitgehend die Preise bestimmen, sodass die pakistanischen Exportfirmen jede Rationalisierungschance durch Auslagerung von Teilaufträgen nutzen müssen. Zusätzlich befördert die hohe Zahl von Schreibtischexporteuren, von denen jeder einzelne nur gelegentlich Produktionsaufträge zu vergeben hat, das Geschäft der Kleinbetriebe. Schließlich ist drittens der Schritt in die Selbstständigkeit für die Arbeiter in der Fußball-Industrie meist der einzige Weg zu einem höheren Einkommen, da es andere Aufstiegsmöglichkeiten in dieser Branche kaum gibt. Angesichts der unsicheren Auftragslage sind für einen Werkstattleiter über das Jahr hinweg Einkommen von 300 bis 650 € pro Monat realistisch. Dies entspricht immerhin dem Zwei- bis Fünffachen des Einkommens eines festangestellten Beschäftigten einer Weltmarktfabrik oder dem fünf- bis zehnfachen Einkommen eines Fußballnähers. Dies zeigt sich auch in einem gehobenen Lebensstandard, der beispielsweise die Anschaffung eines Mopeds erlaubt oder höhere Ansprüche in der Haushaltseinrichtung ermöglicht.

III. Kernbereich der Auslagerung von Produktionsschritten innerhalb der Fußball-Produktion ist die Verflechtung der städtischen Betriebe mit den Fußballnäher-Werkstätten im ländlichen Umland der Stadt Sialkot. Viele Näher-Werkstätten finden sich entlang der größeren Straßen des Distrikts oder an Kreuzungen. In den Häuserzeilen findet sich neben einer Teestube und verschiedenen Lagerräumen in der Regel auch ein garagenähnlicher Laden, in dem fünf bis sieben, manchmal auch bis zu fünfzehn Jungen und junge Männer auf niedrigen Bänkchen sitzen und Fußbälle nähen. In den abseits liegenden Dörfern gibt es ebenfalls Näher-Werkstätten. Oft sind sie in ungenutzten Lehmhäusern am Rand des Dorfs untergebracht. Auch hier nähen in der Regel nur Männer unterschiedlichen Alters. Die Wände sind oft mit farbigen Zeitungsfotos von Filmstars oder berühmten Cricket-Spielern beklebt. Bei der eintönigen Arbeit hören viele gern Musik aus mitgebrachten Kofferradios. In

Jörg Zimmermann

diesen Fußballnäher-Werkstätten und der angegliederten Heimarbeit arbeiten über drei Viertel aller Beschäftigten in der Sportartikelindustrie Sialkots. Hier werden ausschließlich Fußbälle zusammengenäht. Diese Werkstätten verteilen sich auf eine Region im Umkreis von etwa 30 km um die Stadt Sialkot (vgl. Abb. S. 229) mit einer gewissen Konzentration im Norden und Westen des Distrikts. Die peripher gelegenen Landkreise (*tehsils*) Narowal und Shakargarh im Südosten sind nicht nur insgesamt äußerst schwach in die Industrialisierung des Distrikts einbezogen, sondern werden auch von der Auslagerung der Fußball-Näharbeiten kaum erfasst.

Die Auftragsvergabe der Näharbeiten ins Umland erfolgt entweder direkt durch die weltmarktintegrierten Sportartikelfirmen oder auch vermittelt über einen städtischen Kleinproduzenten. Dabei konzentriert sich die Zusammenarbeit nicht auf eine bestimmte Region, sondern ist räumlich meist relativ breit gestreut. Aus Sicht der Näher-Werkstätten stellen sich diese Beziehungen so dar, dass über 80 Prozent von ihnen ausschließlich für einen Auftraggeber arbeiten. Dies verweist einerseits auf recht stabile Verflechtungsbeziehungen, zeigt aber auch eine gewisse Abhängigkeit von einem einzelnen städtischen Fußball-Unternehmen. Trotz der zum Teil recht großen Distanzen verfügen 71 Prozent der Werkstätten über direkte und unmittelbare Auftragsbeziehungen zu einer Exportfirma, ohne dass hier Zwischenhändler eingeschaltet sind. Die Beziehungen zwischen den Werkstattleitern und ihren Auftraggebern sind ganz überwiegend durch eine rein geschäftliche Kontaktaufnahme entstanden. Nur jeder fünfte Werkstattbesitzer hat früher in dem Unternehmen gearbeitet, für das er heute als Selbstständiger Fußbälle näht und nähen lässt.

Diese Fußball-Werkstätten sind allerdings nicht allein Standorte der Näharbeiten, sie vermitteln auch Nähaufträge weiter. So werden einzelne Näher in Heimarbeit oder weitere Nähergruppen in die Fußball-Produktion einbezogen. Diese externen Näher verteilen sich auf mehrere Dörfer in der näheren oder weiteren Umgebung. Dabei handelt es sich allerdings nicht um eine eindeutige Zuordnung eines Dorfes zu bestimmten Werkstattleitern. In vielen Orten arbeiten mehrere Werkstätten nebeneinander für unterschiedliche Auftraggeber. Diese Vermittlung der Näharbeiten ist somit innerhalb des ländlichen Raums auch als mehrstufiges System ausgeprägt. Schalten sich mehrere Werkstattleiter zwischen die städtischen Arbeitgeber und die Näher, so sinkt für diese ihr Arbeitslohn. Die Einkommen der Werkstattbesitzer besteht aus einer Provision von 3–5 Rs. pro Ball (vgl. Tabelle 4), darüber hinaus arbeiten drei Viertel von ihnen auch selber als Näher und beziehen wie diese einen Stücklohn. Im Durchschnitt verdienen Werkstattleiter ca. 70 € im Monat und damit etwa doppelt so viel wie die Näher.

Neben diesem Verteilsystem der Näharbeiten in die Werkstätten hat der alleinige Fußball-Zulieferer für Nike in Sialkot seit 1996 damit begonnen, eigene Näherhallen aufzubauen. Hintergrund dieser Entwicklung war die breite öffentliche Diskussion vor allem in den USA und auch in Europa über Kinderarbeit bei der Fußball-Herstellung. Dies hat zu dem Atlanta-Abkommen geführt, das unter Punkt 6 näher dargestellt wird. Um die direkte Kontrolle über seine Fußballnäher wiederzugewinnen, hat allein der oben genannte Fußball-Exporteur im Umkreis von 25–30 km von seinem Standort, etwa zehn km westlich von Sialkot acht große Hallen gebaut. Auf dem Betonboden finden jeweils etwa 500 Näher Platz. Die Hallen sind mit Ventilatoren ausgestattet, es gibt Toiletten und Waschmöglichkeiten. Bessere Arbeitsbedingungen als in vielen Dörfern, in denen die Näher vorher gearbeitet haben. Trotzdem sind nicht alle Fußballnäher zufrieden (vgl. unten Punkt 6).

4. Wer arbeitet als Fußballnäher und wieviel verdient er oder sie dabei?

Das Nähen der Fußbälle ist in Pakistan in erster Linie Männersache. In den Werkstätten an Sialkots Stadträndern entlang der Ausfallstraßen und in den abgelegenen Dörfern arbeiten die Männer und männlichen Jugendlichen gern zusammen. Anders sieht die Lage unter den Heimarbeitern aus. Hier nähen nach verschiedenen Erhebungen schätzungsweise 17.– 20.000 Frauen und Mädchen Fußbälle. Sie stellen damit etwa die Hälfte aller Fußball-Heimarbeiter. Auch sie arbeiten nicht gern allein, sondern treffen sich mit Freundinnen und Nachbarinnen in den offenen Höfen der Häuser. Die Heimarbeit ermöglicht ihnen einerseits, die Aufgaben der Haushaltsführung weiterhin wahrnehmen zu können, und ist andererseits Ausdruck des patriarchalischen „Purdah"-Systems der Geschlechtertrennung, das den meisten Frauen vor allem in den ländlichen Regionen eine Arbeit außerhalb der „eigenen" vier Wände und insbesondere außerhalb des Dorfes verbietet.
Die Hälfte der Fußballnäher im ländlichen Umland Sialkots stammt aus landlosen Familien. Aufgrund der geringen Verdienstmöglichkeiten als Landarbeiter, Arbeiter in der Kleinindustrie, in Werkstätten oder als mobile Händler sind diese Familien besonders stark auf den Zuverdienst weiterer Familienmitglieder angewiesen. Ein weiteres Drittel der Fußballnäher kommt aus Familien, die nur über Marginalbetriebe von weniger als zwei ha Land (fünf acres) verfügen. Da ihnen das Kapital für eine intensivere Bewirtschaftung, beispielsweise in Form von Gemüseanbau, fehlt, sind sie existenziell auf den Zuerwerb durch andere Tätigkeiten angewiesen. Einen Überblick über die Erwerbstätigkeit der Eltern gibt Tabelle 3.
Lediglich 14 Prozent der ländlichen Fußball-Arbeiter gehören zu Familien, in denen nicht unmittelbarer ökonomischer Druck für ihre Tätigkeit als Fußballnäher verantwortlich ist. Darunter bewirtschaften zwölf Prozent landwirtschaftliche Kleinbetriebe zwischen zwei und fünf ha, und nur zwei Prozent erreichen mit Mittelbetrieben von 5–20 ha ein solides Grundeinkommen. Dies spiegelt die agrar-soziale Wirtschaftsstruktur des Distrikts Sialkot wider, der als Teil des Altsiedellandes im Punjab durch eine Dominanz des landwirtschaftlichen Kleinbesitzes gekennzeichnet ist. 87 Prozent der Bauern im Distrikt Sialkot verfügen über weniger als fünf ha Ackerland. Sie bewirtschaften 61 Prozent der Agrarflächen des Distrikts. Im gesamten Punjab stellen die Kleinbauern 71 Prozent aller Landwirte mit 33 Prozent des landwirtschaftlich genutzten Landes. In Sialkot bietet die Landwirtschaft nur noch für etwa ein Drittel der Erwerbstätigen des Distrikts die Hauptquelle ihrer Existenzgrundlage. Eine Studie der Organisation Save the Children (UK) (1997:37) hat ergeben, dass 83 Prozent der Familien von Kinder-Fußballnähern verschuldet sind, während andere Familien in denselben Dörfern (als Vergleichsgruppe) dies nur zu 63 Prozent waren. Die soziale Zusammensetzung der Fußballnäher zeigt damit einen deutlichen Schwerpunkt in den unteren sozialen Schichten.

Tabelle 3: Beschäftigung der Eltern von Kinder-Fußballnähern
  „Six cents an hour" (Life [USA], 1996)

Beschäftigung[a]	der Väter		Der Mütter	
Fußballnähen	198	38%	273	52%
Landarbeiter, Bauarbeiter, Gelegenheitsarbeiter	152	29%	4	1%
Bauern	52	10%	0	0
Arbeiter in Werkstätten für Fahrradhandschuhe und chirurgische Instrumente	46	9%	9	2%
Regierungsangestellte und Armeeangehörige	21	4%	0	0
Haushaltsführung	7	1%	239	45%
arbeitslos	48	9%	5	1%
zusammen	524	100%	530	100%

[a] ohne „sonstige und ohne Angaben"
Quelle: Save the children (UK) (1997:38)

Ein großes Problem für Sialkots Sportartikelindustrie stellt die Kinderarbeit unter den Fußballnähern dar. Anlässlich der Fußball-Europameisterschaft 1996 hatten Medien berichtet, dass die offiziellen Fußbälle mit dem FIFA-Emblem von Kinderarbeitern in Sialkot genäht wurden. Damit war der Weltöffentlichkeit bewusst geworden, was in Pakistan seit langem und in vielen Bereichen von Landwirtschaft und Industrie alltägliche Praxis ist. Für die Fußball-Industrie in Sialkot wurde ermittelt, dass in den Fußballnäher-Werkstätten im ländlichen Umland Sialkots jeder dritte Beschäftigte ein Kinderarbeiter im Alter von unter 15 Jahren ist (Zimmermann 1997:284ff). Die Bedeutung der Kinderarbeit geht aber weit über diesen Personenkreis hinaus. Unter allen 234 Befragten in 37 Werkstätten gaben insgesamt 70 Prozent an, bereits in einem Alter von unter 15 Jahren mit dem Fußballnähen begonnen zu haben. Im Durchschnitt waren sie damals zwölf Jahre alt. Die jeweils jüngsten Anfänger in 37 Werkstätten waren zwischen sechs und fünfzehn Jahren alt und begannen im Schnitt mit zehneinhalb ihre Fußballnäher-Laufbahn. Zu ähnlichen Ergebnissen kommt eine Studie des Directorate of Labour Welfare Punjab (Awan 1996:41). In zwölf Werkstätten waren von 330 Fußballnähern 104 (32 Prozent) Kinder im Alter von unter 14 Jahren. Durchschnittlich begannen sie im Alter von zehn Jahren mit dem Fußballnähen. 56 Prozent der Kinder gaben an, neben der Arbeit auch die Schule zu besuchen. Zur Zeit der Schulferien, als diese Untersuchung durchgeführt wurde, arbeiteten 70 Prozent der Kinderarbeiter an sechs Tagen in der Woche acht bis neun Stunden, während 29 Prozent sogar zehn bis elf oder mehr Stunden mit dem Fußballnähen verbrachte. Unter den Fußballnähern, die nicht in den Werkstätten, sondern zu Hause arbeiten, ist nach Angaben der Studie von Save the Children (UK) (1997:33) sogar jeder zweite erst 13 Jahre alt oder jünger.

Durchwegs handelt es sich für die Kinder um eine gewerbliche Tätigkeit (Zimmermann 1997:292-299). Etwa jeder Dritte befand sich noch in seiner zumeist etwa dreimonatigen Anlernzeit und arbeitete für seinen „Lehrmeister" oder einen sehr geringen festen Monatslohn. 63 Prozent der Kinderarbeiter waren nicht nur zeitlich, sondern auch ökonomisch voll in den Produktionsprozess der Werkstätten einbezogen und nähten regelmäßig zwei bis drei Bälle pro Tag. Entlohnt werden sie mit dem gleichen Stücklohn wie alle übrigen Fußballnäher, wobei dieser von der Qualität des Kunstleders und des Innenfutters des fertigen Balls abhängt. Einerseits muss in aller Deutlichkeit festgehalten werden, dass der Charakter und das Ausmaß der Kinderarbeit in den Fußball-näher-Werkstätten nicht solche unmenschlichen Dimensionen aufweist wie etwa in den pakistanischen Ziegeleien (Bales 2001:198-258), der Teppichproduktion oder in Teilen der Landwirtschaft Pakistans. Hier sind die körperliche Belastung und das Gesundheits-risiko für die Kinder und Jugendlichen um ein Vielfaches größer. Die Arbeitsbedingun-gen sind in diesen Bereichen stark von feudalen Abhängigkeiten und Willkür geprägt, sodass Formen der Zwangsarbeit keine Seltenheit sind.

Auf der anderen Seite lastet auf den Kinder-Fußballnähern ein großer Druck. Bei drei von vieren sind ihre Familien zur Befriedigung der Grundbedürfnisse existenziell auf die Einkünfte der Kinder angewiesen. Bei vielen anderen ist der Zugewinn keine existenzielle Frage, aber doch ein strukturell notwendiger Faktor für das Familienein-kommen. Es ist daher davon auszugehen, dass für 75–90 Prozent der Familien von Kin-der-Fußballnähern ein wirtschaftlicher Druck zu der Entscheidung geführt hat, ihre Kinder diese Tätigkeit ausüben zu lassen. Die Kinder werden darüber hinaus durch ihre Arbeit als Näher daran gehindert, sich durch mehr Schulbildung oder eine breiter ausgerichtete berufliche Ausbildung eine weitergehende Perspektive zu erarbeiten. Dadurch wird die Kinderarbeit zu einer Hypothek für die Zukunft. Die Armut, die zu Kinderarbeit zwingt, wird an die nächste Generation weitergegeben.

Die Vertragsbeziehungen aller Fußballnäher basieren auf mündlichen Abmachun-gen über den Stücklohn, der jeweils von der Qualität des Balles und der Provision des Werkstattleiters abhängt. So gesehen ist jeder Fußballnäher ein „selbstständiger Arbeit-nehmer", den manche zu einem Ziel auch für die Industrieländer erklären wollen. Die Fußballnäher und damit etwa 80 Prozent aller Arbeiter in Sialkots Sportartikelindustrie müssen alle Risiken des Alltagslebens alleine tragen. Sie sind von jeder Form der pakis-tanischen Altersversicherung und der gesetzlichen Förderung der schulischen Ausbil-dung von Industriearbeitern ausgeschlossen. Auch von der gesetzlichen Krankheits-versorgung oder einer Urlaubsregelung werden sie nicht erfasst. Den Nähern wird ohne jeden Schutz auch das unternehmerische Risiko der weltmarktintegrierten Sportartikel-firmen aufgebürdet. In Zeiten schlechter Auftragslage gibt es in den Werkstätten weni-ger Bälle zu nähen, ohne dass die Näher dafür einen Ausgleich bekommen. Für Familie mit Einkommen in der Nähe des Existenzminimums stellen oft bereits die üblichen jahreszeitlichen Schwankungen mit Aufträgen im Juli und August von nur 25 Prozent oder 64 Prozent des Jahresdurchschnitts ein Problem dar.

Das Monatseinkommen eines Fußballnähers beträgt mit 1583 Rs. nur etwa 35,23 € im Monat. Damit liegt es fast 20 Prozent unterhalb des offiziell von der Provinzregierung des Punjab festgelegten – und von vielen als viel zu niedrig angesehenen – Mindest-lohns für nichtausgebildete Arbeiter von 1950 Rs. (43,40 €). Mit einem solchen Ein-kommensniveau kann ein einzelner Verdiener keine Familie ernähren, auch wenn in der ländlichen Region die Lebenshaltungskosten niedriger sind als in der Stadt.

Für die Fußball-Industrie hatte die Erschließung von Teilen der ländlichen Bevöl-kerung als Arbeitskräftereservoir speziell die Funktion, Arbeitskosten zu senken. Dies zeigt der folgende Vergleich:
Das Lohnniveau eines Fußballnähers im ländlichen Umland Sialkots liegt bei nur
- 87 Prozent des Nähpreises des städtischen Auftraggebers,
- 66 Prozent der Lohnkosten für Beschäftigte in der Groß- und Mittelindustrie des Punjab,

- 47 Prozent der Lohnkosten für Beschäftigte in den weltmarktintegrierten Sportartikel-firmen in Sialkot,
- 3,3 Prozent des durchschnittlichen Nettoverdienstes eines abhängig Beschäftigten in der Bundesrepublik Deutschland,

aber auch bei

- 155 Prozent des Lohns eines Tagelöhners für Landarbeiten im ländlichen Punjab oder
- 191 Prozent des Lohns eines regelmäßig beschäftigten Landarbeiters im ländlichen Punjab (aktualisiert nach Zimmermann1997:256 und Bundesministerium für Arbeit und Sozialordnung 2000).

Im Rückblick auf die vergangenen 15 Jahre verdienen die Fußballnäher heute nominell mehr als das Doppelte als Mitte der 1980er-Jahre. Berücksichtigt man aber die hohe Inflationsrate in Pakistan, so ist ihre Kaufkraft in diesem Zeitraum um 20 Prozent gesunken (vgl. Tabelle 4). Dies entspricht dem allgemeinen Trend in Pakistan, das seit Ende der 1980er-Jahre mit einer Zunahme der Armut von 17,3 Prozent (1988) auf 32,6 Prozent (1999) der Bevölkerung konfrontiert ist. In den ländlichen Regionen stieg der Anteil der armen Bevölkerung in diesem Zeitraum sogar auf 34,8 Prozent (Government of Pakistan 2000:50).

Tabelle 4: Einkommen der Fußballnäher

	1986	1996	Veränderung
Nähpreis für weltmarktintegrierte Fußballfirma in Sialkot			
a. Profiqualität	15-17 Rs.	35-40 Rs.	
b. Hobbyqualität	11-14 Rs.	15-25 Rs.	
c. Durchschnittswert	13,86 Rs.	28,75 Rs.	+ 107%
	1,09 €	0,64 €	– 41%
Kommission für den Werkstattbesitzer	1,75 Rs.	3,75 Rs.	
Näherlohn für einen Fußball			
a. in Rupien	12,11 Rs.	25,00 Rs.	+ 106%
b. in Euro	0,97 €	0,56 €	– 42%
Durchschnittliches Monatseinkommen eines Fußballnähers			
a. in Rupien	843,50 Rs.	1.583 Rs.	+ 88%
b. in Euro	66,37 €	35,23 €	– 47%
Preisentwicklung in Pakistan (Sensitive Price Indicator)	100	260	+ 160%
Kaufkraft eines Fußballnähers (gemessen am Nähpreis für einen Fußball in Rupien)	100	79	– 21%

Quellen: Awan (1996), Zimmermann (1997), Government of Pakistan (1996 und 2000), mündliche Auskünfte von Fußballexporteuren in Sialkot, eigene Berechnungen.

Setzt man das Einkommen der Fußballnäher in Beziehung zu dem, was wir für einen Fußball im Geschäft bezahlen müssen, so ergibt sich folgendes Bild. Ein Fußball der

mittleren Spielqualität kostet den Endverbraucher etwa 36-40 €. Von diesem Preis erhält der Fußballnäher in Sialkot nur 56 (Euro-)Cent für etwa drei Stunden Arbeit. Das
bedeutet, dass bei dem Näher oder der Näherin weniger als zwei Prozent von unserem
Kaufpreis ankommen! Aus Sicht von Adidas und den anderen Sportartikelkonzernen ist
das Nähen eines Fußballs in den letzten Jahren sogar billiger geworden. Heute müssen
sie (für einen „Durchschnittsfußball") nur noch 0,64 € statt 1,09 € zahlen und sparen
damit 42 Prozent gegenüber den Kosten von vor 10 Jahren!

5. Welche Entwicklungsimpulse gehen von der Fußball-Produktion aus?

Entwicklungspolitisch wird der Exportindustrie eines Entwicklungslandes häufig eine
besondere Rolle zugeschrieben. Daher sollen hier kurz einige wesentliche Entwicklungs-
impulse dargestellt werden, die von der Sportartikelindustrie für die Region Sialkot und
für Pakistan ausgehen (zu Pakistans Industrialisierung vgl. Zimmermann 1993).

Die kontinuierlich gewachsene Weltmarktnachfrage nach Fußbällen, der arbeitsintensive Charakter der Fußball-Herstellung und die flexible Anpassung der Produktions-
strukturen durch die pakistanischen Exportbetriebe haben bewirkt, dass heute etwa 50–
75.000 Menschen in Sialkots Sportartikelbranche Beschäftigungs- und Einkommens-
möglichkeiten finden. Bei aller berechtigten und notwendigen Kritik an den Arbeitsbedingungen und dem Lohnniveau wird damit auch (!) ein Beitrag zur Linderung des Armuts-
und Beschäftigungsproblems geleistet. Die Arbeitsteilung und die intensive Stadt-Um-
land-Verflechtung zwischen den verschiedenen Betriebstypen bewirkt aber eine nur se-
lektive Weitergabe der ökonomischen Impulse aus dem Exportgeschäft und eine starke
soziale Polarisierung. Dadurch hat sich unter den pakistanischen Firmen eine starke Hierarchie herausgebildet, in der wenige weltmarktintegrierte Sportartikelbetriebe große Teile
des Exportgeschäfts auf sich konzentrieren und sehr viel stärker an den Akkumulations-
möglichkeiten der Branche partizipieren. Das niedrige Lohnniveau der Fußball-Arbeiter
verhindert andererseits die Übersetzung der Exportnachfrage in einen Nachfrageimplus auf
dem Binnenmarkt, von dem nach den Annahmen der Modernisierungstheorie über einen
„trickle-down-Effekt" auch binnenmarktorientierte Wirtschaftszweige profitieren sollen
(vgl. Menzel 1992 oder Senghaas 1994 sowie kritisch dazu Zimmermann 1997:5-27).

Trotz der starken Expansion im Zusammenhang mit einer vermehrten Weltmarktnachfrage in den 80er- und 90er-Jahren ist es der Branche in Sialkot nicht gelungen, den
pakistanischen Wertschöpfungsanteil zu halten oder zu erhöhen. Im Zusammenhang
mit dem Übergang von der Herstellung von Lederbällen zur Fußball-Produktion aus
Kunstleder Anfang der 80er-Jahre verlor die Lederverarbeitung in Sialkot jede Bedeutung für die Fußball-Produktion. Da die chemische Industrie in Pakistan nur einfache
Qualitäten von Kunstleder herstellt, ist die Branche gezwungen, für 25–30 Prozent der
Produktionskosten hochwertigere PU-Qualitäten in Tschechien, Großbritannien oder
Japan einzukaufen. Die Fußball-Produktion verlor so ihre Bedeutung als Verarbeiter
lokaler Rohstoffe der Viehwirtschaft. Teilweise wurden die brachliegenden Kapazitäten
der Gerbereien im Distrikt Sialkot allerdings für die Produktion von Lederhandschuhen
und -bekleidung wieder nutzbar gemacht. Für den Bereich der Sportartikelherstellung
entwickelte sich Sialkot aber schrittweise zu einem Standort, der sich allein durch sein

handwerkliches Know-how und seine niedrigen Lohnkosten für die Weltmarktproduktion von Sportartikeln qualifiziert.

Entwicklungspolitisch gebührt der Kleinproduktion vor allem aufgrund ihres Potenzials zur Schaffung neuer Arbeitsplätze besondere Beachtung. Soll sie aber ein effektives Mittel zur Armutsbekämpfung und zur Entstehung eigenständiger interner Wirtschaftskreisläufe sein, erfordert dies eine umfassende wirtschaftliche Stärkung der ländlichen und städtischen Kleinproduzenten sowie ihre Befähigung zur aktiven Artikulation ihrer sozialen Interessen.

Für das hochverschuldete Land Pakistan sind die Exporteinnahmen durch Sportartikel grundsätzlich von großer Bedeutung und in gewisser Hinsicht unverzichtbar. Die Branche konnte von 1980 bis zum Jahr 2000 ihren Anteil am pakistanischen Export von 1,05 Prozent auf 3,26 Prozent mehr als verdreifachen. Heute exportiert Pakistan gemessen an den Erlösen mehr Sportartikel als beispielsweise Teppiche. Auf dem Weltmarkt nimmt Pakistans Sportartikelindustrie jedoch weiterhin eine untergeordnete Stellung ein. Dies soll an zwei Indikatoren verdeutlicht werden.

Gemessen am Endverbraucherpreis eines Fußball fließen nur etwa neun bis zehn Prozent in das Herstellerland Pakistan. Kostet der Ball beispielsweise 36 €, so erhält der pakistanische Exportbetrieb davon lediglich etwa 3,20-3,50 €. Dies nicht nur wegen des geringen Marktwerts der pakistanischen Arbeitskraft, sondern auch wegen der schwachen Verhandlungsposition der Sialkoter Fußballfirmen gegenüber Konzernen wie Adidas, Nike oder Karstadt.

Zum zweiten ist es der Sportartikelbranche in Sialkot nicht gelungen, mit dem hohen Wachstum der großen Konzerne in den letzten 20 Jahren auch nur annähernd Schritt zu halten (vgl. Tabelle 5). Während Nike seinen Umsatz bereits in den 80er-Jahren verzehnfachte, gelang es den pakistanischen Sportartikelfirmen nur, ihren Umsatz (in DM berechnet) zu verdreifachen. In den 1990er-Jahren konnte Sialkots Sportbranche ihre Exporte auf 243 Prozent mehr als verdoppeln. Trotzdem wuchs der Abstand zu den weltweit agierenden Konzernen weiter an, denn Adidas und Nike konnten ihren Umsatz mehr als vervierfachen.

Tabelle 5: Sialkots Sportartikelbranche im Vergleich mit den Konzernen Nike und Adidas 1980–2000

Umsatz	1980	1990	2000
Nike			
– in Mio. DM	490	4.950	21.066
– Index (1990 = 100)	10	100	426
Adidas			
– in Mio. DM	k.A.	2.750	11.412
– Index (1990 = 100)		100	415
Sialkots Sportindustrie			
– in Mio. DM	69	219	533
– Index (1990 = 100)	31	100	243

Quellen: Government of Pakistan 2000a, Liedtke 1995:16 www.nikebiz.com/invest/press-releases, www.nikebiz.com/story/chrono.shtml, www.adidas-salomon.com/eu/iv/3.2key_financial-data/income_statement_e.html, Zimmermann 1997:188.

Insgesamt zeigt dies für den Bereich der globalen Sportartikelproduktion eine zunehmende Kluft zwischen dem untergeordneten Produktionsstandort Pakistan mit nichtexistenzsichernden Löhnen einerseits und dem wachsenden Reichtum einiger weniger weltweit tätiger Konzerne (zu den Konzernstrategien siehe Punkt 7).

6. Das Atlanta-Abkommen und seine Konsequenzen

Bereits seit 1996 sind die Sportartikelkonzerne in das Blickfeld der internationalen Kritik geraten. Medienberichte über Kinderarbeit in der pakistanischen Fußball-Produktion führten insbesondere in den USA, aber auch bei uns in Europa zu einer breiten Diskussion. Die Global Player der Branche sahen sich gezwungen zu reagieren und initiierten eine Vereinbarung, die sie selber gar nicht unterschrieben haben. Nach dem Ort ihrer Verkündung wird sie als „Atlanta-Abkommen" bezeichnet. Im Februar 1997 haben die Sialkoter Industrie und Handelskammer (SCCI) als Vertreterin der pakistanischen Sportartikelindustrie und die Internationale Arbeitsorganisation (ILO) sowie das UN-Weltkinderhilfswerk UNICEF dieses Abkommen unterzeichnet. Darin verpflichten sich alle Beteiligten, an der Beseitigung „der Kinderarbeit in der Herstellung von Fußbällen und anderen Produkten, für die Sialkot international bekannt ist," mitzuwirken. Ein Kernstück dieses Abkommens besteht darin, dass die pakistanischen Hersteller von Fußbällen „eingeladen werden, sich einem freiwilligen Programm zur Vermeidung (von Kinderarbeit) und Überwachung (Monitoring) anzuschließen".

Das Abkommen beinhaltet zwei Komponenten. Die erste Komponente umfasst Maßnahmen zur Verhinderung von Kinderarbeit in Sialkots Fußball-Industrie. Die zweite beinhaltet ein soziales Schutzprogramm, bei dem ILO und UNICEF für Betreuungs- und Bildungsmaßnahmen zugunsten ehemaliger Kinder-Fußballnäher sowie anderer Kinder und Jugendlicher im ländlichen Umland Sialkots verantwortlich zeichnen. Eine begleitende Aufklärungskampagne primär für Eltern in der Region soll die Gefahren und negativen Auswirkungen der Kinderarbeit verdeutlichen.

Im Rahmen der ersten Komponente des Atlanta-Abkommens verpflichten sich die Sialkoter Fußballfirmen, die dem Abkommen beitreten wollen, zur Registrierung aller ihrer Näher-Werkstätten, deren Leiter sowie aller dort tätigen Fußballnäher (unter Angabe ihres Alters). Darüber hinaus wollen die beteiligten Firmen ein „internal monitoring" zur Kontrolle der Fußballnäher in den Werkstätten und zur Verhinderung von Kinderarbeit einrichten.

Die in Abschnitt 3 beschriebene Umsetzung dieses Abkommens durch einen Großexporteur in Form der Zusammenfassung seiner Fußballnäher in großen Näherhallen hat zu einer Reihe neuer Probleme geführt. Trotz der modernen Anlagen sind nicht alle Fußballnäher zufrieden mit ihrem neuen Arbeitsplatz. Für sie bedeutet diese räumliche Konzentration der Nähhallen deutlich längere und für die Näher aus abgelegenen Dörfern, die nur durch offene Feldwege zu erreichen sind, auch beschwerliche An- und Abfahrtswege. Sie sind jetzt den ganzen Tag von ihrer Familie getrennt und können so ihre Erwerbstätigkeit schlechter mit der Erledigung von Aufgaben zu Hause koordinieren als früher. Viele mussten sich ein Fahrrad anschaffen, um den Weg in einer vertretbaren Zeit zu bewältigen. Dies ist für viele Familien ein Kostenfaktor, der ein längeres Ansparen erfordert oder zur Verschuldung und damit zu neuen Abhängigkeiten führt.

An der Art des Beschäftigungsverhältnisses und ihrer sozialen Absicherung hat dieser Ortswechsel ihres Arbeitsplatzes nichts geändert. Die Fußballnäher sind weiterhin praktisch „selbstständige Arbeitnehmer" und nicht direkt bei den weltmarktintegrierten pakistanischen Firmen angestellt. Sie werden weiterhin nach einem Stücklohn bezahlt, ohne Urlaubsanspruch oder Lohnfortzahlung im Krankheitsfall. Anders als die Arbeiter der Sialkoter Exportfirmen sind sie auch nicht in die ohnehin sehr bescheidene pakistanische Rentenversicherung einbezogen.

Die Konzentration der Näharbeiten in großen Hallen birgt ein großes Problem für die Frauen, die bisher zu Hause in den Dörfern Fußbälle genäht haben. Aufgrund der strengen islamischen und patriarchalischen Verhaltensregeln in Pakistan ist es für die meisten Frauen insbesondere im ländlichen Raum nicht möglich, außerhalb ihres eigenen Hauses (oder dem von Verwandten) zu arbeiten, schon gar nicht außerhalb des Dorfs oder in großen „Fabriken". In jedem Fall wird eine räumliche Trennung von Arbeiterinnen und Arbeitern auch innerhalb einer Fabrik erforderlich. Eine pakistanische Firma, die eine Nähhalle speziell für Frauen reservierte, hatte Probleme, ausreichend Näherinnen dafür zu finden. Bisher kamen nur 274, obwohl auch diese Halle für 500 Personen ausgelegt war. Die technische Lösung der Kontrolle der Fußballnäher und ihres Alters hat vermutlich dazu geführt, dass viele Frauen arbeitslos geworden sind oder für kleinere Auftraggeber für weniger Nählohn arbeiten. Die Verdrängung von Frauen aus dem öffentlichen Arbeitsleben stellt in Pakistan ein besonders gravierendes Problem dar, da Frauen hier besonders stark unterrepräsentiert sind. Zusätzlich droht damit den betroffenen Familien wachsende Armut, zumindest solange in dieser Branche keine existenzsichernden Nählöhne gezahlt werden.

Die soziale Lage der Fußballnäher und ihrer Familien konnte auch deshalb nicht wirklich verbessert werden, weil das Atlanta-Abkommen einige grundsätzliche Mängel aufweist. Die Hauptursache für die Kinderarbeit (nicht nur) in der Fußball-Produktion liegt, wie in Abschnitt 3 dargestellt, in der Armut ihrer Familien. Diesbezüglich sieht das Atlanta-Abkommen keinerlei Maßnahmen vor. Es fehlt eine Verpflichtung zur Zahlung von Nählöhnen, die einer Familie ein menschenwürdiges Leben ermöglichen, ohne dass ihre Kinder auf Schule, Ausbildung oder Freizeit verzichten müssen. Die finanzielle Belastung durch höhere Löhne sollte entsprechend der Wirtschaftskraft der beteiligten Unternehmen verteilt werden. Einerseits müssten sich die pakistanischen Sportartikelfirmen und -exporteure verpflichten, existenzsichernden Nählöhne zu zahlen. Andererseits müssten die global operierenden Sportartikelkonzerne mit ihren Millionengewinnen (vgl. Tabelle 6) ihren pakistanischen Partnerunternehmen höhere Preise garantieren (vgl. Punkt 7).

Dies führt direkt zu einem zweiten zentralen Schwachpunkt des Atlanta-Abkommens. Die Weltkonzerne Adidas, Nike, Puma, Reebok usw. haben dieses Abkommen selber gar nicht unterzeichnet. Sie ließen sich zwar gern von den Weltverbänden der Sportartikelindustrie (WFSGI und SGMA) auf dem Empfang in Atlanta als Initiatoren feiern, gingen aber keinerlei Verpflichtungen ein. Der Verband der US-amerikanischen Fußball-Industrie (SICA) spendete über die Sialkoter Industrie und Handelskammer einmalig 100.000 US-$ für die soziale Komponente des Abkommens. Eine Mitverantwortung für die Arbeitsbedingungen in der pakistanischen Fußball-Industrie haben die

Konzerne allerdings von sich gewiesen. Auch eine konkrete Verpflichtung, in ihren Preis-verhandlungen mit den pakistanischen Herstellerfirmen die unzureichenden Löhne der Näher zu berücksichtigen und so kontinuierlich zur Verbesserung der sozialen Lage der Fußballnäher und ihrer Familien beizutragen, blieb aus.

Als Zwischenschritt zu den grundsätzlichen Zielen fehlen im Atlanta-Abkommen konkrete Maßnahmen, wie der Einnahmeausfall der Familien, deren Kinder jetzt nicht mehr nähen, ausgeglichen werden kann. Das Problem wurde durchaus erkannt. Der Lösungsansatz aber, Kinder-Fußballnäher durch ältere Familienmitglieder zu ersetzen, greift deutlich zu kurz, denn der betroffenen Familie fehlt das oft dringend benötigte Zusatzeinkommen. Ohne einen finanziellen Ausgleich führt die Beseitigung der Kin-derarbeit in der Fußball-Produktion lediglich zu einer Verschiebung der Kinderarbeit in weniger erfasste Näherwerkstätten oder in andere, eher binnenmarktorientierte Wirt-schaftszweige. Zusätzlich besteht auch hier die Gefahr, dass sich für viele Familien die Armutssituation verschärft.

In Pakistan ist die Arbeit nur für Kinder bis zu einem Alter von 13 Jahren verboten. Dies steht in Übereinstimmung mit ILO-Konventionen zum Verbot der Kinderarbeit, die es Ländern mit geringer Wirtschaftskraft gestatten, die allgemein gültige Alters-grenze von 15 Jahren um ein Jahr herabzusetzen. Davon hat Pakistan Gebrauch ge-macht. Unter menschlichen Gesichtspunkten sind allerdings auch 14-, 15- oder 16-Jäh-rige als Kinder oder Jugendliche zu betrachten, die sich noch in der Entwicklung befin-den. In der partiell hochentwickelten Weltgesellschaft des 21. Jahrhunderts sollte auch ihnen ein Freiraum für eine menschliche Entwicklung ermöglicht werden, der individu-elle Kombinationen von Lernen, Spielen, Ausbildung und die Übernahme von Verant-wortung unabhängig von ökonomischen Zwängen beinhaltet.

Grundsätzlich bleibt noch anzumerken, dass bei der Umsetzung des Atlanta-Abkom-mens jede Form der Beteiligung der Fußballnäher und -näherinnen, der Kinderarbeiter, der lokalen Gewerkschaften oder kommunalen Nichtregierungsorganisationen fehlt. Das Vorgehen entspricht – zumindest in der ersten Komponente des Atlanta-Abkommens – einem „Top-down-Ansatz", der den Initiatoren dieses Abkommens wohl am ehesten ent-sprach. Vertan wurde damit aber die Chance zu einer effektiven Erfolgskontrolle, bei der sich die Einbeziehung der Beschäftigten als hilfreich herausstellen könnte.

7. Die Rolle der Sportartikelkonzerne auf dem Weltmarkt – oder warum in Sialkot so wenig vom Verkaufspreis eines Fußballs ankommt

7.1. Fünf Konzerne beherrschen den Sportartikelweltmarkt

„Wir verkaufen nicht Produkte, sondern Erlebnisse", stellte der Kommunikationschef von Adidas-Salomon auf der Sportartikelmesse ISPO im Sommer 2000 den größten europäischen Sportartikelkonzern vor (Frankfurter Rundschau, 8.8.2000). Doch sobald sich die Nebel der Marketing-Slogans und Image-Kampagnen lichten, stehen die Sportartikelfirmen als ganz gewöhnliche, international agierende Großkonzerne da, or-ganisiert als Aktiengesellschaften und notiert an den Börsen. Dort interessieren einzig die Entwicklung des Umsatzes und vor allem der Gewinn und die Dividende für die

Aktionäre. Gemessen am Umsatz spielen Fußbälle und andere Sportgeräte bei allen Sportartikelkonzernen eine untergeordnete Rolle. Der Weltmarktführer Nike macht über 90 Prozent seines Umsatzes mit Sportschuhen (62,1 Prozent) und Bekleidung (30,5 Prozent). Bei Adidas war dies bis Mitte der 90er-Jahre ähnlich (52 Prozent Schuhe, 38 Prozent Bekleidung, 1994). Im Zuge der Übernahme des französischen Sportartikelherstellers Salomon (1997) für 2,5 Mrd. DM gewannen die Bereiche Skiausrüstung (der Marke Salomon), Golfschläger und -ausrüstung (Marke Taylor Made) sowie Fahrradkomponenten (Marke Mavic) an Bedeutung. Sie machten im Jahr 2000 zusammen 19,6 Prozent des Konzernumsatzes aus. Der Anteil des Schuhverkaufs dominiert bei Adidas-Salomon weiterhin mir 43,1 Prozent des Umsatzes vor der Sportbekleidung mit 37,3 Prozent (Geschäftsbericht 2000).

Am Beispiel des Weltmarkts für Sportschuhe lässt sich die Bedeutung der transnationalen Konzerne im Sportartikelgeschäft verdeutlichen. Die fünf *global player* Nike, Reebok, Adidas, Fila und Puma beherrschen zusammen zwei Drittel des weltweiten Sportschuhmarkts. Dies zeigt, wie stark die Markenartikler in diesem Bereich sind und wie weit die Konzentration innerhalb der Branche vorangeschritten ist.

Betrachtet man die Gesamtumsätze der großen Sportartikelkonzerne, so liegt Adidas-Salomon mit 5,8 Mrd. € auf Platz zwei nach Nike mit 10,7 Mrd. € und inzwischen wieder deutlich vor Reebok mit einem Umsatz von 3,1 Mrd. € (vgl. Tabelle 6). Bezogen auf die gesamte Sportartikelbranche in Sialkot/Pakistan ist der Umsatz von Adidas mehr als 22-mal so groß und der von Nike übersteigt sogar das 37-fache dessen, was 50.000 Arbeiter und Arbeiterinnen in Sialkot produzieren.

Tabelle 6: Die großen Sportartikelkonzerne und ihre weltweiten Umsätze (2000)

	Umsatz (absolut)	Anteil am globalen Umsatz (in %)	Beschäftigte im Konzern	Indirekt Beschäftigte	Gewinn vor Steuern
Nike[a]	10.782,7 Mio. €	27,6%	22.000	500.000	1.047,0 Mio. €
Adidas-Salomon	5.834,8 Mio. €	15,0%	13.362	270.000	346,6 Mio. €
Reebok	3.120,0 Mio. €	8,0%	6.950	148.000	90,0 Mio. €
Fila	2.208,0 Mio. €	5,7%	2.613	105.000	157,5 Mio. €
New Balance	1.176,0 Mio. €	3,0%	k.A.	54.000	k.A.
Puma	462,4 Mio. €	1,2%	1.522	21.000	21,2 Mio. €
Sportartikel-Weltmarkt[b]	39.000,0 Mio. €	100,0%	(46.447)[c]	1.800.000	–
Zum Vergleich: Sialkots Sportartikelbranche	256,2 Mio. €	0,66%	50.000		–
Pakistans BIP[d]	59.839,0 Mio. €	–	140 Mio. Einwohner		–

[a] Geschäftsjahr Juni 1999–Mai 2000,

[b] Umsatz geschätzt nach Adidas-Salomon 2001, Beschäftigung geschätzt nach indirekter Beschäftigung von Nike nach www.nikebiz.com/media/n_kukpress.shtml,

[c] Summe der oben genannten Konzerne,

[d] BIP für Juli 1999–Juni 2000.

Quellen: www.adidas-salomon.com/eu/iv/3.2key_financial-data/income_statement_e.html, Bieber 2001:46, Werner/Weiss 2001:288,300, www.fila.com/aboutFila/investors.jhtml, Financial Times Deutschland 1.6.01, Wirtschaftswoche 14.6.01, www.nikebiz.com/invest/press-releases, Puma Geschäftsbericht 2000

Diese Größenordnung verdeutlicht die Verteilung wirtschaftlicher Macht zwischen den global agierenden Sportartikel-Multis und den lokalen Produzenten in Sialkot oder anderswo. Damit ist auch das Kräfteverhältnis vorgegeben, das die Preisverhandlungen zwischen diesen beiden ungleichen Geschäftspartnern bestimmt. So ist es nicht verwunderlich, wie oben skizziert, dass die Nähkosten für einen Fußball für Adidas um 40 Prozent gesunken sind und die pakistanischen Fußballnäher und -näherinnen mit diesen Nählöhnen 20 Prozent an Kaufkraft verloren haben.

7.2 Die Strategien der Sportartikelkonzerne bis in die 80er-Jahre
Bis Mitte der 1980er-Jahre schien die Welt für Adidas noch in Ordnung. Die Fußball-WM 1986 markierte einen letzten Höhepunkt seiner globalen Marktführerschaft.

> „Die Welttitelkämpfe in Mexiko (fanden) gewissermaßen in den Schaufenstern der größten adidas-Filialen statt: den WM-Stadien. Flächendeckend waren die drei Streifen vertreten, vom Ball bis zur Bandenwerbung, von den Nationaltrikots bis zum Schiedsrichter-Outfit. Nahezu jeder WM-Teilnehmer trug das Markenlogo zur Schau und sorgte für weltweite Medienpräsenz." (Bieber 2001:30)

Um die veränderten Schwerpunkte der Unternehmensstrategien der 1990er-Jahre besser verstehen zu können, ist ein kurzer Rückblick auf die Entwicklung von Adidas in den 1970er- und 1980er-Jahren hilfreich. Unter Horst Dassler wurde die Schuhfabrik Adidas zu einem weltweit einflussreichen Sportartikelkonzern umgebaut. Zu diesem Zweck wurde das Adidas-Warenangebot schrittweise von Sportschuhen über Sporttaschen (bereits ab 1952) auf Sportbekleidung (Trainingsanzüge ab 1967) und Zubehör (wie Fußbälle) ausgedehnt.

Mit der Gründung eines Zweigwerks im französischen Elsass wurden erste Schritte der Internationalisierung in der Produktion unternommen. Mit Hilfe von Entwicklungshilfegeldern wurde Anfang der 1960er-Jahre mit dem Bau eines Industrieparks für Sialkots Sportartikelindustrie begonnen. Diese Mittelstandsförderung diente zur Durchsetzung maschinengestanzter Fußballteile und führte zur Anhebung der Qualitätsstandards der pakistanischen Fußball-Produktion. Zugleich intensivierte sich die Auftragsvergabe von Adidas nach Pakistan. Ende der 1970er-Jahre ließ Adidas in 24 Fabriken in 17 Ländern produzieren. Im Laufe der 1980er-Jahre wurde dieses Netz von Betrieben (die in Eigenfertigung oder Lizenzproduktion für Adidas tätig waren) auf über 50 Länder ausgeweitet.

Als zweites Element der Konzernstrategie wurde das informelle Netzwerk zwischen Adidas und den nationalen Sportverbänden wie DFB (Deutscher Fußball-Bund) oder DLV (Deutscher Leichtathletik-Verband) sowie den internationalen Dachorganisationen wie dem Weltfußballverband FIFA oder dem Internationalen Olympischen Komitee (IOC) ausgebaut. Die ambitionierten Ziele des Brasilianers João Havelange als FIFA-Präsident (1974-1998) zur Stärkung der entkolonisierten Länder Afrikas und Asiens, aber auch Lateinamerikas „ließen sich nur [verwirklichen] mit Hilfe international operierender Konzerne wie Coca-Cola, die ... neue Märkte durchdrangen und Imageverbesserung betrieben ... Ein wichtiger Wahlkampfhelfer [von Havelange] war adidas-Besitzer Horst Dassler, der sich von der Politik Havelanges Vorteile für sein Imperium versprach." (Schulze-Marmeling 2000:147)

Als drittes Element engagierte sich Adidas seit Anfang der 1980er-Jahre – über die 1982 gegründete Marketing-Agentur ISL (International Sports & Leisure) – auch in der

Vermarktung der Fernsehrechte von internationalen Großereignissen. Dies umfasste sowohl Übertragungsrechte als auch Werbemöglichkeiten in diesem Rahmen. Adidas erkannte die strategische Bedeutung des Mediums Fernsehens, um mit Hilfe des internationalen Sportgeschehens, wie sich Horst Dassler ausdrückte „Produkte, Namen und Artikel ins Blickfeld von Millionen, manchmal sogar Milliarden zu rücken" (zit. nach Bieber 2001:28).

Im Zuge der Expansion wurde Adidas bei einem Konzernumbau 1980 von einem Familienunternehmen in eine Aktiengesellschaft umgewandelt. Die Unternehmensleitung wurde durch ein familienfremdes Management professionalisiert. Allerdings dauerte es noch 15 Jahre, bis Adidas sich aktiv am „Kasino-Kapitalismus" beteiligte und seine Aktien auch an der Börse zum Handel anbot. Heute gehört die Adidas-Aktie sogar zu dem exklusiven Klub der DAX-Werte.

7.3 Die Strategien der Sportartikelkonzerne von den 1990er-Jahren bis heute

Um die Vorherrschaft von Adidas auf dem Sport-Weltmarkt zu brechen, bedurfte es nicht nur engagierter Herausforderer wie der Firmen Nike mit Sitz in Oregon an der Westküste und Reebok mit Sitz in Massachusetts an der Ostküste der USA. Nötig war auch eine Unternehmensstrategie, die schließlich symptomatisch für zentrale ökonomische Tendenzen der 1990er-Jahre wurde. Vorreiter dieser Strategie war zweifelsohne der heutige Weltmarktführer Nike, in wesentlichen Teilen kopiert und adaptiert wurde sie schließlich auch von anderen Firmen, darunter Adidas selbst. Im Kern basierte der Aufstieg des Nike-Konzerns zum weltweit führenden Sportartikelunternehmen auf drei Elementen:

a. „Nike ist im Grunde eine virtuelle Firma" (J. Rifkin 2000:66) – Adidas ebenso
Der konsequente Verzicht auf eigene Produktionsstätten bedeutet nicht nur eine wesentliche Ersparnis an Investitionen in Grundstücke, Fabrikgebäude und Maschinen. Er ermöglicht dem Unternehmen auch ein Höchstmaß an Flexibilität in seiner Beschaffungspolitik, ohne Belastung mit eigenen fixen Kosten. Nike hat diese Strategie bis zur Perfektion verfolgt und dabei in der Auswahl seiner Zulieferfirmen auf die Veränderungen im Lohnniveau der ost- und südostasiatischen Länder besonders schnell reagiert. Phil Knight, der spätere Gründer von Nike, stieg in die Sportartikelbranche 1963 als Importeur billiger japanischer Sportschuhe ein. Darin sah er eine Absatzchance gegenüber dem Marktführer Adidas auf dem US-amerikanischen Markt. Die Idee der „schwerelosen Ökonomie" (Rifkin 2000:44) steht so am Anfang des wirtschaftlichen Aufschwungs des Nike-Gründers. Er nützt damit konsequent die aufgrund des eklatanten Lohngefälles geringeren Produktionskosten in den sogenannten Billiglohnländern aus. In den 1960er-Jahren lag auch das Lohnniveau in Japan noch deutlich niedriger als jenes in den USA. Seit den 1970er-Jahren mit der Etablierung der Marke Nike verschob Knight seine Aufträge an Zulieferfirmen in Südkorea und Taiwan. Nachdem diese „Tigerstaaten" einen beachtlichen wirtschaftlichen Aufschwung erfuhren, stiegen dort langsam auch die Löhne und der Lebensstandard. In Südkorea geschah dies nicht zuletzt durch die Auseinandersetzungen, die engagierte Gewerkschafter mit den südkoreanischen Firmen führten, die für inländische Verhältnisse am Exportgeschäft ordentlich verdienten. Für Nike war dies der Grund, erneut neue Produktionsmärkte zu erschließen. Während der 1990er-Jahre kamen 36 Prozent der Nike-Schuhe aus Indonesien, 34 Prozent aus der VR China, zwölf Prozent aus Südkorea, nur noch fünf Prozent aus Taiwan und zwei Prozent aus Vietnam (DGB-Bildungswerk Nord-

Süd-Netz 1998:23). An dieser Entwicklung wird deutlich, wie stark eine konsequente Politik der Produktionsauslagerung verschiedene Entwicklungs- und Schwellenländer untereinander zu Konkurrenten macht. Außerdem zeigt sich, wie vergänglich Produktionskapazitäten in wenig kapitalintensiven Bereichen wie einfachen Näharbeiten sein können, solange die Produktionsfirmen nicht über eigenständige Zugänge zu den Absatzmärkten in den wirtschaftlichen Metropolenländern verfügen.

b. Mit Logo in die Köpfe – oder warum der Werbeetat wichtiger ist als die Lohnsumme
Das zweite Element der Nike-Strategie ist die Etablierung einer langfristig wirksamen engen Käuferbindung. Dazu bedarf es extrem teurer Imagekampagnen, um die eigene Marke mit einem bestimmten Lebensgefühl zu verknüpfen. Hier haben die Sportartikelfirmen gegenüber anderen Schuh- oder Bekleidungsunternehmen, mit denen sie zunehmend konkurrieren, einen entscheidenden Vorteil. Fußball wie auch andere Sportarten werden von den Zuschauern sehr stark emotional wahrgenommen. Die Firma muss „nur noch" die eigene Markenbotschaft in die Zuschauer hineinpflanzen: „Just do it" (Nike-Slogan 1988-99) oder „Forever sports" (Adidas-Slogan 1999).

Dabei spielt nach Ansicht von Naomi Klein (2001:47ff) das Logo einer Marke die zentrale Rolle. „Nike (ist) definitiv die prototypische Supermarke der neunziger Jahre … sein Vorgehen zeigt, dass die Markenpolitik alle Grenzen zwischen dem Sponsor und dem Gesponsorten aufheben will. Nike ist ein Schuhkonzern, der versucht, den Berufssport, die Olympiade und sogar die Starsportler zu entthronen, um sich selbst zur Definition des Sports zu machen." (Klein 2001:68) Dabei erobern Marken nicht nur das Stadtbild, sondern ihre Logos werden so dominant auf der Kleidung platziert, dass die Menschen, die sie tragen, „fast nur noch als Träger der jeweiligen Marke fungieren" (Klein 2001:48).

> Jugendliche bilden heute die wichtigste Zielgruppe für die Werbung der Sportartikelkonzerne. Adidas-Chef Herbert Hainer erläutert warum: „Früher wollten die Kinder definitiv die gleiche Marke haben wie ihre Eltern. … Die Kunden waren treu. … Heute wählen die Väter die Marke, die die Söhne tragen, weil sie die Marke ihrer Kinder für cool halten. Deshalb ist diese Zielgruppe zwischen 12 und 20 Jahren als Transporteur der Marke und als Imagebildner so enorm wichtig. Die macht zwar nur 15 Prozent des Umsatzes aus, prägt aber zu 80 Prozent das Image einer Marke." (Frankfurter Rundschau 10.11.2001)

Eine Untersuchung in Missouri/USA zeigt, dass von 200 Neuntklässlern einer Highschool eine Mehrzahl der Meinung war, die Sportler, die in den Werbefilmen auftreten, zahlten für ihre Auftritte an die Schuhfirmen, um ihr persönliches Image zu verbessern oder das ihres Vereins. Ein eindrucksvolles Beispiel dafür, wie schwierig die Werbestrategien der Markenfirmen offensichtlich zu durchschauen und zu verstehen sind (vgl. Klein 2001:78). Darüber hinaus macht dieses Beispiel die erwünschte Verschiebung in der Wertschätzung bei den potenziellen Konsumenten deutlich. Nicht mehr die herausragende Leistung eines Sportlers/einer Sportlerin scheint vorrangig das Besondere oder Wertvolle, sondern der Auftritt in einem TV-Spot einer Schuhfirma.

Um die Jugendlichen mit ihren unterschiedlichen Interessenschwerpunkten zu erreichen, bedarf es einer vielfältigen Werbestrategie. Für die diversen Werbefilme, Werbe-Sport-Events, Sponsorverträge mit Spitzensportlern oder Spitzenvereinen steigerte Nike die Ausgaben allein von 1987 bis 1997 von 50 auf 500 Millionen US-$ (Klein

2001:482). Der Erfolg gab Nike Recht, denn die Gewinne stiegen von 100 Millionen US-$ (1988) auf 795,8 Millionen US-$ im Geschäftsjahr 1996/97 (Rourke/Troester/ Salamie 2001:344-345). Ähnlich verhielt sich Adidas: Betrug der Werbeetat Anfang der 1990er-Jahre lediglich 200 Millionen DM, so wurde er bis Mitte der 1990er- auf 800 Millionen DM aufgestockt, um heute bereits bei 1,5 Mrd. DM zu liegen. Damit erreicht der Werbeaufwand auch bei Adidas einen Anteil von 13 Prozent am Konzernumsatz. Ein Betrag, den wir beim Kauf eines Fußballs oder eines T-Shirts mitbezahlen und der bei den Fußballnähern in der „Lohntüte" fehlt. Mitarbeiter der französischen Nicht-regierungsorganisation Agri Ici haben errechnet, dass die Senkung der Werbemittel von Nike um nur 3,5 Prozent ausreichen würde, um die Gehälter aller ArbeiterInnen in den Nike-Schuhe produzierenden Unternehmen in China und Indonesien zu verdoppeln (DGB-Bildungswerk Nord-Süd-Netz 1998:22).

c. Konzerne ohne Verantwortung?

Diese Überlegung führt direkt zum dritten Element der Konzernstrategien der 1990er-Jahre, das auch charakteristisch ist für den neoliberalen Globalisierungsprozess. Mit der Trennung der Sportkonzerne von nahezu jeglicher eigenen Produktion entledigen sich die Unternehmen auch jeglicher Verantwortung für ihre Beschäftigten – weil es nicht mehr

„Adidas-Gewinne auf dem Rücken der ArbeiterInnen

Ich heiße Yeti und bin 21 Jahre alt. Ich arbeite als Näherin in der großen Fabrik Tuntex in der Nähe von Jakarta in Indonesien. Ich war froh, als ich diesen Job bekam, deshalb habe ich mein Heimatdorf verlassen, meine Familie und meine Freunde. Auch meinen kleinen Sohn Asmara habe ich zurückgelassen. Die meisten in unserem Dorf sind arm. Es reicht kaum zum Leben, und viele sterben früh. Ich hatte gehofft, durch meine Arbeit in der Fabrik die Familie unterstützen zu können.

Doch es ist anders gekommen. Obwohl ich jeden Tag von morgens bis spät abends arbeite, auch Sonntag, verdiene ich so wenig, dass ich nichts nach Hause schicken kann. Manchmal arbeite ich 80 Stunden in einer Woche und verdiene dabei 5 DM am Tag. Vor kurzem sagte unser Aufseher, jede von uns müsste pro Tag 350 Kleidungsstücke nähen, vorher dürften wir nicht nach Hause. Einige von uns protestierten dagegen, die wurden bedroht, manche sogar geschlagen. So arbeiteten wir bis in die Nacht und waren völlig fertig.

Ich habe gehört, dass wir für Überstunden Zuschläge bekommen müssten. Doch darum kümmert sich hier niemand. Wenn ich bei einer 80-Stunden-Woche 150 DM im Monat verdiene, reicht das gerade für mein Essen, für die Miete meines kleinen Zimmers und für ein paar persönliche Sachen. Wirklich leben kann ich davon nicht, geschweige denn meine ganze Familie.

1.700 ArbeiterInnen sind wir hier, fast alle junge Frauen wie ich. Wir arbeiten für die Firma Adidas in Deutschland. Dorthin werden die Sachen, die wir nähen, geschickt und sehr teuer verkauft, ein Hemd für 100 DM, habe ich gehört. 100 DM, dafür muss ich 20 Tage arbeiten! Das finde ich ungerecht, dass ich von dem vielen Geld so wenig bekomme. In jedem Hemd steckt meine Gesundheit und meine Lebenskraft."

(Aus: Kampagne für saubere Kleidung (2002): Unterschriften-Aktion zum Sportkongress Mai 2002)

ihre Beschäftigten sind. Für die Fußballnäher in Pakistan oder die Sportschuhnäher in Indonesien, Vietnam oder der VR China ist der ungeheure Reichtum der Sportkonzerne unsichtbar und damit schwer erfahrbar. Für die Konsumenten in den Industrieländern sind die Arbeitsbedingungen in den Fußball-Werkstätten oder den Schuhfabriken nicht vorstellbar. Und von der Verallgemeinerung eines Menschenbildes, das allen Menschen den gleichen Lohn für eine Stunde Nähen zubilligt, sind wir noch weit entfernt – vor allem auch, solange die Menschen in den Industrieländern von den zum Teil relativ niedrigen Preisen für Sportschuhe profitieren.

Ökonomisch betrachtet trennt die globale Arbeitsteilung die Gewinne der Sportkonzerne auch räumlich von den Produzenten. Eine Umverteilung über den Staat ist heutzutage schon innerhalb eines Landes nur schwer möglich. Für eine internationale Umverteilung fehlt bisher noch jegliches Instrument. So ist die Sportartikelbranche ein Teil der neoliberalen Globalisierung, die in den letzten Jahrzehnten die Kluft zwischen Arm und Reich weiter verschärft hat.

Den Preis zahlen die ArbeiterInnen in den Weltmarktfabriken oder „Sweatshops" (vgl. Beispiel im Kasten).

8. Wie könnten Alternativen und Auswege aussehen? Wer wird hier aktiv?

„Es gibt nur eines, das schlimmer ist, als von den Multis überrollt zu werden: nicht von den Multis überrollt zu werden." (Ulrich Beck nach Werner/Weiss 2001:30)

Die sozialen Bedingungen in der Fußball- und Sportschuhproduktion sind Ausdruck der neoliberalen Globalisierung, in der die Sportartikel-Multis den Ton angeben. Humane Arbeitsbedingungen, existenzsichernde Löhne und Gewerkschaftsrechte fallen dem uneingeschränkten Konkurrenzprinzip und der Verabsolutierung des Gewinnprinzips zum Opfer. Aber gibt es, wie der Soziologe Ulrich Beck im eingangs wiedergegebenen Zitat unterstellt, keine Alternativen zur Ausdehnung der Kluft zwischen Arm und Reich?

8.1. Faire Bälle aus Sialkot

Das Fair Handelshaus gepa in Wuppertal hat den Versuch gewagt und bietet seit 1998 fair gehandelte handgenähte Fußbälle aus Sialkot an. Dem Begriff „fair" liegen dabei folgende Kriterien zugrunde. Die gepa zahlt an ihren pakistanischen Handelspartner Talon Sports in Sialkot einen um 25 Prozent höheren Exportpreis als andere Unternehmen. Talon Sports hat sich verpflichtet, eine unabhängige Inspektion ihrer Näher-Werkstätten zu ermöglichen, keine Kinder-Fußballnäher zu beschäftigen und den größten Teil der Zusatzeinnahmen auf unterschiedlichen Wegen an die Fußballnäher weiterzugeben. Ein gewisser Teil bleibt dem Exportunternehmen für „soziale, technologische und logistische Weiterentwicklungen".

Kernstück des fairen Fußballs ist die Erhöhung der Stücklöhne um 35 Prozent für die Fußballnäher und -näherinnen. Dadurch soll sichergestellt werden, dass das Einkommen von zwei Familienmitgliedern ausreicht, um die ganze Familie zu ernähren. Dies soll den wirtschaftlichen Freiraum schaffen, damit die Kinder nicht arbeiten müssen, sondern zur Schule gehen oder eine Ausbildung machen können. Ermöglicht wird dieser erhöhte Nählohn pro Ball auch dadurch, dass alle Werkstattleiter als Zwischen-händler zwischen der Exportfirma und den Nähern in den Dörfern ausgeschaltet wur-den. Um ihre Verdrängung aus der Fußball-Produktion zu verhindern, hat man inner-halb der Dörfer spezielle Nähergruppen für Frauen eingerichtet – bis 2001 sind bereits 43 solcher Gruppen entstanden. Dies ist ein wichtiger Beitrag zur Stärkung der Famili-eneinkommen, ohne dabei die Arbeitskraft der Kinder miteinzubeziehen.

Ein Teil des erhöhten Exportpreises ist der Verbesserung der allgemeinen Lebens-bedingungen in jenen Fußballnäher-Dörfern gewidmet, die an der Herstellung der fai-ren Bälle beteiligt sind. Mit der Einrichtung von kleinen Dorfentwicklungsfonds be-steht für die Familien der Fußballnäher die Möglichkeit, Kleinkredite in Höhe von bis zu 511 € in Anspruch zu nehmen. So können einige ihre wirtschaftliche Existenzgrund-lage beispielsweise durch die Eröffnung eines Obststandes oder den Kauf einer Motor-pumpe zur Bewässerung ihres Ackerlandes langfristig verbessern. Die Dorfentwicklungs-fonds ermöglichen auch eine finanzielle Unterstützung zur Verbesserung der medizini-schen Versorgung im Dorf.

Mit Fußbällen hat die gepa Neuland betreten, denn die Palette der fair gehandelten Produkte konzentriert sich bislang – mit Ausnahme der Rugmark Teppiche – stark auf Lebens- und Genussmittel wie Kaffee, Tee, Kakao, Schokolade und Orangensaft. Das neue Produkt bedeutet ein gewisses Risiko: Um für die pakistanischen Fußballnäher und auch die Firma Talon Sports ein verlässlicher Partner zu sein, hat sich die gepa verpflichtet, jährlich mindestens 100.000 Bälle anzukaufen (die dann zu einem Stück-preis von ca. 20-40 € verkauft werden). Dies wäre eine Basis, um langfristig etwa 100 erwachsenen Fußballnähern und -näherinnen eine Vollbeschäftigung mit faireren Löh-nen zu gewährleisten. Vor dem Hintergrund der 50.000 Beschäftigten in der Sportartikel-industrie Sialkots sind allerdings die beschränkten Dimensionen und Möglichkeiten des fairen Handels unübersehbar. Zugleich ist hier praktische Solidarität gefragt von inter-essierten Einzelpersonen, Fußballvereinen, Hobbymannschaften oder Schulen, um die-ses Projekt mit Beispielcharakter zu stärken.

Andererseits kann dieses Projekt auch Pilotfunktion haben. Bewährt sich das In-strumentarium der Zusammenarbeit und der Kontrolle der vereinbarten Sozialstandards in Sialkot, dann steht einer Übertragung auf andere Produkte mit ähnlicher Produktions-struktur nichts im Wege, außer vielleicht das finanzielle Risiko. Sind in Zukunft auch fair produzierte Sportschuhe, T-Shirts oder Jeans denkbar?

Kontakt und Informationen:
in Deutschland: Gepa Fair Handelshaus, Postfach 260 147, 42243 Wuppertal (www.gepa3.de)
in Österreich: EZA, Plainbachstraße 8, 5101 Bergheim (www.eza3welt.at)
in der Schweiz: claro fair trade AG, Byfangstraße 19, 2552 Orpund (www.iyv-forum.ch/claro)

8.2. „Rote Karte für Adidas"
Pünktlich kurz vor Beginn der Fußball-Europameisterschaft 2000 übergaben Vertreter der „Kampagne für ,saubere' Kleidung", dem deutschen Zweig der „Clean Clothes Campaign" (CCC), als Resultat einer Postkartenaktion „Rote Karten" an das Adidas-Management. Darin wurden die unzumutbaren Arbeitsbedingungen in Adidas-Zu-

lieferfirmen in Zentralamerika, Asien und Osteuropa kritisiert und Adidas dafür der „erste Platzverweis für die Fußball-EM" ausgesprochen. Wegen „sozialer Markenfehler" wurde auch ein Karton mit Adidas-Produkten zurückgegeben. Während die Adidas-Vertreter die Unterschriftensammlung entgegennahmen, verweigerten sie die Rücknahme ihrer eigenen Produkte, da sie ihrer Meinung nach keine „sozialen Markenfehler" aufwiesen. Schon bei dieser kleinen Aktion in Herzogenaurach zeigt sich, wie sensibel Sportartikelkonzerne reagieren, wenn ihre Markenprodukte direkt aufgrund ihrer Entstehungsbedingungen kritisiert werden.

Mehr als 150 Organisationen, Kirchengruppen und Gewerkschaften aus Nord und Süd haben sich inzwischen der Clean Clothes Campaign (Europe) angeschlossen. Ihr gemeinsames Ziel ist die Verbesserung der Arbeitsbedingungen in der weltweit produzierenden Textil- und Sportartikelindustrie. Dazu führen die Mitgliedsgruppen Informationskampagnen, Straßentheater, Unterschriftensammlungen, kleine öffentlichkeitswirksame Aktionen und Kongresse durch. Sie wollen die „Spielregeln" der globalen Textilindustrie mit der Beschaffungspolitik der großen Handelshäuser und den menschenverachtenden Arbeitsbedingungen in den Weltmarktfabriken oder „Sweatshops" einer breiten Öffentlichkeit bekannt machen. Mit Hilfe dieser Aufklärungsarbeit sollen vor allem die VerbraucherInnen zu bewusstem und kritischem Handeln angeregt werden. Die in Deutschland laufende Kampagne „Fit for Fair" konzentriert sich speziell auf Adidas als größten einheimischen Textilhersteller mit besonders hohem, oft als Sponsoring umschriebenem Werbeaufwand im Sportbereich. Der mittlerweile auch gegen Firmen wie Karstadt, Otto-Versand und Puma gerichteten Kritik haben sich die Gewerkschaften IG Metall, der Ver.di-Bereich Handel, Banken, Versicherungen und das DGB-Bildungswerk/Nord-Süd-Netz angeschlossen.

Zur Umsetzung ihrer Ziele streben die unterschiedlichen Initiativen an, dass sich die Textil- und Sportartikel-Multis in Verhaltenskodizes zur Einhaltung der elementarsten arbeitsrechtlichen Bestimmungen verpflichten, wie sie in den Konventionen der ILO festgeschrieben wurden. Damit sollen die Multis auch die Verantwortung übernehmen für die Durchsetzung dieser Arbeitsrechte in der gesamten Zulieferkette, d.h. auch bei ihren rechtlich eigenständigen Subunternehmen, Lieferanten und Lizenznehmern. Darüber hinaus wird nicht nur einfach eine externe Überprüfung der Einhaltung dieser Sozialstandards für nötig erachtet. Um eine echte Unabhängigkeit des Monitoring zu gewährleisten, soll dieses von einem paritätisch besetzten Gremium durchgeführt oder in Auftrag gegeben werden. Darin entfallen 50 Prozent der Sitze auf Vertreter des Unternehmens und der Unternehmerorganisationen, die andere Hälfte auf Vertreter von Gewerkschaften und Nichtregierungsorganisationen.

Die Ausgestaltung solcher Verhaltenskodizes ist ein wichtiger Streitpunkt nicht nur zwischen den kritisierten Sportartikelkonzernen und den engagierten Initiativen, sondern auch innerhalb der unterschiedlichen Initiativgruppen. (Für eine Übersicht der Diskussion vgl. u.a. Windfuhr 1999, Wick 2001a und 2001b.) Die wichtigsten Sozialstandards, die nach Ansicht der Clean Clothes Campaign in solchen Verhaltenskodizes enthalten sein müssen, umfassen folgende Punkte:

a. Vereinigungsfreiheit: Die ArbeiterInnen haben das Recht, sich frei zu organisieren. Sie können sich ohne vorherige Genehmigung unabhängigen Gewerkschaften und anderen Interessenverbänden anschließen. (ILO-Konvention Nr. 87)

b. Recht auf kollektive Tarifverhandlungen: Die Beschäftigten haben das Recht, sich
    bei Tarifverhandlungen von Organisationen ihrer Wahl vertreten zu lassen. Diese
    Tarifverhandlungen werden ohne unzulässige Behinderung der ArbeitnehmerInnen
    durchgeführt. (ILO-Konventionen Nr. 98)

c. Keine Zwangsarbeit: Innerhalb der Produktionskette wird nicht auf Zwangsarbeit
    zurückgegriffen. (ILO-Konventionen Nr. 29 und 105)

d. Keine Kinderarbeit: Die Arbeitgeber halten das von der ILO festgelegte Mindestal-
    ter von 15 Jahren für Arbeitskräfte ein. (ILO-Konvention Nr. 138)

e. Keine Diskriminierung: Die Arbeitgeber fördern die Gleichbehandlung bei der
    Arbeitsverteilung und Entlohnung der Arbeitenden. Sie dürfen sich keiner Diskri-
    minierung der Arbeitenden aufgrund von Rasse, Hautfarbe, Geschlecht, politischer
    und religiöser Überzeugung, sozialer Herkunft oder des Herkunftslandes schuldig
    machen. (ILO-Konventionen Nr. 100 und 111)

f. Existenzsichernder Lohn: Die Entlohnung von ArbeiterInnen muss wenigstens de-
    ren notwendigsten Lebensbedarf, wie Nahrung, Kleidung oder Wohnraum und den
    der unmittelbar von ihnen abhängigen Familienmitglieder decken. Diese Entloh-
    nung entspricht wenigstens dem gesetzlichen Mindestlohn des jeweiligen Landes.
    (ILO-Konventionen Nr. 26 und 131)

g. Arbeitsschutz: Die Arbeitsbedingungen müssen den Sicherheitsnormen und Ge-
    sundheitsbedingungen der ILO-Konvention Nr. 155 entsprechen.

h. Arbeitszeiten: Die wöchentliche Arbeitszeit darf täglich höchstens acht Stunden und
    maximal 48 Stunden pro Woche plus zwölf Überstunden betragen. Auch die Über-
    stundenbezahlung muss den ILO-Normen entsprechen. (ILO-Konvention Nr. 1)

i. Festes Beschäftigungsverhältnis: Die arbeits- und sozialrechtlichen Bestimmungen
    für feste Beschäftigungsverhältnisse sollen nicht durch Heimarbeit oder Auftrags-
    vergabe (*outsorcing*) an Werkstätten und Kleinstbetriebe, die außerhalb des Arbeits-
    rechts stehen, umgangen werden. Eine entsprechende ILO-Konvention ist zur Zeit
    in Vorbereitung.

(Zusammengestellt nach Wick 2001b und Inkota-Brief Nr.112/2000:5)

Die Erfahrungen der letzten Jahre zeigen, wie schwer es ist, einen Konzern wie Adidas-
Salomon oder Puma in die Verantwortung zu nehmen. Zwar fanden Gesprächsrunden
zwischen Adidas und Vertretern der Clean Clothes Campaign statt, sie wurden aber
wiederholt von Adidas ausgesetzt. Als Gründe wurden jeweils unterschiedliche Vorstellungen über die Unabhängigkeit der mit den Kontroll- bzw. Monitoring-Aufgaben zu
beauftragenden Firma oder Organisation angegeben. Die Reichweite der zu überprüfen-
den Betriebe innerhalb der Produktionskette war (bisher) ebenfalls ein zentraler Punkt
der Meinungsverschiedenheiten. Auch gegenüber dem EU-Parlament demonstrierte
Adidas seine Missachtung, indem es im November 2000 einer Anhörung über Konzern-
praktiken fernblieb. Adidas war aufgrund von Berichten über eine indonesische Zu-
lieferfirma eingeladen worden, in der Beschäftigte innerhalb einer Woche zu über 50
Überstunden gezwungen wurden.

In einer Zwischenbilanz von Pilotprojekten zur Umsetzung und Kontrolle von
Verhaltenskodizes mit unterschiedlichen Konzernen unter anderem in der Schweiz, den
Niederlanden, in Schweden und Frankreich benennt Pflaum (2001) folgende Punkte als
besonders wichtig für die weitere Arbeit:

1. Nichtregierungsorganisationen (NGOs) aus Hongkong/VR China und El Salvador betonten auf einer Konferenz im Oktober 2001 in Brüssel, wie wichtig die Beteiligung der ArbeiterInnen, lokaler NGOs sowie internationaler Netzwerke an der Kontrolle wäre. Wenn diese Partizipation fehlt, kann kein realistisches Bild der Arbeitssituation entstehen. Ein internes Monitoring durch die entsprechende Firmenleitung liefert in der Regel einen falschen Eindruck über die Zustände in den Zulieferbetrieben.

2. Notwendig ist die Einbettung des Monitoring in die Aktivitäten lokaler Gruppen und Akteure der Zivilgesellschaft. Die Zusammenarbeit mit Auditfirmen, die in allen fünf Projekten vorgesehen ist, sei z.B. in China negativ. Sie arbeiten zu punktuell und zu oft als Ersatz für lokale Netze.

3. Nur wenn die global agierenden Sportartikel- oder Textilkonzerne ihren Zulieferern einen angemessenen Preis für ihre Produkte bezahlen, können die Zulieferfirmen die legitimen Ansprüche der Arbeiter und Arbeiterinnen erfüllen. Die Durchsetzung angemessener Abnahmepreise wurde als Voraussetzung für die Einhaltung von Arbeitsrechten angesehen.

4. Die Vertreter des Südens forderten auf dem Kongress eine Intensivierung der Arbeiterbildung. Die ArbeiterInnen würden ihre Rechte oft nicht kennen. Hier sind elementare Aufklärungskampagnen nötig.

Kontakt und Infos:
CCC-Clean Clothes Campaign (Europe): www.cleanclothes.org
Kampagne für ‚saubere' Kleidung/Deutschland: www.saubere-kleidung.de
Clean Clothes Kampagne Österreich: www.oneworld.at/cleanclothes
Erklärung von Bern – Clean Clothes Campaign Schweiz: www.cleanclothes.ch
Fit for Fair (Christliche Initiative Romero): http://www.ci-romero.de/
NikeWatch Campaign: http://www.caa.org.au/campaigns/nike/

8.3. „Die Globalisierung ist kein Naturereignis" (Elmar Altvater 2001)

So wichtig und notwendig die konkrete Kritik an der Unternehmenspraxis jedes einzelnen Sportartikel-Multis ist, so muss doch auch die Frage nach der Verallgemeinerung sozial gerechter Lebens- und Arbeitsbedingungen weltweit gestellt werden. Susan George formuliert sehr pointiert:

> „Verhaltenskodizes und freiwillige Zurückhaltung sind lächerlich (oder zum Weinen) unangemessene Mittel. […] Der transnationale Kapitalismus kann nicht aufhören. Mit den TNCs [transnationalen Konzernen, J.Z.] und dem ungehinderten Kapitalfluss hat er eine Art bösartigen Stadiums erreicht und wird weiter menschliche und natürliche Ressourcen verschlingen und eliminieren, auch wenn dies die Substanz auffrisst, auf die er angewiesen ist – die Erde. […] deshalb halte ich es für sinnlos, die TNCs zu bitten, doch etwas weniger Schaden anzurichten: Wir müssen gegen das angehen, was sie *sind*." (George 2001:259)

Die Erfahrungen von über 140 Jahren Sportartikelproduktion in Pakistan, aber auch der exportorientierten Industrialisierungswellen beispielsweise in Südkorea oder Indonesien haben gezeigt, dass die Partizipationsmöglichkeiten dieser Länder an einer schrittweise immer stärker „liberalisierten" Weltwirtschaft nicht die gleichen sind wie die der

transnationalen Unternehmen oder auch großer Teile der Bevölkerung in den Industrieländern des Nordens. Bei aller Notwendigkeit, sich über praktische und realistische nächste Schritte zu verständigen, darf die Suche nach einer Perspektive nicht fehlen. Bei der
Frage der Gestaltung oder „Re-Regulierung" der Weltwirtschaft „geht es n i c h t nur
um eine reaktive Ordnungspolitik, die den Akteuren der Globalisierung alle Freiheiten
belässt, sondern um Eingriffe ins Wirtschaftsgeschehen nach der Maßgabe von politischen Zielvorgaben wie Einkommens- und Beschäftigungssicherung oder Verteilungs-
gerechtigkeit" (Altvater 2001). Die Kernbereiche der globalen sozioökonomischen Asym-
metrien müssen angesprochen werden.

a. Ein erster Schritt zur Verallgemeinerung von Arbeits- und Sozialrechten könnten
    verbindliche Sozialklauseln innerhalb der WTO sein, die mit einem effektiven
    Sanktionsmechanismus ausgestattet sind. „Solche Sozialklauseln würden nicht nur
    imagesensible Markenartikler betreffen, sondern alle Unternehmen in den WTO-
    Mitgliedsstaaten, die ihre Produkte grenzüberschreitend anbieten." (Greven/Scherrer
    2000:3)

b. Eine Kritik von Seiten einiger Vertreter aus den Ländern des Südens lautet, dies sei
    primär eine protektionistische Maßnahme des Nordens zum Schutz der einheimi-
    schen (Textil-)Industrie. Diesem Argument ließe sich dadurch begegnen, dass die
    Regierungen des Nordens die global agierenden Konzerne dazu verpflichten, ihre
    Importpreise so zu gestalten, dass ihre Zulieferer in den Entwicklungs- und Schwel-
    lenländern menschengerechte Löhne zahlen können.
    Nur über eine Anhebung der Binnennachfrage in den wirtschaftlich schwächer ent-
    wickelten Ländern können interne Wirtschaftskreisläufe an Schwung gewinnen und
    eine Eigendynamik entfalten. Da die Verhandlungsmacht der Zulieferfirmen und
    auch der Regierungen ihrer Länder zu schwach sind, müssen die Regierungen des
    Nordens (z.B. in der EU) in dieser Frage aktiv werden.

c. Um paternalistische Ansätze zu vermeiden, ist eine Ausweitung der Mitbestimmung
    der Beschäftigten gerade in global agierenden Konzernen nötig. Dies erfordert ei-
    nen engeren Austausch mit Vertretern der ArbeiterInnen von Zulieferfirmen oder
    Konzernfilialen. Ohne eine Sensibilisierung der ArbeitnehmerInnen ist eine Um-
    setzung und Kontrolle von Verbesserungen schwer vorstellbar.

d. Nicht zuletzt bedarf es einer Erweiterung des Handlungsspielraums des Staates ge-
    rade in den Entwicklungsökonomien. Die Ausdehnung der Freihandelszonen, in
    denen u.a. die Sportartikel-Konzerne kaum Steuern zahlen und in denen selbst die
    lokalen Arbeitsrechte nicht gelten, muss gestoppt und umgekehrt werden. Wo soll
    der Staat die notwendigen Finanzen für den Ausbau des Gesundheits- und Bildungs-
    wesens abschöpfen, wenn nicht (auch) in den florierenden Exportbranchen eines
    Landes.

Die Probleme der Fußballnäherinnen und -näher in Sialkot sind durchaus charakteristisch für die derzeitige neoliberal geprägte Weltwirtschaft. Mit den obigen Ausführungen sollte deutlich gemacht werden, dass es neben der notwendigen Kritik an einzelnen
Sportartikel-Konzernen auch einer neuen Diskussion über die Strukturelemente einer
gerechten Weltwirtschaftsordnung bedarf. Ohne eine Einschränkung der Unternehmer-
freiheit der global agierenden Konzerne und eine Umverteilungskomponente von Nord
nach Süd wird es dabei sicher nicht gehen.

Literatur

Adidas-Salomon (2001): Our World. Social and Environmental Report 2000. Herzogenaurach

Altvater, Elmar (2001): Die Globalisierung ist kein Naturereignis. In: Frankfurter Rundschau 4.9.2001

Awan, Saeed A. (1996): Child Labour in the Football Manufacturing Industry. Lahore

Bales, Kevin (2001): Die neue Sklaverei. München: Kunstmann

Bieber, Christoph (2001): Sneaker-Story. Der Zweikampf von adidas und Nike. Frankfurt a.M.: Fischer

Bundesministerium für Arbeit und Sozialordnung (2000): Statistisches Taschenbuch '99. Bonn

DGB-Bildungswerk/Nord-Süd-Netz (1998): Sprinten in Weltmarktschuhen. Düsseldorf

Galeano, Eduardo (2000): Der Ball ist rund. Zürich: Unionsverlag

George, Susan (2001): Der Lugano-Report oder Ist der Kapitalismus noch zu retten? Reinbek: Rowohlt

Government of Pakistan (1996): Economic Survey of Pakistan 1995–96. Islamabad

Government of Pakistan (2000): Economic Survey of Pakistan 1999–2000. Islamabad

Government of Pakistan (2000a): Monthly Statistical Bulletin No. 8/2000. Islamabad

Greven, Thomas/Scherrer, Christoph (2000): Sozialklauseln, Verhaltenskodizes und Gütesiegel im Vergleich. In: Informationsbrief Weltwirtschaft & Entwicklung Sonderdienst 7/2000:2-3

Jäger, Uli (1998): Zum Beispiel Fußball. Göttingen: Lamuv-Verlag

Klein, Naomi (2001): No Logo! München: Riemann

Liedtke, Rüdiger (1995): Wem gehört die Republik?. Frankfurt a.M.: Eichborn Verlag

Menzel, Ulrich (1992): Das Ende der Dritten Welt und das Scheitern der großen Theorie. Frankfurt a.M.: Suhrkamp

Pflaum, Maik (2001): Stand der CCC-Pilotprojekte. In: Rundbrief Kampagne für saubere Kleidung Nr. 4/2001: 3

Piepel, Klaus (Hg.) (1995): Sozialklauseln im Welthandel – ein Instrument zur Förderung der Menschenrechte? Aachen: Misereor Medienproduktion

Rifkin, Jeremy (2000): Access. Das Verschwinden des Eigentums. Frankfurt a.M./New York: Campus

Rourke, Elizabeth/Troester, Maura/Salamie, David (2001): Nike. In: International Directory of Company Histories. Bd. 36, Hg. Jay P. Pederson. Detroit u.a.: St. James Press: 343-348

Save the Children (UK) (1997): Stiching Footballs: Voices of Children in Sialkot, Pakistan.

Schulze-Marmeling, Dietrich (2000): Fußball. Zur Geschichte eines globalen Sports. Göttingen: Verlag Die Werkstatt

Senghaas, Dieter (1994): Wohin driftet die Welt? Frankfurt a.M.: Suhrkamp

UNIDO (2001): International Yearbook of Industrial Statistics 2001. Wien

Werner, Klaus/Weiss,Hans (2001): Schwarzbuch Markenfirmen. Die Macht der Weltkonzerne. Wien/Frankfurt a.M.: Deuticke

Wick, Ingeborg (2001a): Workers' Tool or PR Play? A Guide to Codes of International Labour Practice. Bonn/Siegburg: Friedrich-Ebert-Stiftung/Südwind

Wick, Ingeborg (2001b): Übersicht über die Verhaltenskodizes für internationale Konzerne. In: IG Metall (2001): Weltweit gegen Sozialdumping. Frankfurt a. M. (Zitiert nach Südwind Infos Nr. 20: 16-19)

Windfuhr, Michael (1999): Durchsetzung sozialer Menschenrechte. Zivilgesellschaftliche Kampagnen und Initiativen. In: Peripherie 19/75: 6-25

Zimmermann, Jörg (1993): Sportartikelindustrie in Pakistan. Kleinindustrie als Hoffnungsträger einer „frustrierten" Industrialisierung? In: Geographische Rundschau 45/11: 658-664

Zimmermann, Jörg (1997): Kleinproduktion in Pakistan. Die exportorientierte Sportartikelindustrie in Sialkot/Punjab. Abhandlungen Anthropogeographie Institut für geographische Wissenschaften Freie Universität Berlin Band 57. Berlin: Dietrich Reimer Verlag

Michael Fanizadeh – Markus Pinter

Rassismus und Antirassismus
im goldenen Zeitalter des Fußballs

„Afrika wird wie ein unwichtiges Anhängsel behandelt" monierte der südafrikanische Präsident Thabo Mbeki im Jahr 2000. Und er bezog sich damals nicht auf das globale politische Ungleichgewicht zwischen Nord und Süd, auch die militärische Vormachtstellung des Westens war nicht das Thema; schon eher ging es um die Weltwirtschaft und eigentlich doch nur um Fußball. Südafrika hat allen Versprechen des Weltfußballverbandes FIFA zum Trotz den Zuschlag zur Austragung der Fußball-Weltmeisterschaft 2006 nicht bekommen; Europas neun Vertreter im FIFA-Exekutivkomitee sind im Juni 2000 fest zusammengestanden und haben Deutschland zum 12:11 Abstimmungssieg geführt. Für die afrikanischen Länder ein rassistischer Affront, denn noch nie wurde der World Cup in Afrika ausgetragen, und auch sonst ergaben und ergeben die europäisch-afrikanischen Fußballbeziehungen ein recht einseitiges Bild von europäischer Dominanz. Als Konsequenz der Abstimmung hat der Schweizer FIFA-Präsident Sepp Blatter die Macht Europas im FIFA-Exekutivkomitee beschnitten und ein Rotationsprinzip der Kontinente eingeführt: „Man muss eine andere Gewichtung vornehmen, andernfalls findet Europa immer genügend Verbündete." Für Südafrikas WM-Pläne 2006 kommt diese Einsicht zu spät, doch 2010 soll es klappen (vgl. Der Standard, 12.7.2000 und 31.7.2000).

Ein paar Tage zuvor zeigte Fußball-Europa sein zweites Gesicht. „Les Bleus" – wie das französische Nationalteam genannt wird – haben es geschafft: Zwei Jahre nach der WM in Frankreich gewann die „Multikulti-Truppe" auch die Europameisterschaft in Belgien und den Niederlanden – zuvor wurde noch niemals ein Weltmeister auch Champion bei der folgenden EM. Und was Hédi Hamel, der Chef von „Football Afrique" in Paris, bezüglich der WM 1998 in Frankreich konstatierte, galt nach der EM 2000 erst recht:

> „Die Tore von Zidane haben mehr Wirkung gezeigt als fünfzig Jahre politischer Diskurs. Es genügte, dass Zidane zu *dem* WM-Star wurde, vor allem zu einem 100 Prozent französischen Idol, damit es für Hunderttausend Kinder, die täglich dem Rassismus ausgesetzt sind, wieder eine kleine Hoffnung für ihre Zukunft gibt. (...) Zidane, Desailly, Christian Karembeu oder Lilian Thuram als ‚echte' Franzosen zu sehen (...) zeugt von einem fundamentalen Umdenken." (Hamel 1999:4)

Das interkulturelle französische Europameister-Team rund um die Superstars Zinedine ‚Zizou' Zidane, dessen Eltern aus Algerien nach Frankreich einwanderten, und Marcel

Desailly aus Ghana belegte eindringlich, dass MigrantInnen und deren Kinder einen bedeutsamen Beitrag für den Erfolg der jeweiligen europäischen Gesellschaft leisten können – wenn man sie nur lässt.

Die beiden Beispiele verdeutlichen, dass der Fußball als Teil der globalen Unterhaltungskultur und der neuen Dienstleistungsökonomie zur Verstärkung, aber auch zur Überwindung von Rassismus und Xenophobie beitragen kann. Wobei die Frage bleibt, warum dem Fußball eine solche Bedeutung in postfordistischen Zeiten beigemessen wird? Aus der Beantwortung dieser Frage wird wiederum ersichtlich, warum Antirassismuskampagnen gerade im Fußball Konjunktur haben und sich als Strategien im Umgang mit Xenophobie in der Popularkultur anbieten.

Sport als kulturelle Leitwährung

Sport und in Europa insbesondere der Fußballsport wurden als die globale kulturelle Leitwährung der 1990er-Jahre bezeichnet, und als hegemonialer Bestandteil der Popularkultur wird der Fußball seine Rolle im neuen Jahrhundert eher ausbauen als verringern. Um die Dimensionen zu verdeutlichen: Mehr als eine Milliarde TV-ZuseherInnen verfolgten 1998 die Spitzenspiele bei der Fußball-Weltmeisterschaft in Frankreich (in Österreich waren es über eine Million Menschen), und zwischen zwei und drei Milliarden, also fast die Hälfte der Weltbevölkerung, besuchten die Olympischen Spiele 1996 in Atlanta via Fernseher und Radio (vgl. Burstyn 1999:3). Nachdem Deutschland den Zuschlag zur Ausrichtung der WM 2006 erhalten hatte, folgerte die Süddeutsche Zeitung: „Zu den Gewinnern bei der Fußball-Weltmeisterschaft 2006 gehört auch der Münchner Medienunternehmer Leo Kirch, der die Fernsehrechte für dieses Turnier besitzt" (Süddeutsche Zeitung 8.7.2000). Der mittlerweile über sein desaströses Pay TV-Geschäft ins Strudeln geratene Medienunternehmer Kirch hat für 1,7 Milliarden Euro die weltweiten Fernsehrechte der beiden nächsten Weltmeisterschaftsturniere (2002 und 2006) erworben und vermarktet sie zentral in Europa. Und spätestens 2006 wird sich diese Investition auch lohnen.

Neben den Medienunternehmen sind auch die Sportunternehmen selbst als Akteure in das Sportbusiness eingestiegen. Wobei kaum anderswo ähnliche Summen für die Markenartikel – die Fußballer – ausgegeben werden. Zur Veranschaulichung: der momentan teuerste Spieler (Stand Dezember 2001) ist der schon erwähnte Weltmeister Zinedine Zidane aus Frankreich mit einem Jahresverdienst von angeblich 7,5 Millionen Euro. Damit Zidane für seinen neuen Klub Real Madrid spielen konnte, musste der Verein ihn angeblich um unglaubliche 76 Millionen Euro aus seinem gültigen Vertrag mit Juventus Turin ablösen, davor galt der Transfer von Klubkollege Luis Figo mit 60 Millionen Euro als größter Deal der Fußballgeschichte. Der Gesamtwert der Real-Spieler wird mittlerweile auf rund 500 Millionen Euro geschätzt (vgl. Süddeutsche Zeitung 10.7.01, Der Standard 24.12.2001). Vergleichsweise kleine Brötchen werden da in der deutschen Bundesliga gebacken. Dort lässt der Wechsel von Deutschlands Zukunftshoffnung Michael Ballack von Bayer Leverkusen zu Bayern München – also zur ökonomisch ersten Adresse des deutschen Fußballs – die Kassen klingeln. Bayern muss für Ballack, der ab 1. Juli 2002 für den deutschen nationalen Rekordtitelträger spielen darf, eine Ablösesumme von 14,3 Millionen Euro zahlen. Hinzu kommen angebliche 17,4 Millionen Euro für vier Jahresgehälter, 15,3 Millionen Handgeld für den Spieler sowie Erfolgsprämien (vgl. Der Standard 24.12.2001).

Die Diskussionen, die sich nach jedem solchen Transfer manifestieren, gehen zumeist in die Richtung, ob ein Spieler sportlich gesehen einen solchen Wert hat oder nicht. Für die Sportunternehmen selbst geht es jedoch mehr um eine Investition in ein Image, in eine Marke, welche Rendite abzuwerfen verspricht. Zur Illustration: Der vormals (und zukünftig vielleicht wieder) beste Fußballer der Welt Ronaldo ist zu solch einer Marke geworden. Und obwohl er (aufgrund von Verletzungen) seit der WM 1998 kaum mehr für seinen Verein Inter Mailand oder das brasilianische Team gespielt hat, verspricht sein Image als weltbester Ballkünstler, der zudem die Vavelas Brasiliens hinter sich ließ, eine sportive Zukunft voller Luxus und Glamour – ein Traum, der sehr gut zu verkaufen ist.

Und das Beispiel Real Madrid zeigt, dass sich der Transfer von Zidane bereits durch den vermehrten Verkauf von Merchandisingprodukten amortisiert hat. Denn die besten Ballkünstler helfen mit, den Mythos Real zu vermarkten. Laut Real-Klubpräsident Florentino Perez zählen weltweit 80 Millionen AnhängerInnen zur potenziellen Kundschaft Real Madrids (vgl. Der Standard 2.1.02). Doch vor allem im außereuropäischen und hier vermehrt im fernöstlichen Markt liegen die Hoffnungen der Sportunternehmen. Deshalb engagierte Manchester United – Englands Nummer Eins am Fußballmarkt – bereits 1997 die Investmentbank von HSBC, eine der führenden Bank- und Finanzdienstleistungsholdings mit starker Präsenz im Fernen Osten und Hauptquartier in London, um den Klub bei der kommerziellen Nutzung von Umfrageergebnissen zu unterstützen, die Manchester United als den in Asien bekanntesten europäischen Fußball-Markennamen auswiesen (vgl. Williams 1998:47). Auch die Vergabe der Fußballweltmeisterschaften von 1994 an die USA und 2002 an Japan und Südkorea, alle drei doch eher Fußballentwicklungsländer, stehen in diesem Zusammenhang. Sie soll(t)en helfen, neue Fußballmärkte zu erschließen und Markennamen als Träger der neuen Sportivität noch weiter zu verbreiten.

Das neue goldene Zeitalter des Sports offenbart sich aber nicht nur durch die steigende Anzahl von ZuschauerInnen (im Stadion und vor allem im TV) und den gigantischen Investitionen für Spieler, sondern auch durch den Wandel der physischen und mentalen Rhythmen des postfordistischen Lebens und „vor allem mit der damit einhergehenden verstärkten Konzentration auf ‚den Körper‘ in der Freizeit" (Williams 1998:46). Diese Konzentration muss möglichst alle sozialen Klassen, Nationalitäten und auch die Frauen miteinbeziehen. Frauen würden deshalb heute „regelmäßig als die Gruppe mit den höchsten Zuwachsraten bei englischen Fußballzuschauern ausgewiesen (…). Die mit dem Begriff des ‚Familienpublikums‘ verbundenen Ideologien spielen heute im Fußballmarketing fast überall eine wesentliche Rolle" (Williams 1998:47).

Die Durchdringung und Politisierung des Freizeitsektors erscheint als ein zentrales Element postfordistischer Ordnung. In diesem Kontext ist dann auch die zunehmende gesellschaftliche und ökonomische Bedeutung des professionellen Sports zu sehen. Kaum ein anderer Bereich der Massenkultur ist so durchdrungen von den Strategien und Praktiken der neuen Dienstleistungsunternehmen wie der Profi-Sport. Ein Merkmal dieser neuen Unternehmen ist es, dass sie eine unerschöpfliche Rivalität einführen, welche die

Individuen gegeneinander aufbringen und jeden Einzelnen innerlich spalten. Und wiederum der Sport ist hervorragend dafür geeignet, diese Ideologie der individuellen Leistungsmaximierung und Spaltung zu vermitteln und als quasi „natürlichen" Wert zu etablieren. Der Aufstieg des Medienmoguls Silvio Berlusconi vom Fußballpräsidenten zum Ministerpräsidenten Italiens erscheint vor diesem Hintergrund weniger verwunderlich, verbindet er doch die Aura eines erfolgreichen Sportmanagers des AC Milan (Forza Milan) mit dem Versprechen der Erneuerung und Leistungssteigerung Italiens (Forza Italia). Die Einbeziehung der Privatsphäre und Emotionswelt des Sportlers in die teilnehmende Berichterstattung der Medien rundet dabei dieses Bild der Durchdringung ab: Maximale Leistung findet nur dort statt, wo die Ideale der Bürgergesellschaft – Familie, Disziplin und Ordnung – noch Gültigkeit haben; und wer ein bisschen ausgeflippt ist, ist es nur solange, als die individuelle Leistung dadurch nicht beeinträchtigt ist. Die Botschaft ist klar: Popkultureller Habitus ist durchaus erwünscht und lässt sich auch sehr gut verkaufen, offene Kritik jedoch führt zur Auflösung der Disziplin und muss bestraft werden.

Die Konzentration der Unternehmen auf den Freizeitsektor hat jedoch nicht nur die Integration neuer Publikumsgruppen im Stadion zum Ziel. Eine weitere Möglichkeit ergibt sich durch die veränderten ökonomischen und medialen Bedingungen, die Fußballklubs heute vorfinden und die neue Profite durch den Sport erhoffen lassen: „Früher investierten reiche Mäzene ihr Geld vor allem aus sentimentalen Gründen in den Sport und nicht, weil sie sich davon finanziellen Profit versprachen – heute stehen die großen Konzerne Schlange, um sich an diesem lukrativen Spiel zu beteiligen, vor allem im Fußball", meint etwa Martin Jacques (1997) im britischen „Observer". Aufgrund dieser ökonomischen Veränderungen komme, so Jacques, heute dem professionellen Sport eine ähnlich dominante kulturelle Position zu, wie der Rockmusik in den 1960er- und 1970er-Jahren: „Spitzensportler sind heute kulturelle Idole, begehrt von den Sponsoren und der Werbewirtschaft. Galt Sport früher großteils als Zeitvertreib der Unterschicht, so ist er heute durchaus Thema seriöser Auseinandersetzung." Sport ist somit zu einem hegemonialen Träger der Popularkultur geworden, und die Spieler selbst werden der Jugend als neue Vorbilder und Träger dieser globalisierten Identität präsentiert.

Wird nun diese Analyse vom Sport als kultureller Leitwährung akzeptiert, so wird verständlich, weshalb der Diskurs rund um den Sport auch für die Konzeptionierung rassistischer Stereotype und für die Etablierung und Verfestigung von Nord-Süd-Vorurteilen von globaler Bedeutung ist.

Monkey chants **und** football drain

Rassismus ist im europäischen Profifußball allgegenwärtig. Das italienische Fanprojekt „Progetto Ultrà" (2000) hat dies mit seiner Broschüre „Don't Close Your Eyes" eindrücklich belegt. Allein für den Zeitraum Januar bis April 2000 sind „Progetto Ultrà" 22 rassistische Vorfälle mitgeteilt worden, wobei das Monitoring der europäischen Fußball-Community sich ausschließlich auf Beobachtungen durch lokale NGOs und Fanklubs in Italien, Deutschland, England und Österreich stützte, die keinerlei systematische Erfassung der Übergriffe leisten konnten. Und auch das europäische Netzwerk

„Football Against Racism in Europe (FARE)" berichtet in seinem monatlichen vier-
sprachigen Newsletter laufend über rassistische Vorfälle in ganz Europa (vgl. www.
farenet.org).

Das Spektrum der dokumentierten Übergriffe der „Don't Close Your Eyes"-Bro-
schüre reicht dabei von diskriminierenden Verhaltensweisen gegenüber „ausländischen",
oftmals schwarzen Spielern im Stadion (sogenannten *monkey chants*, rassistischen Transparenten und Sprechchören) bis hin zu den Morden an zwei Leeds-Anhängern im Vorfeld des UEFA-Cup-Spiels Galatasaray Istanbul gegen Leeds United in Istanbul und
den darauf folgenden Übergriffen auf die türkische Community beim Rückspiel in Leeds
(sowie auf die türkische Bevölkerung im Mai beim Finale zwischen Galatasaray und
Arsenal London in Kopenhagen). Nicht dokumentiert sind die mannigfaltigen Übergriffe und Diskriminierungen im Amateur- und Hobbysport, die sich in Österreich und
Deutschland vor allem gegen die türkische und ex-jugoslawische Community richten
oder aber die Verhältnisse innerhalb der Teams selbst.

Auch das „neue" Phänomen des *football drain* von Afrika nach Europa findet keine
Erwähnung in der Broschüre. Dabei sieht Hédi Hamel in diesem „Rassismus durch
Betrug und Plünderei" das Hauptproblem der gegenwärtigen afrikanisch-europäischen
Fußballbeziehungen. Hintergrund dieser strukturellen Ausbeutung sind die Erfolge Al-
geriens bei der WM 1982 und vor allem die Triumphe der Nachwuchsteams aus Nigeria
und Ghana in den 1980er- und 1990er-Jahren. 1985 gewann Nigeria unter anderem mit
Jonathan Akpoborie erstmals die U 17-WM. 1991 siegten die Black Starlets aus Ghana
(gecoacht vom deutschen Fußballentwicklungshelfer Otto Pfister im Auftrag des Auswär-
tigen Amtes in Bonn), und 1993 war erneut Nigeria mit den heutigen Superstars Nwankwo
Kanu und Taribo West erfolgreich. Kanu wurde daraufhin um preisgünstige 80.000 Dollar
von Ajax Amsterdam eingekauft und war in der Saison 1999/2000 – als Stürmer bei Arsenal London – der bestverdienende Spieler der englischen Premier League.

Bei diesen Ausbeutungsverhältnissen geht es „um die Machenschaften betrügeri-
scher Agenten aus Italien, Belgien, Holland und Deutschland. Sie überweisen den Eltern der minderjährigen afrikanischen Spieler eine Handvoll Dollar und es gelingt ihnen
dadurch, die Teenager mitzunehmen und ihnen einen Vertrag über 7 bis 10 Jahre unter-
zujubeln. Die Spieler bekommen sehr geringe Gehälter, bevor sie teuer weiterverkauft
werden" (Hamel 1998:31). Die angebotenen Spieler werden dabei immer jünger und landen oft bei letztklassigen Amateur- oder Unterligaklubs, wo sie ohne jegliche soziale und
häufig auch ohne sportliche Betreuung ein Leben als fußballerische *boat people* fristen.
Die von der FIFA 1994 eingeführte Lizenzierung von Spielervermittlern hat wenig an der
Situation geändert. Im Gegenteil: Junge afrikanische Spieler, die oft notgedrungen bzw.
aus Naivität die Dienste von nicht lizenzierten Agenten in Anspruch nehmen, sind von
einer einjährigen Sperre bzw. einer Buße von 50.000 Franken bedroht.

Dramatischstes Beispiel für diesen Fußballimperialismus war der Skandal um min-
derjährige Fußballer in Italien, der 1999 den italienischen Fußball erschütterte und auch
im Parlament zur Sprache kam. In den italienischen Amateurligen spielten damals nach
Schätzungen des italienischen Fußballverbands etwa 5000 Jugendliche unter 16 Jahren – importiert vor allem aus Westafrika, Marokko, aber auch aus Albanien. Sie träum-
ten davon, wie der Liberianer Georg Weah zu werden, der 1997 zum Weltfußballer des
Jahres gewählt wurde. 90 Prozent dieser Fußball-Kindermigranten verschwanden in-

nerhalb kurzer Zeit; sie mussten sich z. B. als Tomatenpflücker oder Fensterputzer ohne legale Aufenthaltserlaubnis verdingen.

Auch der ehemalige ghanaische Fußball-Star Abedi Pele Ayew beklagte diesen football drain aus Afrika. Eliteklubs würden nicht mehr auf fertige Spieler warten, sondern nehmen bereits frühzeitig hoffnungsvolle Talente unter Vertrag und lassen Afrikas Fußball dadurch konstant zur Ader. Auch hätten sich die Bedingungen für neue afrikanische Spieler, im Vergleich zu jener Zeit, als Yeboah und er nach Europa gekommen seien, deutlich verschlechtert. Abedi wie auch Roger Milla und Anthony Yeboah fordern daher gesetzliche Maßnahmen, welche den frühen Auslandstransfer von Jugendlichen unterbinden sollen, unter anderem durch die Festlegung einer Altersklausel. Mittlerweile hat sich auch Sepp Blatter dieser Forderung angeschlossen: „Es wird Zeit, gegen diesen Exodus von jungen Spielern aus Afrika anzukämpfen. Dieser ist nicht mehr nur ein afrikanisches Problem, sondern ein weltweites." (CNN Sports Illustrated 21.1.2000)

Dabei sind die Fußballbeziehungen zwischen Afrika und Europa so alt wie der moderne Fußball selbst. Der Ghanaer Arthur Wharton sorgte etwa schon in den 80er-Jahren des 19. Jahrhunderts als Torhüter des Preston North End FC, einem damaligen britischen Spitzenklub, für Aufsehen und wurde 1889 der erste afrikanische Profifußballer in Großbritannien (vgl. Vasili 1998). Der Algerier Ali Benouna spielte 1935 in der französischen Nationalmannschaft, und „Frankreichs Star 1938 war Larbi Ben Barek, der aus Casablanca kam" (Lanfranchi 1998:9). Doch ab dem Jahr 1958 haben sich die Verhältnisse für afrikanische Fußballer in Europa rapide verändert. Denn seit dieser Zeit gibt es richtige Nationalspieler und „Ausländer" im Fußball. Der Anlassfall für diese Entwicklung spielte sich vor dem Hintergrund der antikolonialen Befreiungsbewegungen in Afrika ab, genauer während des algerischen Unabhängigkeitskampfs. Kurz vor der WM 1958 in Schweden wurden die Spieler Rachid Mekhloufi von AS St. Etienne und Mustapha Zitouni von OGC Nizza in das französische Team einberufen. Sie verweigerten jedoch die Einberufung und formierten ihrerseits eine algerische Auswahl. „Alle bekannten, professionellen algerischen Spieler haben in der Folge ihre europäischen Clubs verlassen, um bei dieser berühmten algerischen Auswahl dabei zu sein." (Hamel 1998:29) Die Reaktion der europäischen Vereine blieb nicht lange aus, und bis zum Jahr 1962 führten alle (west-)europäischen Klubs und Ligen Beschränkungen ein oder verzichteten gänzlich auf afrikanische Spieler.

Rassismus im Fußball ist spätestens seit diesen Jahren dann auch ein stetiger Begleiter der zunächst nur noch wenigen afrikanischen Spieler in Europa. Die rassistischen Verhältnisse sind vor allem durch Ausschluss, vertragliche Diskriminierung, Exotisierung schwarzer Spieler als „Perlen" oder „Panther" und durch Gewalttätigkeiten in und außerhalb der Stadien gekennzeichnet. Diese Formen der Diskriminierung haben jedoch im Zuge einer verstärkten Einbindung Afrikas in den globalen Fußballmarkt ab den 1980er-Jahren noch einen zusätzlichen Auftrieb bekommen.

„Aus-" und „Inländer" im Fußball

Wenn über „Ausländer" gesprochen wird, sind meistens „Inländer" gemeint. Nicht anders verhält es sich bei den diversen Debatten rund um die Probleme des Fußballs mit den jeweiligen Nationalteams an der Spitze. Als ein Beispiel mag hier Österreich dienen: Seit der Saison 2000/2001 veranstaltete die österreichische Fußball-Öffentlichkeit eine xenophobe Debatte rund um die Zukunft des Fußballs. Offiziell ging es darum, ein vermeintliches Desaster zu verwalten: ZuschauerInnenschwund in Wien, Blamagen des Nationalteams, Europacup-Pleiten und Nachwuchsprobleme.

Doch weder bei der Analyse und schon gar nicht bei der Problembeseitigung war man sich einig. Einzig die Schuldzuweisung gegenüber ausländischen Fußballern war allgegenwärtig: „Was wird aus unserem Fußball? Ein Zirkus?" (Der Standard 29.5.2001), fürchtete beispielsweise der österreichische Fußballgewerkschaftler Gernot Zirngast. Als zerstörerische Zirkusartisten fungierten in dieser Logik dann Leute wie der damalige polnische Torschützenkönig Radoslav Gilewicz von Meister FC Tirol oder Charles Amoah (ghanaischer Stürmer in Diensten von Sturm Graz) oder der Nigerianer George Datoru von Austria Wien, der oft von den Medien als überflüssiger Ausländer geschmäht und von den vielen Austria-Trainern trotzdem immer wieder nominiert wird. Auch der damalige Teamchef Otto Baric konnte sich nicht zurückhalten und wusste: „Viele Legionäre sind das Geld gar nicht wert" (Die Presse 26.6.2001). Zur Zeit (im Januar 2002) sind in der 1. Division (die österreichische 2. Liga) sogar Spieler aus dem EU-Raum nicht unbegrenzt spielberechtigt. Diese diskriminierende „(EU-)Ausländerregel" stellt eine Novität in der Europäischen Union dar und wurde lediglich durch ein sogenanntes „Gentlemen Agreement" der Klubpräsidenten abgesichert. Dieser „österreichische Weg" wird mittlerweile von der Mehrheit der Fußballverantwortlichen in Österreich mitgetragen. Dass bei solchen Debatten auch die alte „Boot ist voll"-Metapher (SportWoche 25.6.2001) aus der Schublade hervorgekramt wurde, kann dann kaum mehr verwundern. Analysen wie die von Hubert Nagel, Präsident von Austria Lustenau, waren dagegen recht selten zu finden: „Ich halte nach wie vor die neue Beschränkung für Ausländer in der 1. Division für falsch. Es wird immer von Globalisierung und Internationalität geredet, dann kommt so eine Beschränkung, weil angeblich zu viele und schlechte Ausländer in Österreich spielen. Ich denke, dass die Grenzen verwischt werden sollten" (Nagel 2000:11).

Trotzdem: „Kein Problem" lautet der Standardsatz, wenn über Rassismus oder Fremdenfeindlichkeit im österreichischen Fußball geredet wird. Da ist es dann auch egal, ob der Diskurs rund um den österreichischen Fußball anders verläuft, denn nicht nur Ex-Teamtrainer Otto Baric bemängelte unentwegt, dass es zu viele „Ausländer" im heimischen Fußball gibt. Auch der Ex-Sportausschuss-Vorsitzende des Nationalrats und frühere GAK-Präsident Harald Fischl (FPÖ) blies ins gleiche Horn: „Das Land hat nur eine begrenzte Aufnahmefähigkeit" und befand trotzdem: „Jeder ist stolz, wenn Ivica Vastic ein Tor für Österreich schießt" (vgl. Der Standard 18.2.2000). Ein Paradoxon?

Nur oberflächlich betrachtet, denn wie der Sportchef der Tageszeitung Der Standard Johann Skocek analysierte, „machen die Ausländer wie Ivica Vastic (ein eingebürgerter Kroate) die Bundesliga-Vereine für heimische Zuschauer erträglich und für den internationalen Wettbewerb konkurrenzfähig. Denn Österreichs Nachwuchs ist nicht gut genug" (Der Standard 6.3.2000). Wolfgang Winheim, Otto Baric' vermeintliches Sprachrohr, vom Kurier sah das anders: „50 Prozent der Ausländer seien zu viel. 50 Prozent der Legionäre seien nicht besser, sondern großteils schwächer als junge österreichische Spieler. 50 Prozent verstellen dem Nachwuchs nur den Weg. Baric denkt gar nicht daran, dass ihm in Zeiten wie diesen so eine negative Kritik der Überfremdung negativ ausgelegt werden könne. „Schließlich bin ich selbst Ausländer'" (Bundesliga-Journal Frühjahr 2000). Der Kampf um die Integration hatte damit vollends auch die Sportseiten in Österreich erfasst.

Doch nicht nur in den Medien wurde die Auseinandersetzung geführt. In leidvoller Erinnerung blieben z.B. die Ereignisse im Tiroler Außerfern im Sommer 1999. Die „einheimischen" Hobbyvereine hatten beschlossen, drei „türkische" Teams mit dem Verweis auf die vermeintliche Aggressivität ihrer Zuschauer aus der Hobbyliga auszuschließen. Die ausgeschlossenen Tiroler Fußballer mit türkisch-österreichischer Herkunft demonstrierten daraufhin im Außerferner Reutte und präsentierten Transparente auf dem Dorfplatz mit der Aufschrift: „Wir sind auch Reuttener", „Wir wollen keinen Ghetto-Fußball" und „Wir möchten Freundschaft, auch im Fußball" (vgl. ORF-Report 17.8.99). Das Perfide an der damaligen Situation war, dass die Außerferner Fußball-Liga den Ausschluss bewerkstelligt hatte, indem sie das offizielle Reglement des Österreichischen Fußballbundes (ÖFB), das nur zwei Nicht-EU-Ausländer pro Mannschaft im Amateurbereich erlaubt, zur Anwendung brachte. Dieser „Ausländerparagraph" im Amateurfußball ist fast einzigartig in Europa (nur Italien hat eine ähnliche Regelung), denn üblicherweise ist die Spielberechtigung im Amateurfußball lediglich an die gültige Aufenthaltsgenehmigung gekoppelt.

Kulturelle Differenz und Hegemonie

Neben solchen strukturellen Formen von Rassismus kann im Fußball auch eine wesentlich subtilere Form des Rassismus gefunden werden, der kulturalistische Rassismus. Dieser hat sich nach 1945 im Zuge der „Entkolonialisierung" gebildet und sich seit der Krise des Fordismus in den 1980er-Jahren sozial verschärft. Es handelt sich bei diesem kulturalistischen oder differenziellen Rassismus um ein Konzept, welches weniger die Überlegenheit als vielmehr die Unvereinbarkeit der „eigenen" mit den „anderen", „fremden" Kulturen behauptet und im Namen der „Erhaltung" aller kulturellen „Identitäten" und ihrer Differenzen für eine territoriale Trennung auftritt. Wobei die „eigene deutsche" oder aber „gesamteuropäische" Identität als die bedrohte und daher zu schützende dargestellt wird (vgl. Müller 1992:33f). Diese kulturalistische Form des Rassismus wird als solche oftmals gar nicht erkannt und wenn, als Alltäglichkeit abgetan.

Kulturalismus findet sich im Sport und in der Sportberichterstattung häufig und ist unter anderem auch deshalb so verheerend, da Stereotype festgeschrieben und Zuschreibungen vorgenommen werden, die von vielen gar nicht als Rassismus gesehen werden. Die Auswirkungen sind in der ganzen Fußball-Community virulent. So hat sich das Vorurteil des barfuß kickenden oder tanzenden, afrikanischen Kindes tief in die Meinungswelt Europas eingeschrieben und dient auch heute noch gerne als Erklärungsgrundlage für eine quasi „natürliche" und „intuitive" Spielanlage afrikanischer Fußballer und Teams. Dass somit Taktik und Disziplin aus Europa importiert werden müssen, erscheint selbstverständlich und wird durch den Hang der postkolonialen Fußballverantwortlichen in Afrika, lieber europäische als afrikanische Trainer zu verpflichten, auch noch bestätigt.

Hier sei nur auf zwei Beispiele verwiesen: das eine, weil es grundsätzlich positiv gemeint war, und das andere, weil kaum ein anderer „Fall" die Gemüter im österreichischen Sport jemals so erregt hat.

Beispiel 1: In der österreichischen „SportWoche" vom 29. November 1999 war unter dem Cover-Titel „Ausländer rein!" und der Multikulti-Überschrift „United Colors of Bundesliga" folgendes Statement über die beiden GAK-Spieler Eric Akoto und Benedict Akwuegbu zu lesen: „Wenn sich die beiden schwarzen Perlen treffen, liegen heiße Afro-Rhythmen in der Luft: ‚Wir lieben es, gemeinsam in unseren Wohnungen zu tanzen.' Auch beim SpoWo-Fotoshooting mit grooviger Hintergrundmusik lassen die sympathischen Kicker die Hüften kreisen." (SportWoche Nr. 43, 29.11.99)

Beispiel 2: Beim österreichischen Rekordmeister Rapid Wien spielte in den Saisonen 1996/97 und 1997/98 der Stürmer Samuel Ipoua, der in Kamerun geboren und in Frankreich aufgewachsen ist. Rassistische Übergriffe gegen ihn waren an der Tagesordnung, sei es im Stadion oder im Alltagsleben. Trotzdem glänzte Ipoua immer wieder durch seine Stürmerqualitäten, aber er ist auch oft aufgrund von Unsportlichkeiten vom Platz gestellt worden. Er sei halt unverbesserlich undiszipliniert, hieß es damals von Seiten vieler Medien. Der Wille oder die Möglichkeit, seine Undiszipliniertheiten in den Griff zu bekommen, wurden ihm abgesprochen. Ein paar Jahre zuvor gab es einen ähnlichen Fall bei Rapid Wien: Der heutige „Deutschland-Legionär" und Ex-Nationalspieler Didi Kühbauer wurde ebenfalls oftmals der Unsportlichkeit bezichtigt und des Platzes verwiesen. Ihm wurde allerdings seine Jugend entlastend angerechnet, Samuel Ipoua wurde eine solche Entschuldigung aufgrund seiner Hautfarbe verwehrt. Zugegeben ein auf den ersten Blick recht unspektakuläres Beispiel, aber der Fall Ipoua beschäftigte die österreichischen Medien und die Öffentlichkeit in einem überaus starken Ausmaß. Zu allem Überfluss wurde Ipoua auch noch damit konfrontiert, dass er für diese Behandlung auch noch dankbar zu sein habe: „Im Gegensatz zu anderen Ländern werden dunkelhäutige Spieler in Österreich bewundert. Weil sie sich eleganter bewegen, weil sie gefühlvoller mit dem Ball umgehen können." (Kurier 6.5.1997)

Die beiden Beispiele verdeutlichen, dass rassistische Zuschreibungen in der Sportöffentlichkeit allgegenwärtig sind. Ob diese Alltagsdiskurse nun positiv oder negativ intendiert sind, ist da fast nebensächlich. Im Gegenteil, für Bella B. Bitugu – den ersten afrikanischen Schiedsrichter in Tirol – ist ein „positiver" Rassismus fast noch schwerer zu ertragen: „Manchmal kommen Kommentare wie ‚Kannst du nicht laufen? Habt ihr in Afrika nicht gelernt, mit Tigern zu laufen?' Es gibt auch manchmal Sachen, mit denen schwer umzugehen ist. Einmal kam ein kleiner Junge zu mir und sagte: ‚Sag mal, du bist ein netter Neger'. Er wollte mir gratulieren, aber damit hat er total danebengeschossen. Ich habe ihm persönlich das nicht übel genommen, aber ich habe die Gesellschaft und seine Eltern beschuldigt, dass sie ihm so etwas beigebracht haben." Für den Pädagogen Bitugu sind solche Kommentare ein Beleg für die rassistische Hegemonie der Gesellschaft, und: „Fußball ist ein Spiegel der Gesellschaft" (Bitugu 2001:6).

> „Hegemonie ist ein Zustand ‚völliger sozialer Autorität', die ein bestimmtes Klassenbündnis in einer bestimmten Konstellation durch eine Verbindung von ‚Zwang' und ‚Zustimmung' über die gesamte Gesellschaftsformation und die beherrschten Klassen erringt: nicht nur durch ökonomische, sondern auch politische und ideologische Führung, nicht nur in und durch die verdichteten Verhältnisse des Staates, sondern auch auf dem Terrain der Zivilgesellschaft." (Hall 1994:121)

Bedenkt man die popularkulturelle Potenz des Fußballs, so wird verständlich, warum der Fußball oder Sport im Allgemeinen als ein zentraler Kampfplatz der Zivilgesellschaft angesehen werden kann. Lange Zeit blieben die chauvinistischen und eurozentristischen Hegemonien unangetastet. Das begann beim faktischen Ausschluss afrikanischer Teams bei Fußball-Welt(!)meisterschaften – erst 1970 konnte sich mit Ägypten ein unabhängiges, afrikanisches Land qualifizieren (1934 war Ägypten lediglich als Kolonie Großbritanniens dabei) – und endet beim Geschlechterverhältnis, wo der Frauenfußball sich erst allmählich, und nicht überall, von der männlichen Dominanz befreit.

Jedoch erst durch die fortschreitende Ökonomisierung des Fußballs seit der 1980er-und vor allem der 1990er-Jahre wurde die konservative Hegemonie der Fußball-Bürokraten ernsthaft ins Wanken gebracht. Neue Konsumschichten mussten zur Modernisierung und Profitmaximierung des Fußballs erschlossen werden. An der Führungsrolle Europas wurde freilich nicht gerüttelt.

Sicherheit und Kontrolle

Die 1970er-Jahre brachten in Europa den Höhepunkt eines subkulturell und durchaus politisch orientierten Faktums. Als ein Beispiel mögen hier die von Nanni Balestrini beschriebenen Furiosi herhalten, die sich als Teil der Autonomia Operaia Mitte der 70er-Jahre in Mailand organisierten und als schwarz-rote Brigaden des AC Milan ein Moment von Rebellion und Dissidenz in die italienischen Stadien trugen (vgl. Balestrini 1995). Aber auch in anderen Fußball-Ländern Europas gruppierten sich Fans rund um die politischen Vereinigungen der Neuen Linken, aber zunehmend auch um die der Rechten.

Von Seiten der Regierenden jedoch setzten Maßnahmen ein, diese Organisierung der Underdogs in geordnete Bahnen zu lenken. Die Frage der „Sicherheit" in und außerhalb der Stadien wurde zur dominanten Diskussion rund um den Fußballsport. Doch während zunächst „die Fragen bezüglich Sicherheit und der diversen Maßnahmen in den Sektoren" dominierten, gewann „langsam das Problem der Kontrolle der (Stehplatz-)Tribünen überhand" (Taylor 1991:41). Dieser Befund des Soziologen Ian Taylor ist zwar auf den britischen Fußball gemünzt, doch etablierten sich ähnliche Law and Order-Diskurse in fast allen europäischen Fußball-Ländern. Um möglichen Fanübergriffen vorzubeugen, wurden in den 70er-Jahren die billigen Ränge im Stadion kurzerhand zu Käfigen, den sogenannten Sektoren, umfunktioniert. Das Fußballstadion wurde somit zu einem Ort der Kontrolle und Bestrafung. Bedeutsam für diese neue Architektur war die Identifizierung der Überwachten als deklassierte Klasse, die grundsätzlich zur Gewalttätigkeit neige.

Es ist wenig überraschend, dass in diesem Zeitraum die Etablierung des Begriffs *Hooligan* fiel, der oftmals sehr generalisierend auf alle Stehplatzbesucher der Stadien angewendet wurde. Der Fan wurde zum Paria erklärt, der nicht minder chauvinistische, rassistische oder nationalistische Familienvater auf der Sitzplatztribüne als zu schützende Art eingestuft, der vom Mob separiert werden muss. Die Frage der Sicherheit wurde an die Polizei delegiert, die durch eine verstärkte Präsenz die Ordnung aufrechterhalten sollte. Fußballg-Großevents wie Welt- oder Europameisterschaften wurden so zu Manifestationen der neuen Sicherheitsstaatsregime. Die Stigmatisierung der Hooligans bedeutete jedoch keineswegs, dass versucht wurde, die vermehrt feststellbaren rechtsradikalen Rekrutierungsversuche unter den Fans zu verhindern. Im Gegenteil, die rechtsradikalen und rassistischen Parolen und Flugblätter, beispielsweise der britischen National Front ab Mitte der 70er-Jahre in englischen Stadien, wurden ignoriert, während linke Fangruppierungen mit Stadionverboten bedroht wurden, falls sie das Stadion weiterhin für politische Manifestationen nutzen und den neofaschistischen Organisierungsversuchen entgegentreten wollten. Auch in Deutschland rekrutierte die Aktionsfront Nationaler Sozialisten/Nationaler Aktivisten in den 80er-Jahren rechte Gesinnungsgenossen unter den Fußballfans.

> „Bis heute etablierte sich eine neue rechte Jugendkultur, die sich auch im Stadion sammelt und weiterhin schleichenden Rekrutierungsversuchen von Neonazis unterliegt. So versuchen es NPD und DVU immer wieder mit Flugblättern vor Bundesliga-Stadien (z.B. Hertha BSC, 1. FC Kaiserslautern, Union Berlin) und Einladungen für jugendliche Skinheads zu sog. ‚Kameradschaftsabenden‘.“ (Lila Laune 2002)

In Österreich gab es in den 80er-Jahren ebenfalls Versuche der Neonazis von der Volkstreuen Außerparlamentarischen Opposition (VAPO) Gottfried Küssels, unter den Fußball-Hooligans neue Kameraden zu rekrutieren.

Erst ab Mitte der 80er-Jahre wandelten sich die Diskurse über Sicherheit und Kontrolle allmählich zu Fragen der Modernisierung. Maßgeblich haben dazu zwei Ereignisse beigetragen, die die Unzulänglichkeit der polizeilichen Sicherheitssysteme im Fußballsport offenbarten und das Image des Spiels zu unterminieren drohten.

Im Jahre 1985 kamen beim Europacup-Finale zwischen dem FC Liverpool und Juventus Turin im baufälligen Brüsseler Heysel-Stadion 39 Menschen vor laufenden TV-Kameras ums Leben. Die völlig überforderten Organisatoren des Europacup-Finales hatten Juve- und Liverpool-Anhänger in denselben Sektoren untergebracht und provozierten somit die Gewalttätigkeiten, die eine Massenpanik und letztendlich den Einsturz einer Tribüne auslösen sollten. Es kann zwar nicht gesagt werden, dass eine rechtsradikale Organisation die „Tragödie“ verursacht hatte, doch die Tribüne, auf der die Fußballanhänger gerade ihr Leben verloren hatten, war übersät mit Flugblättern der National Front. Am anderen Ende des Heysel-Stadions waren Transparente von Juve-Fans mit faschistischen und rassistischen Symbolen zu sehen.

Auf jeden Fall reagierte der europäische Fußballverband UEFA mit einem Fair Play-Aktionsplan auf die Brüsseler Vorkommnisse, bei dem das Verhalten sowohl auf dem Spielfeld als auch auf den Rängen bewertet wird. Diese Bewertung hat Einfluss auf die Anzahl der teilnehmenden Klubs bei den europäischen Cupbewerben und bei der Vergabe von Endspielorten und Europameisterschaften. Viel wichtiger war jedoch die Entscheidung der UEFA, längerfristig die Stehplatztribünen aufzulösen und somit ein Fan-Segment vom Stadion zu entfernen. Heutzutage ist dieser Umstrukturierungsprozess weitgehend abgeschlossen, und Stehplatztribünen sind bei Europacup- oder Länderspielen nicht mehr zugelassen. Die billigen Stehplatzkarten wurden somit, zumindest bei internationalen Bewerben, zu Relikten einer vergangenen Zeit.

Die andere „Katastrophe“ ereignete sich 1989 im Sheffielder Hillsborough-Stadion, als beim Spiel zwischen Nottingham Forest und dem FC Liverpool 95 Anhänger des FC Liverpool in einem der bereits erwähnten Käfige zu Tode getrampelt wurden. Die Polizei hatte, wie sich später herausstellen sollte, zu vielen Anhängern Zutritt zum Sektor gewährt; dies selbst dann noch, als die vorsorglich installierten Überwachungskameras bereits Bilder von ersten Toten an die Kontrollplätze lieferten. Ein Ausweichen auf das

Spielfeld wurde durch den Käfig verhindert. „Nach Hillsborough erkannten die meisten Sportreporter", so Ian Taylor, „die Unzulänglichkeit jener ‚law and order'-Diskussion und -Praktiken, die man den Problemen, mit denen der englische Fußball konfrontiert ist, als Lösungsmöglichkeit entgegensetzte" (Taylor 1991:36). Neben der Frage nach der Polizeiverantwortung stellte sich sofort die der Modernisierung der Stadien: Für Taylor implizierte diese „Argumentation, dass das Versäumnis der Modernisierung der Sportanlagen der Grund für die Katastrophe gewesen wäre, (…) gleichzeitig, dass darin auch die Ursachen für die Fußballprobleme Großbritanniens bezüglich der Sicherheit der Massen und des Hooliganismus lägen" (Taylor 1991:40). Dieser Sicherheitsdiskurs wurde also nicht nur rund um die Architektur der Stadien geführt, sondern wurde auch als kulturelles Projekt verstanden, um den Massensport Fußball auf neue Beine zu stellen. Erst durch diesen Umdenkprozess konnte es gelingen, den Fußballsport als elementaren Teil der 1990er-Jahre-Popularkultur zu etablieren und auch für die neuen Mittelschichten attraktiv zu machen.

Als Partner traten zu Beginn der 90er-Jahre in Europa auch offizielle Antirassismus-Initiativen hervor, denen bei der Stigmatisierung der „Hooligan"-Fankultur und bei der Erschließung neuer Publikumsgruppen eine besondere Rolle zukam. Indem die Antirassismus-Initiativen den Focus auf die neuerdings unerwünschten Underdogs legten, wurden sie zu Partnern der nationalen Fußballverbände und Vereine. Für England konstatierte etwa Tim Crabbe vom Londoner Goldsmith College:

> „Das Engagement der FA (Football Association/englischer Fußballverband) in diesem Bereich war nicht nur von der Notwendigkeit der Konfliktvermeidung getragen, sondern von dem wesentlich weitergehenden Wunsch, einem Fanverhalten vorzubeugen, das als medial sehr sensibel und als schädlich für das öffentliche Image des Sports betrachtet wurde. Infolge dieser Betrachtungsweise waren die Strategien der FA von einer Interpretation von Rassismus als Produkt von Fankulturen, insbesondere der kaum zu kontrollierenden Hooligan- oder Neonazi-Fankulturen, dominiert." (Crabbe 1998:58)

Die Resultate einer solchen Antirassismusstrategie waren klar. Durch die einseitige Zuweisung der Verantwortung an die Fans wurden die rassistischen und sexistischen Strukturen und Ideologien des Sports von jeglicher Diskussion ausgenommen. Das Unternehmen Sport konnte so geruhsam seine Umstrukturierung fortsetzen, entledigte sich nebenbei der unzivilisierten Störenfriede und konnte auch noch die allgemeinen Vorurteile gegen die „ungebildeten" Klassen befriedigen.

Institutionelles Verantwortungsbewusstsein

Doch die Antirassismus-Initiativen im Fußball haben aus dieser anfänglichen Einseitigkeit gelernt und zusehends die Vereine und Verbände selbst in die Verantwortung genommen. Als ein Beispiel mag hier die FIFA-Konferenz gegen Rassismus anlässlich der U 20-WM in Argentinien 2001 dienen, an der Antirassismuskampagnen des Netzwerkes „Football Against Racism in Europe – FARE" maßgeblich mitgearbeitet haben.

Im Juli 2001 waren alle 204 FIFA-Verbände geladen, um Maßnahmen gegen Fremdenfeindlichkeit im Fußball zu beschließen. Letztendlich wurde eine Resolution verabschiedet, in der die ganze Fußball-Community aufgefordert wird, „inner- und außerhalb des Fußballs am gleichen Strang zu ziehen, damit Rassismus zum Verschwinden gebracht werden kann. (…) jede Gelegenheit wahrzunehmen, um den sozialen Einfluss des Fußballs auszubauen und die soziale Eingliederung und die Verbannung des Rassismus aus der Gesellschaft voranzutreiben" (www.fifa.org). Die FIFA verlangt in der Resolution außerdem, dass die Fußballverbände gesellschaftlichen Gruppierungen größere Unterstützung zukommen lassen sollen. Mit dieser Resolution gegen Rassismus machte die FIFA einen wesentlichen Schritt: Der Weltfußballverband manifestierte damit erstmals in einem offiziell von allen Fußballverbänden verabschiedeten Papier, dass die FIFA selbst, aber auch die Kontinental-, Landes- und Regionalverbände, die professionellen Ligen und Vereine eine Verantwortung im Kampf gegen Rassismus haben.

Auch wenn es schon vor der Verabschiedung dieser Resolution Antirassismusinitiativen oder Verbandsbestimmungen – z.B. in England, Deutschland oder Italien gab –, waren diese jedoch meist nur einmalige Aktionen, oder die geforderten antirassistischen Maßnamen wurden nicht exekutiert. So hat der Deutsche Fußballbund (DFB) im Oktober 1998 alle deutschen Vereine zur Umsetzung eines 10 Punkte umfassenden Maßnahmenpakets gegen Rassismus, Fremdenfeindlichkeit und Rechtsradikalismus aufgerufen. Dabei wurden etwa die Aufnahme eines Antirassismus-Paragraphen in die Stadionordnung angeregt oder regelmäßige Aufrufe und Bekenntnisse der Vereine gegen Rassismus gefordert. Passiert ist nicht viel, bei den meisten Vereinen ist dieses Schreiben des DFB nur in der Schublade abgelegt worden. Auch die Spielordnung des DFB vom Herbst 2001 erhielt einen neuen Passus, wonach Klubs bei rassistischen Ausfällen ihrer Fans mit Spielen unter Ausschluss der Öffentlichkeit bestraft werden können. Konsequenzen hat es bis dato noch keine gegeben. Zusätzliche Aktionen wie z.B. „Mein Freund ist Ausländer", für die an einem Bundesligaspieltag sämtliche Teams mit entsprechenden T-Shirts aufwärmten, blieben einmalig, waren anlassbezogen und wurden nicht weiter verfolgt. Hervorzuheben sind allerdings der FC St. Pauli Hamburg und der Gelsenkirchener Schalke 04. Die Vereine haben sich, vor allem durch die Initiative der Fanklubs, klar gegen Rassismus positioniert. Schalke 04 hat die „Integration ausländischer Mitbürger" als Vereinszweck in seinen Statuten festgeschrieben und der FC St. Pauli in seiner Stadionordnung entsprechende Punkte hinzugefügt. Außerdem ist der FC St. Pauli der einzige Verein Deutschlands, der sich freiwillig an den Restitutionszahlungen an die während des Nationalsozialismus enteignete jüdische Bevölkerung beteiligt hat.

Der italienische Verband fügte seinem Regulativ vor etwa zwei Jahren Bestimmungen hinzu, die Schiedsrichter ermächtigen, Spiele abzubrechen, wenn Fans gegnerische Spieler oder Fans rassistisch beschimpfen. Trotz fortlaufender rassistischer Vorfälle in italienischen Stadien wurde noch kein Spiel abgebrochen, allerdings wurden immer wieder Vereine wie etwa Lazio Rom zu Geldstrafen verurteilt.

„Football Against Racism in Europe"

Nicht nur aus diesem Grund sind antirassistische Fußballkampagnen und Fußballfans selbst aktiv geworden, und im Februar 1999 organisierte die österreichische Kampagne „FairPlay. Viele Farben. Ein Spiel" das Seminar „Networking Against Racism in Football – NAREF".

Die Sportinitiative FairPlay wurde 1997 vom Wiener Institut für Entwicklungsfragen und Zusammenarbeit (VIDC) im Rahmen des Europäischen Jahres gegen Rassismus gestartet. Ziel dieses ersten und einzigen österreichweiten, interkulturellen Projekts im Bereich des Sports ist es, die Popularität und die integrative Kraft des Fußballs
zu nützen, um Rassismus und andere Diskriminierungen mittels pro-aktiver Methoden
auf unterschiedlichen Ebenen des Sports und der Gesellschaft zu bekämpfen. FairPlay
ist seit 1997 kontinuierlicher Partner der Europäischen Kommission und wird vom Eu-
roparat als vorbildliches Beispiel bei der Bekämpfung des Rassismus gewürdigt. FairPlay
wird zudem vom Weltfußballverband FIFA offiziell unterstützt.

Die FairPlay-Aktionsprogramme sind sehr stark darauf ausgerichtet, die österreichische Fußball-Community (Verbände, Medien, Spieler, Fans, Funktionäre) für die
Sinnhaftigkeit von Antirassismus im Sportbereich zu sensibilisieren. Einerseits setzt man
auf eine zielgruppenorientierte Öffentlichkeitsarbeit, andererseits auf konkrete Maßnahmen, mit denen die Fußball-Community zur aktiven Partizipation animiert wird. FairPlay
hat bereits antirassistische Stadionaktionen mit Vereinen der beiden höchsten österreichischen Spielklassen durchgeführt: im September 2001 mit dem SV Ried beim Bundesliga-
Heimspiel gegen SW Bregenz; mit dem FC Tirol während der europaweiten Aktionswoche gegen Diskriminierung im Fußball (s.u.) beim Bundesliga-Match gegen SV Salzburg im April 2001, mit SK Rapid Wien, FK Austria Wien und Austria Lustenau bei Bun-
desliga-Spielen im September 2000 sowie mit dem SV Ried, Vorwärts Steyr und SV Wattens
im Rahmen von Freundschaftsspielen gegen das ugandische Nationalteam im Herbst 1998.
Die Vienna präsentierte FairPlay ihren Fans während eines Meisterschaftsspiels im Herbst
1997 und unterstützte damit die Etablierung der Kampagne. Das FairPlay-Magazin zu den
Aktionen erschien bisher fünfmal und hat sich als erfolgreiches Kampagnenmaterial etabliert. Die Zusammenarbeit mit Fanclubs, MigrantInnenvereinen und Jugend-, Amateur-
und Hobbyklubs wurden wie das Medienprogramm kontinuierlich ausgebaut und die Ju-
gend- und Schulworkshops (die Schulworkshops in Kooperation mit dem Projekt „Schule
ohne Rassismus") zum fixen Bestandteil der Kampagne (vgl. www.vidc.org/fairplay).

Beim bereits erwähnten NAREF Seminar 1999 trafen sich über 40 Mitglieder von
Fanklubs, Faninitiativen und antirassistischen Organisationen aus 13 Ländern, um Erfahrungen auszutauschen, Probleme und Strategien zu diskutieren sowie relevante Zielgruppen für weitere Kampagnen und Aktivitäten auszumachen. Das Resultat des dreitägigen
Seminars war die Gründung des bereits erwähnten Netzwerkes „Football Against Racism
in Europe – FARE". Gleichzeitig wurde der Wiener Aktionsplan verabschiedet, in dem
sich die Mitglieder von FARE dazu bekannten, „Rassismus im Fußball nicht zu tolerieren:
weder in den Stadien, noch auf dem Spielfeld, noch in der Fußballadministration, im
Fußballtraining oder in der fußballerischen Erziehung" (www.vidc.org/fairplay). Von den
institutionellen Körperschaften im Fußball wurde gefordert, anzuerkennen, dass Rassismus und andere Formen der Diskriminierung auch im Fußball ein Problem darstellen,
Verantwortung zu übernehmen und das integrative und interkulturelle Potenzial des Fußballs zu nützen. Außerdem verpflichteten sich die Mitglieder von FARE, alle Formen
rassistischen Verhaltens in den Stadien und in den Vereinen sowie strukturellen Rassismus zu bekämpfen, rassistische Vorfälle publik zu machen und mit Verbänden, Vereinen und Spielergewerkschaften zusammenzuarbeiten bzw. diese mittels Lobbying zur
Kooperation zu bewegen.

Im Juni 2000, kurz vor Beginn der Europameisterschaft in Belgien und den Niederlanden, wurde FARE dann offiziell im Brüsseler EU-Parlament präsentiert. Vor hoch-
rangigen VertreterInnen von Fußballverbänden, der Europäischen Kommission, des EU-
Parlamentes, des Europäischen Rates und zahlreichen Medien konnten die FARE-Mit-
glieder das Netzwerk, ihre Anliegen und Forderungen sowie den Wiener Aktionsplan
präsentieren und über ihre Erfahrungen in antirassistischer Kampagnenarbeit im Fußball berichten. Diese Medienpräsentation stellte den Startschuss für gemeinsam organisierte und im Namen von FARE durchgeführte Aktivitäten dar, in denen sich die
Vielschichtigkeit des Rassismusproblems widerspiegeln.

So organisiert das italienische Fanprojekt Progetto Ultrà die antirassistische Fußball-Weltmeisterschaft (www.uisp.it/warc), die im Juli 2002 zum mittlerweile sechsten
Mal stattfinden wird. Dabei kommen Teams aus mehreren europäischen Ländern nach
Italien, um gemeinsam mit dort heimischen MigrantInnen- und Fanklubmannschaften
beim Turnier anzutreten (insgesamt ca. 100 Teams). Neben den Infoständen, bei denen
die anwesenden Gruppen und Organisationen ihre Materialien anbieten, werden Work-
shops und Diskussionsrunden über Rassismus im Fußball organisiert, die einen Austausch zwischen Fußballfans und MigrantInnen ermöglichen. Abgerundet wird die Veranstaltung durch Konzerte und Kostproben der internationalen Küche. Progetto Ultrà
ist Teil von Unione Italiana Sport Per Tutti (UISP; www.uisp.it), eine der größten italienischen Sportorganisationen, und betreibt Sozialarbeit an der Basis, also bei Fußballfans und Fanklubs. Progetto Ultrà sammelt zudem in seinem Dokumentationszentrum
Berichte über rassistische Vorfälle und antirassistische Aktionen aus ganz Europa, hat
aber auch schon mehrmals bei internationalen Fußballgroßveranstaltungen sogenannte
„Fan Embassies" (Anlaufstellen von Fans für Fans) organisiert und betreut.

In Deutschland ist das Bündnis Aktiver Fußballfans (BAFF; www.aktive-fans.de)
als FARE-Mitglied aktiv. BAFF selber ist ein Netzwerk von deutschen Fanprojekten,
Fanklubs, Faninitiativen und einzelnen Fußballfans. Neben laufenden Kampagnen gegen Rechtsradikalismus, Rassismus oder die Kommerzialisierung im Fußballsport hat
BAFF im November 2001 die Wanderausstellung „Tatort Stadion. Rassismus und Diskriminierung im Fußball" (www.tatort-stadion.de) in Berlin eröffnet. 2002 sind acht
weitere Ausstellungsorte vorgesehen. Bei der Recherche und Durchführung der Ausstellung musstc und muss BAFF allerdings einige Hindernisse aus dem Weg räumen. So
hat beispielsweise der Deutsche Fußball-Bund (DFB) seinen Zuschuss in Höhe von
etwa 5000 Euro für die Ausstellung „Tatort Stadion" über Rassismus und Diskriminierung gestrichen: „Grund dafür ist eine Schautafel zum Thema ‚Tatzeugen Vorbilder'.
Dort werden Zitate des DFB-Präsidenten Gerhard Mayer-Vorfelder aufgelistet, wie etwa
‚Die Chaoten in Berlin, in der Hafenstraße in Hamburg und in Wackersdorf springen
schlimmer rum als die SA damals' oder die Frage: ‚Was wird aus der Bundesliga, wenn
die Blonden über die Alpen ziehen und stattdessen die Polen, diese Furtoks und Lesniaks,
spielen?'" (Frankfurter Rundschau 9.1.2002).

Ein weiteres erfolgreiches Projekt von FARE ist das Bildungsvideo „Show Racism
the Red Card" des gleichnamigen englischen Projektes (SRTRC; www.theredcard.org)
aus Newcastle in Großbritannien, welches für den Schulbereich und jugendliche Fußballfans konzipiert wurde. Das Video nützt die Popularität der Profi-Fußballer der englischen Premier League, um Rassismus zu thematisieren, die historische Entwicklung

und rassistisches Verhalten darzustellen sowie Reaktionsvarianten zu diskutieren. Mittlerweile wurde das Video in fünf Sprachen übersetzt und bei Diskussionsveranstaltungen mit prominenten Fußballspielern präsentiert.

Neben SRTRC sind noch zwei weitere englische Partner an den FARE-Aktionen beteiligt, nämlich Football Unites – Racism Divides (FURD; www.furd.org) aus Sheffield und Kick It Out! (www.kickitout.org) aus London. FURD ist ein lokales Projekt, das sehr stark mit Jugendlichen und ethnischen Minderheiten (vor allem mit asiatischem Background) arbeitet und dabei von der lokalen Verwaltung und dem Fußballverein Sheffield United unterstützt wird. Für FARE betreut FURD die Homepage www.farenet. org, die rechtzeitig zur Präsentation in Brüssel online ging. FURD arbeitet sehr eng mit Kick It Out! zusammen, der nationalen Antirassismuskampagne im englischen Fußball. Kick It Out! wird vom englischen Fußballverband und der Spielergewerkschaft gefördert und organisiert jährlich eine „Anti-racist Week" im englischen „Black History Month" Oktober mit einer Vielzahl von Aktivitäten und gibt zu diesem Anlass die Zeitschrift „United Colours of Football" heraus. Kick It Out! wurde aufgrund der anhaltenden rassistischen Übergriffe im englischen Fußball seit den 80er-Jahren von der Commission for Racial Equality und der Professional Footballers Organisation 1993 gegründet. Denn auch in England wurde zunächst nicht der Fußballverband, sondern einzelne Fanclubs mit ihren Klubs und Spielern gegen Rassismus aktiv. Kick It Out! führte deren Arbeit auf nationaler Ebene weiter. Erst nach und nach unterstützten auch der englische Fußballverband und die FA Premier League die antirassistischen Aktivitäten in und rund um englischen Fußball.

Gemeinsam mit FairPlay ist Kick It Out! für das Lobbying bei Verbänden und internationalen Fußballinstitutionen verantwortlich. Lobbying ist nicht nur aus finanziellen Gründen wichtig. FARE hat es dadurch auch innerhalb eines Jahres geschafft, als ein ernsthaftes und erfolgreiches, mit modernen Methoden agierendes antirassistisches Netzwerk anerkannt zu werden. Das bezeugen die Einladungen der FIFA zur Antirassismuskonferenz in Buenos Aires (siehe oben) sowie zur Fußball-Expo in Nizza. Das Internationale Olympische Komitee würdigte die Arbeit von FARE mit einer Einladung zur Vorbereitungskonferenz für die Olympischen Spiele in Salt Lake City 2002. Auch am Arbeitskreis „Gewaltprävention und Antirassismus im Fußball" des European Council nahm FARE teil.

Die UEFA ist vor allem durch die europaweite „Aktionswoche gegen Diskriminierung im Fußball" auf FARE aufmerksam geworden. FARE hat erstmals vom 30. März bis zum 8. April 2001 diese Aktionswoche durchgeführt, an der über 40 verschiedene Gruppen, Projekte, Fanklubs, Initiativen, Vereine und Organisationen aus acht Ländern teilgenommen haben. Den österreichischen Höhepunkt stellte die antirassistische Stadionaktion von FairPlay mit dem österreichischen Meister FC Tirol dar. Beim Bundesliga-Heimspiel gegen den SV Salzburg wurden FairPlay-Magazine und FC Tirol-Poster mit antirassistischen Botschaften, Interviews und Artikeln an die Fans verteilt. Der Verein stellte die Aktion vor Spielbeginn vor und promotete sie auf der vereinseigenen Homepage. Ein mit dem Verein kooperierender regionaler TV-Sender fertigte einen speziellen Bericht über die Aktion an. In Italien gab es quer durch alle Profiligen vor allem Aktionen mit Transparenten, die von den Fanklubs während der Spiele hochgehalten wurden. In Spanien beteiligte sich der Madrider Primera Division Club Rayo

Vallecano an der Aktionswoche. Auch in Deutschland nahmen Fanprojekte und Fanklubs (zumeist Mitglieder von BAFF) von der 1. bis zur 4. Liga teil. Beim Meisterschaftsspiel zwischen dem FC Schalke 04 und dem 1. FC Kaiserslautern verteilte die Faninitiative „Schalker gegen Rassismus" 20.000 Flugblätter mit dem Motto „Dem Ball is' egal, wer ihn tritt" und Informationen über die europaweite Aktion. Andere Projekte gestalteten dem Thema gewidmete Fanzines, Banden, Aufkleber und Transparente. Sogar das norwegische Nationalteam konnte für die Aktionswoche gewonnen werden.

Kontakte zur UEFA gab es schon vor der Aktionswoche, doch durch die sich häufenden rassistischen Vorfälle in europäischen Fußballstadien wurde sich die UEFA ihrer Verantwortung bewusst. In weiterer Folge beschloss das zuständige Gremium, den „Charity Award" 2001 an FARE zu vergeben. Vor FARE hatten bislang nur das Internationale Rote Kreuz (für deren Antilandminen-Kampagne) und die Special Olympics den Charity Award erhalten. Für FARE war dieser Preis sehr überraschend gekommen und bedeutete eine große Anerkennung der bisherigen Arbeit. Der „Charity Award" wurde vom französischen Europa- und Weltmeister Lilian Thuram von Juventus Turin für FARE entgegengenommen. Thuram, der von seinen Kollegen auch gerne „il profesore" genannt wird, ist für sein vehementes Auftreten gegen Rassismus bekannt: „Diese Leute meinen, dass wir Schwarze wie Affen sind, und deswegen müssen wir uns diese Uh-Uh-Rufe anhören. Dieses Verhalten gibt es überall auf der zivilisierten Welt. Um die Wahrheit zu sagen – bis vor 100 Jahren haben renommierte weiße Intellektuelle, Universitätsprofessoren und Soziologen argumentiert, dass die Schwarzen den Weißen unterlegen sind. Länder wie England, Frankreich, die USA und sogar Italien haben alle ihre industrielle und wirtschaftliche Macht auf den Rücken der Schwarzen aufgebaut. Die Uh-Uh-Rufe, die die Fans heute von sich geben, sind die logische Folge dieser Kultur" (World Soccer, April 2000).

Wie sich gezeigt hat, ergeben sich letztendlich die Möglichkeiten für die europäischen Antirassismuskampagnen aus dem zunehmend international organisierten Fußball selbst, der wie kaum ein anderer Bereich der Gesellschaft die Erfolgsstory des multikulturellen Miteinanders verkörpert. Eine rigide Trennung nach Kriterien der Herkunft und der Nationalität erscheinen dabei als eher leistungshemmend und anachronistisch. Durch das Hervorheben unterschiedlicher Fußballtraditionen und -kulturen und der besonderen spielerischen Leistungen werden vielmehr der unverzichtbare Anteil von MigrantInnen und ethnischen Minderheiten am Aufbau der europäischen Gesellschaften erkennbar. Und schließlich durchbricht die Existenz von Unterschieden in und zwischen den Teams – bei einer gleichzeitigen globalen Einheitlichkeit der Fußballregeln – das kulturalistische Stereotyp der Unvereinbarkeit von Unterschieden. Zusätzlich ermutigt die gelungene Integration von Fußballern MigrantInnen und deren Nachkommen zur aktiveren Partizipation in der Gesellschaft. „Fußball", sagte Nelson Mandela: „ist eine der wichtigsten Aktivitäten, die Menschen zusammenbringt." (FairPlay-Magazin Nr. 1, Wien 1997)

Literatur

Balestrini, Nanni (1995): I Furiosi. Die Wütenden. Berlin-Amsterdam: Edition ID-Archiv

Bitugu, Bella B. (2001): Schiedsrichter in Tirol – Interview. In: FairPlay-Magazin, echo 4/2001: 6

Burstyn, Varda (1999): The Rites of Men: Manhood, Politics, and the Culture of Sport. Toronto: University of Toronto Press

Crabbe, Tim (1998): Was ist Erfolg? Rassismus und Antirassismus im Profifußball. In: Fußballkultur in Europa, Globalisierung und Rassismus. Reader zum Wiener Symposium vom 10.-11. November 1997, Hg. Michael Fanizadeh/Kurt Wachter/VIDC. Wien: 52-71

Hall, Stuart (1994): Rassismus, westliche Dominanz und Globalisierung. In: Rassismus und kulturelle Identität. Ausgewählte Schriften 2, Hg. Stuart Hall. Hamburg: Argument Verlag: 89-222

Hamel, Hédi (1998): Europäisch-afrikanische Fußballbeziehungen: Zwischen neuer Konkurrenz und struktureller Benachteiligung? In: Fußballkultur in Europa, Globalisierung und Rassismus. Reader zum Wiener Symposium vom 10.-11. November 1997, Hg. Michael Fanizadeh/Kurt Wachter/VIDC. Wien: 29-32

Hamel, Hédi (1999): Allez les Bleus! In: FairPlay-Magazin, echo 1/99. Wien: 4-5

Jacques, Martin (1997): Worshipping the body at alter of sport. In: The Observer 13.7.1997

Lanfranchi, Pierre (1998): Migration, Globalisierung und Rassismus im europäischen Fußball. In: Fußballkultur in Europa, Globalisierung und Rassismus. Reader zum Wiener Symposium vom 10.-11. November 1997, Hg. Michael Fanizadeh/Kurt Wachter/VIDC. Wien: 7-13

Lila Laune (2002): Tatort Stadion. Rassismus & Diskriminierung im Fußball. Special zur Ausstellung. Berlin: 4

Nagel, Hubert (2000): Integration ist ein Leitbild Lustenaus – Interview. In: FairPlay-Magazin, echo 7/2000: 11

Müller, Jost (1992): Rassismus und die Fallstricke des gewöhnlichen Antirassismus. In: Die freundliche Zivilgesellschaft, Hg. Redaktion diskus. Berlin-Amsterdam: Edition ID-Archiv: 25-44

Progetto Ultrà – UISP Emilia Romagna (2000): Don't Close Your Eyes. Bologna

Taylor, Ian (1991): Hillsborough, 15. April 1989. Englischer Fußball zwischen Tradition und Modernisierung. In: Die Kanten des runden Leders. Beiträge zur europäischen Fußballkultur, Hg. Roman Horak/Wolfgang Reiter. Wien: Promedia Verlag: 35-44

Vasili, Phil (1998): The First Black Footballer – Arthur Wharton 1865–1930: An Absence of Memory. London/Portland, OR: Frank Cass Publishers

Williams, John (1998): Identität und „Gemeinschaft" im „neuen" britischen Profifußball der neunziger Jahre. In: Fußballkultur in Europa, Globalisierung und Rassismus. Reader zum Wiener Symposium vom 10.-11. November 1997, Hg. Michael Fanizadeh/Kurt Wachter/VIDC. Wien: 46-51

Autorinnen und Autoren

Rosa Diketmüller, Assistenzprofessorin am Institut für Sportwissenschaft der Universität Wien.

Michael Fanizadeh, Politologe, organisiert am Wiener Institut für Entwicklungsfragen und Zusammenarbeit (VIDC) das antirassistische Sportprojekt „FairPlay. Viele Farben. Ein Spiel" (www.vidc.org/fairplay) und koordiniert das europäische Netzwerk „Football Against Racism in Europe – FARE" (www.farenet.org).

Richard Giulianotti, Dozent für Soziologie an der Universität Aberdeen.

Miklós Hadas, Professor für Soziologie an der Budapester Universität für Wirtschaftswissenschaften.

Gerald Hödl, Historiker und Lehrbeauftragter an der Universität Wien.

Roman Horak, Sozialwissenschaftler und außerordentlicher Professor an der Universität für angewandte Kunst in Wien.

Wolfram Manzenreiter, Japanologe und Universitätsassistent am Institut für Ostasienwissenschaften der Universität Wien.

Matthias Marschik, Kulturwissenschaftler, Lehrbeauftragter an den Universitäten Wien und Klagenfurt sowie an der Universität für Künstlerische und Industrielle Gestaltung Linz

Gertrud Pfister, Professorin für Sportgeschichte an der Universität Kopenhagen.

Markus Pinter, Politologe, organisiert am Wiener Institut für Entwicklungsfragen und Zusammenarbeit (VIDC) das antirassistische Sportprojekt „FairPlay. Viele Farben. Ein Spiel" und koordiniert das europäische Netzwerk „Football Against Racism in Europe – FARE".

Georg Spitaler, Politologe mit den Forschungsschwerpunkten Mediensport sowie politische Kultur; lebt in Wien.

Kurt Wachter, Ethnologe, arbeitet am Wiener Institut für Entwicklungsfragen und Zusammenarbeit (VIDC). Seit 1997 koordiniert er die antirassistische Sportkampagne „FairPlay. Viele Farben. Ein Spiel".

Lukas Wieselberg studierte Philosophie in Wien und arbeitet ebenda als Wissenschafts- und Sportjournalist.

Jörg Zimmermann, Geograph, dissertierte über die Sportartikelproduktion in Pakistan und arbeitet als Lehrer in Berlin.

Maßgerechte Versicherungen?

Da geht's lang!

 **LANG&CO**

Lang & Co Versicherungsmakler Gesellschaft m.b.H.
1040 Wien · Prinz Eugenstrasse 4
Telefon: (01) 503 2295 · Telefax: (01) 503 2295 17
Email: versmakler@lang.co.at

manches möglich machen ...

... wie die Förderung des Fußballsports. Optimales
Training und beste Betreuung kosten viel Geld. 2001
erhielt die Sportförderung von den Österreichischen
Lotterien rund EUR 34,9 Millionen.

österreichische
LOTTERIEN

Siemens CC

spin the globe spin spin spin the globe spin the globe spin spin spin the globe

Ideen bewegen
die Welt.

Aber wie kommen die Ideen auf die Welt?

Spin the Globe! Die Welt in die Hand nehmen.
Aus einer Idee etwas machen. Innovationen realisieren. Forschen.
Und entwickeln. Bei Siemens machen Tausende von Menschen
aus Ideen Produkte und Systemlösungen für ein einfacheres,
sichereres und komfortableres Leben. Zum Beispiel in
der Telekommunikation, der Verkehrstechnik, in der Medizin
oder am Energiesektor. **www.siemens.at**

SIEMENS

Global network of innovation

Wolfgang Sachs
Nach uns die Zukunft

Der globale Konflikt um Gerechtigkeit und Ökologie
216 S., vierf. Pb., ISBN 3-86099-234-1

Die Ziele des Umweltgipfels in Rio de Janeiro vor zehn Jahren, vor allem die Vision von nachhaltiger Entwicklung, sind zu einem guten Teil durch die wirtschaftliche Globalisierung zunichte gemacht worden. Doch auch und gerade unter dem Eindruck der Anschläge vom 11. September sind Fragen der Gerechtigkeit und Ökologie zwischen Nord und Süd von aktueller Brisanz. Denn ohne Gerechtigkeit in der Welt, wird es keine Ökologie geben, weil sich der Süden sonst verweigert. Und ohne Ökologie – mit einer in Turbulenzen geratenen Biosphäre – wird es keine gerechte Welt geben. Der international renommierte Wissenschaftler und Buchautor Wolfgang Sachs legt mit *Nach uns die Zukunft* ein Buch zu den drängenden Herausforderungen des 21. Jahrhunderts vor und zeichnet dabei nichts weniger als die Umrisse einer zukunftsfähigen Weltgesellschaft.

Tor A. Benjaminsen/Christian Lund (Eds.)
Politics, Property and Production in the West African Sahel

Understanding Natural Resources Management
In englischer Sprache, 336 S., vierf. Pb. mit zahlr. Abb. u. Fotos
ISBN 3-86099-753-X

Um die Nachhaltigkeitsdebatte und somit die Verwaltung von natürlichen Ressourcen zu verstehen, muß man sich dem Thema interdisziplinär nähern. Anhand von Fallstudien in der Westafrikanischen Sahel-Zone untersucht dieses Buch die Nachhaltigkeitsdebatte aus der Perspektive drei verschiedener, aber zueinander in Beziehung stehender Bereiche: Politik, Eigentum und Produktion innerhalb einer breiten, auf Empirie basierenden Ökologie. Die Nachhaltigkeitsdebatte ist an erster Stelle äußerst politisch. Sie ist ständig das Objekt von Planungsbemühungen, wo ein Plan dem nächsten folgt, jeweils von einem der großen internationalen Spendern gesponsort. Die Autorinnen und Autoren diskutieren das Verhältnis von landwirtschaftlicher Produktivität, Einkommens- und Besitzverhältnisse, politische Bedingungen und Ernährunssicherheit anhand verschiedener Länder der Sahel-Zone. Wie die Beiträge zeigen sind die Ziele und Pläne von Entwicklung durchdrungen von globalen Diskursen über »Dezentralisierung.«

Karin Fischer/Irmtraut Hanak/ Christof Parnreiter (Hrsg.)
Internationale Entwicklung
Eine Einführung in Probleme, Mechanismen und Theorien
Geschichte, Entwicklung, Globalisierung 4
160 S., vierf. Pb., ISBN 3-86099-230-9

Der Band bereitet Basisinformationen verständlich auf und liefert einen Überblick über das komplexe Themenfeld »Internationale Entwicklung« auf dem Stand der neuesten Forschung. In den Beiträgen werden u.a. folgende Probleme, Mechanismen und Theorien internationaler Entwicklung thematisiert: Die klassischen Entwicklungstheorien; Entwicklungstheoretische Innovationen: Weltsystem, Subsistenzansatz, Sustainable Development; Entwicklung als männlicher Mythos; Diskurse um Bevölkerungspolitik; Weltordnung des dritten Jahrtausends; Demokratie, Pluralismus, Zivilgesellschaft; Ökonomische Mechanismen der Unterentwicklung; Internationale Verschuldungskrise; Politische Ökonomie des Neoliberalismus; Politische Implikationen der Entwicklungstheorien; Zivilgesellschaft als Entwicklungspotenzial in Afrika.

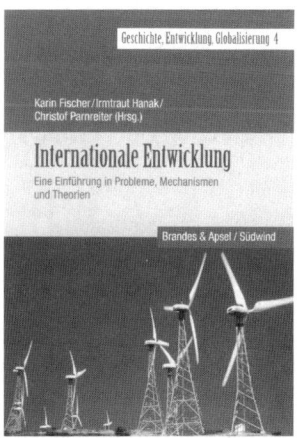

Gerald Faschingeder
Kultur und Entwicklung
Zur Relevanz soziokultureller Faktoren in hundert Jahren Entwicklungstheorie
Geschichte, Entwicklung, Globalisierung 1
160 S., vierf. Pb., ISBN 3-86099-214-7

Mit dem ersten Band der Reihe liefert der Autor Impulse zu einem neuen Verständnis von Kultur in der Entwicklungszusammenarbeit. Er plädiert für einen Kulturbegriff, der zu einer differenzierten und konstruktiven Sicht auf globale Macht- und Kulturfragen befähigt. Eine fruchtbare Perspektive für das Thema »Kultur und Entwicklung« erschließt sich erst, wenn Kultur nicht in einem engeren Sinne verstanden wird, sondern sämtliche Lebensbereiche als kulturell geprägt aufgefasst werden. Die Herausforderung liegt darin, Kulturreflexion zu beachten und zugleich Machtfragen einzubeziehen. So plädiert Faschingeder für einen Kulturbegriff, der zu einer konstruktiven Sicht auf globale Macht- und Kulturfragen befähigt. Kultur und Entwicklung liefert Impulse für ein differenziertes Verständnis von Kultur in der Entwicklungszusammenarbeit.

Andreas Novy

Entwicklung gestalten
Gesellschaftsveränderung in der Einen Welt
Geschichte, Entwicklung, Globalisierung 5
160 S., vierf. Pb., ISBN 3-86099-613-4

Die regelmäßigen Proteste, wenn immer sich die Herren der Welt treffen, beendeten die Illusion einer segenbringenden Ära der Weltharmonie. Die libe-ralautoritären Tendenzen verschärfen die Widersprüche. Damit rücken die alten Fragen von Entwicklung, von Zentrum und Peripherie, von Umvertei-lung und Wohlfahrt, erneut in den Mittelpunkt der politischen Diskussion. Nach Jahren der Desillusionierung wächst erneut die Überzeugung, dass eine andere Welt möglich ist – so das Motto des Weltsozialforums in Porto Alegre, Brasilien. Entwicklung zu gestalten und nicht bloß ein Schicksal zu erleiden, erfordert aber nicht nur politisch praktische Anstrengungen, sondern auch eine neue Form der Produktion und des Austausches von Wissen. Kommunikation und Dialog bilden die Grundlage eines gesellschaftlichen Projekts der Demokratisierung und der Gestaltung der Einen Welt. Dies wird, so der Autor in seinem engagierten Buch, nur verwirklichbar, wenn auch eine Kultur universeller Solidarität basierend auf einer dialogischen Vernunft geschaffen wird.

Journal für Entwicklungspolitik (JEP)
ISSN 0258-2384 Vierteljahreszeitschrift
XVIII. Jahrgang/2002, ca. 112 Seiten/Heft, DIN A5
Eine kritische, lebendige und wissenschaftliche
Zeitschrift zu Entwicklungspolitik.

Das Journal für Entwicklungspolitik (JEP) ist eine wissenschaftliche Zeitschrift für Entwicklungstheorie und -politik. Als Forum für die kritische Diskussion entwicklungsbezogener Themen findet sie Verbreitung im deutschsprachigen, im europäischen und amerikanischen Raum. Rund zwei Drittel der Beiträge erscheinen in deutscher, ein Drittel in englischer Sprache. Entwicklungspolitische Diskussionen zu Zivilgesellschaft und Institutionen der Entwicklungszusammenarbeit finden ebenso Eingang wie mikrosoziale Untersuchungen über Gender und Gegenmachtstrategien. Makrosozialen Analysen über Ökonomie und regionaler Integration wird ebenso Raum gewidmet wie der Schwerpunktanalyse bestimmter Länder oder Regionen.

Bitte das Gesamtverzeichnis anfordern bei:

Brandes & Apsel Verlag · Scheidswaldstr. 33 · D-60385 Frankfurt a. M.
Fax 069/957 301 87 · E-Mail: brandes-apsel@t-online.de
Internet: www.brandes-apsel-verlag.de